·投资与估值丛书·

并购估值

构建和衡量非上市公司价值

|原书第3版|

[美] 克里斯·M. 梅林 弗兰克·C. 埃文斯 著
（Chris M. Mellen） （Frank C. Evans）

李必龙 李羿 郭海 等译

VALUATION FOR M&A
Building and Measuring Private Company Value
3rd Edition

机械工业出版社
CHINA MACHINE PRESS

图书在版编目（CIP）数据

并购估值：构建和衡量非上市公司价值（原书第 3 版）/（美）克里斯·M. 梅林（Chris M. Mellen），（美）弗兰克·C. 埃文斯（Frank C. Evans）著；李必龙等译. —北京：机械工业出版社，2019.5（2024.5 重印）

（投资与估值丛书）

书名原文：Valuation for M&A: Building and Measuring Private Company Value

ISBN 978-7-111-62724-1

I. 并… II. ① 克… ② 弗… ③ 李… III. 企业兼并 - 市场价值 - 评估 - 研究 IV. F271.4

中国版本图书馆 CIP 数据核字（2019）第 090121 号

北京市版权局著作权合同登记　图字：01-2019-1595 号。

Chris M. Mellen, Frank C. Evans. Valuation for M&A: Building and Measuring Private Company Value. 3rd Edition.

ISBN 978-1-119-43383-5

Copyright © 2018 by Chris M. Mellen. All rights reserved.

This translation published under license. Authorized translation from the English language edition, Published by John Wiley & Sons. Simplified Chinese translation copyright © 2019 by China Machine Press.

No part of this book may be reproduced or transmitted in any form or by any means, electronic or mechanical, including photocopying, recording or any information storage and retrieval system,without permission, in writing, from the publisher. Copies of this book sold without a Wiley sticker on the cover are unauthorized and illegal.

All rights reserved.

本书中文简体字版由 John Wiley & Sons 公司授权机械工业出版社在全球独家出版发行。未经出版者书面许可，不得以任何方式抄袭、复制或节录本书中的任何部分。

本书封底贴有 John Wiley & Sons 公司防伪标签，无标签者不得销售。

并购估值

构建和衡量非上市公司价值（原书第 3 版）

出版发行：机械工业出版社（北京市西城区百万庄大街 22 号　邮政编码：100037）	
责任编辑：赵陈碑	责任校对：李秋荣
印　　刷：北京建宏印刷有限公司	版　次：2024 年 5 月第 1 版第 8 次印刷
开　　本：170mm×242mm　1/16	印　张：25.25
书　　号：ISBN 978-7-111-62724-1	定　价：89.00 元

客服电话：(010) 88361066　68326294

版权所有 · 侵权必究
封底无防伪标均为盗版

译者序

本书在美国估值行业有着相当的影响力,两位作者因本书获得行业当年的年度人物提名。在众多并购估值的书籍中,本书享有两大与众不同的特点。

1. 把并购估值与创造价值有机地结合在一起。企业并购的最终目的是为了创造价值,但以前的并购书籍极少有这种逻辑关联。本书不仅实现了这种关联,还就企业如何创造价值做了初步阐述。这是本书最大的亮点!

2. 介绍了非上市公司并购估值的系统方法。此前的相关书籍大多是围绕上市公司阐述并购估值的系统方法,涉猎非上市公司的甚少。由于缺乏公开和系统的数据信息,非上市公司的价值分析是一个难度很大的挑战!本书给我们提供了相关的系统方法,告诉我们如何应对这种挑战!

此外,本书初步介绍了企业无形资产的构成及其估值方法,强调了现代企业的价值观:赢利企业的无形资产价值远高于有形资产。此外,还较好地介绍了如何把非上市公司的初始估值适调为准确价值的系统方法。在本书的最后两章,作者用两个综合案例对非上市公司估值的整个步骤做了系统解读。

本书第1～7章及第18～22章由李必龙翻译,第8～10章由李羿翻译,第11～12章由范英翻译,第13～15章由郭海翻译,第16～17章由王琳翻译。全书译文由李必龙统一协调修改。

译者

VALUATION FOR
M&A
前言

"价值"是一个有关某种东西所值多少的表述，它的计量使用两种尺度：回报和回报率。要想创造和提升价值，企业必须追求这样一种战略：增加回报、降低风险或把两者结合起来。就概念而言，这浅显明了，但就应用来说，就没那么简单了！

正是笼罩在公司价值之上的这层神秘面纱，常常使得高管们做出错误的投资决策和经营决策。其实这些糟糕的决策本来都是可以避免的。而且，精确估值是可以做到的，并购交易可以使买卖双方都获益。在随后的章节里，我们会逐步阐述成功达到上述目的的关键点。

在过去的数十年间，我们向数以千计的公司提供了估值咨询服务，并同时积累了经验，开发出了能够精确衡量和成功提升公司价值的工具。通过运用这些工具，股东和经理们能够弄清楚其公司的价值、驱动价值的因素，以及如何在并购和日常经营中提升价值。

在并购交易中，不仅卖家和买家，甚至连他们的顾问，都会因为企业的价值问题而纠结。而且，每当看到对方提出的那种不现实的预期时，他们都会有一种无奈的感觉。通常，像这类模糊飘忽的东西，在并购交易中俯拾皆是：

- 利润（通常计算为息税前利润或息税折旧摊销前利润）代表公司对股东的真实回报吗？
- 这种业绩预测现实吗？
- 在考虑到投资风险的情况下，合适的回报率或市盈率倍数应该是多少？
- 并购交易应该作为一项资产交易，还是作为股票交易？
- 为了以最好的价格成交，卖方做了充分的准备，并对公司进行了必要的包装吗？
- 对卖方而言，至关重要的人员问题是什么？

- 买家找到了最佳目标公司，并精确地量化了潜在的协同效益吗？
- 就对方的报价而言，这项并购交易有意义吗？

更大的谜团则笼罩于非上市公司（即没有在公开市场交易的那些企业）——这里还应包括那些交易清淡的上市公司和大公司的事业部。在这类公司中，虽然多数所有者和经理人已经经营企业多年，但他们并不知道如下基本问题的答案：

- 公司的真实价值是多少？
- 如果一个战略买家收购它的话，他会额外多支付多少钱？
- 对公司权益价值产生影响最大的因素是哪些？
- 什么是所有者真正的投资回报和回报率？
- 那个量级的回报与相关的风险相匹配吗？
- 所有者出售企业会更合算吗？如果是，那么怎样卖，何时卖？

出售企业只是所有者退出的众多选项之一。对于不断增加的退出方式，本书第3版再一次静下心来，论述了现在已经成熟的退出规划内涵，阐述了非上市公司所有者面临的一种独特的挑战：退出决策和退出规划流程，并讨论了在出售不是所有者当期合适的选项时，其他的一些退出替代方式。

- 在评估是否退出（如果是，如何退）时，所有者必须考虑哪些财务的、非财务的、专业的和人员的问题？
- 除了出售以外，所有者可用的退出选项还有哪些？
- 非上市公司投资规划的不同点在哪儿？
- 为什么非上市公司的退出规划现在就应该开始着手？

自从本书上一版付梓以来，经济领域发生了不小的变化。整个经济形态正日益知识化，无形资产正逐步成为公司价值的一个更大的部分，并且经济全球化的色彩愈加浓厚。与并购交易相关的财务报告标准，也发生了相应的变化——本书第3版也做出了相应的变动。

- 在跨境并购中，需要考虑的外国公司的特点有哪些？
- 公司拥有的关键无形资产有哪些，如何对它们进行估值？
- 在完成一项交易时，有哪些重要的财务报表问题需要处理？
- 为了使股东价值最大化，在高科技创业企业的价值衡量和管理中，有哪些特有的挑战？

∞ 什么是公允意见函？为什么一家非上市公司在并购交易之前要考虑并购一家企业？

本书提供了回答这些问题和相关问题的工具。本书的目标读者是具有下述特征的非上市公司的股东、投资人和经理人：权益价格缺乏自由活跃市场的指引的中小企业（如，收入规模在 300 万美元到 2.5 亿美元之间的公司）。

我们用 5 个新章节阐述这个内容。第一部分是引入性的章节，即第 1 章，介绍了贯穿本书有关买卖双方如何在并购交易中获得成功的许多概念。第二部分的侧重点是：在为准备并购交易而建构公司的价值时，对企业进行定量和定性评估的过程中，所要考虑的因素。第二部分的 4 章介绍并阐释了如何衡量非上市公司的投资回报率（ROI），市场和竞争力分析中需要考虑的因素，准备并购交易的具体步骤，以及如何衡量交易成功后将要获得的协同效益。第三部分通过 8 章内容阐述了为并购所做的评估过程，涵盖的内容包括对潜在或实际并购交易进行评估分析时的 3 种价值评估方法，以及如何对 3 种评估结果进行平衡调整。第四部分介绍并解释了与并购评估相关的 7 个特殊问题，包括：退出计划、交易结构、公允意见、财务报告、无形资产、初创企业和跨境并购。最后，第五部分将本书涵盖的许多概念与两个案例研究结合起来进行解读——其中一个案例涉及一家分销企业，另一个涉及公共关系机构（专业服务公司）。

我们针对投资问题的估值和回报的解决方案，为并购流程提供了所需的可靠性和条理性。我们的方法甚至可以把价值提升的内涵融入非上市公司的年度战略规划里，进而为股东的投资决策提供价值导向。简而言之，我们这本书就是一个路线图，能够帮助你在公司经营和公司出售（或购买）中，提升公司的价值。

许多投资者听说过有关提升上市公司价值的说法。对上市公司而言，股票价格就是市场对公司业绩评价的风向标。在没有股票价格的情况下，无论是制定一个成功的战略，还是准确地衡量公司业绩和投资回报率，都要困难得多。难是难，但并非不可能！

我们邀请我们的读者使用这些技术为非上市公司实现准确的并购估值，并在日常运营中创造价值。拨开价值迷雾，循着路线图，敲开财富之门！

克里斯·梅林

弗兰克·埃文斯

2018 年 5 月

VALUATION FOR M&A
致谢

把本书献给我们亲爱的朋友和精神导师戴维·毕晓普（David Bishop）——他也是本书第1版的作者之一。他组建了企业评估师全美网络，他把我们聚在了一起，花费了无数时间培训和指导我们，使我们的企业评估专业水平得到了很大的提升。为此，我们始终深怀感激之情！

除戴维外，如果没有许多同仁和John Wiley & Sons出版公司谢克·丘（Sheck Cho）的支持和帮助，本书也不可能成功面市。我们还得感谢他们在下述章节中所做的贡献：锡德·谢弗（Sid Shaver）——第20章"跨境并购"；肯·桑吉纳里奥（Ken Sanginario）——附录8A"特定公司风险的策略性使用"；贾斯廷·约翰逊（Justin Johnson）——附录13A"严谨而彻底的估值分析是避免并购交易失败的关键"。

还要感谢企业投资退出规划顾问，非凡的约翰·莱奥内蒂（John Leonetti），感谢他就退出规划一章所做的价值无与伦比的反馈和建议。就资本成本的章节，我还要感谢罗杰·格拉博夫斯基（Roger Grabowski）的意见；就第2版的财务报告和无形资产章节，我们还得感谢雷·拉思（Ray Rath）、勒内·赫劳谢克（René Hlousek）和达朗·科尔迪耶（Darren Cordier）所做的编辑及相关意见；感谢埃德·汉密尔顿（Ed Hamilton）在第3版"企业并购和财务报告"一章所做的更新；感谢查尔斯·科斯塔（Charles Costa）针对相关表格和一些研究结果所做的数学审核；感谢帕特里斯·拉多尼亚（Patrice Radogna）针对专业服务公司的案例所做的评论；就衡量和管理高技术创业企业的价值一章，感谢弗兰克·梅因维尔（Frank Mainville）和安德鲁·雷丁顿（Andrew Reddington）给予我们的批评建议和增补内容。最重要的，我对我的家人深怀最诚挚的感激之情。感谢我的妻子金（Kim）、我的女儿索菲亚（Sophia）和朱莉娅（Julia），谢谢你们在我撰写这本书的漫长时间里，表现出巨大的忍耐和理解；感谢你们每一天带给我的挚爱、欢乐和支持！

克里斯·梅林

在此，再一次感谢我的兄弟哈里·埃文斯（Harry Evans）在第1版给予了许多的帮助；感谢我的朋友和同事弗兰克·明迪辛洛（Frank Mindicino），感谢他那超群的知识和洞见；感谢我的助手谢利·迈尔斯（Shelly Myers），我的伙伴和女儿萨拉·德克里克（Sarah DeKreek）。最后，对于我的妻子林（Lin），感谢你的挚爱和多方面的支持。

弗兰克·埃文斯

VALUATION FOR
M&A
目录

译者序

前　言

致　谢

第一部分　导论

第1章　并购制胜 / 2

股东忽略的关键价值 / 4

独立的公允市场价值 / 5

对战略买家的投资价值 / 7

并购的双赢效益 / 9

卡文迪什独立公允市值的计算 / 10

对战略收购方的投资价值 / 11

第二部分　培育价值

第2章　培育价值和计量投资回报：非上市公司 / 14

上市公司的价值创造模型 / 14

价值创造和投资回报率的计算：非上市公司 / 16

价值创造战略之分析 / 30

第3章　市场和竞争分析 / 34

把战略规划与价值培育联系起来 / 36

　　　　评估公司的具体风险 / 40
　　　　非上市实体经常面对的竞争要素 / 44
　　　　财务分析 / 45
　　　　结论 / 50

第 4 章　并购市场和规划流程 / 51
　　　　买家和卖家的常见动机 / 54
　　　　并购为何失败 / 55
　　　　公司出售的策略和流程 / 56
　　　　并购策略和流程 / 65
　　　　尽调准备 / 73

第 5 章　衡量协同效益 / 76
　　　　协同效益的衡量流程 / 77
　　　　评估协同效益之关键变量 / 80
　　　　协同效益及其先行规划 / 81

第三部分　衡量价值

第 6 章　估值方法和基本原则 / 84
　　　　企业估值法 / 84
　　　　使用已投资本模型定义被评估的投资 / 86
　　　　为什么净现金流衡量的价值最准确 / 86
　　　　经常需要调整的盈利指标 / 88
　　　　财务报表的调整 / 90
　　　　管理并购中的投资风险 / 93
　　　　结论 / 98

第 7 章　收益法：利用预期未来回报确定价值 / 99
　　　　为什么并购的价值应该通过收益法来做 / 99

收益法里的两个子方法 / 100

贴现现金流法三阶段模型 / 106

确立令人信服的长期增长率和终值 / 107

贴现现金流法的挑战和应用 / 110

第 8 章 至关重要的资本成本 / 111

负债成本 / 113

优先股成本 / 113

普通股成本 / 114

资本资产定价模型的基本变量和局限性 / 114

增补型资本资产定价模型 / 117

扩展模型 / 118

回报率数据简介 / 126

私募资金的成本 / 127

国际资本成本 / 130

如何推导目标公司的权益成本 / 131

调试贴现率和市盈率倍数 / 133

结论 / 134

附录 8A 特定公司风险的策略性使用 / 136

第 9 章 加权平均的资本成本 / 142

加权平均资本成本的逼近法 / 143

简洁的 WACC 公式 / 146

资本成本计算中的常见错误 / 148

第 10 章 市场法：类比公司法和并购交易法的运用 / 151

并购交易倍数法 / 152

类比上市公司法 / 155

估值倍数的选择 / 159

常用的市场倍数 / 160

第 11 章　资产法 / 168

账面价值与市场价值 / 169
估值的前提 / 170
应用资产法评估缺乏控制权的权益 / 170
账面价值调整法 / 171
计算账面调整价值的具体步骤 / 176

第 12 章　通过溢价和折价调整价值 / 177

溢价和折价的可应用性 / 178
溢价和折价的应用和推导 / 179
灵活把握调整的度 / 181
收益驱动模式下的控制权与非控制权的对比 / 182
公允市场价值与投资价值 / 183

第 13 章　调适初始价值并确定最终价值 / 184

纵览全局的基本要求 / 184
收益法验证 / 187
市场法验证 / 191
资产法验证 / 192
价值的适调及其结论 / 194
价值验证 / 195
客观评价估值能力 / 198
估值场景：并购平台 / 198
附录 13A　严谨而彻底的估值分析是避免并购交易失败的关键 / 199
对一个假设的具有协同效益的交易进行分析 / 199
确立收购目标的价值 / 200
为收购方确立价值 / 201
对价对价值的其他影响 / 202

第四部分 特殊问题

第 14 章 退出规划 / 206

为何退出规划如此困难 / 207
是什么让你的非上市公司投资的规划鹤立鸡群 / 210
为何要现在就开始做非上市公司的退出规划 / 212
退出规划流程 / 214

第 15 章 交易的艺术 / 230

形态各异的谈判难题 / 230
交易结构：股票 vs. 资产 / 232
付款方式：现金 vs. 股票 / 238
个人商誉 / 241
弥合分歧 / 242
从其他角度看待并购交易 / 245

第 16 章 公允意见函 / 247

为什么要获得公允意见函 / 248
非上市公司对公允意见函的使用 / 251
准备公允意见函的相关各方 / 252
公允意见函的组成部分 / 254
公允意见函的不足之处 / 257
结论 / 258
附录 16A 公允意见函样本 / 259

第 17 章 企业并购和财务报告 / 265

美国的《一般公认会计原则》和《国际财务报告准则》 / 266
FASB 和 IFRS 的相关陈述 / 266
审计公司的审核 / 268

会计准则汇编 820：公允价值计量 / 269

会计准则汇编 805：企业组合 / 271

会计准则汇编 350：商誉和其他无形资产 / 280

把会计准则汇编 805 融入尽职调查过程 / 281

参考文献 / 284

第 18 章　无形资产估值 / 286

无形资产估值方法 / 286

无形资产估值的关键成分 / 289

无形资产估值的具体方法 / 295

结论 / 302

第 19 章　衡量和管理高技术创业企业的价值 / 303

为何高技术创业企业的评估至关重要 / 303

高技术创业企业的关键不同之处 / 304

价值管理始于竞争分析 / 305

发展阶段 / 308

风险和贴现率 / 309

创业企业与传统估值方式 / 311

QED 调研报告：风险投资使用的估值方法 / 316

估值创业企业的概率权重情境法 / 321

权益分配法 / 325

结论 / 328

第 20 章　跨境并购 / 329

战略买方的考量 / 329

尽职调查 / 337

卖方的考量 / 341

第五部分　案例研究

第 21 章　并购估值案例：分销公司　/ 344

　　历史和竞争条件　/ 345

　　潜在买家　/ 346

　　宏观经济条件　/ 347

　　行业的具体环境　/ 348

　　增长　/ 348

　　计算：独立的公允市场价值　/ 349

　　风险和价值动因　/ 354

　　独立公允市场价值的概述和结论　/ 361

　　计算投资价值　/ 362

　　案例结论：建议考虑的问题　/ 367

第 22 章　并购估值案例：专业服务公司　/ 369

　　特性　/ 369

　　估值方法　/ 372

　　案例研究简介　/ 373

　　潜在买家　/ 374

　　过往的财务表现　/ 374

　　未来预期　/ 378

　　风险和价值动因　/ 380

　　贴现现金流法　/ 382

　　要考虑的其他估值法　/ 383

　　案例结论：建议考虑的问题　/ 386

VALUATION FOR
M&A

第一部分

导论

第 1 章　并购制胜

VALUATION FOR
M&A
第 1 章

并购制胜

通过合并和收购，买方和卖方都可以创造很大的价值，双方都能从并购交易中获益，这正是做并购交易的美妙之处。在过去三十多年间，这一直是驱动全球天量并购活动的魅力所在。⊖尽管出现了这么一个量级的交易，但多数企业却无法出售。并购专家把 65%～75% 的潜在卖方视为这一类，而美国商务部的一份研究显示，仅有 20% 的待售企业会成功易手所有权。这意味着真正被卖出的公司只有 5%～7%。㊁

本书聚焦于非上市公司的企业价值，特别侧重于中等规模偏小（价值在 300 万美元到 2.5 亿美元之间）的非上市（或权益集中）公司。㊂通过并购交易，什么能创造价值？如何衡量价值？管理团队如何培育价值？如何维护价值？并使价值最大化？就是这种聚焦能提高出售企业的机会。这些概念对买方和卖方同等重要，因为两者都可以且应该从并购交易中获益。但现实中，频频出现的却是相反的并购结果。由于缺乏准备或相关知识，出售方可能在不利的条件下出售企业或被迫接受太低的价格。而每个买家所面临的风险，要么是并购错误的

⊖ 第 5 章就并购的潜在结果给出了一个非常有帮助的第二视角。

㊁ 换言之，税务基金会在 2013 年报告的基础上，根据美国国税局的企业税收表档案，美国约有 910 万家企业（170 万家 C 类公司 [遵循 C 税则的公司] 和 740 万家 S 类公司 [遵循 S 税则的公司]），再加上 2 300 万家个体户。正如第 4 章开头所述，Mergerstat 报告披露的 2007～2016 年 10 年间共有 97 093 笔交易公告，约占 S 类公司和 C 类公司总数的 1.1%。

㊂ 就本书而言，我们将中等规模大企业定义为总企业价值为 2.5 亿美元至 10 亿美元的公司，中等偏下企业是企业价值为 1 000 万美元至 2.5 亿美元的公司，中等规模的低端企业是企业价值为 300 万美元至 1 000 万美元的公司，企业价值低于 300 万美元的公司为小盘股公司或微小公司。

企业，要么是支付太高的价格。从 2007 年 12 月以来的大衰退期间，我们目睹了在经济环境恶劣的情况下，并购活动遭遇的一系列挑战。这就是为什么理解价值（以及驱动价值的因素）在并购活动中至关重要！

不过，聪明的股东和经理人不会只把它们对价值的关注局限于并购活动。他们会在运营企业的同时创造价值。如果你不增长，你的业务最终就会降下来。正如威尔·罗杰斯（Will Rogers）所说的那样，"即使你是处在正确的轨道上，但如果你心安理得地坐在那里，你也会被人超越"。

价值创造也是股东和经理们战略规划的驱动力，并在规划的过程中，制定公司的目标和方向。他们的并购战略是对股东创造价值大目标的支持和实践，而且，仅在特定的并购交易能够为他们创造价值时，他们才会从事企业的购买和出售事宜。

这使我们回归到本书的目的：在创造价值这样一个更大的企业目标的背景之下，如何在并购活动中，对价值进行创造、培育、衡量、管理、维护和最大化。上市公司的高管每天都在关注价值，因为它反映在公司股票价格的运动中——这是公司相较于其他投资标的的日常业绩计分卡。不过，非上市公司就没有这种市场反馈和市场导向。它们的股东和高管不太清楚自己公司的价值几何，或者是没有清晰地意识到其价值的驱动力是什么。由于这个原因，许多非上市公司（以及一些上市公司的某业务分支或事业部）不仅缺乏价值导向，而且业绩表现也不佳。

因为难以计算和确认，所以，非上市公司或上市公司某分支业务的价值管理是很困难的一件事。不过，企业的多数活动（以及价值创造或价值破坏）都是发生于经营层面。

价值创造流程中的关键能力是，对小企业或大企业分支机构的价值进行准确衡量和管理。由于多数并购交易涉及的都是较小的实体，所以，在并购业务中，我们会极大地得益于这种价值创造的能力。虽然我们读到或听到的都是一些上市大公司的大交易，但在 2012～2016 年，美国处在中位数规模的并购交易，其金额大约在 4 300 万美元。所以，涉及权益集中的公司或上市公司分支的较小交易是并购活动的重要组成部分。

在这个没有（日常）股价的小公司层面，每个有价值意识的股东和高管，都应该设法使自己公司的价值最大化。为此，我们将给出一些概念和方法，阐释应该如何对价值进行日常度量和管理，尤其是在并购交易中，应该如何度量和管理价值。鉴于此，让我们的理解之旅从何为价值开始。

股东忽略的关键价值

当收购者考察一个潜在目标时，相关的分析通常始于甄别和量化通过并购能够取得的协同效益。因此，通常的做法是制作一个模型，预测拥有这家公司后的潜在收入、收购后的管理费用水平，以及预期最终收益或预期现金流。随后，为了确定目标公司对收购方来说的价值，收购方会用公司的资本成本贴现这些未来的收益。求得这种预估价值之后，收购方就会启动谈判程序，以期达成能够创造价值的交易。

如果目标不是一家具有股票价格的上市公司，那么，它多半会是一家从未有人问过其价值几许的公司——这是一种较常见的情况。实际上，企业为当前所有者创造的价值就是这些企业的实际售卖价格。通过并购交易产生的潜在协同效益，多半或全部都是收购方创造的，所以，收购方没有必要向出售方支付由自己创造的价值。但是，在刚刚描述的情形里，收购方多半会把协同效益的价值支付给卖方，因为它很可能还不知道目标公司作为一家独立企业的价值几何。同时，收购方也不知自己通过并购所能创造的协同效益价值几何，或公司的初始报价本应该是多少。

卖方常常和买方一样，对这些问题也是知之甚少或被误导。很多时候，目标公司的所有者并不知道公司是否应该出售，也不清楚如何找到潜在买家，哪些买家能够为公司支付最高的价格，自己做些什么可使公司价值最大化，或如何走出售流程。毕竟，在其整个生涯中，许多卖家仅此一次机会涉足这种交易。他们几乎不知道，作为一家单独的企业，他们公司当前的价值几许，何种价值动因或风险动因对公司价值的影响最大，或者，对战略投资人来说，公司价值实际会多出多少（如果有的话）。通常，传统的专家团队（公司的财务主管，外部的会计师、银行家或律师）都不是企业估值的专家。这些专业人士几乎无人知晓何为驱动公司价值的动因，也无人清楚公司作为一家独立企业的价值与公司在战略买家手里的价值之间的微妙区别。

卖家可以向中介机构（多半是投资银行或业务顾问）寻求咨询。这些中介通常收取的是佣金——只有它们促成了销售后，才能得到。不过，要想卖个更高的价格，在出售之前，公司当前的拥有人会设法把公司业绩提升到一个更高的水平。但这种咨询业务不太受中介机构的欢迎，因为这会使佣金支付滞后更长的时间，甚至使佣金最终落空。

由于很难得到好的咨询建议，所以，出售方常常会推后销售事宜。对于许多视公司为家的企业家，这种推延常常是一个很随意的选择。但是，伴随这种情绪化推延的，时常是随之而去的机会。而且，对价值有极大影响的外部因素，如经济环境、行业状况和竞争程度，可能会很快发生转变。综合趋势、技术创新或监管改革／税务改革，也会扩大或收窄并购的机会和价值。

拖延还可能妨碍财产规划和税收策略的实现，因为延误会缩小选择的范围。当价值迅速增加时，不良后果尤其严重。

总之，无论是买方还是卖方都有强烈的动机，去理解价值、管理驱动价值的因素、衡量价值、跟踪价值，进而最终促成双赢结果。

独立的公允市场价值

在把焦点适当地置于股东价值最大化之后，买方和卖方就可以开始并购之旅了——起点是计算目标公司独立的公允市场价值，即卖方当期所拥有的价值。这个价值反映了公司的规模、资本通道、产品和服务的深度和广度、管理质量、市场份额和客户基础、流动性水平和财务杠杆，以及作为一个独立企业的整体赢利能力和现金流。

在考虑到上述这些特征的情况下，让我们来看看美国国税局税则59-60定义的公允市场价值："在双方对相关事实有合理了解的基础上，在各自都没有被胁迫的情况下进行买卖时，相关财产在自愿买家和自愿卖家之间进行换手时的价格。"

公允市场价值包括了如下的这些假设：

- 买家和卖家都假设处于典型的市场之中，双方都是为了各自的利益。
- 假设的买方是慎重的，但不涉及协同效益。
- 企业将会持续经营，不会被清算。
- 假设的销售额将会变现。
- 双方不仅是自愿进行交易，而且也有能力进行交易。
- 假设的卖家不是被迫进行出售（即不是接受一个"扣押物拍卖"式的收购要约）；买家不会被迫进行购买（即不是为生存所迫）。
- 所指的是"价格"，而不是"变卖财产的收入"。

- 双方的运营原来没有关联，或相互间的经营是独立的。
- 双方对相关事实都有足够的了解。
- 截至有效期，买方愿意接受的价格必须是正常的经济、行业和市场条件下，所能得到的价格。

谨遵公允市场价值的买家，会被认为是"财务"买家，而非"战略"买家。这种买家仅仅提供资本和与卖家当期管理水平同等的管理。但这排除了具有下述特征的买家：由于它的其他业务活动，会给某家公司带来"价值增值"的好处，而这家公司能提升目标公司的价值和（或）改善买方的其他企业行为（比如，买家被同一行业或类似行业的其他公司收购）。同样，也不包括具有下述特征的买家：已经是股东、债权人、相关方或控制方，它们乐意以虚高或虚低的价格购买权益，而其动因又不是非关联财务买家的典型动因。

具有"处在公允市场价值过程中，知晓与并购相关的事实"特征的卖方也应作此假设：它们包括下述因素（市场情况、公司风险、价值动因，以及控股程度和这种企业权益市场流动性的缺乏程度）对价值施加的影响。

公允市场价值本质上是客观的，但对特定的买方而言，"投资价值"反映的价值是建立在买家自身情况和投资需求之上的。这个价值包括战略买家预期通过并购所创造的协同效益或其他利益。

公允市场价值应该代表受经济利益驱动的卖家愿意接受的最低价格，因为作为企业所有者的卖家当期正享受着这个价值所提供的利益。非上市公司的控股股东通常握有相当的流动性，因为他拥有公司经营所产生的现金流或者直接出售公司获得现金。缺乏控股权或少数权益股东持有的流动性要小很多。其结果是，没有控股权的权益价值通常要远远小于享有控股权的那些所有权权益。

潜在买家已经计算了独立公允市场价值，然后还应该认识到，这只是它们谈判起始的基准价值。买家预期从并购交易中创造的最大价值是投资价值超出公允市场价值的部分。⊖买方支付的任何高于公允市场价值的溢价都会减少买家的潜在收益，因为卖家得到了将要创造价值的那一部分。

⊖ 在实践中，有时使用"内在价值"一词。《格雷厄姆和多德的证券分析》（*Graham and Dodd's Security Analysis*（Cottle, Murray, and Block, 5th edition, New York: McGraw-Hill, 1988, p. 41））将内在价值定义为"被相关的资产、收益、股息、有限的前景和管理的因素证实的合理价值"，内在价值的定义比公允市场价值更宽泛，类似之处在于它反映了与被评估资产有关的某些特征，但与特定买家相关的投资价值的那部分无关。

正如在第 14 章深入讨论的,卖方常常受到一些非经济因素的驱动:他们希望把公司的所有权传承给他们的孩子或经过长期考验的雇员,或者,如果他们也在这家公司工作,自己还可以在此退休或做一些其他的事情。当这些非经济因素存在时,重要的是股东要懂得考虑:"由于个人原因所做的决定,会产生多大的经济影响?"投机取巧的买家会占卖家的便宜,特别是对于那些处境不好的卖家。同样,这种事实既强调了持续关注价值的必要,也说明实施战略规划的必要(战略规划常常只是把公司的出售作为一个可行的选项,目的是使股东的价值最大化)。这个规划也包含股东的非经济目标,以及为实现这些目标所需的时间和业务架构,当然,还有不可或缺的价值管理。

对战略买家的投资价值

目标公司的投资价值是针对具体战略买家的价值——这需要识别买家的属性,通过并购获得的协同效益和其他综合利益。目标公司的投资价值也称作战略价值或协同效益价值,它对每个潜在买家都可能不同,因为每个买家通过并购所能创造的协同效益不一样。例如,和其他潜在买家相比,在分销体系、产品线或销售区域上,某个买家和目标公司之间的互补性可能更好。一般而言,对于这个买家,这个并购目标的价值可能会最大化。掌握了相关信息的买家和卖家可以提前确认这些战略优势,利用这些知识和信息谈判。

公允市场价值和投资价值之间的差异参见表 1-1,该表显示了两个潜在买家的投资价值。投资价值超过公司公允市场价值的增幅通常被称为控制权溢价(但这个词会产生某种程度的误导)。虽然典型的买方通过收购获得了对目标公司的控制权,但支付的溢价通常是通过整合才能创造的协同效益。因此,这种溢价更准确的称呼应该是收购溢价,因为驱动它的主要力量是协同效益,而不是控股权——这只是激活协同效益所必需的权利。⊖

表 1-1　公允市场价值比对投资价值

投资价值 2	
投资价值 1	
并购溢价	
公允市场价值	

⊖ 为了解决企业评估师在调整价值时反映控制权收益方面实践的多样性,评估基金会设立了一个工作组,该工作组于 2017 年发布了《市场参与者收购溢价的计量和应用》,主要用于完成财务报告目的的估值,不过其可能包含迄今为止对此类溢价最全面的解释。

由此，我们必须直面下述问题：

- 为什么买家乐意支付高于公允市场价值的价格？
- 如果买家必须支付并购溢价来完成并购，它支付的超出公允市场价值的价值是多少？换言之，并购溢价应该是多大，即货币金额是多少或占公允市场价值的百分比是多少？

在美国过去的十年里，就上市公司的收购而言，并购溢价的中位值大约是其公允市场价值的33%。当然，这些数字不是作为一个指南或目标值给出的。所付溢价取决于整合趋势、规模经济和买卖双方的动因——这些再一次强调了在开始谈判之前，透彻地理解价值和行业趋势的必要性。例如，如果一家公司的公允市场价值为1 000万美元，最大投资价值是2 000万美元而不是1 200万美元，那么，这家公司就有较强的讨价还价能力。不过，要想谈下最好的价格，卖家不仅应该设法清楚自己最大的投资价值是多少（潜在买家在并购中所能够支付的最高价格），而且，还应该清楚每个买家所具有的选择，并根据这些信息指导自己的谈判。

一般来说，买方应该是基于公允市场价值开始谈判。因为进入谈判之后，情绪因素和"拿下交易"的愿望会占据控制地位，所以，在买方进入谈判过程之前，应该确定自己的价格让步的底线，即它们愿意为这笔并购所支付的超出公允市场价值的最大金额。事先确定最高价格会促使买方把主要精力放在价值上，而不是放在"赢得"并购交易上。很显然，在公允市场价值之上的交易价格越是接近买方的投资价值，这项并购交易的吸引力就越小。价值导向的买方会意识到，价格已接近其投资价值的并购，它们必须实现几乎所有预期的协同效益（而且要及时地实现），才能实现预期价值。并购价格越接近于它们的投资价值，相关并购能为买方股东创造的更多价值就会越少，留给买方犯错的潜在空间越小。当卖方索要的价格太高时，买方更好的选择通常是谢绝这项交易，去寻找另一个潜在价值更好的机会。

这给了我们做投资一个启示——一个基础性和本质性的启示：一定要区分一家好公司与一项好投资之间的差异。好公司具有很多的优势，但如果对其所付价格太高，就会是一笔坏的投资。相反，相对于一定的预期回报率，如果并购价格足够低，问题公司可能就是一个好的投资机会，特别是那种对战略买方有优势互补的问题公司。

并购的双赢效益

为了成功进行并购交易，需要有三件事符合要求。首先，企业本身必须做好准备。这意味着要解决第二部分"培育价值"中4章的内容所论述的许多概念。其次，企业所有者自己必须做好准备，正如第14章中的心理准备概念所讨论的那样。最后，需要有一位买家准备支付企业所有者能够接受的倍数。这意味着企业主必须理解他的企业价值，正如第三部分"衡量价值"中的8章的内容所述。

为了了解买卖双方的并购双赢效益，下面将概述一家公司的估值——这家公司名叫卡文迪什海产品分销公司（这个案例也将会在第21章详细阐述）。在这个案例中，我们只是打算对众多的专业步骤进行简略阐述。在随后的章节里，你会找到每个步骤的详尽描述。在介绍不同专业问题时，我们会使用不同字体表现这些问题，并指明详述这些问题处理方式的章节。

卡文迪什公司创建于20多年前，它的创始人路易·伯廷（Lou Bertin）是一个很成功的餐厅老板。具有MBA学历的伯廷总想经营一家自己的企业，然而他对经营餐厅产生了厌烦心理。不过，在经营餐厅的过程中，他意识到所在州的餐厅都对一个更好的海产品分销方式有需求。在企业家精神的驱动下，伯廷凭着多年经营餐厅积累的专业知识、丰富经验和一份策划周密的商业计划书，用自己的170万美元和两个股本金占比10%的小投资人，一起创建了卡文迪什公司。

不过，和大多数小公司一样，伯廷在经营卡文迪什的过程中，也深受若干主要风险和掣肘之苦。说实话，他期望着退休或至少削减他的工作时间。此外，虽然卡文迪什很成功，但当他逐渐意识到多元化是更加明智的策略时，自己的个人财富已日益和公司的命运捆绑在一起了。**应该就伯廷在卡文迪什公司80%的权益进行估值吗？他抑或应该做些其他的投资？如果不存在少数股东权益即他拥有100%的权益，或所有的权益都是由小股东拥有，那么，估值程序或计算方法会不一样吗？**（见第12章和第14章。）

卡文迪什最近年份的销售额超过了7 500万美元，而经过调整且反映当期运营的息税前利润约为750万美元。**息税前利润是卡文迪什最合适的回报指标吗？采用收入、税前或税后净收益、现金流会更精确吗？**（见第6章。）卡文迪什的负债率很高，要想获得长期稳定的发展，还需要追加大量的资本支出。**财务杠杆影响**

价值吗？如果是，它是如何影响的？（见第 9 章。）**预期的资本支出会影响价值吗？如果是，我们怎样把它计入估值？**（见第 6 章。）

该公司已经发展了一批餐厅和商店客户，不仅增长速度快，而且忠诚度较高，但按照行业标准，该公司的产品线仍然很窄。在 2008 年，不断攀升的燃油价格对卡文迪什的利润率产生了不利影响，同时，又由于随后的经济衰退和餐厅需求的下降，它的利润受到了进一步蚕食。**估值能如何反映这些风险动因和价值动因？如果收购方能消除其中的一些不利因素将会如何？**（见第 3 章和第 8 章。）卡文迪什员工的主要构成是家庭成员，以及与伯廷一样厌烦餐厅工作并希望为职业生涯寻找"正常"工作时间的人。时至今日，伯廷已经失去了往日的激情，他甚至还没有制定公司延续过往业绩所需的战略规划。**如果有些个体已经不能为公司的成功做出重要贡献，那么，是否应该做出一些调整？如果某人的薪酬高于或低于市场水平，应该做相应的调整吗？**（见第 6 章。）

就公司的出售问题，伯廷已经接受了一些企业买卖经纪人的拜访，也在食品分销行业进行了不少接触，加之，过去两年起伏不定的经济环境使得他心烦意乱。另外，一家规模比卡文迪什大五倍的主要竞争对手，正在设法利用它的优势把卡文迪什从其核心区域的某些城区市场挤走。这种愈加激烈的竞争，外加不利的经济环境，使得伯廷推迟了提价计划。**这些竞争问题能通过卡文迪什的财务报表解读出来吗？还需要其他什么调研吗？这些竞争因素如何能反映到估值中？**（见第 3 章和第 8 章。）

卡文迪什独立公允市值的计算

作为一家中小规模的公司，卡文迪什具有多重风险：单薄的资本、高额的负债、较窄的产品线和有限的管理。当把公司的忠诚客户、快速增长的销售额、产品的高品质和尚可的赢利能力综合起来看，卡文迪什的加权平均资本成本为 18%（反映了该公司的风险程度和增长前景）。

加权平均资本成本和贴现率是一回事吗？它和资本化率是一样的吗？（见第 7 章和第 9 章。）如果以公司当年已投资本的标准化净收益额 584 万美元，除以加权平均资本成本的资本化率 15%，那么，该企业独立的公允市场价值就是 4 050 万美元。**这是权益价值吗？**（见第 6 章。）**为什么只用一年期的利润来计算公司的价值？这如何能反映未来年份的增长？**（见第 7 章。）

对战略收购方的投资价值

有一家较大的上市公司想通过快速并购，在卡文迪什所在市场占领一席之地，而且，这家公司对卡文迪什的优势和劣势都有较好的了解。由于较大的收购方可以消除卡文迪什的许多不足，所以，收购能更快地提升后者的销售额和公司利润。作为市场能力更强的大公司的一个分部，卡文迪什的风险也会小得多。**这些风险的变化如何能够反映在估值里？谁得到这些价值？**（见第3章和附录13A。）**从财务角度来看，这项交易是否公平？他是否应该按照公允意见函做投资决策，以便他和公司的两名非控股股东都对交易对价感到满意？**（见第16章。）

当战略买家收购卡文迪什之后，更有效的经营、更多的市场通道和丰富的分销系统，会使卡文迪什在未来几年独立的息税前利润得到提升。在财务预测期的结束年份，卡文迪什的增长应该类似于食品分销行业的预期增长率。**预测期的数据及随后年份的数据应该如何用于价值计算呢？**（见第7章。）

在并购交易结束后，为了做财务报表，买家需要把购买成本进行分配。这会部分涉及卡文迪什无形资产的甄别和估值。**就此时的财务报表而言，我们应该怎么做呢？**（见第17章。）**卡文迪什拥有何种无形资产，它们如何估值？**（见第17章和第18章。）

当卡文迪什的WACC资本化率为14%时，欧姆尼分销公司（这项交易的买家，也是著名的大上市公司）的WACC贴现率约为12%。**资本化率和贴现率有什么区别，在使用时如何选择？**（见第7章至第9章。）对买家而言，卡文迪什经营的市场是个新领域，加之管理能力有限和竞争的加剧，所以，买家会为这些新增的风险调整贴现率。**买家应该用自己的贴现率计算卡文迪什的投资价值吗？如果不，那么，应该对它进行怎样的调整？卡文迪什较高的负债会怎样影响这个贴现率？**（见第9章。）贴现卡文迪什调整过协同效益的已投资本预期未来净现金流，得出卡文迪什对一位战略买家的已投资本的价值为6 970万美元。**什么是已投资本的净现金流？如何计算？应该谨慎地预测多少年？**（见第6章。）**就所考虑到的那些风险动因和价值动因来说，这个贴现过程如何反映针对这个回报和回报率所做的潜在调整？**（见第7章和第8章。）在6 970万美元已投资本的投资价值中，超出卡文迪什3 840万美元独立公允市场价值之上的3 130万美元意味着，这个买家为购买卡文迪什所支付的价格应在其独立公允市场价值之上不得超过 3 130 万美元。**买卖双方启动谈判的最低价格应该是多少？买家在购买卡文迪什时乐意支付的价格会高出 3 840 万美元多少？**这个决定会受到竞价购买卡文迪什的竞争对手的影响吗？如果买家最终支付了 6 970 万美元来购买卡文迪什，这个买家会好过吗？那会怎样？（见第 1 章、第 4 章和第 5 章。）

卡文迪什资产负债表显示的资产金额将近 4 400 万美元，权益金额 1 500 万美元。**这些数据会怎样影响它的价值？**（见第 11 章和第 12 章。）卡文迪什所在行业上市公司的股票价格是其息税前利润的 3～18 倍，平均值是 8 倍。**是否应该考虑到这些，如何考虑？这个息税前利润能够导出权益价值吗？**（见第 10 章。）另一个上市的食品分销商最近的出售价格在其公允市场价值之上还有 72% 的溢价。**这项交易应该在决定卡文迪什的价值时予以考虑吗？**（见第 10 章。）

由于卡文迪什不是一家上市公司，应该对其变现能力不足给予一个贴现吗？由于卡文迪什有小股东，那么，是需要附加一个控股权溢价，还是应该追加一个缺乏控股权的贴现呢？（见第 12 章。）

买家可以采用相关策略降低并购风险吗？（见第 4 章和第 18 章。）**买家如何才能最有效地评估协同效益的价值？**（见第 5 章。）

卖家能够运用策略建立价值吗？它们能够在出售之前有效地规划相关的策略吗？（见第 2 章和第 4 章。）

很明显，无论是买家或卖家都有机会通过并购获益。不过，为了创造价值，它们必须有能力衡量和管理价值。创造价值的流程始于甄别和量化那些能创造价值的因子。但更多的时候，我们在做这种事情时，面对的是没有股票价格（作为价值尺度）的非上市公司或上市公司的一个业务分支。

正如你在本书中将看到的那样，涉及价值评估的因素有很多。估值既是一门艺术，也是一门科学。这既是对企业的定量评估，也是定性评估。但还是能把它归结为一句话：企业评估就是有关实现公司未来预期现金流风险的评估。或者更简单地说，它就是有关风险和回报的评估。在之后的章节里，我们将阐述如何在非上市公司培育经营价值，如何在并购中创造、培育、衡量、维护和管理价值。

VALUATION FOR
M&A

第二部分

培育价值

第 2 章　培育价值和计量投资回报：非上市公司
第 3 章　市场和竞争分析
第 4 章　并购市场和规划流程
第 5 章　衡量协同效益

VALUATION FOR
M&A
第 2 章

培育价值和计量投资回报：非上市公司

有关"价值"和"创造价值"的文字是如此之多，以至于这些概念已经掺杂了许多含义。为了使自己的收购或出售决策能够获得最大收益，买家和卖家都必须清楚战略会如何影响价值。对所有者和高管而言，更重要的是理解价值在日常经营管理中（尚未预期出售公司时）是如何被创造或毁灭的。无论是非上市公司，还是上市公司的分支或交易清淡的上市公司，要想对价值的创造进行有效管理的话，首先要做的事情是对价值进行计量。要想计量价值，就必须对"投资""回报""回报率"和"价值"进行精确定义，以便能准确地计算价值和投资回报。但对非上市公司而言，这些指标的计量和相关的记账方式，几乎都是不正确的。结果是，人们无法知晓这些公司的真实经营业绩，以及它们的价值创造或损毁的原因，而投资者也很少知道他们得到的信息数据有误！

上市公司的价值创造模型

理解非上市公司价值创造的路径，始于对上市公司估值模型的理解。这个模型通过公司的股票价格（反映投资者所意识的公司的相对风险水平），评估公司未来的净现金流回报，算出一个公司价值。

对上市公司普通股的投资而言，价值创造和投资回报率相当清晰明了。投资者就是指望以得到红利的方式，获取未来的现金回报（净现金流），并获得出售股票时的升值收益。这种股票升值是下述两个变量的函数：下一阶段的预期现金回报；这个回报的预期增幅。因此，上市公司普通股的价值最终可以归结为股东所得现金红利和这个现金红利的预期增幅——这些都反映在股票的升值上。

基于预期现金收入的普通股估值理论得到了广泛的认同,但许多投资决策却是建立在与此无关的投资或价格数据之上的。在有当期股票价格信息的情况下,有些投资者会关注自己当初在相关证券上所投的金额,而另一些投资者则会聚焦于这种证券的现期价值。后一类投资者的做法是正确的。在财会语言里,投资人最初的投资都是"沉没成本"。最初的这类投资与他们的现期决策无关,因为它们不是未来回报,而且,这些初始投资也不会由于投资者现在所做的任何决策而改变。这里相关的是这种证券的当期价值,因为这种价值代表的是投资者的当期选择(相对于其他投资而言)。投资者应该关注这种价值,因为持有这种股票本身实际上就是决定:不以其他方式投资这种当期价值。

如果把回报定义为净现金流,并聚焦于当期价值而非历史价值,那么风险也就被量化了。不同水平的风险反映在股票价格及其预期回报之间的关系上。高风险投资应该带来更高的回报率,所以,投资者为了实现他们的投资目标,要从众多潜在的风险回报组合中进行选择。因为可以方便地获得每日的股票市场价格和公司定期的业绩指标,投资者乐意聚焦于公开交易的股票,研究当期股票价格和未来现金流。

在这里,相关的分析会用上过往的盈利指标。通常使用的市盈率倍数(P/E)是把当期的股票价格与前期的盈利相比较,但投资者日益认识到未来的环境会有别于过去。这在媒体披露的当期盈利报告中表现得最为明显。人们通常会把上市公司宣布的盈利与市场的预期值进行比较——市场预期更强调价值的未来属性,而历史数据则主要用来评估预期的可靠性。

就上市股票回报率的历史数据而言,它们有助于我们深入理解投资者的风险回报预期,以及投资者预期的最终回报率。实际上,投资者挣得的这些年度回报率都是建立在下述相关金额之上:

- ∞ 表示为期初现金支出的投资。
- ∞ 表示为该期净现金流入的回报。

道衡公司(Duff & Phelps)⊖在年度研究中编制了这些数据(并且本书第8

⊖ Duff & Phelps, LLC, 2017 *Valuation Handbook: U.S. Guide to Cost of Capital* (Hoboken, NJ: Wiley, 2017).

章中也会对其描述），利用它们，投资者可以把预期值与过往投资于这些上市证券的平均历史业绩进行比较。

由此可见，这种上市公司模型计算的是当期价值，依托的是预期净现金流回报，并为了量化公司风险，把这两个数值之间的相互关系表述为一个倍数或百分比。这种方法的好处是可在类似的投资之间做比较分析。股票价格的动向衡量了投资者对公司预期净现金流或风险（或两者）变化的反应。

价值创造和投资回报率的计算：非上市公司

现在，我们已经梳理了市场是如何度量上市公司价值的变化。除了公司内部能力外，这种方法关注未来现金流回报，并通过对当期经济和行业环境进行分析，确定公司的风险水平，最终求得公司的价值。个体投资者、机构投资者、分析师和上市公司的领导层会时常做这项工作，并都心照不宣地认为：他们的结论应该反映在上市公司股票价格的日常变化中。

无论是对于非上市公司，还是上市公司的分支机构或交易清淡的上市公司，要想获得准确的估值和合理的投资回报率（ROI）分析，奥秘在于对上市证券投资模型进行适调，以适应非上市实体的独特属性。然而，采用这种做法要特别小心，尤其是在上市公司和非上市公司之间存在着巨大差异的情况下，更是如此。公开资本市场和私募资本市场是无法相互替代的，它们在风险/回报、流动性、资金获取、负债、管理和行为等方面存在差异。不过，虽然私募市场理论仍在发展之中，但主流的私募资本市场（包括非上市公司的所有者及其顾问）仍然与公开资本市场有相似性，还要依靠上市公司的价值模型来理解和确定非上市公司的价值。实际上，我们已经就此引进了几个关键指标——投资额、回报、回报率和价值。

投资额

如果你投资了非上市公司，那么，在下述指标中，你认为哪些是衡量投资的正确指标？

- （1）你和其他股东在公司所投的初始投资额，以及随后追加的投资额。
- （2）你在公司的投资外加再投入的利润（这是你资产负债表上权益的账面价值）。

∞（3）在你企业的运营中，你所使用的所有有形资产的当期市场价值。

上述的三个指标中前两个答案显然是不正确的，但它们被频繁地用于已用资本回报率（ROCE）的计算。前两个选项的数字代表的是过去已经发生的成本，它们可能与今天的价值有关系，但也可能没有关系。如果这些投资额相较于今天的价值低，那么，它们产生的投资回报率（ROI）较高；如果这些投资额相较于今天的价值高，那么，它们产生的投资回报率（ROI）较低。实际上，这两种情形中的任意一种中，过去的投资额都是不相关的（它们是沉没成本），因为**用于当期决策的关键指标是你投资的当期价值**。

如果你的公司没有创造足够的利润且没有无形资产价值的话，那么，所列的第三个答案选项（在你经营中所使用的有形资产的当期价值）就是衡量投资的合适指标。**对于一个没有无形资产或商誉价值且业绩不佳的公司，你的投资主要构成是公司有形资产的当期价值。**根据我们在中型企业市场工作的经验，在我们所见的非上市公司中，有大约一半企业没能创造足够的利润和无形资产价值。

一般来说，业绩不佳的企业通常几乎没有什么价值，或对当期的所有者而言，其价值莫过于其有形资产价值。此外，可能它还有一些有价值的客户或技术，以及较好的声誉。因为它们没能把这些品质转化为足够的利润，所以，它们没有为当期的所有者创造无形价值。但有一个例外，如果它们以溢价出售给了一个买家，那么这个溢价就可以反映该买家希望创造的无形资产价值。

成功企业的大部分价值体现在它们的无形资产上。本书作者曾做过一份调查报告，对147家出售的公司的财务报表进行了收购金额的分配分析，结果发现：分配到固定资产和运营资金的收购金额平均为收购总金额的23%，意味着这些公司价值的77%体现在它们的无形资产（包括商誉）上。⊖在2016年，霍利亨·洛基（Houlihan Lokey）以455个交易为样本量做了一个统计分析，发现了类似的结果：这种收购对价平均29%分配到有形资产，35%分配到可辨识的无形资产，36%归于商誉。⊖

如果你的企业创造了足够的利润，那它就能带来经营价值或商誉价值（如

⊖ 具体来看，收购对价的39%被分配到可辨识的无形资产，38%分配到商誉。

⊖ 霍利亨·洛基，《2016年收购对价分配研究》（*2016 Purchase Price Allocation Study*），发表于2017年9月。

果你创造的利润超过了你的预期回报率），也就意味着，你的公司就拥有无形资产价值，你的投资就必须以不同的方式来计量。对于所创利润高于其资本成本的公司，其所有者对该企业投资的价值，就是企业未来预期回报的现值。对于非上市公司里什么才是投资的正确指标的那个问题，这应该可以算作第四点答案。这些预期回报越高，其所有者投资价值也就越大。

例如，让我们来看看微软。它今天的价值与多年前人们对该公司的投资额没有关系，与它再投入的利润或其有形资产的价值都没有关系。微软股票在今天市场上的交易价值仅是一个变量的函数：股东预期会得到的未来的预期回报——红利和股票升值。这个用于对上市公司估值的传统模型，与用于对盈利的非上市公司估值的模型是一样的。

习惯上，所有者会把自己对企业的投资与用于购买或扩张企业的现金支出相联系在一起。不过，一旦他们拥有了它，他们必须意识到自己每天的行为实际上都是在做一种选择：不出售公司，而且，无论公司当期的市场价值几何，他们会自然而然地对它进行再投资。当该公司的经营已经创造出了经营价值，超出了投资者为收购或扩张该公司在最初所做的资本支出，那么，这些先前的投资金额就与其当期的决策不相关了。这时，仅有当期的市场价值才有意义。

总之，当你考虑在非上市公司的投资时，如果企业出现了亏损或利润不足，那么，这种投资只能依据该企业有形资产的当期市场价值定价；或者，如果该公司的经营能够产生无形资产价值，那么，这笔投资的价值就是其未来回报的现值。对于赢利的公司，这种投资度量法的计算难度较大，但对要做投资决策的所有者而言，它却是一个很有价值的工具。

回报

让我们来考虑这样一个问题："你投资了一家上市公司，你将能从这项投资获得怎样的回报？"很明显，这种回报只能表现在红利和股票价值的升值上。作为一个投资者，你不可能得到公司的营业利润、其息税前的利润（EBIT）或其息税摊销折旧前利润（EBITDA）。如果公司能做到低利率借款，那么，对投资者的回报就包括了这些低成本融资所创造的利益。

对非上市公司投资回报的计算也应该一样。就非上市公司而言，投资者应该关注的回报是它的可用现金，即该公司剔除了下述科目的所余现金：所有成本费用和税款的支出，以及所有资本支出和运营资金的所有再投资需求。这种

资金有时也称作自由现金流,是企业已投资本的净现金流。它的计算方式如下:

税后净收益
　加:利息费用——扣除所得税
　加:非现金费用——折旧和摊销
　减:资本支出
　减:运营资金新增投资额
　　　已投资本的净现金流

奇怪的是,在财务报表上,找不到已投资本净现金流这个数据,非上市公司所有者几乎不可能看到这个数据。但它代表的却是一种至关重要的现金,是在公司所有的资金需求被满足后,债权人和股东能够从企业得到的现金。它是资本提供者的真正回报。

注意,在这个阐述过程中,我们使用的就是针对负债和权益提供者的回报。这是合情合理的,因为企业的权益可从负债的使用上获益,而且,债务的适当使用能够改善权益的回报。**因而,针对战略规划和价值创造目的的"回报",其合理的计算方式应该是针对负债和权益的,而不应该仅仅是针对权益资本的**。在第6章,我们呈现了有关净现金流计算方式的详尽论述。

回报率

用于价值衡量和计算的第三个指标是投资回报率(ROI)。这是一个必须认真理解的概念,因为投资回报率实际上是衡量风险的指标,而每项投资所携的风险程度不同。合理的投资选择必须考虑相关的风险或考虑该项投资未来回报能够实现的可能性。这种**必要的回报率**(required rate of return)也被称作资本成本、必要回报率或贴现率,并被用来量化未来回报能被实现的可能性。基础投资理论认为,仅在投资者有机会获得更高回报的情况下,他们才会接受更高的投资风险。因此,一项投资的可见风险越高,这项投资的回报率也必须更高。从数学角度看,更高的回报率会导致对未来预期回报进行更高的贴现,会降低这些投资的价值。所以,风险越大,贴现率就越大,价值就越低。相反,与较低风险相随的是较低的贴现率和较高的价值。

这里要注意两个概念的区别:公司的**必要回报率**(反映的是公司的相对风

险水平）；公司的**实际**回报率（反映的是过往的业绩并用于计算公司实际的投资回报）。你的实际回报率可能大于或小于基于投资风险你应该挣得的回报率。必要回报率是你创造价值所必需取得的基准线。因为公司既使用债权资金，也使用权益资金（或混合型资金，比如优先股或可转债），这些资金的每一种成本都必须予以计算。有些公司可以获得成本更低的负债，因为它们有更多的抵押物或它们的回报更有保障，放款人因此愿意给它们贷放更多的资金。负债和股金的相对金额因公司和行业而异，但会对公司的资本成本产生影响。管理质量、竞争程度和其他的竞争要素也会影响公司实现预期收入、预期收益和预期现金流的可能性，而且，所有的这些要素都会影响公司的资本成本。就一家非上市公司的债权和权益资金的加权平均成本（WACC）而言，通常的范围是12%～24%，具体取决于公司的风险水平。这种风险水平可予以量化，方法是通过对宏观经济、所属行业和公司情况的具体分析，评估公司的整体竞争地位和成功的可能性。这个分析评估流程会导出公司的必要回报率或 WACC（用于贴现未来的收益），计算公司的现值。

我们前面说过，在计算投资额和已投资本的净现金流时，需要小心谨慎对待这两个有关投资回报的当期指标，同样，对公司回报率的估算也要格外慎重。但如果没有对风险的准确计量，就不可能精确量化未来的投资回报。在本书第7～9章，我们对资本成本或回报率的计算方法进行了详细的论述。

价值

"价值"可能是一个危险的词语。如果它的定义不合理，很容易被误读，而且，如果计算误差较大，则会导致错误的投资决策。

基于前面的论述，有一点应该是很清楚的，即对非上市公司的投资（**和价值**）的计算结果，可能会大于其有形运营资产的当期价值（如果它没能创造足够回报的话），或大于以必要回报率（反映相对风险水平）贴现的未来回报的现值。对于一个赢利能力充分的公司，其未来回报的现值会超过其经营资产的有形价值——超出部分表现为公司的经营价值或无形资产（有时称之为商誉）价值。这就是企业在现有股东手里的价值，或是针对财务买家的价值（因为它给被收购公司只带来资金）。这种价值是公司的**公允市场价值**，代表所有者在企业的当期投资。这种所有者每天都对公司做这种投资，也就是说，他的行为意味着他还没有打算出售自己的企业。

投资者应该清楚，对战略投资者而言，同一公司可能会有更高的**战略（或投资）价值**（也许会高很多），因为战略投资者通过收购和拥有目标公司，能够以较低的资本投资或以较低的风险创造更高的回报。聪明的投资人都会明白一个道理：对持续拥有自己的非上市公司而言，把公司卖给战略投资者是一个不错的选择——后者能够据此创造协同效益（一种价值增值行为）。通过出售公司，卖方通常能够分享到这些协同效益。

除了公允市场价值和战略价值之间的差异外，投资者还应该关注另一种价值差异，即公司作为一个整体（100%）的价值和公司分拆为不同部分的价值的区别。

就上市公司的投资而言，大多数都可以在几天的时间内出售变现，因为这些股份都是在活跃的证券市场上进行交易的。对于多数非上市公司的投资，却没有这种便利——除非这类公司所有者拥有企业100%的股份，而且，所处行业经常发生企业的买卖交易。

在非上市公司中，拥有少数股份或缺乏控制权的人必须认识到，由于他们缺乏对公司经营的控制权，外加缺乏公司权益即刻兑现的市场，他们的投资相对缺少吸引力。**缺乏控股权和因缺乏控股权而导致的流动性不足会使权益价值剧减25%～50%**，这个幅度甚至超出公司总体价值中这类权益所占价值的合理比例。在第12章，我们会对这个问题做进一步的阐述。综上所述，在评估非上市公司这些股东的单个投资回报率时，多了一项工作：要考虑由于缺乏控股权和流动性而导致的价值递减问题。在为非上市公司投资做退出规划时，如果投资者忽略了上述因素的话，那么，在作为少数权益股东面临弱势谈判地位时，他们会感到意外，甚至会感到失望！

正确计算法之例解：已投资本的价值创造及其投资回报率

为了用例子解读上述理论模型，我们用表2-1～表2-5所述案例，提供有关公司A和公司B的基本信息，并计算每家公司的年度投资额、回报、回报率和价值。然后，计算公司所创价值的年度增值部分，以及所实现的投资回报率。在审视这个案例时，请注意：这个例子并没有提供所用必要回报率（WACC）的详尽求证。在随后的第7～9章里，我们会补上相关内容。

正确计算法之例解：非上市公司的投资回报率

下一个数据是与两家非上市公司A和B相关的。每家公司的股东都投了

100万美元购买了各自公司的权益。在本年度起始日的资产负债表上，每家公司有形的已投资本（净经营资产）的市场价值是1 000万美元，如表2-1所示。公司A和B的风险水平也类似，两家公司的WACC资本化率都是一样的12.5%（正如表2-3所计算的那样）。它们还分别以5%的利率支付贷款利息，以及按27%的联邦和州的合并所得税税率支付税款。在本年度起始日，公司A**预测**的已投资本的净现金流是93.7万美元，而公司B的则是139.2万美元（见表2-2），而且，从长期来看，预期这两家公司的这种回报会有一个4%的年度增幅。表2-4计算了该年年初的投资额和价值；表2-5则计算了该年年底的这两个相关值，然后，还计算了该年度的投资回报率。

表2-1　资产负债表，本年度初期　　　　　　　　　　（单位：万美元）

公司A和公司B					
	面值	市值		面值	市值
现金	100	100	应付账款	200	200
应收账款	200	200	应付票据	600	600
存货	300	300	总负债	800	800
固定资产（净）	400	600	总股本	200	400
总资产	1 000	1 200	负债和股本总计	1 000	1 200
减：应收账款	-200	-200	减：应付账款	-200	-200
净经营资产	800	1 000	已投资本	800	1 000

表2-2　已投资本预期现金流，本年度初期　　　　　（单位：万美元）

	公司A	公司B
税息折旧及摊销前利润	270	330
折旧	-80	-90
利息	-30	-30
税前利润	160	210
所得税	-43.2	-56.7
净利润	116.8	153.3
加：净利息支出	21.9	21.9
加：折旧	80	90
减：资本支出	-90	-100
减：运营资本	-35	-26
已投资本净现金流	93.7	139.2

表 2-3　加权平均资本成本（必要回报率），本年度初期

资本来源	税后成本	权重	加权平均成本
负债	3.7%	30%	1.1%
权益	22%	70%	15.4%
WACC 贴现率			16.5%
减：长期增长率			−4.0%
WACC 资本化率			12.5%

表 2-4　投资额（和价值）的计算，本年度初期　（单位：万美元）

	公司A和公司B
净有形资产（自资产负债表）的公允市场价值	1 000
	公司A
预期净现金流现值（本年度）	$\dfrac{93.7}{12.5\%}=750$
	公司B
预期净现金流现值（本年度）	$\dfrac{139.2}{12.5\%}=1\,110$

结论：虽然净现金流回报的不足导致 A 公司的经营价值无法超过其 1 000 万美元的有形资产净值，但 B 公司的价值却是 1 110 万美元——基于其资本成本、预期利润、现金流量和增长率。这是股东应该考虑的有关"投资"的关键指标。股东 100 万美元的原始投资额、当前权益和已投资本的账面价值都与投资和投资回报率的计算无关

表 2-5　本年度已投资本实际回报率的计算——A 公司和 B 公司（金额单位：万美元）

根据每家公司当年的实际业绩及其年终的竞争地位，预计 A 公司明年将产生现金流量净额为 110 万美元，B 公司预计产生现金流量净额 150 万美元，预计两家公司现金流的长期年增幅为 4%。假设两家公司均未支付股息或派息，A 公司和 B 公司于年终的净有形资产的公允市场价值分别为 1 075 万美元和 1 300 万美元。尽管 A 公司的风险水平（必要收益率）在年末仍然保持在 16.5%，但 B 公司加强了管理，做强了资产负债表，将风险水平（必要收益率）从 16.5% 降至 15.5%。利用上述信息，每家公司在当年年末的价值可计算如下：

A 公司	B 公司
$\dfrac{110}{(16.5\%-4\%)}=880$	$\dfrac{150}{(15.5\%-4\%)}=1\,300$

然后，当年债务和股本资本提供者的总回报计算如下：

	A 公司	B 公司
当年年底的投资价值	1 075	1 300
当年年初的投资价值	1 000	1 200
已投资本增值	75	100
加：本年度实际的净现金流量（仅限 B 公司）	0	110
当年年度的总回报	75	210

每个公司当年的实际投资回报率计算如下：

	A 公司	B 公司
当年年度的总回报 当年年初的投资价值	$\dfrac{75}{1\,000}=7.5\%$	$\dfrac{210}{1\,200}=17.5\%$

(续)

> 在这个例子中，公司 A 实际投资回报率的计算是基于公司有形资产净值，它包括当年所挣的净现金流。由于公司 B 从经营中创造了价值，它为资本提供方所带来的实际回报，既包括了当年创造的额外现金流（相当于上市公司的净税后收益和红利支付款），也包括年末的价值增值部分（基于公司未来预期现金流的市场定价）。当两个数据当中的一个是建立在对未来业绩预期的基础之上时，这种方法计算的投资回报率还能被大家信任吗？要想使这种投资回报率数据具有相当的可信度，这种预期业绩必须建立在非常客观的判断之上。不过，上市公司的投资回报率同样包括基于预期业绩的资本升值部分，所以，这里所呈的方法也是上市公司使用的标准方法。由于培育价值是任何一家公司的经济目标，因而，必须考虑到资本升值，才能准确地计算投资回报率

权益实际投资回报率的计算

在前面的例子中，我们计算了已投资本（包括负债和股本金）的实际投资回报率。非上市公司的所有者还要关注权益的回报；它的计算方法类似于上述案例所示方法。要想计算权益的实际投资回报率，这里的"投资"和"价值"应该包括年初和年末计算的市场价值，"净现金流"则是指可以计到权益所有人账上的钱（包括利息费用但不包括负债本金的收付款），而必要回报率则是权益资本的贴现率。在第 6 章，我们会进一步详尽探讨已投资本与权益的话题。

只要公司所借资本的回报率高于其税后净成本，那么，公司权益的实际回报率就要高于它的已投资本的实际回报率。相对于已投资本回报率而言，对权益实际回报率有影响的那些关键要素包括：赢利水平、相关税率、负债成本和权益成本、资本结构中债权和权益的相对水平，以及资本结构的预期变化（如果有的话）。非上市公司所有者及其财务总监每年都应该评估这些变量，因为他们需要评估公司业绩、增长潜力和更长期的资本需求，以便确定能使公司长期投资回报率最大化的资本结构。不过，为了做到这些，所有者还应该看看自己个人的收益需求、财富规划、投资组合和风险承受程度，外加他们的多元化和流动性需求。尤其是非上市公司的控股股东，应该极力追求能够使他们个人财务目标得以实现的资本结构。当他们的非上市公司投资没能实现自己的财务需求时，他们应该考虑把公司卖掉，把资金投到能实现其需求的其他投资方式中，以便能在更好地满足其需求的同时，还能平衡个人的非财务考量。

债务融资如何影响投资回报率

不同负债水平的利弊如何？投资人如何找到最佳负债水平？把负债融资描述成"财务杠杆"的确非常形象，因为**债务资金能够使所有者撬动或增加其股本金回报**。不过，问题是**这种杠杆效力也能降低投资者的回报**。表 2-6 用一个

例子解读了负债是如何影响权益回报率的。

表 2-6　资产负债表　　　　　　　　（金额单位：万美元）

净经营资产		负债和权益		
	资金结构	A	B	C
	付息债务	0	300	600
	权益	1 000	700	400
总计　1 000	总计	1 000	1 000	1 000

按不同收益水平（除每股收益外）计算不同资本结构的每股收益

资金结构	A	B	C	A	B	C	A	B	C
息税前利润	80	80	80	160	160	160	240	240	240
利息（10%）	0	30	60	0	30	36	0	30	60
税前利润	80	50	20	160	130	100	240	210	180
所得税（27%）	21.6	13.5	5.4	43.2	35.1	27	64.8	56.7	48.6
净收益	58.4	36.5	14.6	116.8	94.9	73	175.2	153.3	131.4
股份数量（万股）	10	7	4	10	7	4	10	7	4
每股收益（EPS）(美元)	5.84	5.21	3.65	11.68	13.56	18.25	17.52	21.9	32.85

看过表 2-6 所示的数据后，投资者应该能得出以下结论：

- 由于负债的利息费用是固定的，无论盈利水平如何，都得支付。在利润低的时候，利息费用会降低或吃掉权益回报。
- 同样，由于负债的利息费用是固定的，当利润高时，权益所有者得到所有新增利润；如果利润太低，债权人就没有额外回报。
- 由于负债风险和回报都较低的特性，追使债权人（对非上市公司而言，债权人主要是银行）把眼睛都盯在抵押品和现金流上。它们必须在企业利润下行时保护自己有限的回报，因为它们在企业利润上行时得不到任何多的回报。

如表 2-6 所示，不同程度的财务杠杆也会带来权益回报的**波动**。在资本结构 A 的状况下，杠杆率较低，而利润在 80 万～240 万美元的区间变动，相关的每股利润从每股 5.84 美元（息税前利润 80 万美元）到每股 17.52 美元（息税前利润 240 万美元）。不过，在负债率较高的资本结构 C 的情形下，每股收益的变化要大得多，在相同的息税前利润区间（80 万～240 万美元），从每股 3.65 美元到每股 32.85 美元。

图 2-1 中描绘的这种波动性清楚地说明了财务杠杆的风险和收益。它向非上市公司所有者强调，清楚地了解公司竞争地位的必要性。您的长期状况显得越健壮，您的收益和现金流应该越稳定——这使您能够更好地利用债务融资。确定性差或竞争力弱，则需要更少的负债和更安全的融资。

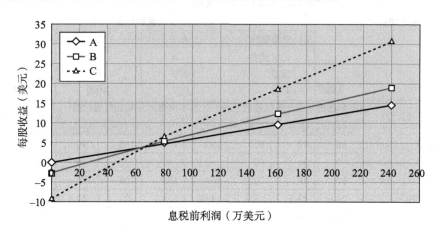

图 2-1　因财务杠杆幅度的不同，产生的每股收益渐增波动

快速成长的公司通常需要更多的资金来扩张，而它们的所有者可以从市场提供的许多融资选择中获益。除了传统的负债外，还有其他方式的次级债和混合型负债权益融资（能提供几乎满足各种需求的风险回报组合）。无论投资者是想要一个最低水平的固定回报，还是外加市场下行的保护和市场上行的获利机会，或是想要管理层在权益价值上升时分享价值的激励方法，都有相关的融资方式满足要求。在考虑到公司融资能力的情形下，每一种方式都有不同的风险回报水平与之相适应，可以满足投资者相应的需求。

当非上市公司所有者在年龄、财富、流动性、掌控公司的欲望和风险偏好存在差异时，上述的这些融资选择还是非常有益的，这些所有者通常不会局限于一种类型的资本结构。一种混合型结构可以适应多种需求，而且，当投资环境发生变化时，还可以改变这种结构。

这对不久将退休的投资者尤其重要，因为他们需要降低自己在非上市公司的投资，以便减少风险、增加投资组合的多样性和流动性。

这里需要谨记：除了在考虑公司的主要资本支出和再融资或所有权变化之前，要对公司的资本结构进行审核，非上市公司的所有者还应该每年审核一次公司的资本结构。在清楚地理解了创造性融资所能带来的风险回报后，所有者

既可据此提升自己的投资回报率，也可在此过程中取得其他更好的理财目标。

提升投资回报率的经营选项

一旦理解了非上市公司投资回报率的机理之后，下一步就是设计一个改善投资回报率的战略。就此，首先应该谨记提升投资回报率的关键要素：

- **投资（现值）**。在不引起回报下降或风险增加的情况下，降低用于净经营资产的投资。例如，通过增加存货周转频率，把存货所需投资金额从 300 万美元的市场价值降低到 250 万美元的市场价值，把省下的 50 万美元付给股东。该公司的净现金流和价值仍然没变，只是创造相同数量现金流所需资金变少，而股东获得了更多的收益。
- **回报（净现金流）**。在不增加公司投资或风险的情况下，增加预期的净现金流回报。例如，通过改善广告效果，新增 10 万美元的净现金流——如果以 10% 予以资本化的话，会带来 100 万美元的新增公司价值。
- **回报率（风险）**。在不增加股东投资或不损害净现金流回报的情况下，降低公司风险。例如，通过引入一组能吸引更多客户的产品线，公司就可减少对其大客户的巨大依赖。通过降低公司客户集中度的举措，该公司可以把 WACC 资本化率由 10% 降到 9.5%。当 120 万美元的预期回报按 9.5% 进行资本化时，公司价值就增加了 63 万美元。

结论：可以通过降低投资、改善回报或减少风险的任何组合，提升公司的投资回报率。明智的股东会通过不断追求相关经营战略，致力于实现公司价值的提升。当然，这些股东还应该认识到，公司董事会和高管层的主要（如果不是最重要的）作用是制定和执行能够提升投资回报率的成功战略。作为公司战略规划流程的核心部分，这些相关的战略战术每年都应该予以审视和增补。

在投资回报率及其最大化管理上，所有者普遍面临的问题和担忧

- **在计算投资回报率时，上市公司的投资者也关注已投资本的净现金流吗？** 专业的上市公司投资者和管理人主要关注**权益**净现金流——他们实际的所得回报。其构成是红利和股票价值的增值部分。由于上市公司的投资者可以很容易卖出他们投资的普通股，而且，他们一般无法影响公司的资本结构及其负债水平，所以，他们关注的是借款后的现金流而不

是已投资本的净现金流（它是借款前的现金流）。

- **一家公司的实际业绩与预期业绩的比较是如何影响其价值的？** 正如已经解读过的，如果未来的预期利润足够合理的话，其实现可能性的大小决定了公司的价值。当一家公司的实际业绩高于或低于预期业绩时，投资者会因为这个新的信息决定他们新的预期，并最终决定公司股票的价值。所以，虽然投资者持续地关注公司过往的业绩，但他们通常是基于未来的预期业绩来做自己的投资决策。就上市公司而言，实际业绩与预期业绩之间的比对评估总是会持续不断地进行，即投资者总是把实际回报水平和预期回报水平进行比较。

- **技术的突破、竞争对手的出现或一个关键人物的流失之类的公司竞争地位的重大变化，会影响公司的价值吗？这种变化会在何时发生？** 在公开市场交易的股票价值（价格），每天都会随着竞争要素的变化，发生上下的波动。实际上，非上市公司的权益价值的变化也是如此。只是人们很少注意到，甚至完全没有意识到这种变化，因为通常没人定期监测非上市公司价值的变化情况。一旦投资者意识到新的竞争信息后，上市公司和非上市公司权益价值的变化就会发生。

- **股东应该在何时关注公司对战略买家而言的价值和公允市场价值？** 对股东而言，明智的做法是时常留意战略买家对自己公司的兴趣，了解买家可能会基于并购所获协同效应而支付的价格。当股东认为自己公司的战略地位及其竞争优势即将下降时，应该特别关注战略买家表现出的购买兴趣。在那个时点上，战略买家可能有能力克服卖家面临的这种式微，为此，它们会支付一个有吸引力的价格。

- **既然较低的资本成本（反映的是较低的风险）能带来较高的价值，那么，投资者能通过增加负债来降低资本成本或 WACC 吗？** 这个问题有一定的理论意义，但没有现实意义。价值取决于市场愿意为一项资产支付多大的价格。对买家而言，一项资产的当期资本结构几乎没有什么意义，因为买家通常是携重金而来。因此，由负债产生的财务杠杆效益是由买家带来的，所以，不应指望买家为卖家所具有的潜在负债效应向卖家支付任何溢价。虽然债务融资不会人为地提高公司的价值，但如同本章所述，它能够增加投资者的投资回报率。

- **增长会自动地创造价值吗？** 许多股东和公司高管常会惊讶于被告知：当

公司的收入或资产增加时，它的价值不会自然而然地出现。规模的增大不一定会带来更多的现金回报或不一定会降低风险。即便会有盈利的增长，但通常需要对运营资金和固定资产进行现金投资，这都会减少公司的预期净现金流。因此，在考虑到资本的再投资需求后，只有在增长能降低风险或创造正向的净现金流时，这种增长才能够创造价值。

- **公司的风险程度会有多大的变化，这种变化能够精确地计量吗？** 计算回报率的方式在第 8 章和第 9 章都将有阐述。虽然这些方式的确涉及对未来预期风险的认知和判断，但把这些回报率予以量化的系统做法是可靠和准确的，尤其是对成熟的企业而言。在中型企业市场（这类公司的销售规模从 1 000 万美元到数亿美元），企业的稳定性要低于那些最大级别的上市公司，也就是说，它们市价的波动性要大，而且大很多。例如，正如我们将在第 8 章详细阐述的，对于纽约证券交易所交易的公司，规模最小的那 10% 的公司价格波动性，比最大的那 10% 的公司要大将近 50%。所以，中型市值公司的风险程度的变化也很大。衡量和量化股票价值的这些不断变化的影响因素，现在都有现成的信息和方法。

- **一家非上市公司的实际回报率是 10%，但根据其风险程度，它应该创造的必要回报率是 18%。** 如果财务顾问告诉这家公司的所有者，用他出售公司的收入投到一个保守型的投资组合，他仅能获得 6% 的长期回报率，那么，这家公司的所有者为什么会考虑卖掉这家公司呢？假设财务顾问建议投资退休账户，而且，预估的 6% 长期回报率没有问题，那么，这个所有者考虑卖掉公司的话就应该看是否有下述原因：

  （1）他在这家非上市公司的现有投资业绩不佳，也就是，这个投资不是在创造价值。

  （2）更重要的是，这个非上市公司是一项风险很高的投资，而且，由于这种风险，他非常有可能会面临这样一个结果：这项投资的价值会很快缩水。

  （3）这个所有者也应该意识到：他的财富多半是集中在这项风险很高的单一投资上，他欠缺一个面临退休的人所应该有的多元化投资。

  （4）他在非上市公司的投资缺乏流动性。如果他在这家公司的股份不足以控股，那么，缺乏控股权及变现能力的不足，不仅降低了他投资的价值，而且，也使他管理这笔投资的灵活性受到局限——如同第

12章所将讲述的。

8. 有些成功的非上市公司的所有者避免举债，因为他们"不想为银行支付利息"。这种态度有危害吗？虽然我们阐述过慎重使用负债能增加权益回报，但主要的危害还不在于这个所有者不愿意借钱。更重要的是非上市公司的所有者要认识到，所有资本都是有成本的，都应该带来回报。不能因为投资者没有因为股本金每年为自己支付回报，就认为权益资本是"免费的"。相反，权益的风险程度要远远高于债权（可能至少要高出三倍），它必须挣出一个必要的回报率，或者该所有者应该在别处寻求更具吸引力的投资机会。

价值创造战略之分析

可以使用被称为杜邦分析的投资回报率工具，来监控一家公司价值创造的过往表现和未来的潜在表现。在一个世纪前，为了跟踪检查杜邦公司多元化投资的业绩表现，该公司的研究人员研发出来这个分析工具。杜邦分析把利润率和资产周转率视作计算资产回报率的标准因子。

杜邦公式涉及两个因有潜在误导性而受到抨击的会计指标"收益"和"投资"。它使用的收益和投资这两个会计指标，都是建立在账面价值上的，而面值这种计量方式可能扭曲业绩和价值的评估。不过，只要做一些适当的调整和慎重的解读，杜邦分析就还是会有助于辨识和量化价值动因，有助于最终制定出能够改善投资收益和创造价值的战略。

杜邦分析找出了标准因子：利润率和资产周转率，用它们导出净运营资产回报率，如表2-7的公式所示。

表 2-7 杜邦分析

利润率		净运营资产周转率		净运营资产回报率
已投资本净收益/销售额	×	销售额/净运营资产	=	已投资本净收益/净运营资产

利润率（也称作销售回报率）是通过比较收益与收入来衡量基于销售金额的利润率。为了这种分析目的，应该剔除非经营性或非经常性项目的收益或费用。利息费用（扣除了所得税优惠影响的）应该加回到收益里，以避免融资成本影响经营业绩的分析。所得结果就是公司的已投资本（I/C）净收益，即税后但

融资成本前的标准化净收益。改善利润率的策略包括增加收入或减少费用。要想追求这些目标，就应该把经营管理聚焦在利润率的价值动因（见表2-8）的分析上。

在为改善赢利能力而评估相关职能领域时，管理层应该求助于战略规划及其优势、劣势、机会、威胁（SWOT）分析（在第3章将进一步阐述）。这些SWOT分析有助于分辨和评估如何在这些职能部门做某些改变，以实现改善公司赢利能力的可能性。多数经理人和股东都清楚收入的增加或费用的控制与赢利能力之间的关系，以及这些努力如何能带来价值的创造。但没有几个人看到了资产使用效率（称作资产周转率）的重要性。这个价值模块聚焦于已用资本（对应于已经创造的销售量）。这里的相关改进可以通过下述策略取得：相关收入增幅要高于相关资产增幅，或相关资产降幅要大于相关收入降幅。然后，这种概念性的目标可以通过改善应收账款的回收周期、存货周转率和固定资产周转率等来实现。表2-9展示了涵盖总资产的主要资源及其功能。

表2-8 利润率的价值动因

价值动因	利润表科目
市场 客户 广告和推广政策 销售量 定价	销售额
生产能力 生产效率 产品设计 原材料选择和成本 劳动力成本 间接费用及其利用率	已售产品成本
仓储渠道成本及其效率 营销、广告和销售成本 行政管理政策及其成本	经营费用
税收属性 税收策略 税率	所得税

表2-9 资产周转率的价值动因

价值动因	资产负债表科目
客户数量 行业惯例 授信政策 收款程序 折扣和回扣 信用损失敞口	应收账款 收款周期
供应商能力 采购/搬运/仓储成本 客户忠诚度和断货风险 生产条件 渠道能力 过季风险	存货及其周转率
供应商数量和采购话语权 行业惯例 付款政策 现金流量能力 折扣与回扣 可用信用程度	应付账款 累计应付 付款周期
当期和预期产能 生产和调度效率 仓储和渠道效率 资金掣肘 供应商能力及其可靠性 自制或外购的取舍	固定资产及其周转率

在为改善资产利用效率而评估这些行为时,管理层应该重新回到 SWOT 分析,认真考虑公司的内部能力和外部环境,确定哪些行为有改善业绩的可能性。

在传统的杜邦分析里,以百分数衡量的利润率乘以资产周转率(以周转次数表达),得到资产回报率。这个回报率(以百分比表示)在这里受到的重视,要逊于传统分析采用的回报率,原因是它依托的"回报"和"投资"是基于会计指标。在聚焦价值时,应该分析旨在改善利润率和资产周转率的当期策略和新拟策略,以确认它们对投资、净现金流和风险的影响。决定净现金流的因素是销售量、经营利润率、税率,以及对运营资金和固定资产的投资需要。在战略优势和劣势一定的情况下,风险会在 SWOT 分析和公司竞争地位里得到反映。这种风险最终量化于资本加权平均成本(WACC)——它反映了公司经风险调整过的负债和权益的成本以及两种融资方式的相对金额。图 2-2 概述了这种价值创造分析的成分和构成。在第 3 章,我们将会阐述以 WACC 为核心的竞争分析;在第 9 章,我们将会论述量化 WACC 的方法。

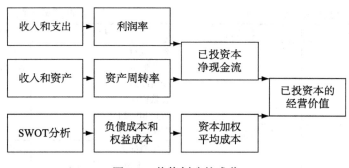

图 2-2　价值创造的成分

在图 2-2 中,由左至右的流程图可用下述方式进行概述:

- 收入减去支出再除以收入得到的是每一美元销售额的利润(利润率)。
- 收入与资产之比反映的是使用多少资源取得如此的销售额,目的是揭示资产的使用效率。
- 利润率和周转率的结合得出已投资本净现金流(NCF_{IC}),即属于债权人和股东的现金回报。
- SWOT 分析考虑的是公司的内部能力和外部环境。
- 公司的债权和权益资金成本取决于它的内部能力和外部环境。
- 把公司债权人和股东享有的净现金流用 WACC(债权和权益的综合成本)

予以贴现或资本化，得到公司的经营价值。

一旦收集并整理出企业的这类信息，那么价值创造的关键就是找出能最有效地改善净现金流或减少风险的那些策略。在这个过程中，经理人通常会受到诱惑只顾创造销售额或增加资产，而忽略对净现金流的影响。这些增长策略通常只会徒增公司的风险水平，因为这些会使公司偏离它的核心业务或进入一个不太熟悉的市场。所以，每一项经营策略都必须量化为公司的现金流及其相关风险，同时，在考虑到特定竞争条件的情况下，管理层还要客观地评估公司实施这种策略的能力。

这些价值培育的概念如何与通常称之为"经济增加值"的策略相比较

它们相当类似。有些经济增加值的应用需要使用一些特定的调整和系统方法，但相关的概念目标却总是用于促进下述经营策略的推进：

- 通过增加收入、降低费用和更加有效地运用资产的某种组合，增加净现金流。
- 降低公司风险（相对于其预期回报而言），从而降低公司的资本成本。

至此，在直觉上，非上市公司价值创造的内涵应该是清楚了。它运用了上市公司的价值创造模型，但需要增加管理层的注意力和价值度量精度（因为没有上市股票的市场价格）。当然，这里的关键是要寻求能创造现金流和带来最大成功率的策略。要想做到这两点，需要认真理解和始终关注前述有关影响风险和回报的基本要素。为了启动这个理解的旅程，我们随后会更加详细地探讨如何分析公司的战略地位，以便评估和量化相关风险。

VALUATION FOR
M&A
第 3 章

市场和竞争分析

我们已经论证了一家公司的价值是由预期净现金流和相关风险水平决定的。为了对价值进行衡量并对价值创造活动进行管理，我们需要对公司经营所处的竞争环境进行准确评估。这种评估包括分析将会影响公司业绩的外部条件和内部条件。在年度战略规划的流程里，许多公司都会定期做这项工作。不过，多数非上市公司尚未做到的是，如何把战略规划的结果与为股东创造价值的最终目标连在一起。无论是为并购活动评估公司的价值，还是为改善公司的经营业绩或其他原因评估公司，竞争分析都是一个必要的步骤。

许多人把估值主要视作一种财务计算行为。他们会分析过往的财务状况、头寸和现金流，计算财务比率，并把它们与行业的均值相比较。基于这些信息，他们会制作预测公司未来业绩的试算表。他们还会用手握的这些数据计算出公司的价值，并对他们的评估信心满满。

这个流程忽略了财务报表的一个主要弱点：这些报表描述的是公司财务表现的**结果**而不是**原因**。一家公司的成功通常是基于它的下述能力：以合理的成本、适当的数量和质量，及时有效地生产产品或提供服务；以具备足够吸引力的价格，对这些产品或服务进行有效推广、销售和配送。这种成功依赖于许多外部和内部的因素，需要把这些要素作为估值流程的一部分进行评估。所以，对公司进行扎实的**定性**评估至少和**定量**评估是同等重要的。本章将主要论述市场和竞争分析，评估公司与竞争对手在市场上竞争的战略地位和能力。

测试自己公司的风险和价值动因

许多行业的公司都是按照盈利倍数、现金流倍数或收入倍数进行估值。这里要谨记的一个关键点是：目标公司的合理倍数取决于它的优势和劣势。扎实的评估能力需要娴熟地把握影响这些倍数上下变动的那些因素。**从买家和卖家的角度**，分别测试一下你自己，看看你认为下述 20 个要素，**通常**会增加或减少公司的价值及其倍数。相关答案都在问题后面的段落里。

1. 享有很高的品牌知名度或很高的客户忠诚度。
2. 销售集中于几个关键的客户。
3. 经营活动是建立在一个维护良好的实体工厂之上。
4. 在一个客户基数有限的小行业中经营。
5. 为股东创造了可持续的大额净现金流。
6. 已经编制的财务报表经过审阅而不是审计。
7. 具有竞争优势，比如技术、位置或独特的产品线。
8. 在运营资金不足和融资能力有限的背景下经营。
9. 未来的经济条件和行业条件基本有利。
10. 公司的运营极度依赖几个有限的高管。
11. 向地域广阔的市场上的客户，销售多元化的产品。
12. 销售与竞争对手几乎没有差异的大宗商品类产品。
13. 处在一个规模大、增速高的行业。
14. 处在一个产能大量过剩的行业。
15. 有很高的行业门槛阻止新竞争者进入。
16. 出现替代的产品或自己过时的技术引来持续的威胁。
17. 在细分行业具有很强的地位。
18. 通过经销商出售产品，对产品终端用户的理解或接触有限。
19. 要么是最有效的低成本生产商，要么是效率最好的高品质生产商，要么是两者兼而有之。
20. 有与客户、供应商和雇员诉讼的历史记录。

在一个行业里，如果公司的买卖价格是其盈利水平的 4～8 倍之间，那么，这个区间就给出了估值的主要偏差范围。上述奇数项所列的风险动因和价值动因，通常会把公司价值推向倍数曲线的高端，而偶数项的动因通常都具有负面效应，会导致更低的价值倍数。这些动因的影响力因公司而异，而具体评估则一定是主观掂量每一个动因的分量。最后，在评估某个动因的作用时，谨记，在评估时，这种动因可能只是单处于目标公司之内，但并购后，这种动因可能就被抵消了——由此，产生了一种协同效益。

把战略规划与价值培育联系起来

为了给企业提供目标和方向，公司都要做年度战略规划。在规划的第一阶段，公司会确定使命：除了定义公司的目标外，还要帮助其管理层和员工识别那些通常被称为利益相关者的关键客户，公司主要为获取长期成功向他们负责。一个典型的使命陈述如下：

> 我们的使命是为我们的客户提供高品质的产品和服务，同时，为我们的股东提供尽可能高的投资回报，为我们的雇员提供一个安全高效的工作环境，让每个人成为我们社区的有建设性的企业公民。

使命的表述是有意做得很通用化，而且，正如上面的例子所示，可通用于任何营利机构。管理层和雇员应该每年重新对其审视，以便能准确聚焦公司生存的原因，以及要想长期持续成功，公司应该为谁服务的关键问题。

通常是以公司的使命表述为起点，展开公司的年度战略计划。公司战略始于董事会和高管设立的长期总体目标。在既定目标的大方向之下，这个规划流程会沿着公司组织结构向前走，每个部门都要制定各自的中期和短期目标及实施计划——都必须与公司董事会设定的公司长期目标相一致。这些计划被提交、评估、再提交、再评估，直至最终获批。在这个过程中，既能为公司的发展指明方向，也能在所有管理层级中达成一致。与此同时，伴随着每个层级实施计划的是财务预算——它是公司如何实现目的、目标和任务的财务表述。

在所有层面的规划流程中，一个基本的步骤就是竞争分析。这种分析通常的做法是评估公司的内部能力和外部环境，以辨别公司现有的所有优势、劣势、机会和威胁（SWOT）。内部分析考虑的是公司的能力，包括生产能力和效率，推广、销售和渠道的效率，技术能力，管理层和雇员的深度、品质，以及可用性——这些涉及的是企业的优势和劣势。外部分析检视的是会影响公司业绩和竞争地位的那些外部要素，包括经济和行业条件——这些表现出的是机会和威胁。SWOT分析旨在定义公司经营的竞争环境，以便公司在考虑到这些环境条件的情况下，能够辨识获取成功的最佳战略。也就是说，SWOT分析能够使管理层制定出这样一种战略：最大限度地减少公司弱点对其业务的影响的同时，根据行业条件和公司相对于竞争对手的能力，最大限度地发挥其优势。理想情况下，公司应把其优势与因为竞争对手的劣势或漏洞带来的市场机会相匹配起来。

在为估值做竞争分析时，应该做同样的SWOT分析。它能够辨析和评估公司是怎样运营的，是怎样依赖供应商和客户并与其互动的，它相对于竞争对手的业绩表现如何。借此，并考虑到它所处行业和经济环境，我们可以确定该公司所含风险相对于竞争对手是多大。随着竞争分析的推进，我们会辨识出反映在公司财务报表上的那些结果背后的原因。也就是说，我们能够弄明白，在竞争环境一定的情况下，为什么该公司的行为模式会是这样。而且，因为投资永远是向前看的，所以，竞争分析最终是用来评估公司的**预期**业绩。历史提供的是过往的业绩记录，而价值则主要是未来的函数。

在竞争分析中，要找出的那些要素通常都被称作价值动因和风险动因。这里的**风险动因**为公司带来不确定性；价值动因反映的则是公司的优势——它们能够使公司的风险最小化，也能使公司的净现金流回报最大化。经过日积月累，对公司风险动因和价值动因的辨识，可以协助公司确立自己的战略优势和认识自己的战略劣势。在考虑到公司竞争地位的情况下，这两种要素最终都会量化于两个数值：一个是贴现率——反映公司的总体风险水平；一个是预期净现金流的预测值。

十大价值动因

对于企业所有者来说，识别和理解与业务相关的价值动因（增加现金流和降低风险的因素）至关重要。尽管在本章和本书中确定了许多价值动因，但我们认为以下十点对于增加现金流和降低风险，从而提高公司整体价值，至为关键。

资本通道。公司规模越小，获得债务资金和股权资本的可能性就越小。在此，公司需要评估实现其目标所需的资本种类。这里需要问的问题是：

- 公司目前杠杆率如何？
- 银行契约的限制如何影响企业及其未来的计划？
- 股东是否需要提供股本金或个人担保的贷款？
- 是否可以选择引入外部投资者和发行优先股？

客户群。一个稳固而多元化的客户群对于企业的持续生存至关重要。当公司通过向其最大几个客户提供上乘服务而增长兴旺时，相关的依赖性可能会过分增加，以至于收入的百分比会集中于过少的客户；公司必须管理客户集中度的稀释问题，以减少失去大额收入源的风险。

- 公司五大客户占收入的百分比是多少？
- 经常性收入的金额是多少？
- 客户群的经济有效期是多少？

规模经济。随着产量增加，企业通常会降低单位成本。无论是基于更大数量的批发折扣还是市场的传播成本，大公司在某些运营和市场上都具有明显的优势。

- 公司是否有效地利用了其内部的规模经济（即累计的成本效益——无论其经营的经济环境或所在行业如何变化）？
- 什么是公司可以实现更多规模经济的增长机遇？
- 公司能否加入财团，实现合资或采用外包，以增加采购话语权并降低支出？

财务业绩。财务分析有助于衡量公司的经营趋势，识别其资产和负债状况，并将公司的财务业绩和状况与其他具有类似定位的公司进行比较。内部编制的财务报表可能会妨碍管理层对绩效的评估，可能导致潜在买家质疑这些数据的质量问题。

- 公司如何在流动性、活性、赢利能力和偿付能力方面进行比较？
- 已经有什么财务控制措施？
- 财务是否由外部注册会计师审计或审查？

人力资本。公司的员工是组织的核心。关键的价值动因包括员工为企业带来的知识、技能、经验、培训和创造能力，以及公司文化的健康。

- 质量控制程序是什么？
- 生产/服务能力的有效性如何？
- 公司如何管理？
- 管理的深度和广度是什么？
- 在技术知识、生产技能或客户联系方面是否存在关键人员的依赖性？
- 是否有管理层的继任计划？
- 个人股东有什么权利？

市场环境。每家企业都会受到经济趋势和行业发展的影响。管理层必须了解行业如何受到经济因素的影响，以及行业是如何构建的，以便能够最大限度地减少宏观趋势对企业的影响。

- 公司的市场份额是多少？
- 它的市场定位如何？
- 管理层是否了解其所在的细分市场及其产品的特性？
- 公司是否有多种产品可以调节经济波动的影响？

营销策略和品牌。营销是顾客需求与他们对公司产品/服务的反应之间的衔接点。强大的品牌推广不仅会提高市场认知度而提高公司销售额，还会为企业提供一个明确的方向，从而在它与公司使命相关时，提高公司的运营效率。

- 公司如何推销自己？
- 它营销和销售的能力和不足是什么？
- 它的品牌效果和知名度如何？
- 它在社交媒体的存在状况如何？
- 它的网站效率如何？
- 品牌是否与公司的使命表述及其战略方向相关联？

产品/服务提供。专业公司常常因专注于利基市场而获得优势，但由于缺乏多样性和过度依赖有限市场，而可能会出现集中度的风险。一些专业公司可能会发现它们的那些最大客户通常都采取只与提供广泛产品的供应商打交道的政策，迫使它们扩大产品供应种类或把自己出售给大公司。日益增长的多样化能降低风险，提高价值。

- 公司的产品/服务组合是什么？
- 集中的产品/服务是如何受制于经济和行业波动的？
- 为了实现多元化，可以提供哪些与现有产品/服务不同的产品/服务，但还能使用类似的人力资本、生产能力、基础客户群？
- 有哪些垂直或水平的整合机会？

战略愿景。大多数公司制定了年度预算，但很少有人试图制定商业计划或长期预测。估值都是涉及未来预期的事情，所以公司管理需要一个创造价值的战略愿景。管理层必须审视他们从公司所收集到的所有信息，以便构建一个可以传递给未来所有者的战略愿景，进而为企业的销售额提供额外的支持并确保其连续性，甚至增加销售额。

- 什么是管理层的长期前景？
- 公司上次是何时制定了正式的商业计划？
- 公司的战略是否与客户特征、周期、需要和需求保持一致？

技术。资金较少的公司往往缺乏足够的研发资源，难以跟上市场技术变化的步伐。这些公司在不久的将来往往会面临大量不可避免的资本支出需求，或只能将有限资源分配给数量有限的产品开发项目。这不可避免地导致产品或服务过时、未来的增长被拖累以及市场份额的损失。与此同时，尽管有成本更低和性能较弱的技术，但大公司还是会展示其技术优势，开发满足客户新兴需求的产品，以便客户可以选择更好的产品。

- 公司为研发配置了多少资源？
- 他们使用的技术是最新的吗？
- 即将发生的技术变革是否会对公司的产品/服务产生负面影响？

评估公司的具体风险

贴现率的推导过程将在第8章里详细阐述。在这个贴现率里，内含于竞争分析的主要元素是非系统性风险（或阿尔法），它度量公司相对于同行的具体风险。非系统性风险通常涉及三个层面的评估：

- （1）宏观经济。
- （2）所处行业。
- （3）公司自身。

竞争分析始于宏观环境层面。然后，它会聚焦于更为具体的点：首先是标的公司所处产业，然后，是那个产业中标的公司所处的行业分支。最后，在这个分析的结尾，对该公司本身做一个综述。这里分析的风险一般都是前瞻性的，因为它侧重考虑公司在未来经营活动中可能面临的各种状况。

宏观环境风险

这种风险分析始于对所有公司未来经营的外部条件的探讨。这些条件包括政治、监管、社会经济、人口结构和技术等诸多因素，而主要焦点是经济形势。所涉及的具体经济因素则从一般的经济增速（国民生产总值或国内生产总值）

到通胀率、利率、失业率及类似的因素。公司服务的市场及其客户基数，常常决定了这种分析的宽度。例如，为一国或国际客户提供服务的公司必须考虑相关的经济形势，但当公司客户主要是地区性客户时，州和地区的经济形势就是焦点。

对监管、政治、文化和技术因素的分析程度，取决于它们对公司业绩的影响力。例如，处在医疗保健行业（监管影响力相当大的行业）的公司，需要对这些因素将如何影响公司的整个业绩，做全面的检视分析。类似地，如果预期会出现大的监管或政治变化，那么，这些因素都必须予以认真考虑。对技术的变化，也应该依据它们对公司业绩的预期影响程度进行研究分析。那些业绩增长和经营成功十分依赖于技术的公司或那些特别敏感于技术改良的公司，需要对相关技术要素进行更加深入的研究分析。

大多数宏观环境要素不是公司所能直接控制的，但为了评估它们对公司业绩的影响，要对所有的相关要素进行分析。

行业分析

在行业层面，需要认真分析在一个选定行业里经营的公司整体吸引力，以及公司与竞争对手的相对地位。只要可能，一般都会对较宽泛的行业进行更具体的定义。例如，把医疗保健行业细分为疗养院，然后，在这个类别里，还有与辅助老人生活相对应的私人护理老人院。类似的行业细分可以把餐饮服务业分为餐馆业、快餐餐馆与全菜单餐馆，然后，再细分到有酒精饮料类餐馆和无酒精类餐馆。记住，行业规模会影响分析员做这种细分的能力。较大的行业通常都有致力于为会员利益做研究的协会或专业组织。

期初是在行业层面，最终延伸到公司层面，战略的制定和实施都必须是为了指引企业在未来获得成功。目的都是为了发掘和利用公司的战略优势，同时，使公司劣势的影响最小化。

对于战略分析，现在已经发展出了各式各样的方法论或相关框架。也许最著名的战略分析之一是来自迈克尔·波特（Michael E. Porter）的《竞争战略》。⊖它为行业内的对手和结构分析提供了一个框架。这包括进入障碍和新进入者威胁的分析，谈判地位和客户/供应商的影响，以及替代产品或服务的威胁。波特阐述了几种基本战略形态，包括品类领先、差异化和聚焦——代表了公司可以

⊖ Michael E. Porter, *Competitive Strategy* (New York: The Free Press, 1980).

在行业里采取的不同的战略定位。

行业分析的目的是甄别和分析行业要素将会如何影响公司的竞争力。由于这种分析是前瞻性的，所以它是在确定了公司的战略优势和劣势的情况下，分析公司未来可能的业绩。这种战略分析应该认清"定位"的概念——分析基础是产品的多样性、市场的各种需求、进入机会以及它们之间的利弊平衡。

基于这个模型，波特随后发表了许多文章，包括他的经典之作《何为战略？》。在这篇文章里，波特讨论了"重构战略"问题，阐述了成熟公司重新定义战略的挑战的方式：

> 对多数公司而言，最初的成功要归结于它们取舍明晰的独特战略定位。在这个阶段，所有的经营行为都与那个定位高度一致。然而，时间的流逝和增长的压力导致了定位的懈怠——最初几乎毫无察觉。通过一系列新增的变化（每次似乎都有些察觉），许多成熟公司都逐渐放任自己与竞争对手的同质化。这里的问题不在于过往定位已不再有效的那些公司如何改变；它们面临的挑战是要重新开始，就如同一个新的进入者一样。这里所谈的问题是一个普遍的现象：成熟公司得到的是平庸的回报而且缺乏明确的战略。通过产品种类的不断增加、服务新客户群体的力度加大，以及对竞争对手行为的模仿，这种公司失去了自己明确的竞争定位。典型的情况是：这种公司效仿许多竞争对手的产品线、经营行为和发展目标，把大多数客户群作为销售对象。
>
> 有一组方法能够帮助公司重构战略。首先是认真审视公司已经做了什么。多数一流公司都有一个独一无二的内核。我们可以通过回答下述问题，辨识这种内核：
> - 我们的产品或服务类别中哪些是最有特色的？
> - 我们的产品或服务类别中哪些是赢利能力最强的？
> - 我们的客户中哪些是感觉最满意的？
> - 哪些客户、渠道或季节是最赢利的？
> - 在我们的价值链里，哪些环节是最独特且最有效的？
>
> 随着时间的流逝，在这个独特的内核周边会逐渐生成一层坚硬的外壳，就像藤壶一样，必须把它们移开才能露出内层的战略定位。在不少公司，一小部分产品或客户创造了大部分的销售额和利润。实际上，最具挑战性的任务就是重新聚焦自己的独特内核，使公司的经营

管理活动与其保持一致。把处在边缘的客户和产品出售掉，或通过边缘化、提价，让他们或它们逐渐退出。

一家公司的过往经历也会有教益。创始人的愿景是什么？是什么成就了公司产品和客户？回首过去，人们可重新审视最初的战略，看看它是否仍然有效。过往的定位能用现代的方式实现吗？能与当今的技术和做法相一致吗？这种思索可能导致战略的重新构建，推动组织重新恢复它独一无二的核心能力。这种挑战可能令人兴奋无比，可能会给组织注入信心，从而使组织做出至关重要的战略取舍。㊀

行业分析是一个重要的步骤，不仅在公司年度战略规划流程中如此，在企业估值中也一样。因此，管理层必须清楚地了解一个行业的相对吸引力，最有可能改变这种吸引力的市场和结构特征，以及在该环境中成功竞争所需的资源。做行业分析和战略规划需要一组专业的知识。若一个企业评估师想要对公司可能的业绩做一个合理的评估，就必须对这组知识烂熟于胸。对于那些缺乏这种知识的人，在处理大的估值事宜或做并购决策之前，最好先去设法汲取一些相关知识及其内含的智慧。

公司分析

在做公司内部的优势和劣势分析时，要考虑上面讲的外部经济和行业要素。也就是说，公司的内部评估应该反映外部环境，包括 SWOT 分析的内容。

一个合理的内部分析要回顾公司的过往业绩，这里要特别关注竞争因素——这些是财务报表上那些结果的原因。在审视了企业的过往之后，公司分析就应转向对未来宏观经济和行业条件的预期上，看看这些条件与过往的可能有怎样的不同，以及公司在这种预期环境中的竞争能力。第 2 章阐述的杜邦分析主要聚焦于利润率和资产利用效率，可以用杜邦分析预测未来的业绩。也就是说，应该从利润率和资产效率的角度，评估公司的每个主要功能领域：采购、设计/生产、推广、分销、销售和一般管理。要对每个业务领域进行这种分析，以便评估出公司的投资收益。最终，收益应该被量化为投资资本的净现金流量和作为加权平均资本成本（WACC）的收益率——这些因素决定价值创造。

在评估收入时，一定要按产品或服务线做收入分解——这里要反映外部条

㊀ 这几段文字摘自迈克尔·波特在《哈佛商业评论》（1996 年 11～12 月）的文章《何为战略？》。相关的授权许可来自 Copyright© 1996 哈佛商学院出版公司。

件和公司内部竞争优劣一定时，它们的预期规模和预期价格。影响公司净现金流的其他要素包括销售成本、经营费用、所得税，以及固定资产和运营资金的筹集。也必须把这些要素放在公司内部能力和外部环境的背景下进行评估。此外，也应该在竞争的背景下，评估公司的内部能力（包括采购、设计/工程、生产、财会和数据处理）。对下述要素进行的定性评估，也要反馈到由杜邦分析衡量的指标里：公司历史、人员、产能、与竞争对手比拼的技术，以及在行业分析里辨识出的要素。借此，既可以评估公司预期收益的实现能力，还可以评估公司面临各种竞争的可能风险水平。

这又把我们带回到了 SWOT 分析（在前面评估外部要素时我们用过）。不过，现在要对内部的能力和局限做一个检视，以分辨出公司的竞争优势和竞争劣势。这些内部优势和劣势的分析结果（在外部机会和威胁的背景之下），可被量化为支撑公司战略规划的相关预测数据。然后，战略规划中反映的内部和外部的不确定性风险，则被量化为公司的回报率或资本加权平均成本（WACC）。

非上市实体经常面对的竞争要素

如同将要讨论的，传统的财务分析包括流动性、经营活性、赢利能力和清偿能力等几方面。在第 2 章的杜邦分析中，我们把赢利能力作为利润率和资产周转率的函数进行了分析。财务杠杆衡量的是公司用负债融资的程度。常常与财务杠杆一起使用的是利息覆盖比率——比较公司收益或现金流与公司必须支付的固定债务利息的各种比率。而流动性比率则是衡量公司用流动资产支付流动负债的能力。这些因素影响所有规模的公司，无论是上市的还是非上市的。

接下来这一组要素（将会在第 8 章进行更详尽的探讨）通常对非上市企业特别重要。企业的买方和卖方必须认真区分每个要素对独立公允价值的影响与对战略买家而言的投资价值的影响之间的异同。在这些要素中，许多在评估目标公司独立价值时可能会是战略劣势，但一旦这种公司被收购并成为较大企业的一个分部时，其劣势属性就会消失。

- 缺乏资本通道。
- 所有权结构和权益转移都有局限之困。
- 公司的市场份额和行业的市场结构。
- 管理的深度和广度。

- 在关键知识、技能或人脉上，对某些个人有严重依赖。
- 营销和广告能力。
- 产品和服务的宽度。
- 采购的话语权以及与经济规模相关的问题。
- 设施条件和即将到来的资本支出需求。
- 客户过于集中。
- 经销商和供应商的关系及其可靠性。
- 分销能力。
- 跟上技术变革步伐的能力。
- 保护知识产权的能力。
- 外国竞争的日益威胁。
- 诉讼问题、环境问题和不利的监管问题。
- 财务信息和内控的深度、准确性和及时性。

财务分析

财务报表分析是为了有助于把握趋势、确认公司的资产和负债，并把公司的财务业绩和状况与其他类似定位的公司进行比较。财务分析通常是把公司的财务和经营比率与行业里一组足够类似的同行的相同比率进行比较，以便通过强化公司经营的评估（相对于行业总体的经营业绩）助推估值流程。在需要时，行业的财务标准值可以从以下途径获得：行业协会、纳税申报数据库、授信协会、（需要把经营报表提交给政府机构的）特别的类似公司或其他相关途径。公司财务业绩最常见的指标有流动性指标、经营活性指标、赢利能力指标和清偿能力指标。

流动性指标

流动性比率衡量流动负债到期时，流动资产偿还流动负债的能力和充足率。两个常用的流动性指标是流动比率和速动比率。

流动比率是公司偿还其流动负债能力的指标。一般而言，这个比率越高，流动负债被偿付的保障就越高。在一个特定公司流动性的分析中，流动资产的构成和质量是一个关键的因素。流动比率的表达公式是：

$$流动比率 = \frac{流动资产}{流动负债}$$

速动比率的定义是流动资产减去存货再除以流动负债。它是一个更加保守的流动性指标，表现一家公司的流动负债被其流动性最好的资产覆盖的程度，因此，存货从分子中被剔除。这个比率是现金及等价物，加上应收款项、待摊费用和其他资产，除以流动负债。速动比率的计算方法如下：

$$速动比率 = \frac{流动资产 - 存货}{流动负债}$$

应付账款账期衡量的是一家公司付款的平均日期。这个指标表示的是一家公司的短期信誉和短期融资在多大程度依赖商业信用。它的计算方法如下：

$$应付账款账期 = \frac{365 \times 平均应付账款}{已售商品成本}$$

经营活性指标

经营活性比率表现的是公司的经营水平（通常是以收入表现）与维持经营所需资产之间的关系。有几个指标可用于分析企业运用资产的效率，以及企业经营业务的有效程度。一般而言，较高的比率表示较高的经营效率，因为这说明只需较少的资产就可以使企业的经营保持在一定的水平。这些比率使得人们可以评估企业在这些方面的经营表现。

就应收账款而言，两个经营活性指标分别是应收账款周转率和应收账款账期。这个**应收账款周转率**衡量的是一年内应收账款的周转次数。应收账款周转率越高，收入确认和现金收取的时间就越短。应收账款周转率的计算方法如下：

$$应收账款周转率 = \frac{收入}{平均应收账款^{\ominus}}$$

应收账款账期是衡量公司在回收所挣收入方面成功程度的另一个指标。这个数字表示的是应收账款未收回的平均天数，衡量公司在应收账款回收方面的有效性程度。一般而言，在外天数越多，应收账款被拖欠的可能性就越大。类似地，它可以表示本年度履行合同的平均期限更长了，而且，从确认收入（按回收百分比法）到开发票之日的时间增加了。它的计算方法如下：

$\ominus$ 注意，在这些比率里，"平均"反映的是到分析截止日的一年期，企业资产负债表上这种金额的平均数。

$$应收账款账期 = \frac{365}{应收账款周转率}$$

存货周转率衡量的是公司存货管理的有效性，方法是计算平均存货被转换成应收账款或现金的年度次数。存货周转率的计算方法如下：

$$存货周转率 = \frac{已售商品平均成本}{存货金额}$$

存货天数衡量的是商品处在存货状态的平均天数。这个比率衡量短期销售潜力。如果它高于行业标准，就意味着公司储有过多的存货。如果它低于行业标准，那就表示公司可能没有足够的资源满足需求的变化，结果会失去业务。与只有产成品的零售公司相比，具有三阶段存货（即，原材料、半成品和产成品）的制造类公司，这种计算要复杂得多。存货天数的计算方法如下：

$$存货天数 = \frac{365}{存货周转率}$$

运营资金周转率是公司销售额相比于运营资金的指标。这个比率衡量的是运营资金的使用效率。比率低可能表示公司的运营资金使用效率不高；这个比率太高意味着过度交易（对债权人不利）。运营资金周转率的计算方法如下：

$$运营资金周转率 = \frac{收入}{平均运营资金}$$

运营资金天数衡量把运营资金转为收入的平均天数。需要的天数越少，企业使用的运营资金就越有效率。它的计算方法是：

$$运营资金天数 = \frac{365}{运营资金周转率}$$

至此，所呈的活性比率都是短期和经营性的。还有两个活性指标具有长期和投资属性。

固定资产周转率是有关公司收入与其固定资产的指标。这个比率衡量公司长期资本投资的使用效率，反映的是有生产能力的投资所创造或维持的收入水平。在和同行比较时，必须小心慎重地考虑相关资产的购买时间。固定资产周转率的计算方法如下：

$$固定资产周转率 = \frac{收入}{平均固定资产}$$

总资产周转率是有关公司收入与所持资产总额的指标。这个比率是衡量公司资产使用的效率。特别是，这个倍数表示在创造一定水平的收入时，总资产周转的次数。它是计量资产回报率的关键成分。总资产周转率的计算方法如下：

$$总资产周转率 = \frac{收入}{平均总资产}$$

赢利能力指标

任何企业的经营目标都是创造利润。之所以收购公司，是因为预期它们将会赢利。价值建立于公司创造现金流的能力。经营和赢利比率允许我们评估管理的主要功能。至于赢利能力的评估，通行的方法有两种：①收入利润率；②投资回报率。

收入的回报率，通常以净收益除以收入计算得出，是在不同层次更广泛地衡量的赢利能力。毛利润率（gross margin）表现的是毛利润（收入减去已售商品成本后的利润）与销售收入的百分比。经营利润率（operating margin）表现的是营业收益（毛利润减去营业费用）与销售收入的百分比。债前营业利润率（predebt operating margin）衡量的是息税前利润（EBIT）与销售收入的百分比。税前利润率（pretax margin）表现的是税前收益与销售收入的百分比。利润率（profit margin）衡量的是净收益与收入的百分比。这些利润率通常都列示于一种百分比报表，它会以收入百分比的方式呈现各种费用和利润。

投资回报率（ROI）既可以量化为资产回报率（ROA），也可以表述为权益回报率（ROE）。正如第 2 章所述，这些指标有可能在业绩评估和价值创造上起误导作用，因为它们都是以账面价值计量收益和投资的。

清偿力指标

在评估公司的长期风险和收益前景时，分析它的资本结构很重要。评估清偿力可用的指标有利息覆盖率、杠杆率和财务困境比率（distress ratio）。当由负债投资所产生的回报率高于负债成本时，财务杠杆能使公司为其股东挣到额外的回报，但如果业务需求下降的话，负债成本会以固定费用的方式产生额外风险，对公司的赢利能力产生负面影响。利息覆盖率衡量公司支付债务利息的能力，而杠杆率衡量公司资本结构中债务的金额，财务困境比率衡量公司破产倒闭的风险。无论衡量公司的偿债能力，还是计量公司内部的杠杆程度，这些指标都是相当重要的。

利息覆盖率衡量公司付息的能力。最常用的比率是息税前利润除以利息费用，通常称之为**利息保障倍数**（times interest earned）。这个比率是衡量公司履行利息支付的能力。这个比率越高，公司付息的能力就越强。较高的比率也可能意味着公司有更大的负债能力。

$$利息保障倍数 = \frac{息税前利润}{利息费用}$$

杠杆是指一家公司资本结构中的负债金额。资本结构中的负债金额越大，公司所具有的杠杆程度就越高。较高程度的杠杆表示企业更易于遭受宏观经济变化的冲击，如果公司权益的当期价值恶化，意味着债权人面临更大的风险。

负债率的计算方法是用公司的总负债（包括流动负债）除以总资产。这个比率计算的是在总的资金盘子里债权人提供资金所占的百分比。这个指标有助于确定公司的负债能力，以及公司总资产的融资中所需的负债金额。这个比率越低，在发生清偿事件时，债权人的亏损金额就越小。

$$负债率 = \frac{总负债}{总资产}$$

总负债与股东权益之比的计算方法是用总负债（流动的和长期的）除以股东权益。这个比率表现的是债权人提供的资金与所有者提供的资金之间的关系。它表现的是权益所有者向债权人提供的保护程度。这个比率越低，说明权益所有者提供资金融通的资产百分比越高（相比于通过使用负债这种外部融资而言）。

$$负债权益比率 = \frac{总负债}{总权益}$$

另外，它还可以基于总资本（＝负债＋权益）进行计算：

$$负债总资本比率 = \frac{总负债}{总资本}$$

上述这些比率分别衡量公司的流动性、赢利能力和杠杆率。还有一个工具能把这些分析指标的关键方面组合在一起，以评估公司陷入财务困境的风险。由爱德华·奥特曼研发的 Z-Score 是一个著名的财务困境预测模型。在评估一家公司所处的财务困境程度时，可以使用 5 种比率，而且，每种都被赋予一个权重。所用的这些加权平均数展示如下：

$1.2 \times$（运营资金与总资产之比）+

1.4×（留存利润与总资产之比）+

3.3×（息税前利润与总资产之比）+

0.6×（权益市值与负债账面值之比）+

1.0×（收入与总资产之比）

（加总后）最好的分值是大于 2.99 的，低于 1.81 的分值意味着很大的破产风险。

财务分析小结

财务分析的目的是通过把公司的当期业绩、过往业绩同行业的综合数据进行比较，得出有意义的结论。不过，即便是在同一行业内，公司与公司间有偏差是可能的，但这种偏差不一定就是问题的表现。因为不是每个公司的产品线或服务组合都一样，或资本结构都相同，也不是行业里的所有公司都处在演进和发展的同一阶段。在多数情形下，目标公司数据与行业综合数据之间会出现一些差异。

最后，财务报表反映的是过去的结果，不是未来的潜在业绩。财务分析是通过聚焦核心问题和关键机会，搭建过去与未来的桥梁，以求提升企业的未来价值，与此同时，为把并购流程做得更好做铺垫。

结论

虽然企业估值涉及许多财务计算，但它整体上不是一项财务行为——尤其是在估值是为了并购时。这种价值评估必须考虑到企业的竞争环境。这种竞争分析应该类似于年度战略规划所做的 SWOT 分析。通过这种调研分析，公司的战略优势和劣势得以辨析和评估，从而能够帮助公司确定最佳的成功战略。在这个过程中，必须计算公司独立的公允市场价值和它对战略买家的投资价值——被并购后公司的竞争地位通常会发生巨大的变化。在第 8 章和第 9 章，我们将阐述把这些竞争要素量化为回报率的过程；在第 10 章，我们将阐释把这些竞争要素量化为倍数的方法。

VALUATION FOR
M&A
第4章

并购市场和规划流程

为了高效地从事并购活动，买方和卖方都应该熟稔常见于并购活动中的词语：规模（volume）、条件（terms）和趋势（trends），以避免被媒体报道的并购交易所误导。对于涉及非上市公司的并购交易，一般只是报道一些有限的内容，如所有权变动、出售价格或战略目标。人们通常能听到的都是那些大的并购交易，涉及的都是大型上市公司。但这类交易仅占全部并购交易活动的一个小的比例，不能代表整个并购市场。下面将陆续呈现的统计数据（载于2017版的《并购统计评述》），为我们理解这个并购市场，提供了很有价值的背景信息和前景展望。正如该信息刊物的简介所言："《并购统计评述》所涉的正式转让的权益都具有下述表征：公司权益转移的比例不低于5%；交易中至少有一方是美国公司。"[⊖]

正如图4-1所显示，美国并购活动的活跃度要比经济周期稍稍滞后一点。在整个20世纪90年代，无论是数量上还是价值上，并购活动都呈现出稳定和大幅的增长；而始于2001年的衰退期间，这两个数值却是一路下滑的，但于2003年又开始反弹，只是到了2008年才再次开始下降。交易量在2010年开始启动并于2014年开始飙升，在2015年净交易公告数（12 012）和并购总交易额（19 753.8亿美元）方面均达到历史最高水平，在随后的2016年略有下降。这组数据反映了过去十年间（2007～2016年）共计97 093份的交易公告所述数。

图4-2显示了非上市交易的卖家的重要地位——这类交易量占总交易量的百分比从1990年的40%增长到2015～2016年59%的峰顶。在2006～2016年，非上市权益卖家的交易占了交易总量的51%～59%。很明显，最密集

⊖ 《并购统计评述》（*Mergerstat Review 2017*）波特兰：企业估值资源公司，2017，15。

的并购活动集中于非上市公司这个群体。依据《并购统计评述》的数据，在1997～2016年间，平均交易总价在1.55亿～5.81亿美元之间，但这类交易的中位值在2 100万～6 000万美元之间。中等市场的规模在图4-3中表现得更加清晰：在近年的所有并购交易中，2/3的购买价格都不足1亿美元。就非上市权益卖家而言，在2012～2016年，平均的收购总价在0.93亿～1.88亿美元之间，收购价的中位值在1 900万～3 400万美元之间。

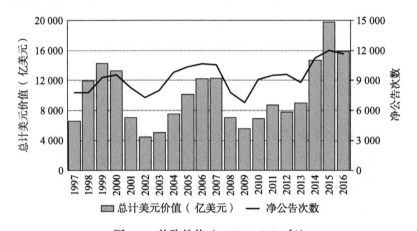

图4-1　并购趋势（1997～2016年）

资料来源：获准转载自FactSet Mergerstat（www.mergerstat.com），第19页。

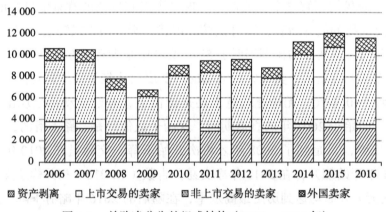

图4-2　并购净公告的组成结构（2006～2016年）

资料来源：获准转载自FactSet Mergerstat（www.mergerstat.com），第27页。

对于非上市交易的卖家，这个信息来源谈到他们出售企业的两个动机（理由）。最为主要的理由是企业缺乏接班人。第二个理由是市场对公司产品或服务不断增长的需求，企业扩张需要更多的资源而出售公司权益。

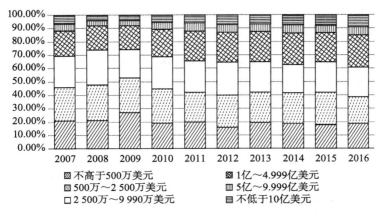

图 4-3 并购公告净收购总价分布（2007～2016 年）

资料来源：获准转载自 FactSet Mergerstat（www.mergerstat.com），第 29 页。

对于上市公司和非上市公司的并购，《并购统计评述》还提供了这些活动的定价信息，表现形式是并购成交市盈率倍数的中位值。很明显，这些倍数随着并购规模而逐渐变大，并且，以现金支付的倍数通常会低于以股票方式支付的倍数，或以股票、现金和负债的组合方式支付的倍数。

图 4-4⊖揭示了近年来更加流行的付款方式。这种现金支付方式的增加，伴随着股票和一些组合支付方式的减少，表现出市场越来越多地意识到这些支付方式的风险。

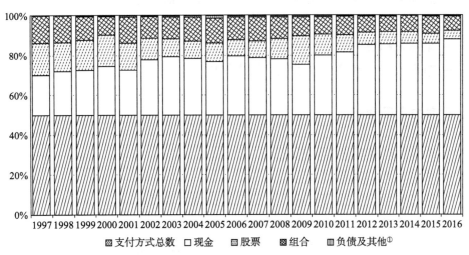

图 4-4 支付趋势（1997～2016 年）

①其他包括股票期权和认证权益。

资料来源：获准转载自 FactSet Mergerstat（www.mergerstat.com），第 33 页。

⊖ 英文原书原图如此。

虽然这类公司并购交易所得到的曝光率要低于上市公司，但已有的并购数据明白无误地强调了美国经济中，非上市公司和中等规模公司的重要地位。鉴于这些公司的交易涵盖了并购交易的大部分，那么这类企业的买方和卖方的所有者及管理层一定要懂得如何衡量和培育公司的价值。

买家和卖家的常见动机

知晓交易对方为何考虑并购交易，会让你占有一定的先机。这种信息既有益于评估自己在未来谈判中的地位，也有助于构建适合于对方财务、战略和控制人目标的并购提案。

卖家的常见动机

- 个人渴望离开，原因多半是年龄、健康状态、家庭压力和职业倦怠。
- 企业所有者的财产规划之需。
- 缺乏接班人，也包括家庭成员冲突、所有者之间的冲突或关键人才的流失。
- 未来发展对额外资金的需求。
- 业绩的疲态或下滑表现，难于获得增长所需资金。
- 战略劣势的浮现，而作为一个单独的企业又无法克服。
- 全球化趋势。
- 市场或行业环境促成了很好的出售价格。

买家的常见动机

- 扩展产品线或区域市场。
- 争取更好的成长机会。
- 通过增加收入或降低成本，提升赢利能力和现金流。
- 增强竞争优势或减小竞争劣势。
- 相比于通过内部发展，更快地获取所需的技术或能力。
- 阻止竞争对手进入这个市场。
- 拿掉一个竞争对手。
- 获得对稀缺资源或供应的控制，以用于生产或有助于质量控制。

- 更好地运用富余的资金或管理能力。
- 这是为使风险最小化而进行的多元化扩张。

并购为何失败

美国的多数并购活动涉及的都是非上市公司，所以有关买家在这些并购中的成功数据十分有限。当涉及上市公司时，相关的信息就会多很多。在《协同效益陷阱：》(*The Synergy Trap: How Companies Lose the Acquisition Game*) 这本书里，作者马克·赛罗沃（Mark L. Sirower）对这些并购交易的结果进行了详述。除了深度分析之外，这本书还对美国并购业过去多年的表现进行了概述总结。⊖ 并购失利的原因有很多，当然，原因会因具体交易和所涉环境而异。最常见的原因如下：

- **所付价格太高**。这通常是由于没能清楚地区分目标（公司）与投资这两者之间的差别。如果所付总价超过了目标公司未来预期回报的现值，那么，即便目标公司是一家业界最好的公司，这笔投资也会成为一笔糟糕的投资。
- **来自高管层做成交易的压力**。这通常是由于高管层想快速完事或做做面子工程，而没有深度分析并购交易会对公司价值产生的影响。
- **过度渲染了协同效益**。对预期收入的增加、成本的下降、经营效率或融资效益，进行了过于乐观的估计。
- **没能就经营活动进行及时集成**。由于协同效益的成本在前面就支付了，这些效益必须及时地实现，以便产生收益、创造价值。要想成功，并购交易必须有一个扎实的整合计划，而且必须有效地传达给受其影响的所有人，以便能够迅速执行；否则价值就会泄漏。
- **未能准确地评估客户的反应**。新组合的公司可能会逼迫一些客户去寻找不同的供应渠道，以避免从已经成为竞争对手的公司那里购买或避免过于依赖一个供应渠道。

⊖ 一般的结论是：对于收购方而言，超过半数的上市公司并购都是价值摧毁型；对于卖家而言，却得到了溢价之利。Mark L. Sirower, *The Synergy Trap: How Companies Lose the Acquisition Game* (New York: The Free Press, 1997).

- **未能考虑到第一年负面的协同效益**。合并（merger）或收购（acquisition）常常会引起混乱，包括名称的改变、额外的监管要求、紧张的股东关系、负面的公众认知对消费者的影响，关闭设施的影响，以及遣散费和关闭设施的成本，所有这些都应该量化为并购分析的一部分。
- **没能评估和确认目标公司独立的公允市场价值**。对于缺乏公允市场价值的非上市公司，买家可能仅仅关注投资价值，包括协同效益，而忽略了目标公司较低的独立价值。
- **战略的不一致性**。战略互补性的评估也可能出现偏差。
- **尽调不足**。在合并之前的阶段，战略规划的不足或对价值动因及风险动因的评估欠妥，或想赢得谈判的压力盖过了理智的决策。
- **公司文化的不兼容性**。缺乏沟通、不同的期望和相悖的管理风格，所有这些都导致了执行力的虚浮。
- **从现有业务分心**。没能预期到或没能有效反击竞争对手对并购的反应，外加没能聚焦于现有业务，以及收购方或目标公司关键人才的流失对公司的赢利能力产生负面影响。
- **风险分析的不足**。这个问题将在第 6 章予以专门讨论。它涉及的问题包括，没能严格地评估并购交易成功的可能性和没能考虑未来管理的自由裁量权。

许多相关的文章都把并购活动糟糕的过往表现归结为下述因素："首席执行官的狂妄自大"、为了增长而增长的欲望、缺乏经验、自我感觉过于良好的公司董事或股东。对于非上市公司并购成功的资料虽然很少，但在中等规模的并购交易中，存在着很多同样的问题。此外，对于下列问题也存在着不小的误读："在并购活动中，价值到底是什么？""如何对它进行严谨细致的衡量和分析？"

公司出售的策略和流程

正如我们讨论过的，若买家和卖家想在并购交易谈判中获得成功的话，就必须学会从对方的角度理解交易。要做到这一点，需要认清对方的财务动机、战略动机和个人动机，以及对方的谈判流程。在第 5 章，我们将从企业所有者的角度，对这个问题进行详尽的论述。当然，出售公司只是企业所有者退出企业的许多选择中的一个。接下来，我们将首先阐述在一项交易发生以前，卖家通常应该遵循的步骤。

步骤一：弄清楚不做准备的潜在后果

多数卖家都没有出售公司的经历。正是由于缺乏出售经验，外加间歇性出现的不想出售的情绪，使公司不可能对这项工作有充足的准备。由于卖家缺乏销售流程的经验，通常会低估准备不足的后果。在绝大多数情况下，卖方都把公司的出售等同于存货或住宅的销售。实际上，公司是一个复杂得多的实体（无论是财务上，还是经营上或集体情绪上），所以，要想成功完成公司出售，需要多得多的事前准备。

面对可能的并购，不做准备的主要后果是丧失机会。这类闪失通常发生在前期的四个行为点上，每一个都可能对卖家产生长远且巨大的后果。

∞（1）没能处理好关键的非财务问题。
∞（2）没能找出驱动价值的要素。
∞（3）没能认识到时机的重要性。
∞（4）没能就公司的出售做准备。

没能处理好关键的非财务问题。 在关键的非财务问题中，最常见的是有关"人"的问题，通常包括下述关键人群中的某个或某些人：家庭成员、其他股东和公司雇员。在股东很少的公司里，通常都会有一个或几个家庭成员在公司工作，且常常是在关键的管理岗位上。他们未来的经济状况和职业前景，可能会受这种出售决策巨大影响，所以，这些问题必须予以讨论。在这类决策中，关键的标准多半具有个人属性和经济属性，并且时常需要做痛苦的抉择。

对于合伙人和雇员，也有可能受这种决策正面或负面影响，适当地考量这类个人及其可能遭遇的经济后果，可能很有必要。

对于这些"人"的问题，公司通常的倾向是忽略它们，而且往往采取的方式是推迟做任何决策。忽略问题极少会消除问题，反而常常会激化问题，并且在随后的日子里，最终必须面对它们时，选择的余地多半是变得更加狭窄。

没能找出驱动价值的要素。 企业的高管常常忙于应付运营公司的各种日常挑战，以至于那些价值最大化目标（论述于第1章和第2章）都无法进入他们的视野。如果日常不关注是什么驱动长期价值，特别是忽略相对于独立价值的战略价值，那么很有可能会错失重大的出售机会。除非把年度战略规划与价值创造联系起来，否则管理层就会时常置驱动价值和投资回报率的工作于不顾。

没能认识到时机的重要性。无论是公司还是行业，都会经历成长、发展和其他变化的自然历程。其间，公司的战略优势和劣势，可能会被逐渐改变。近期在全球范围内的产业整合、放松管制和全球化趋势，是我们必须认识到的仅仅几个重大外部因素——它们可以创造能够使回报最大化的一次性机会。无视这些因素不仅会导致绝佳机会的丧失，而且，它还会使公司丧失竞争力或使公司最终仅余有形资产的价值。

没能就公司的出售做准备。因为公司是一个时刻处在运营之中的实体，加之需要面对不断变化的竞争环境，所以很难在一个较短的时间里，获得一个理想的出售价格。要想利用公司的优势并使其劣势最小化，通常提前数年时间进行规划是很有必要的。忽视出售的必要流程，常常会使公司陷入规划不足的险境。

结论是：在公司出售的问题上，疏于准备肯定会导致机会的丧失或被迫接受较低的出售价格。事前主动的规划和持续聚焦价值运营，是制胜的不二法宝。

步骤二：找出关键的非财务问题

正如在上一节简述过的，关键的非财务问题通常是有关人的问题，如有些涉及其他股东和雇员，其中有些牵扯家庭成员或亲朋好友。通常的情况是，能使买方满意的解决方案，会带有负面的经济后果。当面临这些问题时，要清醒地意识到：这时所做的某些相关决策，是没有经济合理性的。一个有益的做法是，把这些涉及公司出售的问题，分为不同的类别，比如财务问题、战略问题和人事问题。然后，就每类问题设立标准和目标，最终形成整体的系统规划。当股东们试图用财务指标衡量人事问题时，通常的后果就是耽搁和延误。

一个常见的例子是，当把所有权的传承和管理权的传承予以混淆的时候，这种困境就会出现。前者处理起来比较容易，而且，没有什么长期的影响，只需把股份通过赠予或出售的方式进行转让就可以了，但后者就会复杂得多：管理权的传承需要对接班人的资质进行慎重的评估，而且，这种转移对公司未来的业绩会有重大的影响。

解决非经济问题通常涉及不同的衡量标准，需要借助专业的咨询。

步骤三：组建一个咨询团队

当企业老板开始考虑出售公司时，逻辑上（且常常是正确的）第一步，是联系会计师、律师和投资银行业者。不过，在这之前，企业老板应该好好了解这些顾问的视角和资质。这些人的忠诚度可能没有问题，对公司日常事务也是称职的顾问，但他们可能缺乏正确处理公司出售事宜的专业知识或经验。税务与法务的咨询很关键，所以无论是内部的或外部的顾问，都应该把并购交易的日常业务掌管起来。与此同时，也要意识到，由于并购的结果是这些顾问将会失去一个客户（他们所服务的公司被出售后，作为一个法人实体客户就会消失），因而，这些受托顾问可能会把他们不愿意看到并购发生的心理，带到企业出售的决策中来。虽然这并不意味着他们不会提供适当的咨询，但卖家需要的团队是充满了激情和主动性的团队，是下定决心去实现目标的团队。

其他的外部顾问应该包括一个估值顾问和一个中介。估值和并购的顾问服务一般都是由一方来提供（通常是一位投资银行业者）；要考虑他们带来什么专业技能有利于并购交易。而中介，他们可能在出售流程中起很大作用，但几乎没有什么专业估值知识。这会给卖家带来不良后果，可能会使其无法得到有关下述问题的最好建议：如何为公司的出售制定价值最大化的策略；或如何取得一个尽可能高的售价。在另一头，估值顾问可能没有任何并购经验或行业人脉（这在某些类别企业的出售中十分重要）。

就独立性而言，当估值顾问和交易中介不是一个人或不是来自同一家公司时，估值顾问的工作仅仅是提供基于估值的战略规划、价值评估及价值范围。在这种情形中，估值顾问是为了获得一定的咨询费而提供一种具体的服务，没有可能因公司的成功出售，而得到一笔佣金。因此，与这类估值顾问合作的买方或卖方可以更加确信其估值分析结果的公正性和独立性。一般而言，公司的赢利能力越强，估值和交易顾问就越可以根据公司的利润实现最大的销售价格。在这种情况下，因为许多价值都是无形的，所以老到的顾问至关重要。对于赢利能力较差或业绩表现不佳的公司，它们的售价往往依赖于有形资产价值，通常不需要什么增值性的经纪服务。

与内部提供的这种服务相比，独立估值顾问提供的服务价值，通常要大得多。公司的财务总监可能认为，作为一位财务专家，他有能力做出一份像样的估值报告。但别忘了，这些技能需要经年的积累。由于估值顾问通常是收取服务费而非交易对价的百分比，如果与并购和/或退出计划相关的估值咨询服务是其业务的一部分，那么这种顾问很可能会参与更多的并购交易流程，而不仅是一个中间人的角色。另一方面，由于这些内部专家，通常都陷入公司的日常经营之中，在评估关键竞争要素时，他们可能会失去宏观和行业视野。在估值和分析的过程中，经验不足的评估师也常常难于辨别独立公允市场价值与投资价值的区别。

行业环境也会影响对交易顾问的需求和选择。对某些企业而言，最大的挑战莫过于找到一个或若干个合适的买家。在其他情况下，最大的挑战却是评估出最合适的买家或哪个买家能够支付最高的价格。但无论哪种情况，至关重要的是交易结构和谈判技巧。

正如在第 15 章将进一步论述的，卖家必须坚持不懈地把注意力放在企业出售所得的税后现金收入上。就企业出售方式的构建问题，顾问可以提供许多可选方案，目的是尽可能地从众多形式中，找到回报最大化的方式。

因此，这里的税务咨询服务很重要。随后，卖家还应该获取投资咨询服务，即如何利用出售公司得到的收入进行投资。

步骤四：辨识可能的替代机会

一旦找出关键的非财务问题并予以妥当处理，而且组建好专业的顾问团队，那么卖家的下一步就是要找出可能的转让替代方案。通常，这些可能的替代方案包括：

- 出售给外围买家。
- 出售给集团内的买家。
- 通过赠予的方式转让。
- 通过一个遗产方案转让。

就达成企业所有者的财务和非财务目标而言，这些替代方案都有各自的利弊。自然，它们都携有各自不同的风险和回报，需要与顾问团队充分探讨。但要认识到有些企业所有者的最重要的目标可能是非财务的，这些必须进行充分探究和讨论。特别是在涉及家庭成员的企业，要对新团队管理之后的公司竞争能力，进行公正地评估。若钦点的接班人是一位不愿意接班的家庭成员，那么就应该事先处理好这种棘手的问题，以防将来的尴尬。此外还要认识到，有关个人问题的决策可能会带来很大的经济后果。虽然企业所有者有权力做这些决策，但他们必须意识到决策对销售价格、对整个公司及其各个股东，将要产生的相关影响。

步骤五：替代方案的准备和财务评估

找到可能的替代方案后，顾问团队应该就每个替代方案的财务影响进行更加仔细的评估。这些评估的内容包括如下几条。

- **出售准备中的法务问题评估**。这种"法务审计"应该包括审阅公司章程、权益证书、转让限制、资产所有权、知识产权的所有权和保护、已有的合同、租赁和负债契约及正在进行的诉讼。
- **计算独立的公允市场价值并估算投资价值，以便评估出售给各类战略买家可能带来的利益**。在评估其他转让方案的财务后果时，应考虑此协同效益的溢价。
- **做好公司出售准备的必要事项**。企业估值需要找出影响公司价值的最大驱动要素，并从这一点，认真考虑出售的时机。在目前，经济和行业的环境可能都不理想，或者公司正在实施一些能改善公司竞争地位的短期策略，以使公司售价的最大化。准备可以用几个月到一年的时间，但要有足够的时间让老板调理企业，能使它以最佳的状态出现。因此，在迈进出售流程之前，为了获得最好的出售价格和条件，卖家应该计算公司独立的公允市场价值，并评估针对每个潜在买家的投资价值——它们包括一般的私募权益买家、寻求平台公司的私募权益买家、寻求垂直收购的企业战略买家、寻求横向收购的企业战略买家。
- **重估税务问题以及伴随每个替代方案的税收选项**。再说一遍，在明确卖家的非财务目标的同时，无论收入结构如何构建，应该关注的是出售公司带来的税后收入。
- **决策要坚定且要坚持不懈地执行**。一旦确定和解决了人事问题且咨询团队确定了可能的替代方案（包括每个方案的人事和财务后果），以及实现希冀价值所需的步骤，就可以做出明智的决策了。在此，企业所有者应该接受这个决策，因为绝大多数方案都会有不足之处，最好的方案也极少能实现所有的目标。
- **不要优柔寡断**。在中等规模公司这个群体中，企业家和相关人员常把公司及其成功与个人感情融为一体，所以做出售公司的决策时常会涉及情感问题。就定义而言，出售公司并不意味着失败，即便是公司一直处在业绩不佳的状态，也并非如此。它是一种决策，目的是为了达到一些个人和财务目标。如果是以合理而系统的方法去实现这些目标的话，它实际上也是一种健康的财富经营管理形式。它可能还是一种进步——公司生命周期中最好的下一步。

- **为公司的出售做准备**。在这种准备和销售流程里，很多细节都是由交易顾问把控的。这里仅提及几个事先需要注意的点：
  - 夯实财务报表的可信度，尤其是对确确实实赢利且资产负债表健全的公司，更应如此。不要让买家对公司所报业绩有任何质疑的理由。请一家著名的会计师事务所，为公司做过去五年的财务审计报告，还要为买方的尽调准备详尽的支持性文件。
  - 整理公司。清除过往坏账、过时存货、无用的厂房设备，以及会引起质疑或会妨碍出售的非经营性资产。把多余的现金派发给股东。清掉或有负债，解决悬而未决的法律问题和监管问题。在外在形式上，把公司打扮打扮，比如，从厂房粉刷到设备的维修养护和园林绿化等。
  - 保守机密——与关键人物谈判续约合同或非正式协议，以便留住他们，但要他们保证保守好公司将出售的秘密。
  - 依靠中介。通常，谈判的过程是漫长而困难的，需要经历艰苦的讨价还价过程。卖家一般都不想在这个过程中，过早地亮出所有的谈判筹码。应该由一家中介来掌控最初的几步，使卖家到谈判流程的最后阶段出场，也就是在最需要的时候，让真正的主人把控定夺。

步骤六：制作出售说明书

在销售流程中，有一个关键的步骤是制作公司出售说明书。这份文件通常要呈现公司的战略规划，包括公司的长期经营目标和目的。一方面，这种销售说明书应该脚踏实地，并在买家挑剔的眼光之下能够自圆其说，另一方面，它还要致力于阐述，公司作为一个并购对象的最有利和最现实的一面。

一份准备良好的出售说明书，不仅仅是呈现目标公司和所属行业的详情，它还能使买家深刻地了解，卖家于特定行业环境之下的战略地位和发展潜力。此外，它还应该展示管理层的战略规划能力，即为业绩和价值最大化的目标制定前后一致且有效的战略的能力。

当然，出售说明书的一个更大的目标是，清晰地表述公司作为一个并购候选对象的战略优势，以及表述能够转移到买家手里的工艺、技能和特有的系统。

注意，在这些字里行间穿梭的言外之意应该是：潜在买家无法承受错失这次并购机会的代价。

一份公司出售说明书的构成如下：

- 概要。
- 公司简介。
- 市场分析。
- 未来业绩预测。
- 交易结构和条件。

概要 老到的并购人士都会认为，一份出售说明书最关键的部分就是概要。为了抓住潜在买家的注意力，概要需要提供一个有说服力的例子，说明为什么本公司是一个有吸引力的并购对象。在仅仅几页的篇幅里，这份概要应该阐述公司的历史和当前的市场地位、主要产品和服务、技术能力及其成就，以及最近的财务表现。必须强调公司的战略优势，特别是收购方能够如何利用这些优势。虽然这种文档是描述性的，但好的概要是一份有效的推销文件，能够把公司作为一个并购目标的吸引力表现得淋漓尽致。

公司简介 出售说明书的这一节通常是以公司的历史阐述开始，延伸到未来业务的预测。它通常包括下述问题的详尽阐述：

- 主要产品或服务线。
- 生产过程、生产能力和生产规模。
- 技术能力。
- 渠道系统。
- 销售和推广计划。
- 管理能力。
- 财务状况和过往业绩。
- 当期的资本总额和权益结构。

市场分析 出售说明书还应包括市场分析，讨论公司所处的产业和行业，内容为综述产业的核心趋势、新兴技术，以及新产品或新服务的简介。在这种对市场的评估中，一般都要描述公司目前相对于竞争对手的地位，以及公司维系或改善这种地位的战略优势。在描述关键竞争对手时，通常还是要持续聚焦于公司的未来，以及提升及改善公司业绩的战略。

未来业绩预测 在公司的历史和战略分析之后，说明书还要有公司未来经营业绩的预测，包括利润表、资产负债表和现金流量表，外加支撑这些预测的假设。

交易结构和条件 销售说明书应提供有关交易结构的基本信息、销售中不包括的任何项目的具体信息，以及对付款条款的任何限制。例如，披露可以确定出卖方打算保留的任何特定的有形或无形资产，以及对买方会承担的任何债务的限制或卖方为任何或所有交易提供融资的意愿。

在公司出售说明书之前，通常会有一封小范围或大范围送给潜在买家的初始征询函。这封信函会简单地介绍该公司，可能是实名，也可能是匿名。它只提供该公司财务状况的概述。征询函的目的是想激起对方的兴趣，强调公司当下的地位、它如何走到这个位置，以及最重要的：公司管理层自信公司能发展到什么地步。它意在邀请潜在买家索要进一步的资料——出售说明书。

表4-1列示了出售流程的卖家时间表，总共涉及12周的时间。应该只是把这个时段视作一个理想的目标时段——12周是非常短的时间段。在这个时间表展示的出售流程中，许多步骤强调了规划和准备的重要性，以及聘用一流专业顾问的好处。

对许多中等规模企业的股东而言，出售自己的公司是他们毕生做出的最大财务决策。由于处在一个不断变化的经济、行业和监管的环境之中，加之涉及人事、产品、客户和技术等综合事宜，所以企业是一种非常复杂的实体。它们的战略地位和战略价值都处在不断变化之中，这种价值很难衡量。因而，企业所有者不仅应该知道他们企业的独立价值，而且还要知晓与之相关的协同效益，以及企业对于战略投资人的相关价值。

出售机会可能会以诱人的价格持续存在。不过更多的可能情形却是，卖家得去主动寻找一个买家或很大一组买家，去说服它或它们收购自己的公司。这些公司要设法预见到这些潜在买家的所需所求，以便调整自己，使自己的吸引力最大化。这个过程可能需要相当的时长和适当的时机，才能够在行业或经济环境的制约中，获得理想的出售条件。

谨记：以诱人的价格出售公司，需要很大的运气，更重要的是，需要认真做事前规划。不做认真的预先规划，通常只能加剧出现负面结果的可能性，企业股东将无法取得其部分或全部的理财目标和个人目标。

表 4-1　并购交易时序表

制定和实施市场推广策略	征求初始投标	投标评估和详细尽调	谈判并征求最终投标	结束交易
• 采集数据 • 做尽调 • 准备推广资料 • 做标准化的调整和估值 • 选择和排序候选买家 • 制定接触候选买家的策略 • 确定买家名单并收集详尽联系信息 • 与所有相关方签署保密协议 • 完成工作团队名单 • 制作非保密性征询函，保密性出售说明书和其他推广资料（包括公司投资者陈述） • 用非保密性征询函对目标公司启动大规模发送 • 与有兴趣各方签署保密协议并发送保密性的出售说明书 • 启动电话推广流程	• 继续电话推广流程 • 促进信息在买家和公司间流动，加速买家的评估 • 选择与管理层会晤的买家 • 组建资料室 • 管理层会晤有兴趣的买家 • 买家进行初始的财务、法务和会计尽调 • 准备做详尽的尽调 • 征询和接收买家的无限制的初始意向	• 确定价格 • 确定对价形式 • 确定时机 • 确定合同条款 • 确认买家完成并购交易的能力 • 预估合并实体的前景 • 最终几个投标人的选择及其现场尽调 • 向有兴趣各方发送正式协议草案和最终投标邀请函 • 发掘有竞争力的方法，创造新增的交易价值 • 确定1～2家投标人，开始谈判流程	• 确定排他性 • 按优先顺序排列主要目标 • 谈判和执行最终协议 • 公布并购交易 • 备案监管文件（若需要的话） • 获取买家股东的批准（若需要的话）	
4周时间	3周时间	2周时间	3周时间	其后
12周时间				

并购策略和流程

并购策略应该契合于公司的总体战略目标：增加净现金流和降低风险。在长期战略的规划中，为了达成这个目标，股东和管理层会时不时地面对这样的选择：是继续采取内部发展方式（如有机增长），还是采取外延发展方式——并购。为了把公司推向更强的竞争地位，公司的资源必须不断地从业绩不佳的经营领域或潜力不够的领域，转向业绩更好的经营领域。在这种资源的转换过程中，管理层可以把公司从现有的经营领域转向有发展潜质的经营领域或转向供他人并购。

收购或合并另一个企业的主要理由是，能更快地获得更多的现金流或降低风险，或能以（与通过内部获取这些目标相比）更低的成本实现目标。因此，任何收购目的都是为了以下述方式创造战略优势：为目标公司支付的价格低于内部发展同样的战略地位所需的总资源（的价格/价值）。

企业合并的形式

企业之间的组合可以采取众多形式中的任何一种。在收购（acquisition）的形式下，一家公司的股票或资产被一个买家所购买。合并（merger）（与收购主要是法律上的区别）说的是两家公司的组合，抑或是第一家公司被第二家公司吸收，称作"吸收合并"；或两家公司组建成一家新实体，称作"新立合并"。一个不那么明显的组合形式是合资企业（joint venture）：这通常涉及两家公司组建并共同拥有第三家企业，更多地是为了实现一个具体而有限的目标。在这些策略性组合的各种形式中，紧密程度最轻的是联盟（alliance）：这是两家独立的公司为追求一个具体目的，而采用的一种正式合作，或是把一种技术、产品或知识性资产授权给另一个组织的行为。因而，就控制权、投资和承诺力度而言，收购这种形式所表现的强度最大，紧随其后的是合并。如果所需的承诺力度要弱一些，可以采用合资企业、联盟甚至许可形式。

规划流程不仅应该明确预期利益，还要厘清上述组合的策略含义。在评估这些利益时，我们必须清楚不同类型的潜在收购可以分为下述几类：

- 横向收购。通过收购同行业的另一家公司，买家除了增加市场份额和改善产品及市场地位之外，通常还有在营销、市场和渠道上获取规模效益之意。
- 纵向收购。通过走上游或下游，买家收购的是供应商、渠道商或客户。目的通常是为了控制一项稀缺资源、生产资料的来源或产品品质，或获取进入某一特定客户群的更好的通道，或从产品链中价值更高的产品或服务取得利益。
- 关联收购。买家可能看到了相关行业的机会，想要利用相关技术、生产流程或战略资源，服务于不同市场或客户群。

通过第3章描述的战略规划流程，我们可以辨识公司的竞争地位，并借此设立目标，在设法使其劣势影响最小化的同时，更好地运用它的相对优势。公司的并购策略应该是战略规划流程一部分，只是它把关注目标锁定在能够增强收购方优势或减弱其劣势的行业和公司。把并购规划聚焦于这个目标，管理层在分析和审视投资机会时，会省下不少成本和时间。如果并购与整体战略规划不一致，不能满足这些标准的机会，就会被更快地否决掉。因此，并购应该被视作企业为争取实现基本目标的仅有的几个可选策略之一。当需要的投资或约束都较轻时，联盟、合资企业或许可协议，会是更合适的合作方式。

通常，并购相比于内部发展的主要优势是：它可以更快地达到目的。此外，收购方在向其核心业务之外延伸时，这种并购有助于降低风险。因为成熟的企业会带有一项或多项下述有利因素：

- 发展轨迹。
- 管理团队。
- 相关能力。
- 相关产品。
- 企业声誉。
- 公司品牌。
- 客户基础。

以内部的方式发展新业务，可能欠缺所有这些有利因素。目标公司也可能内含短板或劣势，会降低其自身的独立价值。应该比照买家的相关能力，考虑上述这些相关因素，评估它们对买家未来业绩的影响。

并购还可以提供"反哺式的"协同效益，收购方可以发掘并购的这种协同杠杆作用，方法是把目标公司的优势和资源，扩展到收购方企业更大的业务基础上。这类协同效益的内容会在第 5 章予以进一步阐述。

并购规划

并购规划应该和公司的整体战略规划紧密相连。一旦并购规划开始游离于战略规划，一旦其与战略规划的关联性出现了混淆或定义模糊，就得刹车！这样的情况就是一个明确的警示，需要我们回归公司的基本战略和目标，再审核并购是否合宜。在这个过程中，严格遵守这种关联性会使你得到应有的回报：使你在逻辑错位的目标公司上少花时间和成本！

步骤一：把并购规划与整体战略规划联系起来

持续的聚焦还意味着，每个并购提案都要满足公司价值创造这个主要目标：增加公司的净现金流或降低公司的风险，或同时达到这两者，而且，预测和估值的具体细节都应该支持这个结论才行。

通过公司的战略规划和支撑战略规划的 SWOT 分析，我们可以找到公司的竞争地位（它的战略优势和劣势）。在公司的日常运营中，公司的战略管理旨在从内部提升自己的优势，消除或尽量减少劣势，并最大限度地利用市场机遇。企业的组合（无论是收购、合并、联盟、合资或许可）一般都是用来实现同样的目标，但通常会比内部发展的形式更快或成本更低。所以，这种并购规划源于公司的战略规划，尤其是当目标相比通过内部的自我增长，通过某种企业组合方式能更有效实现时。收购还可以以防御为目的，比如，为了把某个竞争者拒于市场之外；抑或为了减少一个具有下述特质的竞争者——整体较弱但可通过收购来增强或可以压低价格；抑或为了保护一项技术。

步骤二：组建有效的并购团队

并购团队的构成会影响并购成功的可能性。当团队是由来自不同职能领域（营销、运营、渠道和财务）的经理们构成时，效率会更高。由于这些专业人士会为估值流程带来不同的关注点，所以他们每个人都会为目标公司带来不同的聚焦点。仅仅由财务高管组成的团队通常会忽略运营问题，而由多面手组建的团队时常会忽略细节。因此，由背景不同和知识相异的人组成的混合团队，再加上对每个成员所关注问题的公开讨论，通常会激荡出一个更彻底和更准确的项目分析结果。

较大的公司会有并购或业务发展部。缺乏这些专业能力的公司，则需要组织外部的法务、税务和估值顾问。这些外部人通常会带来额外优势，即内部团队成员可能缺乏的客观性和创造性。

步骤三：规范并购标准

并购团队的策略必须源于公司的总体战略规划，但应该使每次并购的具体目标满足这个规划的要求并聚焦于此。通常，要根据这些具体目标，制定出相关的并购标准，而且应能利用收购方的当期战略优势，包括充沛的现金、上乘的管理、领先的技术、领先的市场或强劲的生产能力。大多数公司的战略目标还包括已投资本的必要回报率。这个回报应该是以净现金流作为衡量尺度，并同时关注现金流入的时点及其预期的增长率。当经理人的薪酬与这些具体目标的实现挂钩时，这些具体目标的达成和公司的成功实践也会有所改善。

除业绩目标外，典型的并购标准还包括下述各项的参数指标：规模、地点，以及目标公司或其产品的市场地位。例如，所要求的市场地位可能是：在既定市场中，销售额占第一位或第二位，或是行业里高品质的领袖或低价格的先锋。

在确定这些标准后，必须基于这些参数评估目标公司的当期和预期增长。

也要从风险承受能力的角度对这些标准进行评估。也就是说，管理层应该考虑最差和最好的可能结果，以及公司对下行环境的反应能力。

步骤四：比对收购方的优势，考虑目标公司的劣势

在评估了收购标准后，不应鼓励经理们过快地拒绝具有劣势的目标公司。通常，来到并购市场的公司，多半有一些战略劣势，有的资本不足，有的渠道有限。这些缺憾通常降低了公司的成长速度和回报，而且压低了公司价值。但这可能会使它成为一个更有吸引力的收购目标，尤其是在买家具备解决这种问题的能力时，更是如此。所以，并购标准不仅要考虑目标公司作为一个独立运营实体时的战略优势和劣势，还要斟酌把它融进收购方的运营机体时，它的运营业绩将会如何。此外，收购标准体系还应该确定：收购方公司是否还要把陷入困境的公司纳入评估范畴，并确定在何种条件下，评估这类公司。

步骤五：定义搜索策略

收购策略还应该定义发掘或搜索的策略。不太主动的公司可能仅仅考虑那些由中介介绍的潜在收购目标或企业所有者正在寻求出售的公司。这种做法多半会错失很多机会，特别是那些还没有被任何其他买家考虑过的候选对象。因此，应该定义搜索策略的信源和资源，包括对候选公司进行评估的最小信息量的确定。

步骤六：选择搜索标准并找到目标公司

依照合并或收购决策，为寻觅目标设定标准。换言之，**选择搜索标准**。

在这类标准列表中，应该有下述几个主要标准：

- **行业**。一般情况下，目标行业应该是与收购方目前主业所处行业一致或类似的行业。一个需要问的相关问题是，我们仅仅是对纵向收购感兴趣，还是也会考虑横向收购。
- **产品或服务**。通常，收购方钟情的是已经有了相当市场规模的产品或服务。因此，收购方寻觅的收购目标都有较好的品牌知名度或较宽泛的产品线或服务种类，尤其是产品构成或产品线要有较高的价值含量。
- **收入**。收入通常是评估公司规模的标准，而且目标公司的规模一般要小于收购方。

- **利润**。收购方需要明确，它们是否需要设定一个理想的最低利润额，抑或可以接受亏损（参见下一个标准）——假如可以扭亏的话。在短期内，亏损的目标公司会稀释收购方的利润。并购市场往往对利润是否会被立刻稀释更加关注。在下述情形之下，负利润都是可以转正的：管理能力不足、为企业成长或工厂改造融资匮乏。通常情况下，亏损但可以逆转的目标公司，能够卖出一个好价钱。
- **是否考虑突然逆变的目标公司**。突然逆变可能包括各种情形，从刚刚遭受亏损到陷入破产境地都在其列。有的收购方愿意看看处在逆变中的企业，而另一些则在规则上就把它们过滤在外了。在一个卖方市场（许多买家都在盯着每个可供并购且有吸引力的公司），如果愿意考虑身处逆变中的公司，对收购方就意味着多了个机会。通常情况下，对逆变类公司感兴趣的买家极少，所以这些卖家对价格一般都很现实。为这种逆变公司所付价格越低，收购方获取协同效益所得到的时间就会越多。
- **地理区域**。多数买家都想在特定的地理区域收购目标公司。由于市场的全球化和贸易壁垒的持续降低，收购方对世界各地的目标公司兴趣日增。下一个扩张地方在何处的决策，应该取决于收购方的总体战略规划。
- **目标公司的管理层是否应该保留**。在很多情形下，这种选择是受收购方管理能力深度的影响。若一家收购方公司具有值得弘扬的过量管理能力时，它可能会寻求并购一个覆盖某个区域或产品线的目标公司来部署这些管理能力。不过，增长战略应该永远以价值创造为基础。

当并购市场炙手可热时，并购一家经营成功的公司所需价格会更高。在通常情况下，这种高价只有通过采用赢利兑现方式（earn-out）来对齐，也就是来平衡买卖双方的出价差异，即卖家感觉合适的（且基于未来发展前景的）较高价格与买家感觉合理的（且基于目标公司当期状况和业绩的）较低价格之间的差异。在第 15 章，我们会进一步讨论这种赢利兑现支付方式。

- **非上市公司或上市公司**。在一般情况下，这种选择多半取决于收购行为是否与收购方的战略规划一致。
- **绝配与否**。具有下述特征的目标公司通常就是绝配：它的产品或服务自然地楔入收购方的营销、销售、渠道体系和地理区域需求。这种绝配会使并购双方的融合更快和更高效。不过，买家必须慎重，如果所付价格太高（相比于风险调整后的回报），即便是绝配，也仍然还是一项不好的投资。

在选定了评判目标公司的标准后，下一步就是寻找预期的目标公司。找到目标公司的通用方法包括：

- **行业人脉**。虽然有偶然性，但有时的情形的确是：在理想的行业中，是通过个人关系找到目标公司的。当理想的目标和收购方处在同一行业，这种方法的效果会更好，因为与收购方有人脉会提升目标公司和行业协会的数量。
- **企业中介**。企业经纪人和投资银行[①]既可代表收购方，也可代表准备出售的公司。在得到这些收购标准后，中介公司就知道买家正在寻找目标公司，并有了它所提供的收购要求指南。收购方应该认识到，中介会带来许多不合适的并购对象。这可能是如下两种压力的结果。

（1）中介费或服务费的主要部分只有在交易达成后才能得到，所以中介的主要目标只是"让交易达成"。

（2）中介通常会创造一种紧急的气氛（比如，给收购方施压，使它尽快行动，以免错过交易机会）。

收购方应该抵制这些压力，提防受他人怂恿，报出高于战略效益分析和并购交易协同效益允许的价格。对几乎所有的收购者而言，任何时候都有足够多的并购机会。买家不应该急于报太高的价，不要匆忙行事，或感觉非要做成某个交易不可。

- **寻找正确的目标**。有了一个具有良好定义的标准列表在手，收购方可以寻找和接近相关公司，确定自己的兴趣有多大。相比于请中介机构去找目标公司，这个自我寻找的过程要困难得多，但它通常能找到中介机构不会推荐的目标公司。通过这种搜索，可能找到意想不到的目标，可以

---

① 两者之间的区别在于：投行通常规模更大，其并购专家团队通常为收入超过 1 000 万美元的公司提供服务。它们的费用通常高于经纪人的费用，它们通常要一个初始的预付金、每月的费用和成功交易费。企业经纪人通常是个人或非常小的团队，它们通常没有投资银行所拥有的那种程度的资源，因此倾向于收取较低的费用，并服务于较小的公司。

避免与其他买家进行投标竞价。

有些企业估值专业人士和中介公司，可以提供较为独特的外包服务：负责找出尚未进入并购市场但符合标准的公司，并与它们做初步沟通。购买这种外包服务的好处如下。

- 这种任务变成了有时间底线的契约行为，若是收购方自己做的话，就成了一种有空则做无空则搁置的事情。
- 当评估公司提供这种服务时，它可以利用与目标公司熟络之便，联系其高管层，启动评估目标公司独立市场价值的流程。
- 由外包的专业人士进行联系，可以使收购方在最终确定自己感兴趣的程度有多深之前，回避潜在目标公司的一些不合时宜的问题。

按照常理，目标公司想要知道潜在收购方的某些相关信息，如是否是一个全额付现的买家，或是否有意让其管理层留下等。由收购方进行早期接洽，会导致目标公司询问一些这类问题，而此时买家的关注点应该是设法获取这个特定目标公司的更多信息。评估公司能很容易避开或延后回答这些问题，只需说：他们此时无权对此作回答。

步骤七：为最初的接洽流程制定指南

搜索策略还应该提供一种特殊指南，即如何启动与潜在目标公司的接洽。它包括下述事宜的掌控。

- 收购方的什么人可以获得这类信息。
- 有关收购方的何种信息可以发布。
- 收购方可以讨论的战略目标。
- 允许参与的人员。
- 签署保密协议的权利。
- 要求目标公司提供的最低限度的信息。

可以通过使用中介简化与这些信息相关的问题。这种方式能保护双方的私密性，在多数情况下，还能加快这个流程。在采集初始信息过程中，对买家和卖家都有吸引力的选项是：买家授权对目标公司进行估值准备。作为对估值配合的报答，买家会承诺为卖家提供一份估值报告，即卖家的独立公允市场价值的估值报告。这种信息能够帮助现有业主了解自己公司目前的价值是多少，而且更重要的是让他清楚，为什么这个价值才是合适的。握有这种信息，收购方还能够计算出投资价值，包括预期的协同效益。这些信息能够使收购方管理层做出明智的决策，即是否进入谈判的步骤。

步骤八：评审收购团队建议书

在并购流程里，要做的另一个步骤应该是审核谈判经理拿下交易的能力。在很多情况下，由于贴近交易谈判现场，并购团队成员易于陷入情绪化的状态，失去公正性。公司可以设法使自己免遭这种现象的影响，方法是建立一个委员会，审核并购团队的提案，或指派一个资深经理负责审批。这个审核流程也是一种自我保护方法，防范并购团队成员把个人的情绪卷入交易，导致支付过高的价格。

这种并购规划的策略到位后，收购方所面临的主要挑战就是强化规范的约束力。要严格地审核每个提案，看它们是否符合公司整体战略，然后针对公司为并购必须支付的价格，分析目标公司的预期风险和净现金流回报。在谈判开始之前，确定价格上限，即风险调整后的回报无法证明其合理性的收购价格。有了这个决策流程做后盾，收购成功的概率要大得多！

步骤九：确定意向书的主调

意向书是指各方达成的初始一致。就主调和内容而言，意向书既可以是"硬质的"，也可以是"软性的"，这里推荐用后一个类别。这种软性方式是指在执行意向书时，以善意的目的考虑目前所有的问题，并同时认识到可能会出现的且随后必须解决的其他问题。软性的意向书可以在几周的时间里，用几稿就可完成。"硬质的"意向书通常要详尽得多，需要在收购/出售流程的较早阶段，进行广泛谈判，而且需要多次修改和数周的时间达成协议。"硬质的"意向书通常像是确定了最终条款的最终协议。

尽调准备

作为先期计划的一部分，无论是买家还是卖家，都应该为收购之前不可避免的尽调做准备。买家应该以意向书的方式，告知卖家它所需要的信息。卖家的这种准备应该始于出售计划流程的起步阶段，这样能方便快捷地向潜在买家呈现所有的相关信息。实际上，为尽职调查所做的准备，还有助于卖家认识到买家关注而卖家必须应对的那些问题，以便卖家能够把公司调适成对潜在收购方更有吸引力的并购对象。表 4-2 概述了典型的尽调问题清单。

表 4-2　尽调清单

A. 公司概览
——公司优势、劣势、机会和威胁的阐述
——以对话的方式表述公司可持续的竞争优势，包括协同效益、供应或分销渠道中具有的优先地位、产品的独特性/技术优势、规模经济、定价优势
——最近的商业计划书和战略规划文件
——公开发行的公司资料和媒体文章
——已有和拟制的雇员福利计划、合同和薪酬协议
——雇员人数（当前的、历史的和预期的）
——关键雇员简历和部门组织结构图（包括所有的职能部门）
——列出公司的主要设施，包括位置、大小、年限、用途，以及它们是自有还是租用
——阐述公司经营活动敏感的任何法规

B. 所有权
——资本一览表——即股东、期权、权证持有人、虚拟股票持有人名册；包括购买/授予日期、价格、股份数量
——募资历史，包括股份、价格、募集金额和日期
——概述最近的权益期权的授予情况（如果有的话），包括份额、行权价和日期
——按照基于股票激励进行的任何估值
——公司股票过去五年的交易明细

C. 历史的和预期的财务信息
——五年期历史的财务报表（以季度为单位的数据）
——按十大客户分解的销售额（过去五年期）
——按产品线/服务类别分解的销售额，包括价格和数量的详尽数据
——按产品线/服务类别分解的经营费用
——重大会计政策的概述
——营销计划（至少一年期）
——财务预测（五年期）
——重大资本支出分类表（历史的和预测的）
——所有的审计师致客户函（如果有的话），外加管理层的复函（如果有的话）
——应收款的账龄分析（过去两年）
——不良贷款记录（过去五年）
——固定资产登记或折旧计划
——任何或有负债（如担保或保障）或表外融资（如信用证）的详细资料

D. 产品和服务
——产品和服务的描述
——商业模式的描述、定价政策和销售规模预测
——当期市场份额数据
——大型供应商名单

（续）

E. 销售和推广
——按产品线／服务类别阐述销售额和渠道
——销售团队效率统计和每个部门或产品线的销售计划（最近一年）
——广告和促销计划及预算
——当期的市场营销资料和广告样本
——网站统计数据

F. 工艺
——工艺流程描述
——工艺流程支出（历史的和预期的）概述
——专有技术的清单
——来自公司之外授权技术的描述

G. 知识产权
——专利、许可、版权、品牌的清单和／或描述
——技术授权协议副本
——已支付或已收到的特许权使用费
——研发投资的背景
——有关内部研发的软件的信息

H. 法务
——工商执照
——公司章程
——股东协议
——雇用和／或非竞争协议
——与前雇员终止协议
——合营公司和附属企业名单，包括相关协议
——与工会的合同
——任何诉讼的细节，包括未决诉讼或威胁诉讼

I. 其他
——银行贷款协议和租赁合同
——原先签过合同的公司名单和相关文件，包括最终协议草案
——任何可能对公司产生重大影响的环境问题的细节
——公司在过去五年内完成的企业评估副本

在许多方面，中等市场公司的并购活动组织得不好，但私募权益是一个明显的例外。许多卖家和有些买家可能终生只涉猎一次这种交易。可能它们聘请了法务、税务、估值和中介顾问，但它们拥有的专业知识或经验可能也有限。虽然某些行业的并购活动进行得热火朝天，但在其他一些行业，有意向的买家和卖家，却难于找到理想的交易对象。

这些情况综合强调了，买家和卖家都必须理解价值和价值动因的重要性，同时，为了获得并购交易的成功，需要认真了解市场情况，要认识到预先做规划和准备的好处。

VALUATION FOR
M&A

第 5 章

衡量协同效益

有时，并购会给买家造成很大的价值损毁。这是并购活动内含的一种可怕的有风险的潜在结果，每个买家都必须有自己的定力去不断地面对。但同时，并购行为也散发着诱人魅力，核心是蕴于其中的协同效益。所以，本章将集中阐述两个问题：协同效益是什么；如何度量它。

在第 4 章的"并购策略和流程"一节中，我们强调了公司并购规划应该与企业整体战略紧密联系起来。就本质而言，这个规划应该能促使公司达成两个战略目的：更好地为资本提供者增加净现金流；也使公司的经营风险最小化。典型的收购决策实际上就是一项资本预算决策，除了购进有形资产外，收购方还买入品牌、流程和技术。资源配置的依据是预测它们将会产生的未来预期回报，当然，这种回报必须按照这项投资的风险水平进行相应调整。

从事并购的目的应该是提升股东价值。 并购可以拓展公司的产品或市场，提供新技术，提升效率或强化增长潜能。不过，这些都不是最终的目标。并购的最终目标应该是，通过降低公司风险和增加已投资本净现金流的方式，提升股东的价值。之所以在这里强调公司并购的根本目的，是因为不少收购行为常常会背离这个主旨，使经理们的行为焦点游离于股东价值之外。

为了进一步强调这个核心点，让我们考虑这样一个问题：当一家上市公司为收购另一家上市公司而支付溢价时，让我们考虑一下投资回报率此时的内涵是什么。当 Buyco 公司为收购 Sellco 公司 100% 权益支付每股 90 美元的价格（在收购前，后者的市场交易价格一直是每股 60 美元），与其股东在公开市场上购买相同股票相比，Buyco 公司每股多支付了 30 美元（50% 的溢价）。对

Buyco 公司的股东而言，暗含于这项收购决策的信息是：Buyco 通过这次收购可以创造出高于这个溢价的价值。因此，内含于这项决策的信息是：依据管理层提炼预期协同效益的能力，公司为了股东的利益，**提前**支付了这个溢价。在这个情境中，为了使股东最终获益，管理层必须创造出很高的回报，以证明所支付溢价的正当性。最终的成功并非不可能，但面对如此高的目标要求（考虑到那些可替代的投资选择），必须进行严格的并购估值及其分析。

除了聚焦股东价值，高管和董事会成员还必须认识到，并购通常是公司自由支配的开支中最大的一项。和其他任何支出相比，这种决策通常对股东价值的影响要大很多。实际上，在公司的生命周期里，几乎没有其他事件对公司的价值有如此迅速和巨大的影响！收购通常会使一家公司在很长的时间里致力于所选定的战略。加之，当收购完成后，要想放弃被购公司是非常困难的，尤其是遇到市场的最初反应是负面时，更是异常困难。最后，公司通常已经为收购支付了高于公允市场价值的溢价，所以常常不得不硬着头皮去争取很难实现的协同效益——这为投资目标的实现带来了高度的不确定性。

协同效益的衡量流程

之所以在这里阐述这些并购风险，并不是想阻止人们做并购，相反，这里的用意是要让买家意识到：有必要充分了解如何以价值创造为目标，评估潜在的并购活动。

协同效益的定义

要想实现协同效益的目标，首先要清楚什么是协同效益。把协同效益定义为"一加一大于二"的业务合并或"来自合并策略和规模经济的一流集成效益"，都极不准确，也具有误导性。

马克·赛罗沃在其著作《协同效益陷阱》中给出了协同效益的定义和论述：

> 协同效益是合并公司业绩的增值部分，即相对于两家公司已有的预期业绩或两家作为独立公司需要完成的业绩而言，协同效益是合并公司业绩的新增部分。

当收购方能够取得来自目标公司的预期业绩时，收购策略的净现值就可以由下述公式清晰地表述：

净现值＝协同效益－溢价

用管理的术语来说，协同效益意味着合并公司的竞争表现好于任何人的预期。它意味着这些公司在竞争优势上是有新的斩获，即相对于其在竞争市场上生存所需的竞争优势，协同效益带来了更胜一筹的东西。⊖

因此，无论是收购方公司，还是目标公司，都已经将投资者对价值增长的预期纳入其股票价值中，即每家公司作为独立企业运营时可以实现的价值增长。协同效益是超过这些预期改进的改进——这个定义使并购的成功成了一个更加飘忽不定的目标。通常，为收购一家公司所支付的溢价越高，这个目标达成的概率就会越低。如果内含于并购的价值创造潜力，绝大多数都被以溢价的形式支付给了卖家，那么，留给收购方的价值创造潜力就微乎其微了。

这种可能为我们带来了一个需要解决的问题：甄别究竟是哪一方（买方或卖方）创造了协同效益。在通常情况下，使得合并企业内含的竞争优势（包括收入增加、成本降低或技术改进）成为可能的是买家，所以，这种协同效益的价值通常是由买家创造的。

但例外还是有的。当目标公司具有一项技术或独特的业务模式，使得买家在予以适调后拓展到更大的业务基础上，那么这种"反向的"协同效益主要是由卖家创造的。虽然买家带来了更大的客户群，使得协同效益得以放大，但目标公司创造的效益和价值，远高于其作为一个独立实体的价值。

协同效益之源

协同效益一般产生于五个潜在的来源：

∞（1）收入的增加。
∞（2）成本的降低。
∞（3）流程的改善。
∞（4）财务的节省。
∞（5）风险的降低。

收入的增加。收入的增加可能来自单个产品更高的销售量，通常是得益于

⊖ Mark L. Sirower, *The Synergy Trap: How Companies Lose the Acquisition Game* (New York: The Free Press, 1997), p. 20.

合并实体服务于更大的市场或提供更丰富的产品线，或两者兼而有之。而特定价格的提升可能产生于下述特定情形：合并实体创造了战略优势，例如，成为某项技术或产品的唯一提供商。

应该谨慎地看待收入的预测增幅。它们往往取决于外在变量，特别是客户和竞争对手的反应。这两者都难于预测，而且，在很大程度上，它们都超出了合并实体的掌控范畴。比如，客户可能有内部规定，不允许过多依赖单个供应商。还应该预测竞争对手的反应，包括它们对推出新品和价格打折等的反应。

通常，为了最大限度地利用合并公司的分销渠道，新公司会推出更多的产品或更广的服务范围，以便带来更多的收入。拓展的或改进的产品线也有可能是合并公司的新业务，即收购方或目标公司作为独立实体都不曾涉猎的业务。

成本的下降。和改善收入相比，对第二项协同效益之源的评估，显得更加可靠和更有可预测性。通过功能的整合，能够清理掉一些岗位，卖掉一些固定资产和节省一些间接费用。如果目标公司和收购方经营的业务和所涉的市场比较类似的话，这种效益的规模要大很多。

要想在削减成本上取得成功，要事先对人员的岗位名称和会计的科目分类予以特别的关注。由于这些功能在不同的公司之间存在差异，所以确定撤销哪些特定的功能就变得更加困难了。需要特别警惕薪酬和工资，因为虽然有些岗位被取消了，但有时，从这些岗位下来的人又以新面孔出现在不同的部门或职称之下。

（技术和）流程的改善。当合并实体采用了目标公司或收购方所用的更有效的经营方式时，流程就能够得以改善。合并企业经营管理水平的提升，有些是得益于可惠及新实体的更广泛的技术或流程改善。这些改善能够带来更多的收入或更低的成本，以及效率更好的经营方式或效率更高的营销和分销体系。

财务的节省。作为第四项协同效益之源的财务节省经常被误读。不能把目标公司价值的提升归因于通过运用更多的负债融资，而降低的资本成本。由于任何收购方都可以获得这样的效益，这种金融伎俩几乎不具备价值创造的潜能。不过，业务的整合可能会降低并购实体的融资成本，并可能在租赁条款、现金管理和运营资金的管理上提升效率。

并购实体还可能创造出一定的税务好处，比如，利用净经营亏损结转或能在有税率优惠的地区注册公司。不过在认知上，收购方要小心慎重，多数财务节省之术对改善公司的战略地位不会有大的作用，几乎都算不上是并购交易的驱动力量。

风险的降低。如果收购方的公司规模较大，就可以使目标公司的资本成本得以降低，并消除目标公司作为一个独立实体所具有的许多风险。由于成了市场资源较广泛的大公司的一部分，目标公司可以消除作为较小公司所携的若干风险，比如对关键人物的依赖、客户集中度问题、无法跟上技术变化和相对于竞争对手的弱势地位。

评估协同效益之关键变量

就协同效益的这些本源而言，要想评估它们各自的潜在效益，并购团队成员应该持续专注于三个变量——三个会对协同效益评估和价值计算的准确性产生巨大影响的变量。

- (1) **协同效益的规模**。协同效益的价值应该量化为对净现金流的预测。它包括下述科目的预测值：收入、费用、融资成本和税收成本，以及运营资金和固定资产的投资。这些预测的每个部分，特别是所有的预估改善值，必须严格对待。在情绪上，并购团队成员必须抵制沉迷于做成交易的惯常倾向，因为这种结果大多是过度乐观的收入和费用预估值。为了准确地量化协同效益的价值，我们必须准确地估算预测中的每个科目。
- (2) **成功实现的可能性**。企业合并的业务组合能有各种不同的效益预测值，有些实现的可能性很高，有时则需要很长的时间才能见分晓。例如，与目标公司董事会相关的管理费用，取消的概率是100%。相反，面对激烈的竞争，实现一定销售额目标的确定性要小很多。在财务预测中，这些差异不仅要考虑到，而且要予以注释。计算各种结果的概率（乐观值、预期值和悲观值）或通过蒙特卡洛模拟算法，都会有助于量化这些可能结果的范围区间。这里需要强调的是，管理层应该特别关注市场下行时的预测值及其结果。
- (3) **效益实现的时机把握**。买家并购团队必须认识到：虽然并购行为是作为一次性交易而发生，但其效益却需要在整个数年的预测期逐渐累积实现。收购的价值及其成功能否实现依赖于，收购是否能够按照预测时间表实现改善现金流的目的。任何延误和耽搁都会把相关现金流的实现推向未来，降低它们的现值。同时，必须抵御加速提升收入或更快节省成本的诱惑，每种预测假设所定时间呈现的挑战，与这些预测假设金额的大小呈现的挑战是一样的。迄今为止，企业并购史都充满着这样可悲的案例：为了增加一项并购案的吸引力，对并购效益进行不切实际的人为加码，导致协同价值的高估。受这种欲望驱使的并购团队，实际上是在自欺欺人。

这里需要反复强调的是：在审核预测的协同效益值时，客观性与严格的尽调非常重要。作为价值创造的独立实体，买家和卖家各自业绩的改善，都在投资者的预测之中。协同效益必须反映上述预测值之外的改善值。为了创造价值，这些协同效益的价值必须超过收购方所付公允市场价值之上的溢价。因此，每种类型的协同效益预测都必须在以下几个方面进行严格把关：协同效益的预估金额、成功实现的可能性，以及何时会实现这些效益。对于忽略这个环节的公司，未来会给它们带来意外之痛和失望之悲。

协同效益及其先行规划

在第 4 章所论述的收购规划流程中，我们强调了把收购规划与公司的总体战略规划紧密关联的必要性。在这种语境下，每一次收购的评估都应该考虑实现预期协同效益的可能性。马克·赛罗沃把"协同效益的基石"描述为收购策略的四要素，即要想成功地实现协同效益必须具备的四个要素。根据赛罗沃的观点，要想获得并购的成功，这些要素不可或缺：[1]

- **战略愿景**。这是进行合并的目的，是收购运营计划的永恒指南。
- **经营策略**。这是指经营的核心步骤，代表要想获得针对竞争对手的战略优势，合并公司所需的重要经营步骤。
- **系统整合**。在维持原先经营目标的同时，聚焦于收购合并的具体实施。为了合并的成功，在收购之前，应该对系统整合进行相当详尽的规划，以便适时取得协同效益之效。

---

[1] *The Synergy Trap: How Companies Lose the Acquisition Game*, p. 20.

- **权力与文化**。公司文化会随着收购而变化，合并实体的决策架构（包括合作和冲突的解决程序）必须予以明确和执行。整合的成功依赖于整个合并公司的效率，在这里，目标清晰是关键。

由于传说中并购回报丰富，因而协同效益几乎被蒙上了一层神秘的色彩。但对这类回报要慎重小心，因为它们的确是个待解之谜。

企业组合能够带来业绩的改善，但改善幅度必须超过投资者原有的预期幅度，即超越收购方和目标公司作为独立实体各自应有的改善幅度。这两个独立实体原本预期的潜在提升效益，是任何一个合并案必须跨越的第一个台阶。当收购方向目标公司股东支付了溢价后，合并所带来的任何效益的现值，都必须从这个溢价中减去。因此，支付的溢价越高，留存给收购方的潜在效益就越低。收购方还必须认识到，以溢价支付的方式，把部分协同效益拱手送给了卖家，它们自己就面临着如何实现剩余协同效益的挑战——这通常是很难的工作。

不必把协同效益神秘化，它们必须受到严厉质疑、准确预测，以及适当地折现为净现金流——且应该在精心构建和审查的时间表中反映出它们成功实现的概率。

VALUATION FOR
M&A

第三部分

衡量价值

第 6 章　估值方法和基本原则
第 7 章　收益法：利用预期未来回报确定价值
第 8 章　至关重要的资本成本
第 9 章　加权平均的资本成本
第 10 章　市场法：类比公司法和并购交易法的运用
第 11 章　资产法
第 12 章　通过溢价和折价调整价值
第 13 章　调适初始价值并确定最终价值

VALUATION FOR
M&A

第 6 章

估值方法和基本原则

准确估值既需要适当运用一些可用的方法来确定价值，也需要清楚地了解正在出售或收购的企业的确切投资，还需要清晰地衡量该公司所创造的回报。因此，为了提高估值过程的精确度，本章将介绍三种估值方法：已投资本模型——量化被估值企业的投资；净现金流法——最准确地衡量公司对资本提供者的回报；公司财务报表调整法——最准确地描述公司的经济绩效，以及管理投资风险的一些数学技巧。

企业估值法

企业的差异性在于它们的经营性质、它们所服务的市场，及其所拥有的资产。出于这个原因，企业估值知识体系已经建立了三种主要方法来评估企业，如图 6-1 所示。

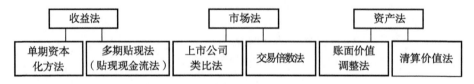

图 6-1 企业估值法及其子方法

根据国际企业评估术语表，收益法是："使用一种或多种方法确定企业、企业所有者权益、证券或无形资产价值结果的一般方法，该方法是将预期收益转换为一个单一的现值。"市场法是："通过使用一种或多种方法来确定企业、企业所有者权益、证券或无形资产价值结果的一般方法，该方法将主体企业与那些已经出售的类比（'标准'）企业、企业所有者权益、证券或无形资产进行比较。"最后，资产（或成本）法是："通过使用一种或多种基于企业扣除了负债的价值的方式来确定企业、企业所有者权益或证券的价值结果的一般方法。"

这三种主要方法的每一种都有几种具体的子方法。例如，在收益法中，有单期资本化法和多期贴现法（通常称为贴现现金流法（DCF）），等等。⊖在市场法中，有上市公司类比法和交易倍数法等。在资产法中，有账面价值调整法和清算价值法等。在这些具体方法中，各自还有几种估值程序。贴现现金流和贴现未来收益是收益法的多期贴现法中的技术程序。现金流资本化和收益资本化是收益法的单期资本化法中的技术程序。所见的任何常见倍数（如市盈率、已投资本总额与利税前利润之比等）均为市场法中的上市公司类比法或交易倍数法的程序。

第7章将阐述收益法，第8章和第9章则将专门用于阐述如何推导适宜该法的回报率。第10章和第11章将介绍市场法和资产法。企业估值理论要求评估师尝试在每个评估任务中使用这全部三种方法——尽管这样做并不总是很实用。例如，一家公司可能缺乏贴现或资本化的正回报，这就会妨碍使用收益法。由于缺乏类似的公司进行比较，就可能无法使用市场法。在没有使用超额收益法（其实通常不用于并购评估）的情况下，资产法无法准确描述公司资产负债表中未以市场价值显示的一般无形资产价值或商誉价值。因此，每种方法都带有各自的局限性，这可能会限制其在特定评估任务中的使用或有效性。然而，更重要的是要认识到，就价值及其驱动因素而言，每种不同的方法都有各自特别的关注点。收益法通常关注反映其相对风险水平的未来回报；市场法根据可替代投资的价格确定价值；资产法根据假设出售公司的相关资产确定价值。每种方法的优点和缺点、评估任务的性质、被评估公司的具体情况及其运营所在的行业决定了可以使用哪种方法，以及应用该方法结果的相对可靠性。在第13章，我们会论述如何评估这些结果，表13-1概述了每种方法通常最适用的情况。

在进行并购业务估值方法的概述时，除非另有说明，否则相关论述假定被评估企业是正常和持续经营的。有意清算或长期衰落的公司可能需要不同的假

⊖ 这并不是三种估值法中许多子方法和程序的全部清单。但重要的是要注意还存在着其他的估价方法和程序。例如，对于非常小的企业，其所有者全天候地经营企业，且企业每年的收入低于200万美元，收益法中的自由现金流法和市场法中的直接市场数据法，可能比本书中阐释的方法更适用。

设和估值程序。

使用已投资本模型定义被评估的投资

对并购业务而言，公司的投资通常被定义为企业的已投资本，即其为计息债务和权益的总和。表 6-1 对这个数额进行了计算。

从流动资产中扣除应付款产生公司的净营运资金。非运营资产也被移除，所有者权益也相应减少。这就只留下了企业中使用的净运营资产以及计息负债和权益（两者合计为已投资本）。

请记住，公司的所有一般无形特征，包括员工、客户和技术，都包含在已投资本价值的计算中。已投资本也被称为持续经营公司的企业价值，因为评估的是整个企业（包括净有形资产和无形资产）。就并购而言，评估已投资本（而不仅仅是权益）的一个主要原因是，为了防止可能由公司资本结构变量引起的潜在价值扭曲。此外，公司可能还没有以最佳资本结构运营。已投资本通常被称为无债模型，因为它是在确定债务和权益的相对水平之前描绘企业的。这里的目标是在考虑如何通过债务或权益融资运营之前计算公司的价值。每个买家都可以选择以不同的方式为公司提供融资。但是，这种选择不应影响企业的价值。无论它们的融资结构如何，企业的运营都应具有相同的价值。另请注意，与收购相关的任何债务都不包括在已投资本中，因为这里的价值不应因与交易相关的融资选择而扭曲。

由于已投资本模型是基于债前的方式描绘公司，所以公司的回报（收益或现金流）必须在债务之前计算，而且其资本成本或经营倍数必须同时考虑债务和权益融资来源。在进一步论述了回报和回报率之后，这些要点都将在第 9 章、第 10 章和第 11 章论述。

表 6-1 已投资本的计算

资产负债表	
资产	负债
（剔除非运营资产）	应付款
	计息负债
	权益
运营资产总额①	负债和权益总额①
减：应付款	减：应付款
净运营资产	已投资本

① 所有运营资产和负债均应调整至市场价值。

为什么净现金流衡量的价值最准确

正如我们在前两章中所讨论的那样，企业中的价值创造最终可以定义为资本提供者可用的风险调整后的净现金流。公司股票价格上升，无论是由于新技术或改进的产品线，还是更高效的运营或类似的原因，所有这些都会为资本提供者带来更多的现金。因此，价值不可避免地可以追溯到现金流，这就是为什么在估值的语境下，一个常用的短语是"现金为王"。投资者和经理人习惯于将公司的业绩表示为某种利润水平——在利息或税收之前或之后。当然，利润最大的困难在于它们并不代表可以花费的资金额。也就是说，利润往往无法表现为资本提供者可用的真实金额。例如，一家公司可能拥有不菲的息税前利润，但如果大部分或全部都用于利息、税收或公司的再投资，为预期运营提供融资所需的营运资金或资本支出，那么资本提供者可能无法获得现金回报。

对紧密控股的公司而言，利润通常表示为税前或税后的净收益。由于这是净资产收益（已经确认了利息支出），所以它反映了当前所有者对债务与权益融资的相对水平的偏好。通常，买家希望在考虑融资影响之前准确了解公司的真实经营业绩，因此这里应该提供已投资本收益，而不是净资产收益。

计算已投资本的净现金流

由于财务报表通常是按照一般公认会计原则（GAAP）向外部各方报告的，因此已投资本净现金流（NCFIC）没出现在报表中——也不出现在现金流量表里。但是，它很容易计算，如表6-2所示。

表6-2 已投资本净现金流

数学符号	成分
	税后净利润
+	利息费用，扣除所得税（利息费用 × [1−t]）
=	已投资本净利润
+	从收入中扣除的非现金费用（如折旧和摊销）①
−	资本支出（固定资产和其他经营性非流动资产）①
+或−	运营资本的变动额①②
+	优先股或其他优级证券的股息（如果有的话）③
=	已投资本净现金流

① 在一份预测中，这些数额应达到能支持未来预期运营所需的水平，而不仅仅是过去的简单平均数、实际金额或下一年的预期数额。

② 记住，已投资本模型是"好像没有债务一样"，所以流动负债中的任何计息负债都应该被删除。一般来说，这样做会减少运营资金增长的数额。

③ 在大多数评估中，这一项为零，因为通常没有优先股或其他高级分红类证券。

回顾这种计算法，我们发现净现金流的好处变得更加明显。它给出的是可以从企业中移除的资金金额，而不会影响其未来的运营，因为公司的所有内部需求都已被考虑过了。这就是净现金流经常被称为**自由现金流**的原因。

已投资本净现金流是唯一能准确描述公司真正创造财富能力的回报指标。它揭示了公司在债务本金和利息之前的回报会因不同借贷水平而造成的扭曲。它是衡量现金流而非利润的指标，因为投资者只能花现金，而不能花利润。已投资本净现金流是税后净回报，同时也是在满足了公司内部资本支出和营运资金需求之后的金额。因此，它代表了债务和权益资本提供者在缴纳税款和公司内部再投资要求后可获得的真实现金流。

如第 7 章所将深入阐述的那样，可以在未来数年或很长的时期内，对公司的净现金流进行预测。

在计算长期或终期的净现金流（即永续现金流）时，几乎总是应该保持净现金流计算中各组成部分之间的特定关系。资本支出应超过前期资本支出的折旧冲减，以反映通货膨胀和经济增长。同样，流动资本的变化应导致净现金流的减少，因为为增加应收账款和存货所需的现金流出应超过应付账款和累计应付账款增加所含的现金流入。

经常需要调整的盈利指标

并购市场，尤其是针对中、小型企业的并购市场，很少有组织得很好的。正如前面提到的，许多参与者在他们的整个职业生涯中只会参与一个或两个这种交易，而大多数顾问（会计师、律师和银行家）也并不经常遇到这样的交易。由于缺乏有组织的市场和缺乏有经验的参与者，所以寻找潜在买家的卖家和寻找潜在投资公司的买家，往往都是设法通过联系人和行业协会或邮寄名单，来达到目的。

在这种环境中，预期通常都是不现实的，并且当参与者寻找快捷或简单的公式来便捷地计算价值时，这里往往会充斥着错误信息。基于息税前利润（EBIT）或息税折旧摊销前利润倍数（EBITDA）的价值，通常会出现在这里。卖家尤其喜欢这些指标，因为它们带来相对高的回报数字，看上去和听起来都令人印象深刻。这里的问题在于它们并非真正的回报，因为所得税和公司的内部再投资需求尚未支付。也就是说，EBITDA 和 EBIT 都不代表资本提供者可以获得的现金。

那么，任何一方（一个想要了解公司真正价值的卖方（无论其谈判策略如何），或者与引用此类指标的卖方谈判的买方）如何处理可能出现的这种模糊乱象呢？这里的关键是要用已投资本净现金流来持续做所有的价值计算。依据这种方式，参与方可采用资本提供者可获得的真实回报，以及最准确和可靠的回报率。当卖方或其中介机构报出未经证实的 EBIT 或 EBITDA 时，买方必须要求对方解释这些数字是如何确定的。理智的参与者，无论是买方、卖方还是中间人，通常都会认识到这些不现实的倍数都缺乏合理性，更重要的是，理智的参与者能够解释为什么它们没有准确地反映价值。

EBIT 或 EBITDA 倍数扭曲价值的最常见的问题，包括以下几个：

- 回报不准确。考虑到可能的行业和宏观经济状况，与历史或未来表现相比，EBIT 或 EBITDA 的计算结果通常是不现实的。
- 战略价值与公允市场价值的混淆。投资银行业者或经纪人引用的 EBIT 倍数，可能来自买方支付的特别高的某笔或某几笔交易。那笔交易不同寻常的协同效应可能使那个倍数具有合理性，但它不能代表市场，特别是在其他买家无法获得此类协同效应的情况下。
- 不恰当的对比公司。从规模较大的上市公司或与目标公司不完全相似的行业领导者中选择倍数，会导致不恰当的对比。
- 不适当的日期。从不接近估值日期的交易中选择倍数可能会反映不同的经济环境或行业条件。类似的扭曲还可能发生于收益和倍数的混淆，例如从净利润得出的倍数并将其应用于 EBIT。
- 选择平均倍数。当目标公司与对比组的平均值的差异很大时，不加选择地使用来自该组公司的均值或中位数倍数，将会扭曲价值的指标作用。

解决方案：当精明的投资者发现他们必须基于利润倍数谈判时，他们会首先使用已投资本净现金流确定价值，然后，再将该价值表示为 EBIT 的倍数或对方更喜欢使用的其他任何回报指标。

选择净现金流而非利润指标的第二个不得已的理由是推导回报率时可用的选择的结果（在第 8 章中进一步讨论）。这个回报率或其倒数（倍数）将应用于计算价值而进行的贴现、资本化或倍数化的方法。计算结果的可靠性显然取决于方程中两个主要变量（回报和回报率或倍数）的准确性和可靠性。公开市场基于多年的历史经验，为长期、中期和短期净现金流提供了高度可靠的回报率基准。在美国市场，现存可用的数据可以追溯到 1926 年，记录了债权人和投资者已经收到的实际现金回报，以及由此所得的他们就自己投资所挣的回报率。这些回报率反映了买方的前瞻性选择，也就是说，为投资的未来预期净现金流回报所支付的当期价格。这些数据就下述要素为评估人员提供了很好的视角：对投资者风险与回报的预期、可准确显示与投资对应的不同风险水平的必要回报率。

重要的是要强调，报告里经常出现的其他回报指标没有类似的历史回报率数据——它们包括 EBITDA、EBIT、税前净利润和税后净利润。⊖这些指标均未反映实际上可供股东使用的净现金回报。所有这些都只是历史业绩指标，没有任何对应的投资金额。因此，没有办法将这些历史的业绩结果与投资者为这些投资预期的未来回报所支付的价格联系起来。第 8 章会阐述使用历史回报率可能导致的错误和扭曲。

财务报表的调整

对目标公司财务报表的调整（通常称为标准化调整）将报告的会计信息转换为显示公司真实经济表现、财务头寸和现金流量的金额。通常，财务报表及其市场价值之间所示金额的差异是由以下的一个或多个原因造成：

- 旨在尽量减少税收的选项，包括超额补偿、额外津贴、租金或向业主或其他相关方支付的高于市场的款项。
- 更改会计基础项所需的调整，包括从现金转为应计或从一种库存或折旧方法转换为另一种相关的方法。
- 非经营性和/或非经常性项目的调整，包括资产盈余或短缺、公司资产负债表上的个人资产或企业支付的个人费用，以及不属于持续经营业务的收入或支出项目。
- 资产的市场价值与公司账面上记载金额之间的差异。

⊖ 然而，正如将在第 8 章中讨论的那样，由于"佩珀代因私募资本市场项目"（Pepperdine Private Capital Markets Project）对私募资本市场必要回报率的调查和研究，这种情况正在发生变化。

在较小公司的估值中，许多标准化调整的重要性更大。中型或大型企业可能具有需要调整的特征，但影响可能并不大。例如，10万美元以上的市场薪酬可能会导致年销售额达到100万美元的公司价值发生重大变化，但对于销售额为1亿美元的企业来说，这可能并不重要。较小的公司也经常有财务报表编制或审查，但无审计，或有些使用以现金为本的会计法而非权责发生制。因此，较小公司经常需要更多的调整，且调整的相对影响往往更大。

可以对利润表和资产负债表进行调整，也可以只调整一个（无须对另一个进行相应的更改）。例如，可以从利润表中删除非经常性损益，而无须对资产负债表进行任何必要的调整。

通常在并购中，买方开始获得对目标公司的控股权份额。这使买方有权控制并在想要时操纵公司的收入。但是，少数权益所有者通常缺乏控制权。因此，列出的第一类调整称为控制权式调整，一般只应用于评估公司的控股权时。典型的控制权式调整包括：

- 向控股股东支付的任何形式高于或低于市场的报酬。
- 因控股股东拥有并出租给公司的房地产或设备而支付的高于或低于正常的租金。
- 向工资的相关方或受惠方支付高于或低于市场的报酬。
- 企业已有和/或购买汽车、飞机、公寓、会员等资产，并提供给控股股东，但又无须把它们提供给能做相同事情的普通雇员。
- 支付公司不是受益人的保单的保费。
- 人寿保险的现金退保价值。
- 公司向控股股东提供或来自控股股东的高于或低于市场利率的贷款。

在那些不太常见的（目标是少数权益的）并购估值环境中，不进行收入控制式调整的决定可能会导致少数权益的价值非常低或为零。这种低价值往往反映了少数股东相对于控股股东的劣势。（少数股东权益的价值可以通过股东协议中限制控股股东获取公司现金流的条款来增加。）或者，可以在控制权式调整后把给予控股股东的那部分回报利用起来，可以依据所得价值对控股权（控制权）的缺失做一个贴现。我们不建议这样做，因为这样做的结果往往会扭曲价值，原因是对缺乏控制权做的贴现可能并不能反映这类公司的少数权益与控制权益之间的收益差异幅度。这些调整点将在第11章和第12章中进一步讨论。

资产负债表的调整

对资产负债表的调整主要反映了将资产从账面价值转换为市场价值的需求。在企业持续经营的前提下，市场价值通常是"在位使用"（in place in use）资产的价值，而不是历史成本和基于折旧的账面价值或清算时考虑的价值。还必须考虑资产盈余或短缺，通常会使用行业规范确定应该达到什么样的平衡。非运营资产，如所有者个人所用的公司运营中未使用的飞机、公寓或不动产，应从资产负债表中删除，这些变更的最后计算结果应记入权益账户——最典型的是留存收益。当企业使用的不动产归关联方所有时，应将支付的租金与市场水平进行比较，以确定是否需要调整收益。也应考虑是否把这些资产包含在企业的出售资产中。

第 11 章将详细列出对资产负债表账户的具体调整项。

利润表调整

对利润表进行调整，以将公司报告的财务业绩转换为其真实的经济表现。买家购买一家企业通常是为了获得该公司未来的回报。当考虑收购时，通常会在预测时对这些回报予以描述，买家会评估公司的历史业绩，以及更重要地，评估其未来业绩。这种预测经常需要对相关利润表进行调整：

- 非经常性收入或收益项目。一次性收入或收益来源（例如，出售资产、保险收益、单次大额销售，或财产被征收获得的收益）应从公司的收益中扣除，因为它们不反映企业的持续赢利能力。

- 非经常性费用或损失项目。预计不会再发生的费用（例如资产出售损失、搬迁费用、重组成本或其他不影响公司持续业绩的一次性费用）应加回到收益里。

- 非经营性收益或支出项目。交易层面现金所挣金额之外的利息或股息、未在业务中使用的资产的租金收入，以及不属于公司核心业务的非经营性支出，应从收益中增加或减少。非经营性支出的例子包括：慈善捐款，未在公司工作的家族成员教育支出，在公司工资名单上的非工作的家族成员的薪酬，与业务无关的娱乐或旅行费，与业务无关的会员费，为非工作的家族成员租赁的汽车，信用卡和支出账户上的个人使用额，非业务性礼品费，与企业所有者住宅有关的园林绿化或维护费用；所有者家中的公用设施费用，购买个人家具、珠宝或其他资产的支出，与遗产规划和个人其他用途相关的法律费用。

∞ 所有者的额外津贴。公司以高于或低于市场水平的任何形式，向股东或其青睐的其他各方支付的薪酬、奖金和附带福利，应根据市场水平进行调整。当这类人按市场标准获得了这些报酬，但未能提供公司运营所要求的足够的服务时，若买方将用一名或多名能干的人来取代这些人，则不应做出任何调整。

对目标公司的历史利润表进行调整是为了更准确地解释企业的历史业绩，并有助于识别可能包含在预测中的任何不适当的项目。在选择用于计算公司价值的回报流时，应在收益法和市场法中考虑这些调整。

管理并购中的投资风险

第 8 章和第 9 章的大部分内容都致力于推导出能准确反映特定投资风险的贴现率。根据资本资产定价模型的基本理论，这些技术允许企业估值师根据一般的经济、行业和特定公司的条件，确定适当的投资回报率。虽然这些技术在评估企业资本成本、评估一般公司和市场风险方面显然是最准确的，但仍有更多的风险分析工具可用。在适当计算了回报率之后，并购投资决策就成了资本预算分析的一种变体，它可以利用更先进的统计技术，进一步将投资决策可能产生的结果告知管理层。

传统的统计工具

企业评估技术用于评估公司和市场风险。例如，本书随后引用的数据所推导的贴现率，其基础是每个回报增量的概率加权统计预期值。此外，在评估投资风险中，还使用了各种传统的统计参数，包括：

∞ 预期值。预期值是预测回报的加权平均值，权重则是事件发生的概率。
∞ 方差和标准差。方差是围绕其均值分布变化的标准统计指标。标准差是方差的平方根。它是表现一种概率分布的分散或"集中"的常规指标。分布越集中，这个指标就越低，分布越广，它就越高。在正常的钟形分布中，分布总面积的大约 68% 落在平均值两侧的 1 个标准差内。由此，我们得出结论：实际结果与平均值相差超过 1 个标准差的情形，只有 32% 的可能性。类似地，结果落在平均值的 2 个标准差内的概率约为

95%，落在 3 个标准偏差内的概率超过 99%。
- 变异系数（离散系数）。变异系数是一个分布离散程度的统计指标，算法为分布的标准差与期望值的比率，常用以衡量每单位预期值的风险。

评估不确定性的一种有效方法是决策树，之所以称为决策树，是因为这里生成的图类似于树——树干在左边，树枝向右边伸展。决策树中的每个分支（分枝）都代表一个事件或一个决策，从中可以得到两个或多个结果。通过为每个分支分配发生的概率，然后可以计算树的每个终端分支的期望值。

蒙特卡罗模拟法

伴随着并购决策的通常是传统的统计技术，但蒙特卡罗模拟法（Monte Carlo simulation，MCS）也是有用的。MCS 是一种涉及假设和结果范围的统计技术。每次模拟都应用随机变量（每个变量的可能值由统计分布所产生），并且可以使用诸如 Crystal Ball 或 @Risk 之类的软件来运行。

在并购分析中，价值通常是一种最好的估计，这种单一的评估类似于对日常业务决策的预测。通常，电子表格分析可以演示，如果各种输入因子发生变化，这种值将如何随之发生变化。但是，若把对如下这些问题的考虑作为对估值结果的补充，也许会有所帮助：

- 这种估值结果是可以得到的最佳估计，但目标公司的价值超过投资价值的可能性有多大？换句话说，如果我们根据该值做出决策，那么，对那些基于假设的分布和最终值的预期值分布的依赖，我们的信心是多少？
- 与传统价值的正/负差异实际可能有多大？
- 在这个分析中，哪些变量或决策会产生大部分风险？哪个会创造大部分机会？在哪些可控的因素中，采取先发制人的行动能在多大程度上降低风险和增加机会？
- 在友好收购中，我们如何使用从风险分析中得出的数据来协商更好的交易？

蒙特卡罗模拟法包括三个步骤：
（1）确定问题的关键因素——那些可能导致估值出现重大波动的变量。
（2）通过概率方法量化与每个变量相关的不确定性。
（3）建立一个模型来描述因素之间的关系。

然后，使用该模型的结果来评估实现各种结果的可能性，例如，除了确定风险和机会的范围外，还有预估的协同效益或经营目标。虽然蒙特卡罗模拟法可以为重要问题提供答案，但其结果的可靠性在很大程度上取决于准确量化关键变量不确定性的能力，所以必须仔细评估那些关键假设。

实物期权分析

传统的资本预算技术要求提前确定和量化与投资相关的不确定性。然而，由于并购投资的长期性和投机性，公司可能会遇到不断变化的情况，包括项目风险水平的变化或新信息的出现。当投资涉及很大的不确定性时（无论是市场、技术、还是竞争的不确定），并且还有新信息持续演化和竞争条件变化的可能性，那么管理层可能需要决策工具，使其能够随着条件的变化做出反应。实物期权的使用允许管理层在不确定性逐渐在投资期内出现时，通过将企业战略评估为一些期权链或一系列决策的方式，解决这些不确定性。**实物期权分析**（real option analysis，ROA）将投资价值的计算及其未来管理的预期方式联系起来，且未来的决策过程是以不断变化的投资价值的连续知识为指导的。

投资者和经理人可能会遇到这种情况：传统的估值方法会产生不充分的或负的回报和价值。最常见的是，这些回报伴随着巨大的未来不确定性，这导致所有者和经理们得出结论：他们不应该完全致力于投资。因为这类投资可能提供潜在有吸引力的回报，但迅速变化的市场环境、技术发展和类似的不确定性，会使这种回报目前不太可能（希望渺茫）值得全力投资。

传统的估值方法，例如贴现现金流量法，依赖于预测的投资和不同时期的回报，以固定的资本成本贴现。在现实中，管理层会对新信息或不断变化的市场条件做出反应。在认识到新的战略性优劣之后，管理层会相应改变其策略。实际上，用以反映投资开始时的已知情况和事实的传统估值模型，无法反映这种随时间推移而改变过程的管理灵活性。传统模型会产生不充分的或负面的价值，它的结论往往是，在考虑到投资风险的情形下，这里预测的收益是不足的。

实物期权将投资视为一系列的选择，而不是单一的决定。金融期权理论，主要是布莱克－斯科尔斯（Black-Scholes）期权定价模型，⊖ 是用来确定股票期权的均衡价值。**这些选择给予买家权利，而不是义务**，让他们在约定的日期之

⊖ Fischer Black and Myron Scholes, "Pricing of Options and Corporate Liabilities," *Journal of Political Economy* 81 (May–June 1973): 637–654.

前以商定的价格购买。因此，有了期权，投资者就有机会分享投资业绩的上行潜力，同时限制了下行风险。投资者只有在考虑到初始投资会无法得知未来信息之后，才会选择行使期权。如果在到期日存在不利条件，期权将不被行使，期权成本将被没收。

从逻辑上讲，最初采用实物期权的行业具有下述特征：需要大量的投资，需要多年的时间才能获得回报，且具体项目失败的可能性都很高。这些特征存在于石油和天然气勘探以及采矿领域，在这些领域，最初的勘探大多数并无法带来正面回报。类似的特征也存在于制药业的一些领域——在研发工作之始，取得成功的可能性相当低。

这种实物期权风险管理方法可以作为战略投资工具，帮助分析并购目标、对初创公司或研发的投资。此外，实物期权可能有益于首先应该使用传统技术进行评估的情形，如下所述：

- 存在着很大的不确定性。
- 很可能会出现更好的信息或竞争条件，管理层可以通过改变战略来增加价值。
- 预计投资收益将来自未来潜在的巨额回报而非当前回报。

由于这些情形存在于许多（如果不是大多数）并购投资中，实物期权最常被用于评估其运营方式可能会发生重大变化的初创企业或收购企业。例如，研发的初始投资通常是基于平台展开的，目的不是为了立即获得回报，而是为了创造机会，在进一步的信息出现时再进行后续投资或作为开发新的产品选项。

对实物期权的投资通常涉及获取许可证、专利或类似利益的一揽子权利。这种投资的初始支出通常较小，但允许管理层积极地影响其选择权的价值。也就是说，最初投入相对较少的投资者可以采取措施影响投资回报、风险状况、持有期或那个时期的价值——所有这些都会影响该实物期权的价值。这种方法通过识别影响价值和风险的关键因素来识别和量化这种管理的灵活性。实物期权为其持有者提供了机会，在不确定因素出现时，通过行使期权或拒绝行使期权对其做出反应。在此过程中，管理层可以主动决定：

- 进一步投资。
- 拓展业务或市场。

- 增加不确定性，如通过投资新市场。
- 通过收入或支出的变化来改变投资回报。
- 延展该期权的期限。
- 出售并退出整个投资。
- 静观其变。

就金融期权而言，布莱克－斯科尔斯期权定价模型中影响价值的关键变量是：

- 到期时间。
- 无风险利率。
- 行权价格。
- 股票价格。
- 股票价格轨迹的不确定性。
- 股息。

这些相同的标准可以应用于并购或类似投资决策中的实物期权，只是相关的经济变量略有不同。例如，行权价格与项目承诺的运营成本的现值相当，股票价格则相当于项目预期收益的现值。同样，股息则类似于持有期间投资价值的升值（报酬）或贬值（损失）。

因此，管理层可以尝试通过影响一个或多个实物期权变量来使其战略地位和创造价值得到改善。例如，它可以尝试延长监管壁垒的水平或期限，或者在期限内投资于其他技术。它还可以通过改变公司的成本结构来影响公司的收入、费用，并最终影响现金流，从而影响行权价格或股票价格。在许多新兴市场，管理层实际上可以鼓励竞争对手的投资和创新，以加速新市场、新产品或新客户的开发，或者做进一步的投资为竞争对手制造额外的障碍。实际上，在实物期权投资的挑战中，较大的不确定性是可以增加期权价值的。如果期权提供了行权的能力而非义务，增加的不确定性可能会带来投资决策尚未完全定义的额外机会。这种期权为管理层提供了灵活性，使其能够等待进一步的信息，以便随后可以在最佳时间行使期权，或者根本不予行使。因此，实物期权分析可以捕捉和量化投资者以提前支出获取灵活性的能力，或以当前价格锁定未来追加投资的权利——当然，这些都只有在分析了可能使投资或多或少具有吸引力的未来信息之后才行。

虽然传统的估值理论可以非常有效地评估公司和市场风险,但有些并购决策可能要通过使用额外的分析工具来实现。而蒙特卡罗模拟法和实物期权法的正确应用和解读都需要有相关的培训和经验做基础。

结论

准确的企业估值需要精确地计量投资和投资回报。在并购中,已投资本是最常被评估的数值,而净现金流则是公司业绩最准确的指标。为了确保公司的财务报表能够准确地反映公司的状况,可能需要对利润表或资产负债表进行规范化调整,以消除非经营性、非经常性项目或非基于市场标准的股东报酬的影响。

风险管理技术也可用于并购评估。最常见的那些技术涉及传统的统计参数,包括期望值、方差、标准差、变异系数和决策树。如果存在实质性风险并且可以准确地量化特定变量,那么,适当应用蒙特卡罗模拟法和实物期权法,则可为管理者提供有助于决策制定的追加信息。

VALUATION FOR
M&A
第 7 章

收益法：利用预期未来回报确定价值

收益法的理论很有说服力：投资的价值应被计算为可反映投资风险的回报率贴现的未来收益的现值。这很有道理，而且几乎适用于所有能带来正回报的运营中的企业。

当然，成功应用收益法比较困难，因为必须预测与价值有关的每个关键决定要素：回报和回报率。在进行这些预测的流程中，分析师应仔细分析关键变量，包括影响回报的价格、数量和费用，以及每个变量所携的风险。在这种预测流程缺乏严格性和精细性的情况下所做的投资，通常是那些忽视了主要成本或风险的投资，或是那些带有不切实际且无法经受认真调查的假设的投资。

为什么并购的价值应该通过收益法来做

在计算并购价值方面，收益法可能比市场法或资产法更有效。收购方现在正打算进行投资，以获得不确定的未来净现金流——即承担风险，而且收益法还可以方便地量化这些关键的价值决定因素。

相反，市场法通常采用市盈率（P/E）、息税折旧摊销前利润（EBITDA）或最近历史时期收益的类似倍数，而非倍数的未来预期。市场法的倍数也往往不如通过预测回报及其贴现率的收益法来得准确。例如，应用于单期回报的市盈率或 EBITDA 倍数无法准确反映未来几年这些回报的预期变化。在使用得当的情况下，这类倍数能反映一般投资者的偏好，且常常被行业信源或卖家引用。分析师应该理解它们的内涵并将其结果与通过收益法计算出的主要结论进行比较。

如前面第 4 章中更详细讨论的那样，收购分析应该是公司整体战略规划的一个组成部分（预算和预测财报是该规划的基础部分）。正如预算迫使管理者量化和确保其计划的财务后果一样，收益法中用于确定价值的预测和基本假设也需要相同的分析和辩护。无论并购的利益是源自收益增加、成本降低、流程改进，还是源自资本成本降低，收益法都会量化假设，并允许对其辩护和评估。收益法也明确地量化了这些预期收益的时间段，并反映了随着收益进一步推至未来，相关的价值是如何下降的。

不仅如此，这种方法还允许买方和卖方计算公司独立公允市场价值，及其对一个或多个战略买家的投资价值。通过清楚地量化出这种区别，买方和卖方甚至可以很容易看到协同效益并做出明智的决策。

如前一章末尾所述，并购估值可能包括概率应用或实物期权分析。这些分析中的每一项都可以方便地纳入收益法所用的预测结构中。随着环境的变化，也可以很容易地对这些预测进行修改或更新，而且也为这些预测提供了一种很好的预算，鼓励投后的分析和控制。

在研究收益法时，不可避免地会出现这个问题：收益法确定的价值是否包括企业拥有的有形资产的价值，如果是，如何体现？

通过收益法和市场法确定的价值确实包括企业运营中所使用的所有有形和无形资产的价值。企业使用这些资产才能产生回报，如果这些经营资产不可用，则无法产生回报。因此，收益法和市场法确定的价值包含了企业拥有的有形和无形经营资产的价值。

如果企业拥有过剩的经营资产或非经营资产，可以对这些资产分别进行估值，并将该值加到经营价值中，以确定整个企业的价值。这个过程将在第 11 章中讨论。

收益法里的两个子方法

这种收益法一般来讲会假设使用了多年预测，不过也可以使用仅一年期的预测。预测年数的差异（一年与多年）引发了收益法中两种主要子方法。

单期资本化法

第一种较简单的方法是公司一年收益的资本化，这就是为什么它被称为单周期资本化法（SPCM）。由于这种方法只涉及基于一年收益计算的价值，所以只有当所选择的收益能够代表公司预期的长期未来业绩时，它才能产生一个可靠的价值。因此，如果不能准确预测未来，分析师不应自动使用最近历史年份或最近若干年份的平均回报。单期回报的增长率是通过资本化来计算的。这个计算法需要第二个关键假设：企业的回报将大致以选定的年率增长到永续年份。

单期资本化法的公式是：

$$PV = \frac{r_0(1+g)}{d-g}$$

式中：

PV——现值

r——把历史或本年回报视为基准回报，不考虑来年的增长

g——作为长期可持续增长率的代表

d——贴现率

d–g——资本化率

这个公式中的关键变量 r、g 和 d 将在第 8 章中详细讨论。此时，要认识到贴现率反映了投资的风险，而长期增长率反映了回报的预期年增幅直至永续年份。因此，以 d–g 计算的资本化率是根据这两个因素作为函数的贴现率得出的。资本化率也可以用乘数或倍数（以资本化率的倒数表现）表示。在市场法中，资本化率可以从股票市场价格推导出来（后面将对此进行解释和说明）。不过，不推荐这种方式得出的资本化率，因为市场倍数内含很大的波动性，而依贴现率得到的资本化率的可靠性较高。表 7-1 说明了这些关系，并显示了资本化率的这些变化如何影响价值以及倍数的大小。

与许多简单公式一样，用户必须了解其基本假设，否则可能会严重扭曲值。这个公式可以使用历史的、当前的或预测的回报，并且通常通过将最近期的回报乘以 1 + g（预期的长期增长率）来计算预测回报，如表 7-1 所示。

表 7-1 资本化计算的例解
（金额单位：美元）

计算价值		
回报/资本化率	=	价值
1 500 000 / 15%	=	10 000 000
把资本化率转化为倍数		
1 / 资本化率	=	倍数
1 / 15%	=	6.67
不同的资本化率对价值的影响		
		倍数
1 500 000 / 30%	=	5 000 000 3.33
1 500 000 / 20%	=	7 500 000 5.00
1 500 000 / 10%	=	15 000 000 10.00
1 500 000 / 8%	=	18 750 000 12.50
1 500 000 / 5%	=	30 000 000 20.00

单期资本化法简单方便,因此它经常被用作确定初始价值的一种方法。当然,还必须认识到,当选择历史收益作为回报流时,资本化率可以是众所周知的市盈率的倒数。

正确应用单期资本化法的关键是永远不要忽略该方法的关键假设。这些假设对于特定公司越不现实,单期资本化法的结果就越不可靠。计算中使用的回报(分子)必须是衡量公司长期、可持续业绩的现实尺度。此外,增长率 g 必须是对该公司实现这种回报的年度增长能力的一种现实的预期,而且应该是能够永远保持的年度增幅。⊖在年度增幅可能出现大幅变化的公司,单期资本化法就会变得不那么准确,甚至可能严重扭曲价值。

您更喜欢哪种投资回报率,20% 还是 40%

这种选择可能取决于回报和投资的定义。这里的回报是投资者的利益,通常是有关利润或现金流的一些衡量指标。投资通常是普通权益、已投资本、特定资产或其他证券,如优先股或股票期权。为避免错误,这里的回报必须与回报率正确匹配,如表 7-2 所示。

表 7-2 使用回报率来计算权益价值　　　　　　（单位:万美元）

权益回报	金额	权益价值
税前净收益	2 000	2 000/40% = 5 000
税后净收益	1 200	1 200/24% = 5 000
权益净现金流	1 000	1 000/20% = 5 000

当心扭曲。例如,如果采用单期资本化计算法和 20% 的权益资本化率,那么 1 000 万美元 /20% 得到的是 5 000 万美元的权益价值,1 200 万美元 /20% 得到的是 6 000 万美元的权益价值,2 000 万美元 /20% 得到的是 1 亿美元权益价值。在此,5 000 万美元的权益价值是唯一正确的选择。其他的价值应来自于与不同回报相匹配的适用于净现金流的回报的资本化率。记住,必须将回报与正确的回报率相匹配。

贴现现金流法

取代了单期资本化法的简单性的方法是多周期贴现模型。这里的贴现的概

⊖ 对于永久或永续这个术语,我们指的是无限期或非常长期的,而不是有限的。就现值而言,在给定了适用于大多数非上市公司贴现率的情况下,一旦计算超过 20~30 年,所产生的价值就不会有重大差异。例如,在 15% 的贴现率下,20 年、30 年和 100 年的 100 美元的现值分别为 626 美元、657 美元和 667 美元。贴现率为 25%,20 年、30 年和 100 年的 100 美元的现值分别为 395 美元、399.50 美元和 400 美元。

念基于这样一个前提,即公司的价值可以通过预测企业未来的财务业绩,并甄别企业产生的盈余现金流或收益来确定。对此类未来回报的评估要求分析与公司运营相关的风险,并在计算未来回报的现值时反映这些风险。通常,把现金流作为衡量企业创造回报的处理方法称为贴现现金流(DCF)分析。把利润(即净收益)作为衡量企业创造回报指标的处理方法称为贴现未来利润(DFE)分析。就本书而言,我们将使用术语贴现现金流法(DCF)——这是它在实践中的通常称谓。

通过使用多年预测,贴现现金流法克服了两个潜在的限制单期资本化法的假设。这里预测的未来回报(通常为 3～10 年)可以描绘未来的回报(它们可能并不代表公司预期的长期业绩表现)。它还可以准确地反映预测寿命期回报的变化,例如收入、支出或资本支出的变化。具体而言,它最适用于预测未来几年非持续增长公司的相关情况,如现金流会呈异常变化,或者在经济或行业衰退时业绩暂时下行。因此,当预期会出现回报的大幅变化时,应采用贴现现金流法,而不是用单期资本化法。同时,应该认识到,如果贴现现金流法中预测的回报反映了单期资本化法计算所使用的长期增长率,则这些方法将会产生相同的结果。

此外,由于并购决策通常涉及大量资金并对买卖双方产生长期影响,因此,除非目标公司的收益非常稳定且可能持续增长,否则通常应该使用贴现现金流法。

正如通常使用的那样,贴现现金流法有两个阶段(但是在某些情况下,三个阶段可能更适用)。第一个阶段是对某些特定年份的预测,第二个阶段是估算终值的方法(即预测期后所有年份的值)。贴现现金流法公式表现为:

$$PV = \frac{r_1}{(1+d)^1} + \frac{r_2}{(1+d)^2} + \frac{r_3}{(1+d)^3} + \cdots + \frac{r_n}{(1+d)^n} + \frac{\frac{r_n(1+g)}{d-g}}{(1+d)^n}$$

式中:

PV——现值

r——回报(所选的任何类型的利润或现金流的通用术语)

d——贴现率

g——长期可持续的增长率

n——预测期的最后阶段,这时回报应该是可持续的长期回报

$d-g$——资本化率

注意，通常隐含的年终惯例是假定在每年年底收到回报。对于进入新兴行业的初创企业或风险投资而言，在短短几年的时间里，很难对其做有高度信心的预测。相反，对于成熟行业的老牌企业，7～10年的预测相对准确。虽然没有规定的预测年限，但它应该持续足够长的时间，以反映公司收益的预期变化，并以稳定或可持续的回报结束。

在准备预测时，顾问或分析师可能首先去找公司管理层。如果管理层的预测值得信赖的话，则它们仅在下述情况下，才能被接受：依据顾问的判断，除了总体相关的市场数据和普遍的市场态度（即它们是合理的），这些预测还反映了现有和预期的经济、行业和公司的情况。除了最可能出现的情况，反映管理层乐观和悲观看法的情景也可能出现。除了对预期发生的情况进行预测，还可能要编制额外的预测，以显示具有不同类型协同效益（如买家的收购或私募权益投资者注入额外资本等情况）[1]所造成的结果。

在理解预测背后的假设时，需要考虑下述问题：[2]
- 收入的增长是由于价格的提升或数量的增长，还是两者兼而有之？
- 与行业增长相比，公司的预期收入增长如何？
- 考虑到公司目前的运营状况，收入增长能否实现？
- 如何在预期收入里考虑新产品或服务？如果已经考虑，那么相应的费用是否合理？
- 正在开发新产品吗？研发费用的依据是什么？预测的资本支出是否与收入增长假设一致？
- 运营费用是否与历史水平一致？管理层是否区分了固定成本和可变成本？
- 如果有可变成本，那么这个成本的变化依据是什么？
- 预测结果是否与历史结果一致？如果不是，为什么？
- 这些预测是否考虑了收入增加和/或成本节约带来的协同效益？
- 与标准公司或其他行业指标相比，管理层预测更高或更低的增长率是否

---

[1] 根据美国认证公共会计师协会（AICPA）专业标准，在章节301财务预期和预测中，预期（forecast）是预期会发生的，而预测（projection）是在某些认为的假设下可能发生的。

[2] American Society of Appraisers Business Valuation Committee Special Topics Paper#3, "The Use of Management's Prospective Financial Information by a Valuation Analyst," *Business Valuation Review* ™ (Spring, 2017): 5.

合理？

∞ 与标准公司或其他行业指标相比，管理层预测更高或更低的利润率是否合理？

一旦实现了稳定回报，贴现现金流法将超出离散预测期的所有回报资本化为终值，前提是非上市目标公司满足持续经营的永续假设。正如最后一个等式所描述的那样，终值的计算方式如下：通过将预测的最终年份的稳定回报率增加到预测结束时的预期长期可持续增长率，并据此将该回报资本化，然后在预测期末，计算这个资本化回报的现值。这通常被称为戈登增长模型（Gordon Growth Model）。或者，在并购中，终值通常也是通过退出倍数（例如，第5年EBITDA的倍数）来确定，并把它贴现为现值。

关于贴现现金流公式，有几个会经常出现的问题：

∞ 预测期需要多长时间？虽然通常使用五年，但可能是三年或十年或任何其他数量的年份。预测应该足够长，以便体现公司回报的所有预期变化，直到企业达到稳定的回报。稳定或可持续的回报是必要的，因为需要它来做终值的计算——该计算应反映公司回报中各要素之间的长期关系。

∞ 为什么我们在终值的计算中要对资本化的值进行贴现？终值表示超出离散预测期的所有未来回报的价值。然后，这个资本化的价值必须予以贴现，而且要使用最后预测期的年终现值因子。

∞ 终值应该占总价值的比例是多少？这个问题没有标准答案，因为终值会根据每项投资的具体情况（例如长期增长率）而有所不同。终值的相对大小随着预测期的减少而增加，随着预测期的延长而变得越来越不重要。在预测了大约10年之后，终值就不那么重要了——当然，还要看贴现率的高低。

贴现现金流公式假设投资产生的回报由公司在每个期间结束时收到。由于大多数投资产生的回报是在全年的过程中陆续收到的，因此贴现现金流公式通常会修订为在年中贴现的做法，并会在下一个等式中予以表述：

$$PV = \frac{r_1}{(1+d)^{0.5}} + \frac{r_2}{(1+d)^{1.5}} + \frac{r_3}{(1+d)^{2.5}} + \cdots + \frac{r_n}{(1+d)^{n-0.5}} + \frac{\frac{r_n(1+g)}{d-g}}{(1+d)^n}$$

式中：

　　PV——现值

　　r——回报（所选的任何类型的利润或现金流的通用术语）

　　d——贴现率

　　g——长期可持续的增长率

　　n——预测期的最后阶段，这时回报应该是可持续的长期回报

　　$d-g$——资本化率

年中的公约做法假定在每一个离散预测年份中都是均匀地收到回报。少数从业者更倾向于使用年中公约的做法来计算终值，在这种情况下，贴现因子会在最后一个方程中从 n 年变为 $n-0.5$ 年。否则，终端年的贴现因子应等于最后一个预测年的贴现因子。

贴现现金流法三阶段模型

刚才讨论的贴现现金流法是一种传统的两阶段模型，它包括离散预测期的财务预测和反映公司在最后一个预测年度之后的持续运营的终值。对于许多早期公司来说，加入一个中间阶段有时是适用的。例如，一个处于早期阶段的公司可能会经历 5 年的可观增长，以及 5 年以上相对较高但不断下降的年增长率。如前一节所述，预测应持续足够长的时间，以反映公司现金流中的预期变化（包括不可持续的增幅）。而且，下一节将讲述，在最初 5 年的预测期之后，很难准确估计出适当的长期可持续的增长率。因此，有必要再加一个层次，以反映这一阶段较高但不可持续的增长。

对早期阶段的公司而言，经济效益可持续长期增长的假设的微小变化可能导致指示值的大幅变化。为了使这种现象最小化，涉及上述中间阶段的三阶段模型是适用的。如表 7-3 所示，第 5 年的现金流预期增幅为 56%。6～10 年的中期阶段每年的现金流增幅逐渐下降至 40%、30%、20%、15% 和 10%。这是基于对当时公司预期状况的评估，并考虑了行业的长期预测。

因此，该公司在三阶段贴现现金流模型下的价值等于 1～5 年现金流的现值，加上 6～10 年中期的现金流现值，加上反映公司永续经营的终值的现值，则其价值是 340 万美元。如果使用两阶段贴现现金流法，在 5 年后以 4% 的长期可持续增长率将现金流量资本化，则产生的价值将为 220 万美元。

表 7-3　贴现现金流法的三阶段模型　　　（金额单位：美元）

（一）第一个5年的现金流现值	第1年	第2年	第3年	第4年	第5年
收入	4 300 000	7 600 000	11 250 000	15 100 000	19 250 000
减：已销商品成本	938500	1 540 375	2 290 375	3 165 375	4 165 375
等于：毛利润	3 361 500	6 059 625	8 959 625	11 934 625	15 084 625
减：经营费用	3 233 406	5718401	8 237 000	10 840 456	13 455 595
等于：经营利润	128 094	341 224	722 625	1 094 169	1 629 030
减：27%的所得税	34 585	92 131	195 109	295 426	439 838
等于：净利润	93 509	249 094	527 516	798 744	1 189 192
加：折旧	21 775	34 651	41 343	46 067	58 948
减：资本支出	45 000	43 200	48 400	62 200	82 700
减：经营资本增幅	60 000	66 000	73 000	115 500	124 500
净现金流	10 284	174 545	447 459	667 110	1 040 939
年度现金流增幅		NM	156%	49%	56%
乘：现值系数（30%的贴现率，中期公约）	0.877 1	0.674 7	0.519 0	0.399 2	0.307 1
等于：现金流现值	9 019	117 759	232 218	266 315	319 654
第一个5年的现金流现值（A）					944 965
（二）随后5年的中期现金流现值	第6年	第7年	第8年	第9年	第10年
净现金流	1 457 315	1 894 509	2 273 411	2 614 423	2 875 865
年度现金流增幅	40%	30%	20%	15%	10%
乘：现值系数（30%贴现率，年中公约）	0.236 2	0.181 7	0.139 8	0.107 5	0.082 7
等于：现金流现值	344 243	344 243	317 763	281 098	237 852
随后5年的中期现金流现值（B）					1 525 198
（三）终年的现值（10年后的价值）					终年
终年的净现金流					2 990 900
资本化率（30%贴现率 −4%长期增长率）					26%
					11 503 462
乘：贴现因子（等于第10年的）					0.082 7
终年的现值（C）					951 408
权益的公允市场价值（A+B+C，取整数）					3 400 000

在某些情况下，可能还会有第四阶段。此外，由于不同阶段的风险水平不同，可能适用不同的贴现率。

确立令人信服的长期增长率和终值

在单期资本化法和贴现现金流法中，价值的计算受到回报的长期增长率（g）

大小的影响。这种计算都假设这种回报将永远以此速度持续增长，因此，不切实际的增长率可能会严重扭曲价值。

在确定增长率时，最常考虑的因素包括：

- 宏观经济状况。
- 公司行业的增长预期，包括考虑公司产品销售行业的增长预期。
- 在收购中可以实现的协同效益。
- 公司过往的增长率。
- 公司处于商业生命周期的阶段。
- 考虑到公司的竞争条件，包括技术、产品线、市场、定价、销售和营销技术的变化，管理层对未来增长的预期。

在评估这些因素时，必须记住，单期资本化法和贴现现金流法中的终值涉及永续模型——它们假设这些回报会延伸到永续。开始选择长期增长率的一个好方法是考虑宏观经济的相关因素。例如，在美国，人口增长率不到2%，国民生产总值的增长率通常低于3%。因此，从长远来看，所有行业的加权平均增长率约为3%。考虑到这一宏观经济基准，转向特定行业并确定其历史和预测的长期增长。借此，如果合适的话，再转移到目标公司运营行业的那个板块并做类似的分析。全国数据可用于在全国范围内销售的公司，但应根据特定区域的实际情形分析区域或本地运营的较小公司。请记住，所选择的增长率应适用于公司的回报（利润或现金流），因此应使用产品组合、价格和利润来评估所选增长率的合理性。

公司拥有两位数增长纪录反映了其竞争优势，使它们能够占领市场份额并迅速增长。当这些竞争因素表明在可预见的未来应该预期非常高的持续增长时，这个结果应该反映在高增长时期的预测中。但随着市场力量的作用，逻辑上这种高增长业绩会下降；也就是说，竞争者进入市场，引入新技术，并带来成本节约和价格压力，从而消除相关公司的战略红利。此外，随着公司规模的扩大，增长率也会趋于下降。

在《竞争战略》一书中，迈克尔·波特概述了一个行业生命周期的四个阶段：①引入，②增长，③成熟，④衰退。这个观察结果同样适用于特定的企业和产品。收入和收益通常都是从引入阶段开始缓慢增长，然后在增长阶段迅速增长。在成熟期趋于平稳后，它们开始逐渐下降。因此，采用不切实际的高增长或不可持续的增长假设，可能会导致利润或现金流过于乐观，并在资本化时价值会表现过高。

长期增长率往往会夸大公司的价值，因为它意味着公司将永远保持其竞争优势。例如，在一个年增长率为3%的行业中，若采用10%长期增长率的单期资本化法或贴现现金流法计算，就等于假设目标公司将永远以行业增长率三倍以上的速度增长，从而永远获得额外的市场份额！卖家或他们的经纪人经常试图通过不切实际的长期高增长假设来抬高价值，因此对这些数字要慎重对待，重新审视。

重要的是要记住：在计算终值时假设的，并要从贴现率中减去，以便得出公司资本化率的增长率，必须是可持续的。这是一种可以持续到永远的复合增长率。如果用一个相对较高的短期增长率作为转换因子，公司就会被错误地高估。如果在公司估值之日，还不能准确地确定资本化率，则应采用传统的两阶段贴现现金流法。在资本化率不能在预测期（例如五年）结束时正确确定的情况下，应考虑采用三阶段的贴现现金流法。一家公司可能在其早期或某一年的增长远远超过其竞争对手，但无法永续这种增长率。

在确定增长率时，必须考虑几个特定的宏观因素：

- 这种增长率是名义的（即，它包含了通货膨胀率）。
- 在绝大多数情况下，增长率大约在2%（即长期预期的通货膨胀率）和非常罕见的6%之间。
- 在大多数情况下，增长率在3%(反映的是高于通货膨胀的增长率) 和5%（接近真实的国内生产总值增长率加上通货膨胀率，因为竞争者和其他经济因素使一个公司很难维持比这个增长率更高的永续增长率）。
- 从长期来看，低于2.5%的增长率意味着公司将无法跟上通胀的步伐。
- 增长率超过6%的前提是：预计该公司将超越竞争激烈的市场力量——而这一成就只有极少数公司才能取得。

总之，长期增长率不应该总是3%。但是，应仔细审查相关预测，严格关注影响增长的因素，包括市场、产品、产量和价格。如果预计会出现不可持续的增长率，则应在贴现现金流法的预测中反映出来。

表7-4显示了长期增长率哪怕是出现温和变化，都会对价值产生爆炸性影响。

表 7-4　不同的长期增长率对单期资本化价值的影响

主要数据	
年度回报	600 万美元
贴现率	15%
长期增长率	3%、6%、9%

3% 增长率	6% 增长率	9% 增长率
$\dfrac{600\ 万}{15\%-3\%}=5\ 000\ 万美元$	$\dfrac{600\ 万}{15\%-6\%}=6\ 670\ 万美元$	$\dfrac{600\ 万}{15\%-9\%}=1\ 亿美元$

贴现现金流法的挑战和应用

贴现现金流法经常受到批评,甚至没有得到应有的应用,因为人们认为,很难预测一家公司在一两年后能够产生什么样的现金流。这一点无疑是正确的(没有人拥有能窥视未来的水晶球),但估值是对未来的预言。换言之,估值中所涉的一切都是预测。无论是用单期资本化法、贴现现金流法,还是市场倍数法来估算价值,它们都是一种预测形式。例如,较高的 EBITDA 倍数是对较高的预期增长和(或)较强赢利能力的预测。实际上,如果公司管理层能够投入相应的时间、精力,并应用所得预测进行贴现现金流分析,可以得出相关价值或价值范围。这对买卖双方来说都是并购尽职调查的关键部分。就作者的观点而言,在这个问题上,中等和中下规模的公司(本书的重点)很少有例外。事实上,准备不同情景下多个预期和预测组合是应对并购估值的有益做法。如果买卖双方的期望值在一定范围内达到一致,那么交易就会发生。

收益法是衡量企业并购价值的最广泛的方法,因为它几乎适用于任何产生正回报的公司。这种方法基于广泛接受的经济学理论:价值可以用反映相对风险的回报率贴现未来的经济效益进行计算。这个过程中最具挑战性的是推导出可靠的回报和回报率,进而计算出企业的价值。收益法中的两种子方法,单期资本化法和贴现现金流法,都具有各自的优势。单期资本化法快速方便,贴现现金流法则具有更多的细节和准确性。这两种方法的效果取决于对公式中使用的回报和回报率所做的选择,每一种方法都需要选择一种现实的长期增长率。第 6 章阐述了回报的选择和使用已投资本净现金流的独特好处;第 8 章则将解释如何推导出安全的回报率。

VALUATION FOR
M&A
第 8 章

至关重要的资本成本

贴现率,也被称作资本成本或必要回报率(required rate of return),反映的是风险(简言之,就是不确定性)。贴现率是一种回报率,即为了吸引资金进入一项投资,市场所要求的回报率。贴现率的大小取决于投资市场的可选性——换言之,贴现率受制于投资者享有的其他可选投资的市场,而且这些回报率的变化受宏观经济和风险特征的影响。

在晨星公司发布的《伊博森 SBBI 2013 估值年鉴》(*Ibbotson SBBI 2013 Valuation Yearbook*)里,对资本成本进行了更详尽的阐述。

可以从三个不同视角来观察资本成本(有时被称作预期回报率、必要回报率或贴现率)。从公司资产负债表资产一边来看,这是一个用来贴现未来现金流,以获取现值的比率。从负债一边来看,它是一家公司在下述竞争背景下吸引和保留资本的经济成本:投资者(资本提供者)会认真分析和比较所有能产生回报的投资机会。从投资者的角度,它是投资人预期和要求从一家公司的负债或权益投资中得到的回报。虽然上述观察资本成本的角度不同,但它们谈论的都是同一个数字。

资本成本永远是一个预期的或前瞻性的概念。过往的投资业绩和其他的过往信息可能具有不错的指导性,并常常被用于估算资本的必要回报率,但未来的预期是仅有的实际决定资本成本的因素。当投资者为一家公司提供资本时,常常带着这样一种预期,即企业未来的业绩将会为这笔投资提供一份公允的回报。如果过往业绩是投资人衡量投资最重要的标准，那么就没人去投创业项目了。同时，也要注意：资本成本是投资的函数，不是投资者的函数。

资本成本是一种机会成本。也有人认为"资本的机会成本"这个词可能更加准确。一项投资的机会成本是在另一个可能的最佳投资上赚取的预期回报。在具有很多投资选择的竞争环境中，一项既定的投资和另一个最好的可替代投资机会，实际上都是有着基本一致的预期回报。⊖

因为企业资金通常都是由负债和股本金构成，所以必须确定这两种资金的成本。负债的成本要低于股本，主要是因为它的风险较低，另外，负债的利息支出通常都能享受税收抵扣优惠。权益的回报是没有保障的，所以它们的风险要高于负债，此外，这种风险还更加难以量化。表 8-1 列示了负债和股本金在各自特性上的核心差异，特别是对非上市公司这个群体。

表 8-1 负债与股本金的特性比较

特点	公司债或贷款——对投资者的风险更小	普通股——对投资者的风险更大
本金的安全度	若一直持有至到期日，那么本金则享有担保之保障，只是债券市值会随着利率水平变化	本金没有保障
收益	固定的年度利息，回报有保障	红利派送取决于公司财务状况、管理层偏好和董事会是否批准
清偿优先权	清偿优先权通常高于普通债权人和所有权益持有人	清偿优先权排在所有债权人和其他权益持有人之后
抵押状况	常常具有抵押——具体取决于贷款类型和相关条款	极少
管理控制权	无管理控制权，只是公司的特定行为可能需要债权人批准	控制程度取决于权益的大小、投票权和现行的法律约束及相关协议
升值	除了固定的利息派发之外，没有任何潜在的回报升值	这种回报的潜力仅受制于公司的业绩，但大小可能依控制权程度、所有权结构和相关法律及协议而变化

资料来源：Frank C. Evans, "Making Sense of Rates of Returns and Multiples," *Business Valuation Review* (June 1999): 51-57. 转载许可来自《企业估值评论》(*Business Valuation Review*)。

资本提供方在权利和风险上的这些差异，带来不同资本成本的相应差异。我们会用最终的资本成本或回报率，求得企业的价值。风险较低的投资只需较低的回报率，而且，在采用多期贴现法或单期资本化法的算法时，较低的必要

⊖ 晨星公司：*Ibbotson SBBI 2013 Yearbook*（芝加哥：晨星公司，2013），第 21～22 页。

回报率（或贴现率）会推算出较高的价值。相反，对于一项风险较高的投资，股东会要求一个较高的回报率，结果就是一个较低的企业估值，如表 8-2 的单期资本化算法所例示的那样。

表 8-2　不同回报率对价值的影响

较高的风险和较高的必要回报率带来的是较低的价值	居中风险和居中必要回报率带来的是居中规模的价值	较低的风险和较低的必要回报率带来较高的价值
$\dfrac{600\,万}{24\%}$ =2 500 万美元	$\dfrac{600\,万}{18\%}$ =3 330 万美元	$\dfrac{600\,万}{12\%}$ =5 000 万美元

结论：一种风险水平必将伴随着相应的回报率，而后者会影响价值。风险及相关的回报率越高，相关的价值就越低

负债成本

一家公司的负债成本通常是它的税后利息——这里假设公司是赢利的，所以利息费用能被抵扣。当公司的长期负债所含利率接近市场利率水平时，这笔负债的账面价值和市场价值是一致的。不过，截至估值日，当公司的债务证券的利率大大高于或低于市场水平时，该笔负债的市场价值就会与账面价值相异（应该就这个差异做相关的调整）。由于这种事情极少发生，特别对非上市公司更是如此，所以，在本书的相关论述里，除非有明确的说明，否则我们都假设负债的市值和面值都一样。

表 8-3 列示了过往的平均利率——反映相应的投资风险，但都没有注明具体的日期或相关的经济背景。

表 8-3　负债成本

美国国债（无风险利率）	其他的政府债务票据	较高等级的公司债券	较低等级的公司债券	贷放给非上市公司的有担保贷款	贷放给非上市公司的无担保贷款
2%——————————————————————————————→12%					

优先股成本

优先股成本是典型的市场收益率，即红利回报率。优先股可能内含某些特性，如可赎回、可转换、可累计红利或可以有管理参与权——这些都会影响这种证券的回报率。

普通股成本

普通股（在我们的论述里通常被称作"权益"）成本更难于确定，不仅是因为它没有固定回报，更是由于它的市值可能会出现剧烈的变化。因此，普通股成本通常被细分为几种成分之和，而且每种权益贴现率都包括这三个基本成分：

- 1. **无风险利率**。没有违约风险的投资回报率。在长期投资中，这个成分的常见代表是美国政府长期债券的回报率。
- 2. **权益风险溢价**。内含于权益且高于债权的新增风险，即在无风险利率之上的新增部分。
- 3. **具体公司的风险溢价**。针对目标公司具体风险水平，所做的新增回报率调整值。

表 8-4 列示了普通股的典型成本（不涉及具体日期、具体行业或具体经济环境）。

表 8-4 普通股成本

大盘股（标普 500）上市公司	中小盘股上市公司	微盘股上市公司	较大和较强的非上市公司		风险投资人和更小/更弱的非上市公司	
10%	15%	20%	25%	30%	35%	40%

资本资产定价模型的基本变量和局限性

在计算上市公司的权益成本时，通常使用的量化工具是资本资产定价模型（CAPM）。实际上，这种模型是用于描述和量化投资者行为的一种资本市场理论。有关资本资产定价模型的详尽论述，可以参见相关的金融教科书。

可以用资本资产定价模型确定非上市公司的权益成本。当然，最常用的企业是那些适合于成为上市公司的企业。通常，资本资产定价模型不适用于估值非上市公司，因为这个模型的内置假设，不仅与非上市公司投资者的条件不一致，也没有足够的整体类似性。㊀在检视 CAPM 的成分之前，为了更明确地强调这一点，让我们来看看这个模型内置的那些假设：

㊀ 有关 CAPM 的更全面的评述，请参阅 Shannon P. Pratt and Roger J.Grabowski, *Cost of Capital: Applications and Examples*, 5th ed. (Hoboken, NJ: Wiley,2014), Chapter 13。

- 在天量的投资市场上，所有终端投资者的财富都是微不足道的，而且，他们都属于单期预期效用型。在选择投资组合时，他们的判断依据是每个组合的预期回报（期望值）和标准差。
- 基于一个特定的无风险利率，所有投资者都能够借入或贷出无限量的资金，而且对任何资产的卖空行为都没有限制。
- 所有投资者对所有资产回报的期望值、方差和协方差，都有一致的评估值（也就是说，投资者有着完全一致的预期）。
- 所有的资产都具有完全的可分享性和完美的流动性（也就是说，以当期的价格能够随时变现资产）。
- 没有任何交易费用。
- 没有任何税赋。
- 所有投资者都是随行就市的人（也就是说，所有的投资者认为他们自己的买卖行为不会影响股票价格）。
- 所有资产的数量是既定不变的。[⊖]

有一点应该很明显：资本资产定价模型背后的很多假设，都不适用于非上市公司的投资。这种投资极少具备充分多元化的特征，不仅流动性很差，而且交易费用大，另外很多时候，投资者行为是受税赋结构驱动的。例如，资本资产定价模型内置的假设是充分的多元化组合，但它在这里却要面对单个公司投资价值的评估。鉴于这种差异，在改进的资本资产定价模型（本章随后将会讨论）里，很有必要为具体公司的估值加进一个风险溢价。上述不足使得资本资产定价模型在评估非上市公司权益时的效果要差一些，特别是对较小的非上市公司。不过，为了有效地把权益成本量化，必须理解资本资产定价模型的运作原理。为此，我们随后会对这个原理再作论述。在此之前，首先让我们认识一下，在贴现率推导过程中，起着关键作用的三个要素：

- （1）无风险利率。
- （2）权益风险溢价。
- （3）特定公司的风险溢价。

⊖ Jay Shanken and Clifford W. Smith, "Implications of Capital Markets Research for Corporate Finance," *Financial Management* 25 (Spring 1996): 98–104.

资本资产定价模型公式对这几个成分进行了量化：

$$R_e = R_f + \beta(ERP)$$

式中：

R_e——预期回报率，市场必要回报率（required rate of return）的代理指标

R_f——无风险回报率，无违约风险的固定回报率

β——贝塔，特定证券波动率指标，即与市场总体波动率（系统性风险）相比较的某个特定证券波动率的指标

ERP——权益风险溢价（普通股的长期平均回报率超出无风险的长期平均回报率的部分）

简言之，权益必要回报率（普通股资金的成本）等于无风险回报率和权益风险溢价（经贝塔修正）之和。权益风险溢价量化了一种较高的回报率（投资者对权益高出无风险利率的新增风险所要求的回报率），而贝塔在理论上衡量的是具体公司的系统性风险。更明确地说，贝塔量化的系统性风险是：目标股票的市场价格波动率与股票市场整体风险或波动率之比。有几个不同的数据来源经常提供上市公司的贝塔值，只是每个来源贝塔的计算方式有些许的不同。所以，对于上市公司的股票（它相比于整个市场波动的运动轨迹可持续地予以追溯），投资者要求的必要回报率（或 R_e），可以通过资本资产定价模型予以精确地计算。为了计算较大的非上市公司或交易清淡而市场价格不能准确表达投资者预期的上市公司的权益成本，也可以采用资本资产定价模型。在这个过程中，要分析与目标公司类似的那些上市公司的贝塔（波动率的表述方式）；通过这种分析，可以推导出目标公司的合理贝塔。

表 8-5 例解了如何利用资本资产定价模型推导出权益资金成本——这里不涉及具体的公司、日期或经济背景条件。

表 8-5　权益成本的资本资产定价模型推导

基本数据		
R_f	截至评估日	= 3.0%
β	基于该行业的上市公司的分析	= 1.2
ERP	历史均值	= 6.0%
资本资产定价模型计算		
$R_e = R_f + \beta(ERP)$		
10.2%	= 3.0% + 1.2 × 6.0%	

可以用下述方式对该计算进行解读：截至评估日的无风险回报率或安全资金的成本是 3%。就平均而言，从长

期来看，大盘股投资者要求得到一个 6% 的权益风险溢价（高于无风险利率的长期平均回报率部分）。虽然市场作为一个整体反映的系统性风险为 1.0，但一份对一些上市公司（与目标公司相似）波动性的研究揭示，那些具体公司的波动性（以贝塔指标衡量）要大于整体市场的波动性。基于目标公司与这些上市公司的相似性，这类公司的整体市场回报率 6% 会有一个 20% 的增幅，至 7.2%。这样，加进无风险利率后，得到了目标公司普通股的必要回报率：10.2%。

与非上市公司相比，上市公司的规模通常更大且投资更多样化。因而，要想基于该行业一组上市公司的波动性，为非上市公司计算一个合理的贝塔，就算不是一件不可能的事情，也是一件很困难的事情。通常，资本资产定价模型对目标公司要求的因素太多了，以致无法通过贝塔来进行量化。

增补型资本资产定价模型

为了克服这些局限，一种称为增补型资本资产定价模型（MCAPM）被开发出来。这种模型主要包括两个追加的溢价成分，为评估必要回报率的方法增添了精确性。

增补型资本资产定价模型（MCAPM）可以表述如下：

$$R_e = R_f + \beta(ERP) + SCP + SCRP$$

式中：

R_e——预期回报率，市场必要回报率（required rate of return）的代理指标

R_f——无风险回报率，无违约风险的固定回报率

β——贝塔，特定证券波动率指标，即与市场总体波动率（即系统性风险）相比较的某个特定证券波动率的指标

ERP——权益风险溢价（普通股的长期平均回报率超出无风险的长期平均回报率的部分）

SCP——小公司风险溢价，必要回报率之上的又一个新增部分，目的是为了处理较小公司群体的特有风险

$SCRP$——具体公司的风险溢价，必要回报率之上的又一个增幅或减幅，取决于目标公司的优势或劣势，被称作非系统性风险

SCRP（也称作阿尔法 alpha）意在反映非系统性风险（产生于目标公司而非市场的风险）。在增补型资本资产定价模型里，把贝塔捕捉的那些风险要素（反映市场的系统性风险）与囊括在阿尔法里的那些风险因素（仅反映目标公司的风险）区分开，是一件很困难的事情。

在推导权益资金的成本时，如果能找到一组与目标公司十分类似的上市公司，那么增补型资本资产定价模型就是最有效的。当有一组三至六个类似的上市公司可用时，分析一下它们的经营特征和财务特点，把它们与目标公司进行比较，评估一下反映在它们贝塔值上的系统性风险，考虑一下所处行业或细分市场的背景条件，然后，分析具体公司的风险因素或阿尔法。在有这种可用的信息时，就可以通过增补型资本资产定价模型，计算这类非上市公司的权益成本，并能得到相当可信的计算结果。

表 8-6 例解了一个运用增补型资本资产定价模型推导权益资金成本的过程，不过它不涉及任何具体的公司、日期或经济背景。在本章后面，将会在"回报率数据简介"中，介绍 SCP 和 SCRP 的来源。

表 8-6 推导权益成本——用增补型资本资产定价模型

基本数据		
R_f	截至评估日	= 3.0%
β	基于该行业的上市公司的分析	= 1.2
ERP	历史均值	= 6.0%
SCP	历史均值	= 5.6%
SCRP	确定于 SWOT 分析和其他风险评估	= 5.0%

增补型资本资产定价模型计算

$R_e = R_f + \beta(ERP) + SCP + SCRP$

$20.8\% = 3.0\% + 1.2 \times 6.0\% + 5.6\% + 5.0\%$

这种 MCAPM 计算结果（20.8% 的权益成本）比表 8-5 中 CAPM 的应用结果（10.2%）高出 10.6%。10.6% 的差额是源于 MCAPM 计算中使用了 SCP 和 SCRP 两个因子。表 8-6 的例解认为：相比于表 8-5 所示的较大公司（风险较小且必要回报率为 10.2%），估值规模较小且风险更大的企业，需要追加 10.6% 的回报率作为补偿。

扩展模型

作为使用 CAPM 或 MCAPM 确定权益成本的替代方式，扩展模型也认可权益成本的基本三要素：

- （1）无风险利率。
- （2）权益风险溢价。
- （3）特定公司的风险溢价。

在概念上，扩展模型遵从 MCAPM 公式，但除掉了贝塔因子——因为这里假设贝塔值为 1（整体市场的平均波动率）。因此，相关公司相比于整个市场的风险水平的所有差异，必须反映在规模溢价和具体公司的溢价上。这里隐含的假设是：一家公司引起其贝塔值大于或小于 1 的具体风险因子，必须表现在 SCRP 里。数学公式通常表述为：

$$R_e = R_f + ERP + SCP + SCRP$$

虽然公式里的每个因子已经给了定义，但还应该对它们进行更详细的阐述。这种市场数据最常见的资源是《估值手册：资本成本的美国指南》——每年由道衡公司编写，由约翰-威利父子公司出版发行。[一]

无风险利率

作为理论上的无违约风险利率，它在美国市场上最常见的表现方式是美国政府 20 年期债券的回报率。[二] 基于以下原因，伊博森从 1926 年起，就选择这种 20 年期回报率作为研究对象：

- 伊博森想要一个较长的投资期。
- 伊博森当时想把大危机这个事件包括在内，认为它是较长时期应该发生的事件之一。
- 对这种研究所需的较为可信的数据记录而言，1926 年是最远的一个年份。
- 20 年期美国国债是期限最长的债券，这与假设（企业是持续经营的企业，预期寿命非常长）相符。

[一] 道衡公司从 2014 年开始编写《估值手册》（数据截至 2013 年年底）。晨星公司发行了《晨星/伊博森 SBBI® 估值年鉴 2013》（数据截至 2012 年年底），包含很多这类数据。2007 年之前，伊博森（Ibbotson Associates）就出版发行了《估值年鉴》。道衡公司《估值手册》的印刷出版物在 2018 年停止发行，并转为名为《道衡资本成本导引》的在线交付服务。更多信息请访问 www.duffandphelps.com。

[二] 美国联邦储备银行圣路易斯分行在其网站上提供了 20 年期固定期限美国国债的代理服务——https://fred.stlouisfed.org/categories/115。

现在负责收集市场回报率数据的道衡公司，也为较短时期（如 1963 年）推出过风险溢价。整个就企业的公平市场价值或持续经营的投资价值而言，这些长期回报率几乎总是用来反映这些投资的长期性质。通常使用的无风险利率是在估值／交易日期有效的利率。然而，使用一种能反映 20 年期美国国债的可持续平均回报的正常化利率，是有很大争议的，尤其是在重大经济波动时期（例如 2007 年年末，金融危机开始时，美国国债收益率因质量转差而下降）。

权益风险溢价

权益风险溢价（ERP）表明投资于大型上市交易普通股（通常称为大盘股）投资组合的附加风险高于无风险利率。虽然是用历史数据推导得出这种溢价，但它具有前瞻性，而且历史数据被认为可代用以计算未来权益风险溢价。这些数据每年都进行汇编，并发表在本章前面介绍的《估值手册》中。⊖

小公司风险溢价

小公司风险溢价（SCP）反映的是投资于小上市公司普通股（规模取决于权益市值）相关的新增风险。长期而论，盘面价值较小的股票更具波动性，但它们提供的回报率要高于较大的公司。这也是为什么小盘股及其基金会大受某些投资者欢迎。

特定公司的风险溢价

特定公司的风险溢价（SCRP）反映了公司及其行业特有的风险。它在一定程度上量化了对企业的定性评估（即企业的优势、劣势、机会和威胁），以及审慎投资者为了弥补与投资于"典型的小型上市公司"相比所产生的任何额外投资风险而需要的额外溢价。虽然它是由判断决定的，但它有相当的准确性，也经得起推敲。它应反映公司经营竞争条件的分析内容，包括外部行业因素和内部公司因素——这些在采用这种回报率的回报中并没有体现出来。将公司的竞争分析与这种溢价的选择联系起来的能力，对于建立一个可信的、经得起推敲的回报率来评估企业是至关重要的。附录 8A 介绍了一个云平台——价值机会档案，它可以帮助我们识别特定公司风险的根源所在。

风险和价值驱动因素及其重要性因公司而异。例如，糟糕的库存周转率可

⊖ 有关股权风险溢价和 ERP 估算的更全面解释，请参阅 Shannon P. Pratt and Roger J. Grabowski, *Cost of Capital: Applications and Examples*, 5th edition (Hoboken, NJ: Wiley, 2014), Chapters 7 and 8。

能会削弱零售或批发企业的赢利能力，但对服务公司来说，这可能并不重要。在认识到需要这种判断之后，我们接下来将列出第3章中介绍的常见的公司风险因素，并逐个予以简要阐述。

- **缺乏资金通道**。尤其是把非上市公司与同业的上市公司相比较时，记住：它们常常面临的困境是无法募集到足够的借贷资金或权益资金。在评估它们的成长前景或多元化能力时，也必须考虑到这个现实。还要注意：当一个所有者个人为企业的贷款担保时，该公司的有效利率多半会超过贷款合同所示的利率。

- **所有权结构和权益转让限制**。对于非上市公司的权益，由于没有公开交易的股票市场，通常是无法变现的，特别是小股东的权益，更是如此。非上市公司的股份往往存在掣肘，对转让条件有严格限制。常见的一种是面对某个特定价格的优先购买权。特别是小股东面对的这种掣肘，它们投资的变现能力受到了严重限制。

- **公司的市场份额和行业的市场结构**。较小的公司通常都是处在一个细分行业或这个行业的一个细分市场上——它有着相当的市场份额及竞争优势。市场领头羊可能具有特殊的优势，比如，具有能给它带来品牌影响力或定价能力的专有技术。此外，还必须检视这个行业的结构。比如，其他所有公司的市场份额各自都不超过5%时，握有20%市场份额的公司也许就能够左右这个行业。不过，在有两家公司各自持有40%市场份额的市场里，仅持有20%份额的公司，会处在很弱的市场地位。

- **管理的深度和广度**。对于较小的和中等规模的公司，它们的管理团队内往往有某种管理缺憾，使得它们有一个或多个领域的管理短板。在考虑公司核心功能的优势时，需要评估一些相关要素，包括质量控制、生产能力、推广和销售能力，等等。

- **严重依赖具有核心知识、主要技能或关键人脉的个人**。这是小企业常见的情况，即公司里某个人或几个人具有核心技术、关键生产技能或重要客户关系。与较大的企业相比，这种特性往往都会增加小公司或中型公司的风险程度，因为这类公司的成功都与这类个人是否留在公司紧密相关。

- **缺乏战略眼光**。虽然许多公司都制定年度预算，但很少有公司考虑超过一年的预算，很少有公司制定商业计划。缺乏长远眼光会增加公司在增加收入、提升赢利能力和现金流方面的风险。这可能会导致员工在公司方向、短期思维以及损害公司价值的其他问题等方面产生困惑。

- **营销和广告推广能力**。对于与大得多的对手或全国性连锁企业竞争的较小企业，它们往往缺乏融资能力或营销的专业知识，因此，无法有效地告知其潜在客户群自己产品或服务的优势。例如，和全国性连锁店相比，独立的零售商可能有一样的或更好的零售价格，但这家全国性连锁店具有提升其价格低廉形象的能力——这恰恰是独立商店通常缺乏的竞争优势。因此，没有这种告知潜在客户的能力，导致即便具有优质的产品、更好的服务或价格，这类独立商店也会丧失市场份额。

- **产品和服务的宽度**。专业性公司常常借助细分市场的聚焦来构筑自己的优势，但这种产品聚焦会由于缺乏多元化和过度依赖有限市场，为公司带来相关的风险。有些专业性公司可能会发现，它们的最大客户都采取着这样的政策：只与提供宽泛产品线的供应商打交道，逼着它们要么拓展产品线，要么把自己卖给一家更大的公司。

- **购买能力和相关的经济规模**。由于规模之故，较小的公司往往无法获得较大竞争对手那样的成本效益或生产效益。无论是通过大宗交易折扣，还是把产能成本应用于更大的产量，在一定的经营领域和市场范围，大公司都具有明显的优势。

- **经营设施的状况和眼前的资本支出需求**。除了确定眼前的资本支出需求等其他因素外，合理的估值还包括下述项目的评估：经营设施的位置及合理性、这些设施的过时程度、转为其他用途的适应性、逾期养护的难度、相关土地的价值和品牌的内涵。鉴于资源的更多限制，这些因素通常对小公司具有较大的负面影响。

- **客户集中度**。这个问题折磨着许多中小企业——它们往往是通过为最大的客户提供额外服务，来逐渐发展兴旺的。不过，在这个过程中，它们有时变得更加依赖这些客户或者这些客户占据了其销售总额的一个过大的比重。

- **供应商关系及其可靠性**。为了专心于创造某些竞争优势，小公司往往会把主要的经营或生产部分转包给它们过于依赖的供应商。因此，对这类小公司而言，一种常见的现象是：时机、质量或所需资源的定价等控制权都比较缺乏。

- **分销能力**。产品线较宽的大公司通常都有地区性或全国性的分销系统，能够确保其市场份额的稳定和产品形象维护。对于没有自己分销网络的公司，它们的销售份额必须依赖经销商或不得不承担高得多的分销成本。例如，向杂货连锁店供货的单一的食品生产商，不可能和产品线较宽的全国性公司一样有影响力，无法影响店内货架空间的决定权，结果只能是接受吸引力最差的位置。缺乏与客户直接接触的通道，局限了这类公司为客户提供必要关注的能力，因此很难维系客户的忠诚度。这种与客户直接接触的不足，还会阻碍有助于优化客户需求的反馈，不利于品牌价值的发挥。

- **与技术变化趋势同步的能力**。资金渠道很少的公司往往缺乏足够的研发资源，因此会发现自己很难与相关市场上的技术发展同步。这类技术匮乏的公司往往不得不面对一个无法回避的需求：在不远的将来，必须承担大额的资本支出或把资源分配到极为有限的产品研发项目上。这不可避免地带来一些问题，如过时的产品或服务、对未来增长的不利影响，以及市场份额的丧失。与此同时，大公司则会处在更有利的地位，展现它们的技术专长，为满足新兴的客户需求开发新产品，使客户能够选择其最先进的产品。与此同时，大公司不用太在意是否能取得较低的成本和出现较低的技术绩效。

- **保护知识产权的能力**。许多公司都有专有技术工艺，是其知识产权的主要部分。在保护知识产权方面，这些公司主要依赖商业保密法、保密流程制度和授权安排。不过小公司往往面临这样的困境，即如何为保护知识产权采取合适的措施，以便足以防止它们的技术不被盗用。

- **国外竞争日益增长的威胁**。面对越来越多的国外竞争，小公司往往受制于资源不足之困，无法调整自己来适应这种竞争在定价、成本、产品变革上带来的变化。

- **诉讼、环境和不利的监管问题**。虽然所有的公司都会面临这些问题，但资源稀少的小公司更易于遭受这些因素的负面影响。如果面临诉讼困扰、遭受与环境污染相关的压力或者遇到不利的监管变化，那么它们取得未来预期现金流的风险将会更大。

- **会计信息的深度、准确和时效以及内部控制**。上市公司面临向监管机构提交严格的会计报告的要求，这种结果一般都会改善公司管理层的可用信息。在小企业，这类数据往往缺乏，这个问题可能会妨碍管理层对公司业绩进行正确的评估，而且，潜在的投资者可能会质疑这些数据的质量。

在考虑这些具体公司的风险因素（SCRP）时，要相当小心。某些因素通过一些项目已经予以了考虑，如增长率的选择、内含更高销售成本或经营成本的回报。这种慎重要求是为了避免双重计算，即把同一个因素既计入增长率，又内置于回报。在确认任何可用的贴现率和溢价时，也应该注意避免这种双重计算问题。

除了以上这些有关中小企业特别重要的问题，对任何企业都应该进行有关赢利能力和增长能力的评估。通常，这些问题主要反映在以单期资本化法或贴现现金流法计算的公司回报预测里。还有更重要的：在确定具体公司的风险要素时，引起相关风险的那些因素需要予以认真地梳理分析。

扩展模型：采用道衡的企业规模研究数据

正如前面提到的以及将会更详细地解释的那样，在按照伊博森使用的方法研究历史回报率时，《估值手册》中汇编的回报率数据把股票的市场价值作为衡量规模的一个尺度。这类数据现在在《估值手册》中是作为《CRSP 十分位数规模溢价研究报告》出现的。⊖

《道衡风险溢价报告规模研究》（D & P 报告）中提供的替代权益贴现率，⊜是根据历史回报率确定的前瞻性股本成本，⊜采用上市公司基于规模的投资组合，确定利用八个规模指标。这些指标包括权益规模的三个衡量标准（普通股的市场价值、普通权益的账面价值，以及扣除前五年财政年度非常项目的平均净收益）以及公司规模的五项衡量标准（已投资本的市场价值、总资产、五年平均 EBITDA、销售额和员工人数）。

道衡公司根据八个规模指标的不同，将上市公司股票分为 25 个规模排序

⊖ 该报告所计算的规模溢价数据是从 1926 年到最近一个年度年底的。

⊜ 我们鼓励读者再读 Chapter 19 of Shannon P. Pratt and Roger J. Grabowski, *Cost of Capital: Applications and Examples*, 5th edition (Hoboken, NJ: Wiley, 2014)。这些数据每年都会在《估值手册》上更新。CRSP 是芝加哥大学布斯商学院证券价格研究中心首字母缩写；CRSP 提供原始回报数据。报告中所计算的规模溢价数据是从 1963 年至最近一年年底的。

⊜ 回报率的衡量标准是股息收益加上资本增值，代表企业税后（但不包括所有者层面的税收）的回报。

类别或投资组合。这些公司包括纽约证券交易所（NYSE）、美国证券交易所（AMEX）和纳斯达克（NASDAQ）的上市公司。这里不包括金融服务类公司、非经营性控股公司、美国存托凭证（ADR）、上市时间少于 5 年的公司、过去 5 年内任何 1 年销售额低于 100 万美元的公司，以及 5 年平均 EBITDA 为零或更低的公司。

仅使用市场价值权益以外的规模指标的目的是为了避免对市场价值的潜在选择偏差。例如，一个杠杆率很高的公司，其股票的市场价值可能很低，但在使用其他所有衡量规模的指标时，其市值可能相当大。此外，公司的股票市场价值可能较低，因为它们有风险，投资者要求较高的贴现率。这些公司不一定是因为规模小而有风险，而是因为其风险而规模显小。

《D&P 报告》提供了自 1963 年以来的历史平均权益风险溢价。这里的权益风险溢价是通过计算每个投资组合在样本期内的平均回报率，然后减去同期美国长期国债的平均收益回报率，得出平均的历史权益风险溢价。由于历史平均权益风险溢价是根据 8 个规模指标划分的 25 个投资组合计算出来的，因此它包含了规模溢价。因此，在截止有效估值日，把这种权益风险溢价加在美国长期国债平均回报率上是合适的，无须就规模做进一步调整。这些数据显示，规模与历史回报率之间存在明显的反向关系。

在应用《D&P 报告》中的数据时，使用了经平滑的平均历史权益风险溢价（基于 25 个投资组合的平均历史风险溢价的拟合回归线），就如道衡公司对较小规模的公司类别所建议的那样。为了说明这一点，表 8-7 给出了两个假设公司的数据：一个符合投资组合排名第 20，另一个符合投资组合排名第 25——最小的排名。

表 8-7 估算权益成本的 D&P 报告的应用　　　　（金额单位：美元）

	组合排序第 20		组合排序第 25	
	平均数	平滑平均风险溢价	平均数	平滑平均风险溢价
权益市场价值	1 313 000 000	10.37%	121 000 000	14.02%
权益账面价值	577 000 000	9.96%	76 000 000	12.07%
5 年平均净收益	52 000 000	10.32%	5 000 000	12.97%
已投资本市场价值	1 696 000 000	10.19%	163 000 000	13.47%
总资产	1 363 000 000	10.22%	161 000 000	12.76%
5 年平均息税折旧摊销前利润	164 000 000	10.10%	17 000 000	12.55%
总销售额	1 181 000 000	10.29%	129 000 000	12.64%
员工人数	2 908	10.33%	305	12.65%

	组合排序第 20		组合排序第 25	
	平均数	平滑平均风险溢价	平均数	平滑平均风险溢价
平均溢价		10.22%		12.89%
当前无风险利息		3.00%		3.00%
权益成本		13.22%		15.89%

资料来源：Duff & Phelps, LLC, *2017 Valuation Handbook: U.S. Guide to Cost of Capital* (Hoboken, NJ: Wiley, 2017), Appendix 4: Risk Premium Report Study Exhibits, Exhibits A.1 through A.8。

回报率数据简介

理解应用于《估值手册》的一般方法，会有助于解读在本章和第 6 及第 7 章所述的几个相关的观点，包括为什么这些回报率（在没有进一步调整的情形下）仅适于下一年度的权益净现金流。在相关研究里，还有这样一个假设：一组大型上市公司的股票（比如纽交所的大盘股或标普 500 指数股，都是购于每年的 1 月 1 日（始于 1926 年）），售于每年的 12 月 31 日。每年的投资回报率都应该基于下述假设：除了当年派发的红利外，这些组合的股票价值都要有一个很强的升值幅度。这个运算过程一再重复——从 1926 年开始的每一年，一直到最近的一个完整年份。这些年度的回报率是市场回报率，或 R_m。对每个相同的年份，20 年期美国国债的回报率（设为 R_f）是确定的。从每年的 R_m 里减去 R_f，得到每年的权益风险溢价。所有年份的权益风险溢价相加并除以年份数量，得到的是长期的 ERP 的算术平均数。在每份《估值手册》上，出现的回报率就是对应这种 ERP 的回报率。

在《CRSP 十分位数规模溢价研究报告》中，小公司溢价研究也采用类似的方法，研究纽约证交所或美国证券交易所的公司，根据总市值分为 10 组。每一个被称为"十分位数"的群体，占当年纽交所上市公司总数的 10%。小公司溢价（SCP）的计算方法是将每个十分位数的实际回报减去资本资产定价模型（CAPM）预测的回报。贝塔系数随着十分位数的增加而减小。这一增长反映了小公司回报的更大波动性，因此 CAPM 估算的回报也增加了。然而，即使贝塔增长，它们也不能完全解释这些十分位数所获得的回报，尤其是最小的十分位数。为了明确影响 SCP 的因素，将由于贝塔而产生的回报排除在外，以隔离

SCP，仅考虑公司的规模，不考虑公司的任何特定风险。

在采用《估值手册》数据时，至关重要的是：需要读者亲自去查阅数据文本，以便完全理解相关资料的含义。在查阅中，需要注意的点有：

- 在2016年9月30日，上市公司中最大的十分位层级包含了所有纽交所公司总市值的近66%——这突显了那些最大的上市公司的支配地位。⊖
- 在《CRSP十分位数规模溢价研究报告》中，微型股（第9十分位和第10十分位）仅占上市公司总市值的0.92%和0.40%。⊜第9十分位的公司的总股本价值最高的为567 843 000美元，第10十分位的总股本价值最多为262 891 000美元，⊝不过微型股还是比绝大多数私人控股公司要大得多。
- 在1926～2016年期间，上市公司中第1十分位的贝塔系数为0.92，表明这些最大级别的公司比市场平均更稳定。相反，第10十分位的贝塔系数为1.39，表明这些公司的波动性比市场平均的波动性高出39%。⊛
- 这种波动性通常被解释为风险的体现，其反映在每个十分位的公司的回报算术平均值中。随着公司规模变小，波动性增加，其长期回报也会增加，反映出投资者对更高回报的需求，以弥补他们所接受的更高风险。
- 截至2016年年底，那些最大级别的上市公司的长期回报率算术平均值为11.05%。这一回报率数值依次随着每个十分位逐渐增加，在第10个十分位中较小一半增加的比例最大，其平均长期回报率为20.27%，而微型股的平均长期回报率为18.04%。⊞这反映了公司规模给予投资者的信心，以及他们要求从缺乏规模的公司获得更高回报。

私募资金的成本

由于用公开市场数据估值非上市公司的方法被广泛接受和使用，所以，迄

⊖ Duff & Phelps, LLC, *2017 Valuation Handbook: U.S. Guide to Cost of Capital* (Hoboken, NJ: Wiley, Inc., 2017), pp. 7–9, 基于表7-1中的数据。

⊜ 同上。

⊝ 同上，第7～10页，基于表7-2中的数据。

⊛ 同上，第7～11页，基于表7-3中的数据。

⊞ 同上。

今为止，本章阐述并用于推导资金成本的，都是来自公开市场的数据。不过，意识到公募和私募资本市场的巨大差异后，越来越多的人发现了这种习惯做法的巨大缺陷。简言之，公募和私募资本市场显然是无法通用的。它们的差异体现在下述众多方面：风险回报特征、流动性、管理程度、权益定价的时机选择性、市场参与者行为、资本获取通道、投资多样性、市场效率、预计持有期，以及资本成本。在《私募资本市场》(*Private Capital Markets*) 一书中，罗布·斯利（Rob Slee）解读了非上市公司独有的特征和需求，并在分析和估值非上市公司时，提出了不同于公开市场公司的金融理论。⊖ 鉴于资金可选方式的增加，以及私募资本市场过去20多年间非上市公司权益转让技术的繁衍，外加人们承认了这两个市场的巨大差异，目前，私募资本市场理论已可为推导私募资本成本（PCOC）提供一个可供选择且更加正确的方法。

私募资本成本表现了税前预期回报率，即这个市场（为特定私人投资提供资金的适当的投资候选人群体）为特定投资吸引资金所需的预期回报率。因此，贴现率取决于非上市公司资本提供者的回报预期。为了推导出适用于评估非上市公司的私募资本成本所需的经验证据，2009年，罗布·斯利与约翰·帕利亚（John Paglia）博士和佩珀代因大学合作，就资本提供者的各种问题做了一项基于网络的调查，这些问题包括：通常可以获得的资本是多少，对于提供的资本所需的回报是多少，对各种资本类型、利率的需求，以及相关的经济前景。后来，该调查范围逐步扩大，并在2017年增加到对11种投资者、顾问和资本提供者的调查，包括：投资银行业者、私募权益投资者、银行和资产贷款人、夹层投资者、有限合伙人、风险投资家、天使投资者、企业评估师、经纪人、保理机构和企业主。

表8-8⊖显示了佩珀代因私募资本市场要求的回报率，显示了所调查的按年度总融资成本衡量的私募资本市场资本提供者预期回报中位数的50%（即从25%的位置到75%的位置之间的部分）。在使用债权和权益资本的回报率时，可以把标的公司的EBITDA当作私募资本成本使用。在仅仅使用来自权益资本的回报率时，可以把标的公司折旧和摊销前的税前利润作为私募资本成本使用。

⊖ Robert T. Slee, *Private Capital Markets: Valuation, Capitalization, and Transfer of Private Business Interests*, 2nd edition (Hoboken, NJ: Wiley, 2011).

⊖ Craig R. Everett, *2017 Private Capital Markets Report*, Pepperdine Private Capital Markets Project, p. 3.

表 8-8　2017 年佩珀代因私人资本市场要求的年回报率

		第 1 四分位之前	第 1 四分位与第 3 四分位之间	第 3 四分位之后
银行	100 万美元现金流贷款	6.0%	6.5%	8.0%
银行	500 万美元现金流贷款	5.1%	5.5%	6.5%
银行	1 000 万美元现金流贷款	4.4%	5.3%	5.9%
银行	2 500 万美元现金流贷款	3.8%	5.0%	5.0%
银行	5 000 万美元现金流贷款	3.5%	4.0%	4.3%
基于资产的借款	100 万美元贷款	9.4%	14.0%	15.8%
基于资产的借款	500 万美元贷款	10.0%	10.0%	12.3%
基于资产的借款	1 000 万美元贷款	8.6%	10.0%	12.0%
基于资产的借款	2 500 万美元贷款	6.5%	8.0%	8.0%
基于资产的借款	5 000 万美元贷款	5.5%	5.5%	6.3%
夹层贷款	100 万美元贷款	18.0%	24.0%	24.5%
夹层贷款	500 万美元贷款	15.0%	17.0%	17.5%
夹层贷款	1 000 万美元贷款	13.0%	15.5%	20.0%
夹层贷款	2 500 万美元贷款	11.5%	14.5%	16.5%
夹层贷款	5 000 万美元贷款	10.8%	13.5%	16.0%
夹层贷款	1 亿美元贷款	9.5%	10.0%	13.0%
私募权益	100 万美元 EBITDA	21.8%	27.5%	33.8%
私募权益	500 万美元 EBITDA	21.0%	25.5%	31.5%
私募权益	1 000 万美元 EBITDA	21.0%	23.0%	30.0%
私募权益	2 500 万美元 EBITDA	20.8%	21.0%	28.8%
私募权益	5 000 万美元 EBITDA	16.5%	21.0%	21.0%
私募权益	1 亿美元 EBITDA	14.0%	20.5%	21.0%
风险资本	种子期	25.0%	35.0%	60.0%
风险资本	创业期	25.0%	35.0%	55.0%
风险资本	早期	15.0%	25.0%	50.0%
风险资本	扩张期	15.0%	25.0%	50.0%
风险资本	后期	15.0%	25.0%	50.0%
天使投资	种子期	45.0%	60.0%	67.5%
天使投资	创业期	35.0%	40.0%	52.5%
天使投资	早期	30.0%	35.0%	47.5%
天使投资	扩张期	30.0%	35.0%	45.0%
天使投资	后期	25.0%	35.0%	35.0%

©2017 佩珀代因大学格拉齐亚迪奥商业和管理学院版权所有。

注：数据反映了每个主要资本类型及其细分市场的年化总融资成本。数据显示，贷款的平均利率最低，而从天使投资获得的资本的平均利率最高。随着贷款或投资规模的增加，任意一种来源借款或融资的成本都会降低。

私募资本成本（PCOC）模型如下：

$$PCOC = \sum_{i=1}^{N} \left[(CAP_i + SCAP_i) \times \frac{MV_i}{\sum_{j=1}^{N} MV_j} \right]$$

式中：

N——资本来源的数量

CAP_i——第 i 类资本的预期回报的中位数

$SCAP_i$——第 i 类资本的具体预期回报中位数的风险调整

MV_i——所有流通证券 i 的市值

应用私募资本成本（PCOC）模型有四个步骤：

- （1）回顾一下最新的佩珀代因研究报告中描述的信贷表单，以确定适合于比较的资本类型。从调查结果中为每个符合要求的资本类型选择适当的预期回报的中位数（CAP）。
- （2）确定每种资本类型的市场价值。
- （3）根据主题结果与相应调查信用表单的比较，将特定资本类型风险调整应用于选定的中位数资本类型，使用 25% 之前和 75% 之后的回报率作为此调整的参考。
- （4）计算资本结构组成部分的百分比：用其预期回报中位数（CAP），然后加上各自百分比，得出私募资本成本（PCOC）。

图 8-1 是佩珀代因私募资本市场曲线，显示了私募资本市场资本提供者与公募资本市场曲线相比的预期回报。

国际资本成本

这是一个众所周知的常识：由于政治、监管和经济条件的不同，国与国间的投资风险各异。在第 20 章，我们会概述国际资本成本的调整方式，并附上了更多相关信息的来源。

⊖ Slee, *Private Capital Markets*, p. 151.

⊖ Slee, *Private Capital Markets*, p. 152-155.

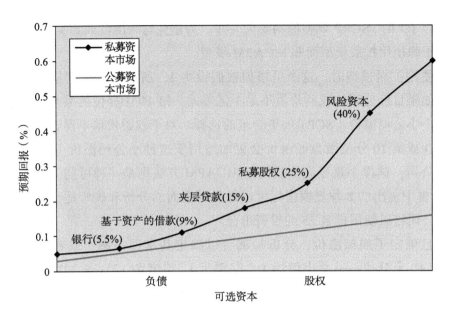

图 8-1　私募资本市场与公募资本市场的预期回报曲线对比

如何推导目标公司的权益成本

在前面的论述中,我们阐述了确定非上市公司普通股必要回报率的四种模型：资本资产定价模型（CAPM）、增补型资本资产定价模型（MCAPM）、扩展模型（build-up model）和私募资本成本模型（PCOC）。由于内置假设繁缛之故,资本资产定价模型极少使用。在这种市场的研究上,如果你能找出几个与目标公司足够类似的上市公司,那么增补型资本资产定价模型可能就是一个可用的方法。如果能够得到相关数据,就可以从类比公司的贝塔值推导出目标公司的贝塔值。在资本资产定价模型和增补型资本资产定价模型里,用贝塔（β）乘上权益风险溢价（ERP）,可以反映类比上市公司的风险特性,包括这类公司所处行业内含的风险。在研究了这类公司的相对优势和劣势,并把它们与目标公司进行比较之后,应该就它们的规模和具体公司的风险因素做进一步的调整——这两项在 MCAPM 公式里被表述为 SCP 和 SCRP 溢价。

在这个公式的应用中,哪怕老到的估值师也会纠结于一个问题,即如何区分体现在贝塔值里的风险数量与表述在 SCP 和 SCRP 中的风险数量。因此,在使用 MCAPM 模型时,SCRP 调整值通常要小一些,而用于扩展模型（无具体证券贝塔因子）时，SCRP 调整值则要大一些。为避免这种混乱或重复计算的可能，很多人干脆使用扩展模型而非 MCAPM 模型。

在使用扩展模型时，这个贝塔值被假设为 1，所以可以把它从这种计算中剔除。如果目标公司的权益价值不足 1 亿美元，第 10 十分位的某个规模溢价可能是这个小公司溢价（SCP）的更合理的选择。对于权益价值不足 2 亿美元的公司，第 9 或第 10 分位微盘股溢价会更加适用于这种小公司溢价（SCP）。对于更大的公司，选择小盘股溢价或使用 MCAPM 方法则是一种可能。另外，使用 D&P 报告中提出的 8 种规模指标可以提供更全面的分析和确定适当的溢价——最小的公司可以使用排名 25 的投资组合。

一旦确定了规模溢价，分析师就可以确定基准回报率：或者大约为 14%（使用第 10 十分位——总市值约为 1 亿美元），或者为 17%～20%（处在第 10 十分位溢价的下半区）——这应该理解为：如果投资者购买了第 10 十分位规模公司的广泛投资组合，那么长期持有该投资，回报率为美国过去 90 多年⊖中的平均回报率，而且，在享受上市公司证券高流动性的同时，该投资将获得 14% 或 17%～20% 的净现金流回报（公司税后但投资者个人税前）。

必须比照标杆来考虑目标公司的这类投资。多数非上市公司都小于微盘股上市公司，而且多数的管理都缺乏深度，产品线也较窄，市场份额和客户群较小，资本的通道也不多。在记住这些的前提下，让我们审阅一下对目标公司所做的外部和内部分析，找出目标公司的风险动因和价值动因，并把它们与上市公司相关层级的标杆样本做比较。由此，可以量化目标公司的每个风险动因或价值动因，进而确定这个 SCRP 比率值。

对于 SCRP 调整的幅度，经验不足的估值师会感到困惑。他们会问，一个具体的价值动因或风险动因应该使 SCRP 变动 1%，还是 2% 或更多？为了便于理解，让我们看看（数百万投资者在 90 多年时间里花了无数资金的）市场已经做出的一个结论。在 2017 年，这个市场向我们强势表明：对相对安全的资金而言，其无风险成本 R_f（包括通胀率）是 2%～3%。投资者通过自己的投资行为进一步告诉我们：对于持有大盘普通股，他们愿意接受更大的风险，但前提是能得到一个权益风险溢价（ERP）——幅度是追加 5%～6% 的长期风险溢价（中期和短期的幅度不同），或两倍于无风险回报率的溢价。鉴于历史经验之故，投

⊖ 90 多年的时间回溯到了 1926 年，也就是伊博森开始跟踪回报率数据的那一年——本章前面做过相关论述。

资者会进一步补充道：他们会为购买小得多的第 10 十分位规模的上市公司股票，而承担另一个额外的风险，但如果为承担风险阶梯上另一层级的额外风险，他们就要求额外再得到一个 5%～10% 的回报。因此，市场上的投资者从无风险投资，迈向大上市公司股票的投资，再以 5%～6% 的风险增幅，挺进小上市公司股票的投资。在购买目标公司时，有了这些相对风险增幅为指南后，对具体公司溢价的选择无非就是估值师对投资者在（比照市场的其他选择后）最后步骤所面临的风险规模所做的评估。

最后，重要的是要重申，所得资本的成本应该是目标公司的成本，而不是买方的成本。它必须与目标公司在独立基础上实现未来预期现金流的风险相匹配。此外，如果我们在本章前面讨论的债务成本和表 8-3 中的数据中并不明确，那么适用于估值目标公司的资本成本不是为交易提供资金的成本；前者通常要比后者高得多。

调试贴现率和市盈率倍数

在考虑这些比率时，还有最后一点需要做。这类目标公司大多是非上市公司，而这类投资者大多是收购其控股权的。是的，刚才引用的这种回报率都是那些公开交易证券的回报率，而且投资者在这里通常都是购买少数权益。控股与非控股的差异，都应体现在需要计算的相关回报率里。这种比例的调整应该应用到这些回报率里，或在合适的时候应用于随后估值过程的任何贴现和溢价。但它们不应该反映在这些权益回报率的推导过程中。

买家和卖家常常惊讶于看到 25% 或更高的权益资本成本，他们对这类比率值的怀疑或质疑也会随之而来。

21 世纪初，2008 年年底市场崩盘前，标普 500 的美国公司的平均市盈率倍数大约是 25 倍——这隐含着一个 4% 的必要回报率。为什么人们投资普通股，甚至是标普 500 这种规模的公司股票，只是为了赚取 4% 的回报率？对于非上市公司，来自 MCAPM 模型或扩展模型的高得多的 25% 权益贴现率有现实意义吗？

如果要一步一步认识各种投资选择之间的区别，那么从 4% 的回报率到 25% 的权益贴现率的理解之旅就是一个非常好的逻辑路径。第一步，让我们认识一下标普 500 公司的优势：企业规模、市场份额、资本通道、管理深度、产品线宽度、品牌影响力和分销系统（常常延伸到全球）。当与典型的非上市公司进行比较时，即便是选择一家中等规模的上市公司，这些差异也是非常大的。

下一步，让我们看看增长预期。投资者不会为了赚4%的回报率，而以25倍年利润的价格购买股票。相反，他们预期这类股票的价值会在很长的时间里以很高的隐含增长率增长。正如第8章所述，预期增长率的短期与长期差异是单期资本化法所无法有效处理的。单期资本化法使用的资本化率的倒数（市盈率倍数），也会受到相同的局限。某些大公司所具有的竞争优势，会为公司提供长期的增长潜力，但这种优势的有效期多半只有4～10年，而非无限期。不过，在股票市场上，财务报告的编制方式带来的是单一年份的利润倍数，所以有时可能会出现很高的市盈率倍数。驱动倍数的突出要素是隐含的利润增幅，以及随之而来的股票价值升值。

技术上的错误也会带来混乱。作为25倍市盈率倒数计算出的4%的比率，实际上是资本化率，而不是贴现率，只能说明过往的利润，而不是用于计算未来净现金流的。由于市盈率倍数（如同资本化率）适用于单年期的回报，它们反映的是预期增长。

表8-9是把4%的回报率（来自25倍的市盈率倍数）向约25%的权益贴现率进行了转换调整。这里关键的"未知"且需要诠释的差异，多半是大公司股票隐含的10%的长期增长幅度。

结论

为企业资本（或资金）的具体构成确定一个合理的成本，是估值过程中最复杂的部分之一。人们对非上市公司的权益成本的了解很少，原因有二：一是这种权益缺乏日常的市场价格；二是缺乏一个固定的回报率。只要采用合适的系统方法并选择合理且基于市场的回报率，我们就可以准确地计算非上市公司普通股的必要回报率或贴现率。在量化具体公司的风险上，需要专业的判断力。相关的经验会给这个过程加分不少。在确定权益贴现率方面，可以在目标公司及其行业竞争分析中，辨识和评估公司的战略优势和战略劣势，并把它们量化为回报率，然后，再用这个回报率贴现或资本化公司预期的未来回报值，以确定公司的价值。总之，估算和确定权益成本的严格规范能够为我们带来准确的估值——那个能反映目标公司风险动因和价值动因的价值。

表 8-9　一家上市公司的市盈率倍数向一家非上市公司权益净现金流贴现率的转换

典型的标普 500 上市公司的市盈率倍数	25 倍
市盈率倍数转化为过往利润的资本化率（1/25）	4%
转换为未来利润资本化率的方法：1 加上下一年 5% 的隐含增长率再与资本化率相乘	×1.05
未来利润的资本化率	4.2%
基于两者的长期关系，把净利润的资本化率，转换为权益净现金流的资本化率，计算结果是 20%	1.20
权益未来净现金流的资本化率	3.5%
转换为下一年权益净现金流贴现率的方法：加上大型上市公司的隐含增长率	+10.0%
权益未来净现金流贴现率——未包含规模和具体公司风险因子的溢价（相当于大盘股的算术中值回报率）	13.5%
第 10 十分位溢价——来自《2000 年伊博森股票、债券、票据和通胀率》	4.5%
非上市公司典型的具体风险因子溢价	7.0%①
权益未来净现金流的贴现率	25.0%

① 这个 7% 里含有一个增幅，用以确认非上市公司和交易自由且活跃的标普 500 公司之间的投资流动性差异。这个差异的一般确认方式是，采用一个缺乏流动性的贴现率，对所示价值进行贴现。就像在这张表所显示的那样：在把上市公司市盈率调整为非上市公司回报率的过程中，这个差异是作为整个调整的一个组成部分，并通过一个缺乏流动性的贴现率予以修正。

资料来源：Frank C. Evans, "Tips for the Valuator," *Journal of Accountancy*（March 2000）：35–41。转载许可来自美国注册会计师协会的《会计期刊》(*Journal of Accountancy*) 2000 年版权。作者的言论代表自己的观点并不反映美国注册会计师协会（AICPA）的政策。

VALUATION FOR
M&A

附录 8A

特定公司风险的策略性使用

——肯·桑吉纳里奥⊖

在许多非上市公司的估值业务中，除了确定一个更可信的特定公司风险溢价和一个完整的价值结论，对推动特定公司风险溢价因素的更深更广的分析还可以就基于估值的战略规划和并购估值，为目标公司管理层提供重要的附加价值。通过评估更广泛的风险因素，企业评估师可以展示出比通常高得多的严谨性。然后，基于对每个被评估因素单独做的特定公司风险的计算，企业评估师可以为公司管理层提供如何通过改进被评估要素对价值产生影响的深刻见解。

如果我们把风险和质量看成是一枚硬币的两面，那么，就可以比较容易地利用估值过程来帮助公司全面理解和驱动所有能够提高质量和降低风险的因素概念。这样，估值市场就能扩展到那些甚至没有考虑过估值的公司，为其做战略估值。企业评估师就此可以将自己定位为业务广泛的顾问，而且只需做他们已经做过的事情，但要做得更加精细。如果以标准化的方式进行更深入的分析，他们还可以在多种专业的估值业务中，提供额外的质量控制和扩展性的服务。

在非公开资本市场，很少有公司的业绩能够达到顶峰，而且，努力出售公司的失败次数远远多于成功次数，所以，企业更好地理解和处理构成特定公司风险的因素的相关需求和机会是显而易见的。许多非上市公司仅仅通过规范和系统的方法，来识别和处理驱动公司前行的质量因素，降低特定公司风险，就

⊖ 肯·桑吉纳里奥是"企业价值度量"公司（Corporate Value Metrics）的创始人，价值机会分布®（Value Opportunity Profile, VOP）的创建者和价值增长注册顾问®（Certified Value Growth Advisor, CVGA）培训和认证程序的开发人。

能实现公司价值的增长，甚至翻番。可以把这种方法看作是一种尽职调查分析（远在风险因素显露危害之前），并把它视为一个旨在消除所有制约增长或导致并购失败的短板的项目。这种做法的结果是：公司业绩可能会大大提高，出售交易的成功率也会高于市场水平。

面临下述需求的公司，可以通过这种服务获得附加价值：

- 有动力去攀登顶级业绩。
- 正在考虑 3 ~ 5 年内出售或收购公司。
- 最近被收购或最近进行了收购。
- 希望更好地把其高层管理团队调整到其增长战略上来。
- 业绩不佳，面临无数相关的挑战，如：
  - 缺乏资金通道或其他财务问题。
  - 行业严重衰退或面临同质化的压力。
  - 要极力吸引新客户和/或留住现有客户。
  - 各级都无法招聘和留住高质量的人才。
  - 品牌不强和营销策略过时。
  - 或者许多其他的问题。

第 8 章介绍了许多常见的特定公司风险因素。不过，每个因素内还包括可以识别和处理的潜在驱动因素，能够减轻它对整体因素的影响。这看起来似乎是一个过于细腻的做法，但近年来，"企业价值度量"公司开发出了一个云平台（价值机会分布，VOP），它能让这个流程变得更加简单和高效。

价值机会分布的理论前提是：每个公司都必须由八个充分发挥功能的主要业务类别组成，并相互平衡，以期达到顶级业绩和最大价值。这八个类别是：

计划	领导力	销售	推广
人力	运营	财务	法务

从最高层级来看，八个主要类别的重要性都是一样的，因为这八类中最弱的一个将会制约公司的整体表现、增长潜力和价值创造。

这些主要类别各自都是由可以单独评估的，可以确定相对优势和劣势的子类别组成。这些子类别都是代表特定公司风险根源所在的潜在领域。通过对每个子类别进行评估，确定公司在该类别的功能运行中离理论最佳水平的距离，并对相关结果进行打分，由此，企业评估师能够更好地解释为什么客户价值处在目前水平。更重要的是：为了降低风险，提高质量，建立更好的平衡，使价值最大化，企业评估师及其客户将有一个需要改进的路线图。它使公司能够清晰地制定持续改进计划，重点关注对整体价值和增长潜力影响最大的领域。

这种价值机会分布法能帮助企业评估师，通过向公司高层提出一系列标准化问题，评估这些因素的每个子类别。这些问题回答的得分通常是 0~10 分，得 10 分意味着该公司在这个问题上处于一流水平。对于不同的行业，每个类别的问题可能不同，但对于所有公司来说，所有类别都是相同的，因为它们代表了所有企业的基本功能。

总的来说，价值机会分布法综合了近 400 个在为期一天的管理务虚会上回答的问题。每个问题都直接和特定公司风险的计算连接在一起，为估值行业提供了无比的严谨性。这种方法给我们带来的好处之一是能增强特定公司风险概念和总体价值结论的可信度。其他的好处还包括为多元化公司的估值流程提供了更好的一致性和扩展性，而且，最重要的是，它能够对公司的估值进行假设分析。

通过选择公司的薄弱环节，企业评估师可以立即确定如何改进公司的对应短板，对其价值产生正面影响。这种正面影响是通过降低企业整体的特定风险来实现的。实际上，降低的风险会影响贴现率和资本化率，即降低了经风险调整的股权成本和债务成本，以及改变资本结构组合，容纳更多负债（这里假设相关公司的现金流可以支持这种组合）。通过这种方法，总体结果是，公司可以理解如何在几年的时间里利用规范系统的方法提高公司的质量和价值，而不是等到它们需要达到某些直接目标，再去匆忙组织力量，设法快速改进。

表 8A-1 展示了价值机会分布法的框架，它概述了该方法（VOP）的八个主要类别及其各自的子类别。八大类对特定公司风险（SCRP）的影响权重是平等的，并且，任何一个主要类别中的子类别之间的权重也是平等的。

考虑到某些子类别的重要性，人们可能会争论说，某些子类别（例如客户集中度）应该具有超级权重。然而，价值机会分布法的理论前提是，其他子类别中有许多因素也可能会对客户集中度产生正面影响——如果它们得到良好发展的话。一个对应的例子是，一个全面发展的战略计划会内含一个匹配良好的销售策略和营销策略组合，肯定有助于减少或消除客户的集中度。价值机会分布法将企业视为一个集成的组织，而不是由一组孤立的竖井组成，因此所有因素的权重都一样。

表 8A-1 价值机会分布法

主框架——八个主要类别及其相关子类			
规划	领导力	销售	推广
战略规划	顾问委员会	销售团队	推广团队
目标市场	管理团队	销售策略	推广策略
竞争	沟通	销售运营	推广定位
进入障碍	公司文化	预测	品牌培养
产品/市场开发	传承规划	客户情况	财务投资
人力	运营	财务	法务
组织结构	运营团队	财务团队	法律结构
组织策略	运营策略	财务策略	知识产权
持续学习	供应链	报告/分析	合同管理
激励计划	品质保障	财务健康	备案材料/许可证件
政策/流程	运营效率	资产负债表	法律诉讼
组织的扩展性	政策/流程	内部控制	
	运营的扩展性	信息技术系统	
		风险管理	

表 8A-2 概述了价值机会分布法子类别里处理相关因素的样本,这里用了一个制造业公司的示例(不同行业有不同的版本)。在这里,每个因素都会由主持人提出,然后,由相关公司的管理团队来讨论和争辩,看看公司在各个类别的发展状况 0～10 分可以打几分。回答完所有问题后,价值机会分布法会计算出所有分数,并通过单独嵌入的金融模块整合一下所有的这些结果值,以确定整体贴现或资本化的现金流计算值。访谈管理团队的过程本身就为目标公司提供了巨大的价值,因为管理团队通常都是第一次接触到不同的概念,而且这些概念都与公司方向和目标相关。

表 8A-2 价值机会分布法

详细的框架——样本子类别(不包括所有)和需要评估的样本因素			
规划			
战略规划	目标市场		竞争
是否完整成熟?	在多大程度上立住了脚?		直接竞争
是否是书面的?	所处阶段?		间接竞争
管理层是否参与?	地理范围		市场定位
是否是当前的?	增长还是衰减?		利润率压力
独立审核过?	具体经济因素		
正积极应用?			

(续)

领导力

顾问委员会	管理团队	沟通
是否有顾问委员会?	是被认可的团队吗?	是否有书面的使命/愿景?
是否定期开会?	是否定期会晤?	是否有短期/中期目标?
管理层与之协作	是否所有部门都出席?	已制定的战术计划
小组委员会	教育水平	周密完善的计划
技能的多元化	行业经验	业绩指标
是否有否决权?	具有相关阶段的经验	清晰的沟通

销售

销售团队	销售策略	销售运营
人员组成	是否有书面策略?	是否有规划的流程?
经验水平	与使命和愿景一致吗?	跟踪/报告结果吗?
人员的流失率	有完整的战术计划吗?	与其他部门协作
未来的适应度	目标明确	销售额转化指标
	分销策略	激励计划
		市场发展计划

推广

推广团队	推广策略	推广定位
人员组成	有书面策略吗?	有竞争分析吗?
经验水平	与使命和愿景一致吗?	理解了优势所在吗?
对销售流程的支持	有完整的战术计划吗?	定价策略
	明确定义的市场	定义的客户体验
		筛选合格销售机会的流程
		跟踪客户忠诚度

人力

组织结构	组织策略	持续学习
合格的人力资源经理	有书面策略	有正规的培训项目
完整的组织结构图	与整体规划一致	教育报销情况
岗位描述	完整的战术计划	定期检查
围绕战术计划设计的岗位	面试标准	最佳实践流程
整体的平衡性	复核标准	

运营

运营区域	运营团队	运营策略
风险所处区域	合格的高管资源	有书面的计划和策略
• 公司运营	• 团队的胜任程度	• 与整体计划相一致
• 客户运营	• 精益原则	• 完整的战术计划
• 供应来源	• 公司处在转型中吗?	• 关键动因的跟踪

(续)

财务		
财务团队	**财务策略**	**规划/分析/报告**
合格的财务高管	完整的书面策略	年度审计或审核
教育和证书	跟踪关键指标	标准会计准则财报
行业经验	有针对性的资本结构	月度编报流程
不同阶段的经验	增长的融资计划	预测和预期
		综合分析
		▪ 产品线赢利能力
		▪ 客户赢利能力

法务		
法律结构	**知识产权**	**合同管理**
已建的适当实体	已确认/保护的资产	标准条款/条件
律师的审核	新知识产权的研发	审核/批准流程
税务顾问的审核	保护的到期	保密协议
		非竞争协议
		雇用协议

VALUATION FOR
M&A
第9章

加权平均的资本成本

在第 6 章，我们介绍了已投资本的概念（计息负债和股东权益之和）。已投资本也被称作企业价值，最常用之处是并购活动，作用是定义被估值公司的投资金额。正如先前强调的那样，由于经营所需资金通常都是来自负债和股本，所以，它的贴现率应该包括负债和权益的成本——称为加权平均资本成本（WACC）。因而，在采用单期资本化法或多期贴现法计算已投资本价值时，我们是用负债和权益成本，也就是 WACC 贴现或资本化负债和权益的回报。

加权平均资本成本（WACC）反映的是负债和权益的综合成本，而且，计算权重的资金都是用它们的市值而非面值。表 9-1 列示了典型的加权平均资本成本比率。注意：它们都不涉及具体日期、具体行业或具体经济背景。

表 9-1　加权平均资本成本

大盘股（标普 500）	中盘股至微盘股	较大或较强的非上市公司		较小或较弱的非上市公司	
7%	12%	15%	20%	25%	30%

当公司使用的低成本负债比例较多和高成本权益资金较小时，它的加权平均资本成本就会下降。一旦达到最佳资本结构的加权平均资本成本时，新增的负债就会导致加权平均资本成本上升——说明这时出现了更高的具有新增风险的财务杠杆。

一个较为常见的财务问题是：债务相对水平的变化是否会对公司价值产生影响，以及会如何产生影响？即便没有财务杠杆，很少或没有低成本负债也会人为地造成昂贵的全权益的加权平均权益成本（WACC）。许多非上市公司都设法避免使用负债，这说明有些投资人没能意识到，权益资金也是有成本的（即它也需要一个回报率），而且，与权益资金相关的追加风险需要一个比负债更高的回报率。不过，对于全权益资本结构，也应该认识到它可以为企业创造新增流动性和降低风险，这能使公司对某些买家产生更大的吸引力。

在考虑财务杠杆的影响时，需要我们继续聚焦那些为企业创造价值的特征。资金仅仅是许多生产要素之一，而且它通常相对容易追加。由于这个原因，价值极少会因为企业资本结构的变化而出现陡升或猛降。也就是说，投资者一般无法通过调整公司的资本结构，来大幅操纵公司的价值。记住，买家能够以它们更低的负债成本为经营负债进行再融资，所以，他们不会为购买一家杠杆化公司而支付溢价。

为了避免这些潜在的价值扭曲现象，应该使用已投资本模型而不是权益模型来确定负债前的价值（即融资之前的）。进一步的或理智的做法是，把目标公司的负债权益比率与行业标准相比较（但前提是这些标准是建立于市场价值而非账面价值），以便更好地理解市场化的经营行为。不过，在这个过程中，切记，由于非上市公司通常都缺乏上市公司具有的资金渠道，所以它们的负债能力较差。

加权平均资本成本的逼近法

对上市公司的 WACC 计算而言，确定合理的负债权益权重比通常是一件简单的事，因为能很快地得到有关负债权益市场价值的数据信息。上市公司负债的市场价值通常等于账面价值，除非某种票据或债券的所携利率与当期市场利率差异很大；而权益价值则可以用公司股票价格乘上股份数量的方式确定。由此得到的负债和权益的市场价值，决定了它们在 WACC 计算中的权重。

可把前面论述过的负债和权益贴现率，以学生在大学基础金融课里常见的计算方式，插入 Excel 表格计算加权平均资本成本。不过，在估值非上市公司时，这种计算不仅可能会更复杂，而且通常也容易犯错。所以，我们将用一个简单的 WACC 例解作为开头，并以此强调如何避免可能出现的陷阱。

表 9-2 内含的基础数据将用于随后的几种计算，而表 9-3 则列示了一个结果为 13.75% 的 WACC 的基本计算过程。

由于非上市公司权益缺乏日常的市场价格，所以它的权益市值和相关的负债权益权重比都无法确定。如果在 WACC 计算中使用了错误的负债权益权重比那就会出现价值扭曲问题，如表 9-4 所示（推演数据来自表 9-2 和表 9-3）。

表 9-2　一家典型公司的 WACC 逼近过程（基础数据）

总资产		220 万美元	
其他负债（应付和累计应付款）		20 万美元	
带息负债		80 万美元	
总负债		100 万美元	
权益		120 万美元	
负债和权益综合（面值）			
带息负债	80 万美元	40%	
权益	120 万美元	60%	
已投资本	200 万美元	100%	
已投资本净现金流			50 万美元
长期预期增长率			3%

表 9-3　加权平均资本成本

适用比率			
权益贴现率		20%	
名义借款利率		6%	
纳税等级		27%	
资本结构（账面价值）			
负债		40%	
权益		60%	
WACC 的计算			
成分	净率	比率	对 WACC 的贡献率
负债——借款利率（1−t）	4.4%	40%	1.75%
权益	20.0%	60%	12.0%
适用于已投资本的 WACC（账面价值）			13.75%

表 9-4　单期资本化法：已投资本净现金流转换为权益价值（取整数），第二次逼近

已投资本净现金流	50 万美元	
WACC 资本化率（13.75%−3.0%）	10.75%	
已投资本的公允市场价值		470 万美元
减：带息负债		80 万美元
拟算的权益公允市场价值		390 万美元

表 9-4 的计算结果是 470 万美元的已投资本价值，从中减去 80 万美元的带息负债，得到的拟算权益公允市场价值：390 万美元。不过，对这些数据的进一步检测会揭示，这个结论与 40%～60% 的负债权益权重比相矛盾，而上述计算就是以这个比例为基础的。也就是说，来自表 9-3 的 40% 负债和 60% 权益权重

比，产生了 390 万美元的权益价值——等于已投资本所得价值 470 万美元价值的 83%！在这个阶段，我们还不知道合理的负债权益权重比应该是多少，但我们应该能意识到，它们不可能既是 40%～60%，同时又是 17%～83%。

解决办法是做第二次逼近计算，使用新的 17% 和 83% 的负债权益组合。⊖ 正如表 9-5 例解的那样，这次得到的结果是 17.3% 的 WACC，大大高于初始计算的 13.75% 的 WACC。

表 9-5 债务权益组合，第二次逼近

已投资本	470 万美元		100.0%
负债	80 万美元		17.0%
权益	390 万美元		83.0%
WACC 的计算 第二次逼近			
成分	净率	比率	对 WACC 的贡献率
负债——借款利率（1-t）	4.4%	17.0%	0.7%
权益	20.0%	83.3%	16.6%
适用于已投资本的 WACC（账面价值）			17.3%

在表 9-7 的负债权益权重比，是根据表 9-6 中 WACC 的资本化率 14.3% 算出的。同样，再一次出现了矛盾的结果，但扭曲的量已经减少了。

表 9-6 单期资本化法：已投资本净现金流转换为权益价值（取整数），第二次逼近

已投资本净现金流	50 万美元	
WACC 资本化率（17.3%-3.0%）	14.3%	
已投资本的公允市场价值		350 万美元
减：带息负债		80 万美元
拟算的权益公允市场价值		270 万美元

表 9-7 引发了第三次，也是这个例子的最后一次逼近法计算（列示于表 9-8），而所得的负债权益权重比则列示于表 9-9。

⊖ 本书作者非常赞赏杰伊·艾布拉姆斯（Jay B. Abrams）对开发这个方法起到的先锋作用。他的相关论述参见：Jay B. Abrams, "An Iterative Valuation Approach," *Business Valuation Review* 14, no. 1 (March 1995): 26–35，以及 *Quantitative Business Valuation: A Mathematical Approach for Today's Professionals* (New York: McGraw-Hill, 2001), Chapter 6。

表 9-7　债务权益组合，第三次逼近

已投资本	350 万美元	100.0%
负债	80 万美元	22.9%
权益	270 万美元	77.1%

WACC 的计算
第三次逼近

成分	净率	比率	对 WACC 的贡献率
负债——借款利率（1−t）	4.4%	22.9%	1.0%
权益	20.0%	77.1%	15.4%
适用于已投资本的 WACC（账面价值）			16.4%

表 9-8　单期资本化法：已投资本净现金流转换为权益价值（取整数），第三次逼近

已投资本净现金流	50 万美元	
WACC 资本化率（16.6%−3.0%）	13.4%	
已投资本的公允市场价值		370 万美元
减：带息负债		80 万美元
拟算的权益公允市场价值		290 万美元

通过第三次逼近法计算，得到的负债权益价值及其相应的 21.6% 负债和 78.4% 权益的权重比，与 22.9% 负债和 77.1% 权益的权重比（该 WACC 计算所

表 9-9　债务权益组合，第三次逼近

已投资本	370 万美元	100.0%
负债	80 万美元	21.6%
权益	290 万美元	78.4%

依据的基础）大约一致。为简便之故，这个例解中的金额都取整数，而且能看出，通过追加逼近次数，可以继续减少剩余的差异。由此，我们得到了一个基础性结论：用于 WACC 的负债权益权重比，必定会产生内在一致的负债权益价值，否则，这个权重比就不是基于市场价值的权重比。[⊖]

为了展示逼近法所能得到的结果，这个例子采用了单期资本化法，但若是采用多次逼近法，实际用得最多的却是多期贴现法。由于使用了多年期的预测，就会涉及更多的计算，但就概念而言，这些处理方式都一样。

简洁的 WACC 公式

在采用单期资本化法时，有一个适用逼近法的捷径。在这种计算中，权益

[⊖] David M. Bishop and Frank C. Evans, "Avoiding a Common Error in Calculating the Weighted Average Cost of Capital," *CPA Expert* (Fall 1997): 4–6。转载许可来自美国注册会计师协会的《CPA 专家》（*CPA Expert*）1997 年版权。

的公允市场价值都是如下这个公式的因变量,而其余的因子通常都是已知的。

$$E_{FMV} = \frac{NCF_{IC}}{C_E - g} - D \times (C_D - g)$$

式中:

E_{FMV}——权益公允市场价值

NCF_{IC}——已投资本净现金流

D——带息负债总额

C_D——税后利率

C_E——权益成本(率)

g——长期增长率

虽然这个公式的回报是已投资本净现金流,但它可以是不同的回报,比如,已投资本净收益。为了避免权益价值的扭曲,这个回报的任何变化必须伴随着回报成本的相应变化(如,贴现率)。在第 21 章的案例研究里,我们将对这种不同回报的使用,提供相应的例解。

为了了解这种计算的结果,我们采用前一个例子中的数据进行例解:

$$2\,929\,976 = \frac{500\,000}{(20\% - 3\%)} - 800\,000 \times (4.4\% - 3\%)$$

所得的 290 万美元的权益价值,与 80 万美元的带息负债相加,得到 370 万美元的已投资本的公允市场价值。在表 9-10 所示的 WACC 计算表格里,我们得到的权重比是大约 21.4% 和 78.6%,以及 WACC 的结果值为 16.6%。这个计算反映的结果可以通过本章前面演示的逼近法取得(如果继续做追加逼近计算且不取整数的话)。

表 9-10 WACC 的计算

成分	净率	比率	对 WACC 的贡献率
负债	4.4%	21.4%	0.9%
权益	20.0%	78.6%	15.7%
适用于已投资本的 WACC			16.6%

为了确认这些结果,从 16.6% 的 WACC 减去 3% 的长期增长率,得到 13.6% 的资本化率。用 13.6% 对已投资本净现金流进行资本化,得到了显示于表 9-11 的相关价值和负债权益百分比(得到了与推导 WACC 所用的一样的负债权益比率)。

表 9-11　单期资本化法——确认 WACC 权重比的正确性

已投资本净现金流	50 万美元	
WACC 资本化率（16.6%-3.0%）	13.6%	
已投资本的公允市场价值	370 万美元	100.0%
减去：带息负债	80 万美元	21.6%
拟算的权益公允市场价值	290 万美元	78.4%

因此，这个简便的公式算出了与公允市场价值一致的负债权益权重比，省去了用单期资本化法进行多次逼近的计算之繁。不过，简化的公式极少能够省掉基本的常识和理智的判断。从这个案例的推演来看，我们需要认真审核这些计算结果，看看所得负债权益权重比，是否与行业的一般结构和趋势一致。还要意识到：这个公式使用的负债权益的具体成本，必须适于所得的负债权益权重比和资本结构。例如，如果这个公式算出的资本结构有很重的财务杠杆，那么可能就必须调整与这个负债权益相关的成本，以便与这个结果一致。⊖

资本成本计算中的常见错误

在运用资本成本的这些原则时，通常会出现几个问题——若它们的答案错了，就会带来不良的投资选择：

- 作为计算 WACC 逼近法的一种捷径，能否使用来自下述行业机构或报告的负债权益权重比的行业均值：企业发掘者（BizMiner）、英特格（Integra）或《罗伯特－莫里斯协会（RMA）年度报表研究》？

  在计算这些行业负债权益平均值时，这些行业机构的依据大多是企业提交的没有经过调整的财务报表。不过，即便是把这些数据加总，也不能消除这样一个问题：这个权重比是建立于账面价值，而非市场价值。

  用于计算这种均值的非上市公司的财务报表，很可能反映了企业所有者的一些典型意图：所得税的最小化或其他目的。实际上，任何这种做法都可能改变企业权益的账面价值（相比于市场价值），而权益的市场价值主要是未来预期现金流的函数。

  总之，这些信息源不可用，因为它们不反映市场价值。

  行业均值通常反映过往的回报率（基于会计信息计算）。因为投资是基于

⊖ Frank C. Evans and Kelly L. Strimbu, "Debt & Equity Weightings in WACC," *CPA Expert* (Fall 1998): 4–5。转载许可来自美国注册会计师协会的《CPA 专家》（*CPA Expert*）1998 年版权。

未来的事情，所以反映投资者历史选择的过往回报率的使用，会引起价值的严重失真。

为了例解这个问题，让我们采用来自 RMA 的两个权益回报率数据（实际上，RMA 这个比率的表现方式是税前收益 / 净值）：赢利能力较强行业的回报率是 40%，较差行业的是 10%。如果采用单期资本化计算法，从这些比率计算相关的价值，同时假设年度回报值为 100 万美元，那么所得结果如下：

$$\frac{100\ \text{万}}{40\%} = 250\ \text{万}$$

$$\frac{100\ \text{万}}{10\%} = 1\ 000\ \text{万}$$

注意：采用来自赢利能力较强行业较高回报率（40%），得到的却是较低的价值，而来自赢利能力较低行业的较低回报率（20%），则给出了较高的价值。这展示了一种潜在的价值失真问题，即用过往利润与可疑的账面价值之比的指标，所带来的价值扭曲问题。

正如第 2 章所解释的，有效回报率的推导方式应该是：当期市值计算的现金投资与未来这项投资收到的现金回报（红利和 / 或资本升值）之比。而所得的回报率则反映了以市值支付的价格与实际现金回报之比。

正如在前面两章所讨论的，市场回报率的一个来源是《估值手册：美国行业资本成本》（由道衡公司出版）。这个深受大盘股影响的年度出版物，包含的行业财务数据信息如下：收入、赢利能力、权益回报、各种比率、资本结构、权益成本，以及基于市场价值而非账面价值的加权平均资本成本。

8 在多大程度上目标公司的资本结构会影响公司价值（无论其财务杠杆几何）？

对买家而言，目标公司现行的资本结构不会对其投资价值产生很大的影响。这不仅是因为买家有另外的融资运作通道，还因为资本通常只是价值的促进剂而非创造者。既然战略投资者是带着资本进入这项交易，那么对于这种买家，目标公司的资本结构就几乎算不上一个重要问题。

如果目标公司面临流动性问题或有过多负债，这项劣势可能会降低其独立的公允市场价值。相反，如果目标公司携有能被这种买家承接的低成本融资，就会增加它的价值。激进的买家还可能指着把目标公司的资产作为一个抵押来源，为其收购活动进行融资——当然这是一个融资问题而非估值问题。

8. **买家是否应该使用他们自己公司的资本成本或最低可接受比率评估目标公司，而不是为目标公司计算合理的 WACC？**

在着手交易时，明智的买家和卖家，既清楚目标公司独立的公允市场价值，也知道它对潜在战略买家的战略价值。当然，要想确定这个公允市场价值，就必须计算目标公司的 WACC，进而计算出目标公司作为一个独立企业对其现行所有者的目前价值。

为了确定对战略买家的投资价值（为反映协同效益而调整了预期利润或净现金流之后），让我们从买家的资本成本开始，应该就这个反映买家所有优势的比率做些调整（需要考虑目标公司的风险内涵）。

例如，一家 WACC 为 12% 的大公司，可能会打量三家风险水平各异的目标公司，并分别赋予它们 14%、16% 和 18% 的 WACC 水平，以反映它们针对这个买家的不同风险水平（当然是在其整体 WACC 为 12% 的既定背景下）。

简言之，这个 WACC 的作用是提供一个与可见投资风险相适应的回报率，而不是反映买家的风险内涵或资本成本。

收购方在评估每次收购价值时，若都使用相同的最低比率标准，那么这实际上是在假设每次收购的风险水平都相同（这几乎是不可能的事件）。单一标准的资本成本比率通常会低估一项更加安全的投资（应享有更低的资本成本），而高估风险更高的投资（需要一个更高的资本成本）。

此外，在使用 WACC 时，应该注意一点。以上讨论的标准 WACC 计算都假设有固定的资本结构，股本和债务资本都是静态成本。虽然 WACC 及其基本假设被市场广泛接受和使用，但事实是 WACC 很少是恒定的。在资本结构预计会发生变化的情况下，采用反映随着债务水平降低（或增加）资本结构变化的迭代逼近法更为正确。

就风险水平而言，各种投资内携的差异很大。为了实现价值的最大化，买家和卖家都必须能够辨识和量化风险。在并购中，这主要是通过运用收益法来实现的，而风险则是通过资本成本来表达。

有很多金融理论都致力于量化负债权益的资金成本，并通过一个 WACC 把它们综合起来。当这些方法运用得当时，可对风险进行准确衡量，并在这个过程中，使相关的风险得到管理，最终使回报最大化。

VALUATION FOR
M&A
第 10 章

市场法：类比公司法和并购交易法的运用

虽然市场倍数作为确定并购价值的来源而被广泛引用，但结果它们经常被滥用。以这种说法作为本章的开篇，并不是说我们打算阻止大家使用这种倍数；相反，我们是建议大家在使用这种倍数时，要设法避免价值扭曲的问题。

由于很多做并购的人几乎没有市场倍数方面的培训或经验，所以本章将温习这种方法的基本步骤，提供相关的使用建议，并提示需要慎重之处。

市场法的基石是替代原则，即"人们为一个事物所支付的价格，不会超过购买同样理想替代品的花费"。因此，对市场法而言，价值的确定是依赖于相关价格：一种已经在相关市场上支付给了类似事物的价格。对于什么公司可被视为"类似"、何种市场"相关"的解读，则需要专门的判断力。在选择何种倍数度量目标公司业绩时，专业技能会给我们不少帮助。同时，合理确认这些市场倍数，看它们是否反映了控股权或非控股权价值，也需要相关的知识。最后，对于确定何种倍数适合于特定的目标公司，判断仍然很重要；这个倍数可能来自一组公司倍数值区间的均值、中位值或这个区间内外的某个倍数。

与并购估值相关的市场法包括两种主要的具体方法：并购交易法（交易法）和类比公司法（类比法）。它们源于不同种类的交易，会带来不同类型的价值，所以必须清楚它们之间的区别。

对于任意一种方法，都可以采用不同的倍数或比率计算价值。相关的阐述会出现在本章的"估值倍数的选择"一节。

和收益法一样，由市场法确定的价值包括企业经营中使用的有形资产价值。如果企业拥有剩余的经营资产或非经营资产，可以对这些资产进行单独评估，把这种价值和经营价值相加，得到整个企业的价值。在第11章，我们将论述这种处理方法。

并购交易倍数法

交易倍数法（TMM）着眼于为获得企业控股权而支付的价格。这些交易的买家通常是上市公司，因为在进行收购时，非上市公司通常不会披露财务信息。然而，由于存在一些数据库，如，标准普尔Capital IQ（S&P Capital IQ）[⊖]、普拉特统计数据（Pratt's Stats）[⊜]、GF数据（GF Data）[⊜]和"已做交易"（DoneDeals）[⊜]等，现在可以获得大量有关大中型规模的非上市公司的交易数据。同时，BIZCOMPS®和IBA市场数据（以及普拉特统计数据）提供那些非常小的公司的交易数据。[⊜]另外，这些交易通常是战略性的，也就是说，买方收购的是处在相同行业或类似行业的企业，目的是为了获取各种协同效应或其他集成效益。因此，绝大多数时候，这种交易所付价格反映的是被购企业对于那个具体买家的投资价值，而不是公允市场价值（即财务投资者支付的价格）。

要想交易法产生合理的价值指标，交易数据必须是来自与目标公司非常相似的公司。另外，收购目标公司的预期协同效应必须与反映在过往交易数据里的那些协同效应有足够的相似性，以便得到一个合理的比较基础。因此，要想有一组能用于分析的倍数值，就需要有足够数量的战略交易案例。在做战略交易时，市场对买方的动机可能无法完全理解。买家可能是纯粹基于防御动机从

⊖ Capital IQ拥有全球6万多家上市公司和200多万家非上市公司广泛的市场信息（www.marketintelligence.spglobal.com）。

⊜ 2017年，Pratt's Stats™包含超过27 300家非上市公司的销售数据，中位售价约为40万美元，平均售价约为3 720万美元（www.bvresources.com）。

⊜ GF Data Resources的报告包含价值在1 000万至2.5亿美元范围内的私募股权交易的详细估值、数量和杠杆数据（www.gfdata.com）。

⊜ DoneDeals提供中等规模的非上市和上市公司约7 000笔销售交易，销售价格在100万至2.5亿美元之间，其中一半低于1 000万美元（www.valusource.com）。

⊜ 2017年，BIZCOMPS包含超过12 650家非上市公司的销售数据，中位售价约为16.7万美元，平均售价约为34.5万美元（www.bizcomps.com、www.bvresources.com或www.valusource.com）。与此同时，IBA市场数据包含3.7万多家小型非上市公司的销售数据，这些企业的收入大多低于100万美元（www.valusource.com）。

事某项收购，目的是为了把一个强大的竞争对手拒于某个市场之外。类似地，与收购所能产生的真正潜在利益相比，为目标公司支付的价格可能看起来异常高，但这项收购也可能使买方在其他方面获得了更多利益。在行业整合期，这种价格和相应倍数可能会显著增加，同样随后也会迅速下降。由于这个原因，对战略交易必须予以认真仔细地分析。

由于这种交易数据反映的是有关控股权的收购，所以由此产生的是一个基于控股权的价值（这些数据一般适用于与其他并购交易进行直接比较）。战略收购及其相关倍数反映的协同效益和其他利益，也会有别于您正在考虑的交易的协同效益和其他利益。所以在进行数据比较时，一定要小心慎重。

同样，明智的做法是，仔细研究一个行业，辨识正在推动并购活动的因素。比如可能是短期性质，即当众多买家正在利用暂时出现的机会频繁出手时，这些因素会在短时间内推动价值和倍数走高。例如，20世纪90年代有几年，护理保健业务价格出现飙涨，就是因为管理保健规范和其他监管制度的变化所致。不过，监管制度的再次改变，又导致价值迅速下降。21世纪00年代，殡仪馆业和保险代理业也经历了类似的飙涨现象。因此，要分析临时出现的畸变现象，评估它们对价值的长期影响。

交易数据的真正好处是，它可以揭示某个行业里那些门儿清的战略玩家正在做什么，以及他们在战略交易中所支付价格如何。当这类信息的量足够多时，这些交易能反映出有关这些公司的价值动因或风险动因。

为了例解交易法的运用，假设目标公司是一家通用制造公司，在2017年年初，于市场上崭露头角。这家目标公司的销售额大约是3亿美元，赢利能力高于行业标准，生产设施先进，原材料储备充足，但作为一家独立的企业，却只有较小的增长产能。一份截至数据采集日的行业研究报告显示：

- 产品的商品属性妨碍了公司和产品的差异化。
- 规模经济决定了收入和成本的协同效益潜力。
- 服务的客户群和区域市场越广，就越有助于提供区域市场或行业市场下行的保护。
- 近来行业的并购活动强劲。
- 普遍较低的股票价格使低廉并购机会出现。

在既定的行业背景之下，我们从公开的信息渠道采集了相关交易数据，列示于表 10-1 中。

表 10-1 通用制造业的战略收购

日期	买家	卖家	溢价
2016 年 11 月 4 日	Megalo Manufacturing, S.A.	Reddington Holding, Inc	51%
	1. 买卖条件：现金全款		
	2. 支付价格等于每吨产能 195 美元		
	3. 支付价格反映了 6 倍的远期 EBITDA		
2016 年 9 月 2 日	Industrie de Belgique, S.A.	Mountain Industries, Inc.	45%
	1. 买卖条件：现金全款		
	2. 支付价格等于每吨产能 235 美元		
	3. 支付价格反映了 8 倍的远期 EBITDA		
2017 年 3 月 30 日	Touchdown, Inc.	Siren Corporation	27.5%
	1. 买卖条件：买方的股票		
2017 年 2 月 27 日	Consolidator Corporation①	Blue Industries, Inc.	43%
	1. 买卖条件：现金全款		

① 最近的报价被 Blue Industry 拒绝（截至 2017 年 2 月 28 日），这个报价于 2017 年 4 月 5 日失效。

当所涉公司是上市公司时，可以从公开的信息渠道获得大量的信息，如交易的性质和条款、支付的价格及所产生的倍数。在表 10-1 中的前三个交易均完成，最后一项却最终未能成交，原因是卖家拒绝了买方的报价。

这些交易表明，正处于整合的这个行业里，战略买家为目标公司支付了大幅的溢价——大概高于公允市场价值的 40%。从这个初步的信息出发，有必要对买家和卖家做一次彻底调查，评估它们（至交易截止日）的状况、意图和选择。不过，有一点很明显：在谈判的过程中，无论是该市场的买家还是卖家，都能从每次交易产生的数据和相关资料中大受裨益。

必须考虑迄今为止我们讨论过的许多问题，诸如行业状况、公司规模、市场定位和其他竞争因素。例如，表 10-1 列出的最后一项交易是一个不成功的案例——这是该行业世界第二大公司 Consolidator 报价收购行业第三大公司 Blue Industry 的尝试。在确定小得多的目标公司的价值时，如此规模的两家公司之间的潜在交易细节是否有相关性，还需要我们进一步的分析。不过，这种数据的确清楚地展示了（截止于这个日期前后的）该行业战略买家的定价模式。

买家和卖家应特别小心中介机构所报的交易倍数。中介机构向卖家提供这些倍数，是作为它们代表卖家所提交易策划案的部分内容。然后，在把目标公司向潜在买家推荐时，投资银行业者或经纪人会使用相同的倍数，并基于这些倍数为所报价格提供理由依据。如果这种战略交易或基于这些倍数的交易不代表当期市场，也与目标公司不够相似，那么买家和卖家就会被中介机构所误导。没有足够的类似性，引人注目的倍数也没有什么意义。买家和卖家都需要认识到这种隐藏的价值畸形。

交易结构

在分析交易倍数时，另一个需要谨慎的地方是交易的构架问题。其核心是：这项交易是出售资产，还是出售权益？这个主题还将在第 15 章进一步详细论述。权益出售涉及买方公司和售股股东之间的直接交易，即股东出售权益交换成以现金、股票、票据和其他形式表现的价值。出售资产涉及买方公司和卖方公司的交易，即卖方公司的资产（包括全部或部分有形资产和无形资产）交换成以现金、股票、票据和其他形式表现的价值；然后，卖方公司把资产销售进项款分配给出售股东。也就是说，出售资产仅仅涉及买方接受企业的资产，通常不管负债；而在出售权益的交易中，负债跟资产一起走。

在绝大多数的评估中，估值的对象是企业的权益。权益包括所有资产减去所有负债。通常这里不会有什么混淆之嫌，除非有些评估方法把这视为一项资产出售交易。在这种情况下，所得价值必须进行调整，把不准备转让的资产和负债都包括进来，以便确定权益价值。

作为一个通则，常常是采用下述公式，把出售资产的价值与出售权益的价值进行比较：

转让给买家的资产 − 转让给买家的负债 = 转让的净资产（= 支付的对价或收到的对价）+ 卖家留下的资产 − 卖家留下的负债 = 卖家的权益

通常留下的资产是现金、应收账款（一定账龄之上的）、"不良"库存，以及非经营性资产，如公司的汽车。通常留下的负债是应付款项及预提费用。就其他负债（如银行债务及租赁）而言，每一个并购交易的内容都会不同。

类比上市公司法

类比上市公司法确定的价值，是以与目标公司类似的上市公司在证券交易所的交易价格为基础。和交易法一样，类比公司法的价值是通过倍数确定的，即通过倍数把交易价格和某些经营业绩或财务状况指标进行比较，以确定价值。这种结果通常反映了可变现的少数股东权益的价值（也可以是可变现的控股权，取决于所采用的回报），因为类比公司交易的股份都是以证券形式表现的随时可以变现的少数股东权益。由于并购最常见的是收购非上市公司的控股权或上市公司的一个部门，所以以交易法获得的价值，有必要做一些调整，以反映类比公司和目标公司之间在控股权和流动性方面的差异。在美国，超过1.5万家上市公司需要以电子版形式，向美国证券交易委员会（SEC）提交报告。所以，可以通过美国证券交易委员电子数据收集和恢复系统（EDGAR），方便地得到相关上市公司的数据。这个数据库包括美国证券交易委员会规定的10-K年报、10-Q季报和其他形式披露的资料。此外，可用的还有对这种信息做了加工提炼的商业性电子数据库。由于收集和分析上市公司数据变得愈发便利，所以类比上市公司法得到了更加广泛的应用。但是，正如第8章所述，有一个日益盛行的观点认为，无法用类比上市公司法估值非上市公司，因为公开资本市场和私募资本市场有很大区别。

应用类比上市公司法面临的第一个挑战，就是要找到足够多的与目标公司足够类似的上市公司，以便提供合理的样本数进行比较。电子数据收集和恢复系统（EDGAR）所用的搜索参数是标准行业分类（SIC）代码和北美行业分类系统（NAICS）代码，而通过商业数据库搜索和甄别数据，则可以使用许多其他的参数，例如销售量或收益水平。这些网上信息资源还提供了有关这种数据的摘要，方便使用者根据经营或业绩标准，迅速方便地检索公司。因此，如果初步搜索到25个潜在的类比公司，然后，参照这组摘要数据进行复审，就可以剔除一些不符合标准测试的潜在公司。一旦类比公司数量降至10～12家，还可以做进一步分析，把公司数量优化到4～7家，作为这个市场的代表。

由于目标公司的某些特点，许多搜索并不是那么有效。比如，由于目标公司的规模、行业或生产线之故，可能几乎没有可用于比较的类比公司。当初步搜索没有找到足够的类比公司时，搜索标准可以放宽，追加若干SIC代码或NAICS代码，或者拓宽行业定义。不过，对这种定义需要时刻小心谨慎，还要外加合理判断，因为我们是把由这组类比公司构建的细分市场，作为评估目标公司的标准之用。显然，类比公司与目标公司差异越大，结果就越不可靠。

如果基于行业参数的最初搜索，就甄别出足够数量的潜在类比公司，那么，我们必须应用进一步的筛选标准，来确定与目标公司最相似的那些类比公司。

当然，有许多不同的标准可用，但下述这些都是普遍公认的标准：

- **规模**：通常都是基于销售量。
- **产品或服务**：当类比公司有多个产品或服务线时，就必须把这些和销售量一起考虑，在类似性上与目标公司的产品或服务进行比较。
- **服务的市场**：根据地域、客户、产品或技术，把市场分为不同的部分，每一部分都会影响公司作为类比公司的适宜程度。
- **财务绩效**：这里的差异往往体现于产品线、质量或服务市场的区别。在把目标公司和类比公司进行比较时，这些因素都应该考虑。

考虑到这些标准，大的著名上市公司，尤其是企业集团，很少能成为合适的类比公司。它们的经营规模、产品种类、市场广度和财务实力，使其很难成为与中型公司进行比较的类比公司。若非要类比，那么在整个价值确定的过程中，要特别小心用于比较的倍数和权重。

目标公司的财报可能需要与调整非经营性或非经常性项目一样，类比公司的财务报表也需要做相关调整。目的都是为了准确展现公司最真实的经济业绩。如果一家或若干家类比公司应用的会计方法与目标公司相异，也需要做相应的调整。

一旦选好了类比公司，并选定和计算了它们的经营倍数，那么就必须确定适用于目标公司的倍数。作为这个过程的第一步，让我们首先审视最为影响行业风险和价值的那些竞争因素。在记住这些因素之后，好好看看你的分析所用的那组类比公司的倍数范围。例如，假设你选择的倍数是众所周知的市盈率，那就看看这组类比公司市盈率的数值范围。在评估这个数值范围时，需要考虑每个公司的业绩表现和各自的优势和劣势。通过这个分析，要设法辨别市场根据什么特征和业绩赋予公司较高的倍数，以及依据什么给予公司较低的倍数。在这个过程中，也要把目标公司的经营业绩、产品系列和其他特征，与类比公司的联系起来分析。也就是说，找出与目标公司相似性最大的那些类比公司。然后，计算和分析类比公司市盈率的平均值、中位数、上下四分位数和从最低到最高的数值范围。还要进一步看看类比公司倍数的统计离散性，要特别注意它们的变异系数（一个能揭示数据一致性和可靠性的指标）。

接着，回头看看行业最有影响力的那些价值动因和风险动因，并根据这些要素，把目标公司与每一个类比公司进行比较。然后，比较目标公司和类比公司的重大财务绩效指标，比如利润率、资产利用率、资产回报率和流动性。依据这些定性和定量因素，比照类比公司的每一个相关项以及整体情况，排排目标公司每项和整体的位置。

基于这种比较，可以评估目标公司的实力是否相当于类比公司组的平均数（算术平均值或中位值）。如果不是这样（相比于上市的类比公司，较小或中等规模的非上市公司通常都较弱），那么对目标公司而言，类比公司组的均值或中位值指标都显得偏高。总之，选择类比公司的均值或中位值倍数，意味着目标公司的实力与这组类比公司的平均水平相当。

如果这些类比公司的平均实力看起来强于目标公司，那么接下来可以把目标公司与倍数最低的几家类比公司相比较。当然，所有类比公司的实力都强于目标公司的情形，并不少见。在这种情形下，目标公司合适的倍数会在这组类比公司的倍数值之上或之下。这种结果并不说明类比上市公司法无效，相反，它意味着正在考虑各种投资（包括这些类比公司和目标公司及其各自风险水平）的投资者，为目标公司支付的盈利倍数，一般将会低于较强的那组类比公司。

增长率通常是驱动较高市场倍数的一个因素。因而，需要认真地审视收入和利润的过往增幅和预测增幅。当然，还有更重要的，要认真研究类比公司中促进增长的那些要素，并评估它们未来增长的前景。然后，对目标公司应用同样的分析，但首先应该基于其独立运作进行这种分析，随后再基于其将成为买家的一部分来做这种分析。

借助上述分析，为目标公司选择一个合适的倍数。这个倍数应该反映竞争状况，即反映行业里驱动风险和价值的那些要素，同时也要反映目标公司相对于类比公司及其各自倍数的优势和劣势。最后，在与类比公司倍数的均值、中位值和数值范围进行比较时，目标公司的所选倍数也应该合情合理。

另外，应用类比上市公司法最大的好处之一是，它给我们一个机会，对那个行业的公司做一个彻底的分析，以便确定是什么驱动了它们的价值。在这个分析的过程中，人们通常还能更好地洞悉为这些公司创造优势和成功的战略，并能更好地了解那些妨碍公司发展和滋生问题或导致劣势的特征。当然，这些结论不仅应该与行业分析相一致，并且还要和最为影响价值的那些竞争要素相适应。借助这种真知灼见之力，有时不仅会使笼罩于市场法的神秘感消失，而且还会使相关的价值更加易于理解和量化。

估值倍数的选择

在实践中，人们使用的各种市场倍数不少。有些十分受欢迎，而且在某些具体行业广为接受。另外，还有些行业人士还在他们所做的任何评估中，都使用同样的一种或两种倍数。

我们建议对这种选择要小心慎重，因为不同水平的经营业绩或财务状况的倍数，可能会披露目标公司的不同信息。另外，市场数据和公司业绩可能只允许使用某些倍数。例如，在科技行业或新兴行业，许多类比公司还处在发展阶段或相对较新，许多这类公司还无法创造利润，所以收入可能是仅有的经营指标，倍数只能依据它来确定。然而，不少公司的最终业绩在很大程度上是由收入线以下的支出情况决定的，因此收入可能无法准确反映业绩或价值。

如第6章所述，在并购中，分析师都会考虑目标公司控股权的收购，同时他们也不想在自己的分析中，出现目标公司当期资本结构所引起的扭曲问题。在运用市场法时，同样的道理也适用，人们更愿意用已投资本模型，而不愿直接对权益进行估值。因为这种倍数的分子不是股票价格，而应该是已投资本的市场价值（简称MVIC，它是一家企业的所有普通股、优先股和带息负债之和——不包括现金）。

相应地，当这个分子表现的是负债和权益价值时，那么分母也必须作对应的匹配。（我们将会在下一节"常用的市场倍数"里予以解读。）如果采用已投资本的倍数估值普通股，那么优级证券（即带息负债和优先股）的价值，就必须从所得的已投资本市场价值里减去，以便得到公司权益的拟算价值。

还必须认真地考虑使用这种倍数或比率的时间段。合理的做法应该是类比公司倍数的时间段，和目标公司倍数的时间段基本一致。通常的时间段包括最近一个财年、最近的12个月、未来预期的12个月或过往若干年的平均年数。若这个比率涉及一项资产负债表的指标，比如权益或资产，那么就应采用最近可用的资产负债表日期的数据。

由于类比公司财年的结算日不尽相同，所以这些数据的时点各异。明智的做法是，认真仔细地考虑这些差异的影响，特别是公司所处行业为周期性行业或更细一级的季节性行业时。在某些情形下，仅仅一个季度的时间差异就会带来很大的影响。

同时，也要小心市场层面的总体起伏，特别要小心波动性行业或动荡的市场活动期。在这些情形下,股票价格及其倍数会在一个较短的时间内出现很大的变化。这种现象再次提醒我们,需要认真评估整体市场趋势,关注类比公司股票价格和倍数的长期变化。

最后,在采用交易法时,若遭遇经济周期发生改变,要特别注意。例如,就 2005～2007 年间的高估值和丰富的融资通道而言,该期的交易数据与始于 2008 年的衰退期的数据没有关联性。即便是可以得到经济下行期的交易数据,但这些交易可能是企业处在困境时的无奈之举,不是一家健康企业价值的准确反映。不过,在某种程度上,2001 年的衰退期的交易数据可能与始于 2008 年的衰退期的数据更有相关性。

常用的市场倍数

虽然各种各样的市场倍数频现于各种金融文章和著作,但仅有几个得到了广泛的认可和使用。下述所列倍数的使用可能会有差异,但它们都是在并购估值时使用最多的倍数。

- P/E。市盈率(price/earnings),哪怕不是最受欢迎的倍数,也肯定是最有名的倍数。普通股的价格是分子,税后利润是分母。这个倍数适用于大多数赢利的公司(它们不仅有稳定的资本结构,而且与所选类比公司的资本结构一致)。这个权益倍数能够直接产生权益价值。
- MVIC/R。已投资本市场价值/收入(market value of invested capital/revenue),另一个受欢迎的倍数。这个倍数有一个基础性的假设,即在一个同质性的产业中,人们可以自信地预期,这些公司的收入都能够产生基本一致的利润或现金流。在诸如餐饮业等特定行业,这个倍数还可消除因采用利润倍数而可能引起的目标公司和类比公司之间在利润定义上的矛盾。在与收入有关的倍数中,通常在分子上更多反映的是价格,而其实在分子上使用已投资本市场价值更加合适。在分子上使用价格会产生混乱,因为这种价格是权益指标,而分母却是基于债权和权益回报的指标。收入是衡量经营结果的一个指标,是利润表中利息支出前的数据。
- MVIC/EBIT 或 MVIC/EBITDA。已投资本市场价值/息税前利润或已投资本市场价值/息税折旧摊销前利润，被广泛用于并购领域。这里的回报包括了债务持有人的利息支出回报，所以分子必须是权益和债权的市场总价格。人们报出的息税前利润倍数或息税折旧摊销前利润倍数通常都缺乏依据，特别是卖家或其中介机构报出的该倍数。因此，应该时刻警惕并质疑这种倍数，查明它们的来源（如果有的话），并弄清楚它们是如何推导出来的。这种数据一般都是源于谣言或推测，基于流传于某一行业且无法证实的所谓支付价格的传说。这些倍数有时是来自某个单一的战略性交易，反映了交易对象对那个特定买家独特的协同效益，即其他任何收购交易都不具备的协同效益。当推导得当时，这些倍数能让人们真正看清相关的投资价值和公允市场价值。这里的关键是，要确保这些倍数是建立在适合于比较的那些交易的合理计算基础之上。

如果不是对债权人和税务当局负有义务的话，无论是息税前利润还是息税折旧摊销前利润，它们都会是公司已经挣得的利润。这两个倍数都是税前和债前利润的倍数，因此反映了可以用来还债和给付股东的利润，而且，在息税折旧摊销前的情形下，还包括资本支出（假设折旧和摊销总体反映了资本支出的基本水平）。就其本身而言，它们衡量的利润仅仅体现了公司的经营业绩水平。因而，虽然这些倍数是从类比公司推导出来的，但与类比公司比较时，被估公司在资本结构或税负水平上是否与它们存在着巨大差异（市盈率倍数的最大缺陷之一），已经无关紧要了。

在非现金支出（如折旧）的会计处理差异不大的地方，息税前利润倍数会更好用。为了消除折旧政策的差异和接近公司实际业绩，人们特别愿意用息税折旧摊销前利润倍数。不过，在运用这两个倍数时，要小心下述几个方面的问题：它们是如何推导出来的、它们是否反映了合理的经济（周期）调整，以及它们是否适当地反映了未来的增长潜力。

在把这些倍数视作一种价值指标时，要意识到它们的几个局限性。就其定义而言，它们忽略的利息和其他支出可能占某些公司现金流出的一个很大的部分。此外，它们还忽略了因资本支出和经营资金变化而引起的现金支出，所以这种做法与现实存在差距。换言之，若存在经营资金的增长和巨额资本支出，那么这些倍数最终会导致价值高估。更甚者，息税折旧摊销前利润根本没有涉及利润的质量问题，并且会无视不同会计政策所致的现金流质量的差异。不过，尽管它们有这些或那些不足，但这两个倍数都是合规的价值指标。

- P/CF。价格/现金流（price/cash flow），这里的现金流不是净现金流，而是总现金流，即净利润加上折旧和摊销（及某些行业里的损耗）。之所以没有选择净现金流，是因为很难估算每家类比上市公司的净现金流。（记住，净现金流的构成应该以预期经营资金所需金额列示，不是简单地使用过往的那些数据。）
- P/BV。价格/股本净值（price/book value），这里的股本净值等于资产负债表上的股东权益（它不是一个价值指标）。这个倍数曾经在银行业的并购估值中很盛行。虽然常常被引用，但这个倍数不是一个可靠的业绩指标或价值指标，因为对公司业绩或公司财务状况的准确衡量而言，它基本不着边际。

还可以计算一些其他的倍数，但以上阐述的倍数是最常见的。在实践中，有些倍数在某些行业中变得特别受欢迎。在遇到这些倍数时，应该对它们进行慎重的评估，以便确定它们是否能准确地表现价值。为了更好地分析，在表 10-2～表 10-5 中，我们例解了如何计算和展示食品分销业 7 家上市公司的各种倍数。

在审视这些表的数据时，要考虑到前面论述中所谈及的一些观点，即如何通过类比公司的数据为目标公司挑选合理的倍数。首先，让我们考虑哪个或哪几个倍数最能表现目标公司的价值，包括是应该采用股票价格倍数还是采用已投资本倍数。看看这些倍数的数值范围和由其产生的均值倍数和中位值倍数。如果出现了异常值，应该进行调整。例如，表 10-5 中 Sysco 公司的股本净值倍数是个异常值，可能需要从这个样本中略去。同样，让我们看看与四分位数相关的数据：第一个四分位数代表的是第 25 百分位；第二个四分位数代表的是中位值；第三个四分位数代表的是第 75 百分位。在规模、产品、市场、经营和财务属性方面，就它们与目标公司的相似性上，应该对表中列示的每家类比公司进行认真评估。在这个案例里，由于大多数公司的规模之故，使这些倍数不适用于较小的公司，如 Pastene 公司；而更加适用于评估值非常大的食品分销商，如 Ken's Food 公司。然后，应该基于这些倍数的数值总体范围及其均值和中位值，重新审核一下看似与目标公司最类似的那些公司的倍数。在评估哪个倍数最适合于目标公司时，还应该把目标公司的优势和劣势与类比公司进行比较。

第 10 章　市场法：类比公司法和并购交易法的运用　163

表 10-2　权益和已投资本市场价值的计算

（金额单位：美元）

类比公司	股票代码	2016年12月31日每股价格		流通的普通股		权益市值		负债市值		已投资本市值
AMCON Distributing Co.	DIT	115.30	×	688 680	=	79 404 804	+	13 099 100	=	92 503 904
Core-Mark Holding Co., Inc.	CORE	43.07	×	46 400 000	=	1 998 448 000	+	385 600 000	=	2 384 048 000
G.Willi-Food International Ltd.	WILC	5.77	×	12 707 580	=	73 322 737	+	0	=	73 322 737
SpartanNash Company	SPTN	39.54	×	37 591 000	=	1 486 348 140	+	431 099 000	=	1 917 447 140
SUPERVALU Inc.	SVU	32.69	×	37 857 140	=	1 237 549 907	+	2 550 000 000	=	3 787 549 907
Sysco Corp.	SYY	55.37	×	550 372 070	=	30 474 101 516	+	8 370 579 000	=	38 844 680 516
United Natural Foods, Inc.	UNFI	47.72	×	50 599 000	=	2 414 584 280	+	597 580 000	=	3 012 164 280

表 10-3 权益型倍数　　　　　　　　　　　　　　　　　　　（金额单位：美元）

类比公司的市盈率——最近 12 个月

类比公司	股票代码	权益市场价值（价格）		最近 12 个月的净利润		市盈率
AMCON Distributing.Co.	DIT	79 404 804	/	5 671 520	=	14.00
Core-Mark Holding Co., Inc.	CORE	1 998 448 000	/	54 200 000	=	36.87
G. Willi-Food International Ltd.	WILC	73 322 737	/	2 819 580	=	26.00
SpartanNash Company	SPTN	1 486 348 140	/	56 828 000	=	26.16
SUPERVALU Inc.	SVU	1 237 549 907	/	103 000 000	=	12.02
Sysco Corp.	SYY	30 474 101 516	/	1 031 857 000	=	29.53
United Natural Foods, Inc.	UNFI	2 414 584 280	/	124 852 000	=	19.34
第 1 四分位～第 2 四分位数						16.67
第 2 四分位～第 3 四分位数						27.84
均值（平均数）						23.42
中位值（第 2 四分位数）						26.00

类比公司的市盈率——基于最近 5 年简单平均数

类比公司	股票代码	权益市场价值（价格）		五年平均净利润		市盈率
AMCON Distributing.Co.	DIT	79 404 804	/	6 105 542	=	13.01
Core-Mark Holding Co., Inc.	CORE	1 998 448 000	/	33 940 000	=	58.88
G. Willi-Food International Ltd.	WILC	73 322 737	/	4 439 574	=	16.52
SpartanNash Company	SPTN	1 486 348 140	/	30 810 400	=	48.24
SUPERVALU Inc.	SVU	1 237 549 907	/	(390 800 000)	=	NM
Sysco Corp.	SYY	30 474 101 516	/	936 388 000	=	32.54
United Natural Foods, Inc.	UNFI	2 414 584 280	/	117 835 600	=	20.49
第 1 四分位～第 2 四分位数						17.51
第 2 四分位～第 3 四分位数						44.32
均值（平均数）						31.61
中位值（第 2 四分位数）						26.52

表 10-4 已投资本型倍数

类比公司的已投资本市场价值与 EBIT 之比率——最近 12 个月

类比公司	年底已投资本市场价值		最近 12 个月的 EBIT		已投资本市场价值/EBIT
AMCON Distributing.Co.	92 503 904	/	10 415 350	=	8.88
Core-Mark Holding Co., Inc.	2 384 048 000	/	90 300 000	=	26.40
G. Willi-Food International Ltd.	73 322 737	/	5 881 050	=	12.47
SpartanNash Company	1 917 447 140	/	147 842 000	=	12.97
SUPERVALU Inc.	3 787 549 907	/	460 000 000	=	8.23

(续)

类比公司的已投资本市场价值与 EBIT 之比率——最近 12 个月					
类比公司	年底已投资本市场价值		最近 12 个月的 EBIT		已投资本市场价值 / EBIT
Sysco Corp.	38 844 680 516	/	2 212 608 000	=	17.56
United Natural Foods, Inc.	3 012 164 280	/	228 487 000	=	13.18
第 1 四分位～第 2 四分位数					10.67
第 2 四分位～第 3 四分位数					15.37
均值（平均数）					14.24
中位值（第 2 四分位数）					12.97
类比公司的已投资本市场价值与 EBITDA 之比率——最近 12 个月					
类比公司	年底已投资本市场价值		最近 12 个月的 EBITDA		已投资本市场价值 / EBITDA
AMCON Distributing.Co.	92 503 904	/	12 537 500	=	7.38
Core-Mark Holding Co., Inc.	2 384 048 000	/	133 200 000	=	17.90
G. Willi-Food International Ltd.	73 322 737	/	6 858 500	=	10.69
SpartanNash Company	1 917 447 140	/	227 025 000	=	8.45
SUPERVALU Inc.	3 787 549 907	/	734 000 000	=	5.16
Sysco Corp.	38 844 680 516	/	3 000 977 000	=	12.94
United Natural Foods, Inc.	3 012 164 280	/	304 004 000	=	9.91
第 1 四分位～第 2 四分位数					7.91
第 2 四分位～第 3 四分位数					11.82
均值（平均数）					10.35
中位值（第 2 四分位数）					9.91

表 10-5 权益型和已投资本型倍数

类比公司的市净率——最近一个资产负债表结算日					
类比公司	年底的每股价格		最近的每股净值		每股价格 / 每股净值
AMCON Distributing.Co.	79 404 804	/	66 696 240	=	1.19
Core-Mark Holding Co., Inc.	1 998 448 000	/	529 800 000	=	3.77
G. Willi-Food International Ltd.	73 322 737	/	101 591 150	=	0.72
SpartanNash Company	1 486 348 140	/	825 407 000	=	1.80
SUPERVALU Inc.	1 237 549 907	/	(253 000 000)	=	NM
Sysco Corp.	30 474 101 516	/	2 554 944 000	=	11.93
United Natural Foods, Inc.	2 414 584 280	/	1 552 487 000	=	1.56
第 1 四分位～第 2 四分位数					1.28
第 2 四分位～第 3 四分位数					3.28
均值（平均数）					3.49
中位值（第 2 四分位数）					1.68

(续)

类比公司	年底每股已投资本市场价值		最近12个月的每股收入		已投资本市场价值/收入
类比公司的已投资本市场价值与收入之比——最近12个月					
AMCON Distributing.Co.	92 503 904	/	902 921 200	=	0.10
Core-Mark Holding Co., Inc.	2 384 048 000	/	11 507 400 000	=	0.21
G. Willi-Food International Ltd.	73 322 737	/	76 439 930	=	0.96
SpartanNash Company	1 917 447 140	/	7 734 600 000	=	0.25
SUPERVALU Inc.	3 787 549 907	/	17 086 000 000	=	0.22
Sysco Corp.	38 844 680 516	/	53 076 604 000	=	0.73
United Natural Foods, Inc.	3 012 164 280	/	8 672 001 000	=	0.35
第1四分位~第2四分位数					0.21
第2四分位~第3四分位数					0.54
均值（平均数）					0.40
中位值（第2四分位数）					0.25

在为目标公司选择倍数的过程中，着眼点是选择一个合适的数字——一个能够准确定位目标公司相对（于那些可替代投资的）地位的数字。如果目标公司的这个数字接近于那些可替代投资的平均数，那么接近均值或中位值的倍数就是合适的。相反，如果目标公司弱于所有的那些可替代投资，那么为它所选的这个倍数也应该反映这个事实。

记住：由类比上市公司法产生的倍数反映的是少数权益股东为了可变现证券所支付的价格。如果用由这种数据算得的倍数确定非上市公司控股权的价值（通常就是这种情况），那么就有必要对这种差异进行调整，而调整的程度则要视被收购公司权益的控股性和流动性而定。然后，当这个调整过的倍数被应用于目标公司的控股性回报时，得到的价值就具有控股性和流动性。

本章开篇给出了一个警示：在对企业价值进行评估时，市场法推导出的倍数常常存在着被误用的现象。这种警示很有必要，因为这种数据在很多时候被误读。不过，市场法能够提供有关行业价格与趋势的大量信息（至截止评估日）。对一个战略买家而言，交易法推导出的是一个控股型的可变现价值，揭示的是行业里见多识广的买家愿意为目标公司支付的价格。而类比上市公司法揭示了公司可变现的公允市场价值（适用于控股型或非控股型权益），反映的则是财务买家支付的价格。要想成功地运用这两种方法，有两个要求：一是要有与目标公司足够类似的公司，且要有足够多的这类公司的并购量，以便能构成一个市场；二是要能够获得有关这些交易的足够多的数据，以便可以做一个全面的分析。在收集和分析这种数据的过程中，可以得到许多有用的信息：在这个行业和这些公司里，是什么导致了风险，提升了价值。这些信息对分析目标公司很有裨益。此外，对这些市场信息的温故，也可以完善对目标公司的竞争分析（这个工作已经在估值过程中完成）。总之，为了得到准确的价值评估值，必须小心慎重地使用市场法，然而，由于它有很好的启示性，我们强力推荐使用这种方法。

VALUATION FOR
M&A

第 11 章

资产法

到目前为止，我们重点论述的价值是通过战略收购创造的。两家公司合并产生的协同效益可能使收入增加和支出减少，而且它们还可以在协同经营中获取其他的效益。通过比较合并前和合并后的回报现值，并考虑到其中的风险变化，我们就可以量化这种利益。

然而，不是所有的目标公司都是以这种方式评估的。有时，收购者的主要目的是获取目标公司所拥有资产的控制权。此外，资产估值还可能在下述两个方面很重要：一是在资本密集型产业，一是通过出售有价值的非经营性资产来弥补一些收购成本的收购。有一些目标公司运行不佳，只能带来很少回报或没有回报。没有回报意味着公司的独立经营没有产生净现金流，因此也就没有一般无形价值。在一般无形价值缺席的情况下，作为一个独立经营实体的公司价值，就只能来自公司资产的出售额（而且是有前提条件限制的资产销售额）。

因此，在大多数情况下，当买家主要是为了获取某些具体的有形资产及无形资产，或目标公司价值仅限于具体有形资产总额（因企业经营失利无法产生无形价值）时，通常使用资产法（有时称作成本法）来评估企业价值。

资产法通常会被投机型买家所用，因为它们常常寻找那些因困境而出卖自己资产的企业所有者。典型的例子就是那种非常依赖某个关键人物（通常是创始人）的家族企业——这个关键人物要么是丧失行为能力，要么是离开公司且无人接替。这种不幸的情况通常不会总是以快速或意外的方式发生。更多的情形是：企业所有者可能花了很长时间，也没有培养出接班人，或对他们孩子的能力期望过高，与现实差距太大，或不想让他们接手；随着时间的流逝，备选接班人无法到位，或所选接班人最终无法胜任，而原先的首席执行官可能出现精力和健康衰退。在领导力不足的情况下，公司绩效可能陡降，客户开始失去信任感并开始寻找其他供应商。结果是公司的无形价值迅速缩水或者蒸发。

精明的买家（有时称作抄底者）一直在寻找这种机会，特别是在目标公司刚刚丧失某种关键特质时，绝佳机会豁然浮现。在这种情形下，作为一个独立经营实体，目标公司通常只拥有有形资产价值，这类所有者不得不以相对低的价格出售自己的企业。

同样的结果（极少或没有无形资产价值）可能发生于正在快速整合或产能过剩的行业。整合的驱动因素往往是规模经济、新技术或销售/分销方式的变化——它们致使规模较小的公司丧失独立经营的竞争力。在这些情形下，一个公司的经营效率即便是处在最佳状态，客户服务并不差，但这个企业也可能会没有一般无形价值（商誉），因为竞争条件的改变会使其丧失作为一个独立经营实体的竞争能力。

这种情况在商界很普遍，特别是当管理层没有及时调整企业，而企业无法适应不断变化的竞争环境时，皆会如此。聪明的投资者通常会对行业和企业的情况进行日常监控，评估它们的长远竞争力。当竞争环境使得他们处在不利地位时，他们就会改变经营方式或者把企业清算掉，去寻找回报更好的投资。如果不这样做，他们通常被迫以公司的资产价值出售企业。

账面价值与市场价值

"账面价值"和"净账面价值"是会计术语，不幸的是它们都包括了"价值"这个词。然而其实，账面价值很少反映市场价值，因为它通常反映的是按会计准则确定的资产历史成本的未折旧净值。折旧的做法与资产的实际净值几乎没有任何关系，所以认为公司所拥有具体资产的价值相当于公司的账面价值是不明智的。市场价值取决于很多要素，包括现有的替代品、技术的变革和通货膨胀。一些资产（如交通工具的市场价值）有迅速下降的趋势，而另一些资产（如房地产）通常有增值的趋势。由于这个原因，在资产价值对企业估值的结果影响很大的地方，明智的做法是对相关的主要资产进行估值。

估值的前提

持续经营或**清算**是利用资产法或成本法的前提。在持续经营的前提下，假设企业将继续经营并且资产价值是按"在使用中"的价值评估的。相反，如果假设一个企业经营将停止，并出现清算，那么这就是在清算前提下的评估。在有序清算的前提下，对相关资产的估值是以这些资产出售的收入为准，而且有序清算提供了一段合理的时间，使产品能够以尽量高的价格一份一份地出售。在强制性的清算前提下，资产是在强制性的销售环境中估价的，例如拍卖环境。在任何一个假设前提下，资产出售的净进项款都必须考虑减去清算业务所涉及的费用。

应用资产法评估缺乏控制权的权益

在考虑收购或出售非控股或少数股东权益时，使用资产法进行评估不合适。因为这个方法是依据所售资产收入来决定价值，所以它隐含一个假设，即被评估权益具有决定资产出售的权利。除非某个法律协议有相反的规定，否则少数股东权益一般都没有能力决定资产出售事宜或决定把这种现金所得款项支付给权益所有者——除非控股股东同意。同样，对于剩余现金或非经营性资产小股东也按比例分成的看法通常也不靠谱，特别是有控股股东的情况下。相反，控股股东首先可以决定是否出售资产，其次，可以决定是否向股东分配出售资产的收入。

然而，当评估非控股权益时，不适用资产法的这个原则也有例外。在这种情况下，需要运用两个贴现率，即一个流动性缺失的贴现率和一个控股权缺失的贴现率——第12章也将会讨论这些问题。

一个例外出现在估值控股公司的时候。当该公司持有资产的目的是为了升值时，按照收益法和市场法评估，这些资产带来的回报通常不足以支撑一个与之相匹配的价值。在这种情况下，通常因为这类企业所拥有的这些资产对这个市场的买家有吸引力，所以使用资产法更加合适。

另一个例外通常会出现在一些处在经济或产业低迷期的行业或企业。例如，建筑业往往受经济衰退的不利影响比其他大多数行业大，导致依据未来预期现金流得出的价值要远远低于来自资产法的价值。在这种情况下，按照公允市场价值标准，无论是对潜在买家还是对潜在卖家，资产法可能更适合。此外，在下述情形下，通常会使用账面价值调整法（接下来一节将讨论的主题）：一是有形资产和运营资金按市场计价的情形；一是无形资产（如未交货订单总额）可以帮助确定比如建筑公司权益价值的情形。

账面价值调整法

无论是确定公允市场价值还是清算价值，资产法的一般做法是调整公司资产负债表相关科目，把基于会计准则计算的账面价值调整到市场价值。在这些科目调整的过程中，要加上不在资产负债表上的资产，删除所有资产负债表中缺乏市场价值的资产。对具体资产的调整涉及下述科目的考量。

现金

现金通常不需要调整，但也有例外。最常见的例外出现在现金头寸过多或不足的情形。

应收账款

应该考虑的问题是应收款是否100%都可以收回来。如果不是，要扣除不能收回的应收款——需要考量的主要因素如下：

- 公司历史上收到的应收款占总应收款的比例。
- 应收账款的账龄评估。
- 坏账占总应收账的行业比率。
- 公司授信政策。
- 宏观经济状况。
- 公司所处行业的状况和前景。
- 公司主要客户（若有的话）的现况与前景。
- 公司客户所处行业的现况与前景。
- 公司是否因为尚未收回销售的应收款，而拖欠销售人员、制造商代表或其他销售代理的佣金或其他收益。如果有，这部分支出要从应收账款的资产价值中予以扣除。

存货

根据行业（如零售、批发或制造）不同，公司存货的构成各异。在大多数情况下，存货包括至少一个以下类别：

- **原材料**：由于生产所需购买的原材料还没有使用，它的估值原则可以采用后进先出法（LIFO）、先进先出法（FIFO）或平均成本法。这种原材料可能需要调整，以反映跌价、废弃淘汰或其他类似的情形。
- **半成品**：已经开始生产加工但还没有完成、最终需要出售的产品或服务。这种价值应该等于从结算日起的原材料累计成本，加上直接劳工费及适用的管理费。如果预期到经营活动可能中断，那么库存品的出售价值可能会非常低。
- **成品**：假设这些成品的变现能力没有问题，那么它们的价值应该等于生产总成本或重置成本，不计利润。

后进先出法（LIFO），先进先出法（FIFO）或者平均成本法，这些库存成本流转法的差异，通常会对利润表和资产负债表造成重大影响，因此必须进行调整。当一个公司使用的是后进先出法时，⊖其财务报表附注提供的是后进先出库存储量的金额。如果一个公司没有附注，而且它采用后进先出法（罕见的情况），那么该公司的会计师应该能够提供必要的信息并调整资产负债表。在通货膨胀期间，先进先出法记录的时间较早，降低了利润表的存货成本——由此，降低了已售商品成本，提高了毛利和应税所得额。这个方法使得近期成本较高的（最接近当期市场价值的）存货留在资产负债表中。因此，先进先出法（FIFO）有高估收益的趋势，但能表现更为现实的库存价值。相反，后进先出法（LIFO）是先对后购入的原材料计费，更多的上涨成本进入已售商品成本——由此，会降低毛利和应税所得，因而表现出的收益金额会更现实。依据后进先出法，在资产负债表上沉淀的是早期的库存成本——在通货膨胀期间，通常会低于当期市场价值，造成不现实的低存货余额。

潜在的变形程度取决于通货膨胀水平和公司的存货周转率。在进行相关公司的类比时，要避免下述不当做法：若因存货会计处理方式不同，造成了相关计价差异且未作必要的调整，就把使用某种存货成本流转法的目标公司与其他公司进行比较。这里还要注意：在调整资产负债表和利润表时，还要做税务调整。做这种调整的方式，要么是建立一笔流动负债（即递延所得税），或者是扣

⊖ 后进先出法仅适用于《一般公认会计原则》辖下的公司财报，不过可能已在2011年12月31日之后的第一个纳税年度起始日失效。《国际财务报告准则》（*IFRS*）不认可这种后进先出法。

除资产负债表上库存增值的税款，利润表的调整项也应该是受影响的税款问题。

表 11-1 是一个例解：当一家公司期初有 33.5 万美元的后进先出的存货储备，而在期末时则有 44 万美元的这种存货时，把后进先出法存货核算方式转换为先进先出法的存货核算方式的方法。所增加的利润会显示在利润表中，而这些变化的税收影响则需要我们对这两个相关的财务报表都做相应的调整。

表 11-1 LIFO 到 FIFO 存货的估值转换

项目（行）	LIFO 标准	LIFO 库存储备	FIFO 标准
期初存货	2 000 000	335 000	2 335 000
加：购买量	4 000 000		4 000 000
待售存货	6 000 000		6 335 000
减：期末存货	−400 000	−440 000	−840 000
已售商品成本	5 600 000		5 495 000
利润增加额			105 000

预付款项

只要买方获得所购的商品或服务，或者收到预付款的退款，那么这个账户通常不需要调整。

其他资产

让我们看看还有哪些可能的调整项。在可能需要调整的项目中，常见的还有：可变现的证券、其他非经营性资产、非竞争协议或原来购买的商誉，以及应收票据（特别是售股股东的应收票据）。如果公司的实际经营中没有涉及这些项目，应该把它们从资产负债表中删除。对于其他相关项目，应该根据它们为公司提供的利益，转换成市场价值。

固定资产

当固定资产是以市场价值呈现于报表时，要考虑确认相关增加值的应税问题。这里需要考虑的问题包括：

- 税款（如果是应税项目）可从加计价值中扣除，或作为递延税款。
- 免税实体，如 S 类公司，应对不同的税赋水平。
- 在需要应用不同税收等级时，应该认识到：对门儿清的买家和卖家而言，在意识到受困的资本利得会影响价值时，都可以通过谈判，在无税和全税之间找到一个合适的利益点。

8. 作为替代办法，受困的利得税可以通过增加缺乏市场流动性的贴现率来表现。这反映了潜在买家的一种认知：账面价值较低的固定资产，提供较少的合理避税额，最终带来更大的应税收益。

无形资产

在资产负债表上，无形资产往往主要是收购成本所分配的部分或与创新相关的成本。在任何情况下，目的都是把它们从未摊销的账面价值调整成市场价值。如果具体的无形资产（例如专利、版权和商标权）具有价值，那么可以用第18章所述的收益法、市场法或成本法确定其价值，然后，按这些金额把相关无形资产计入账户。

在资产负债表中，商誉或一般无形资产价值应该用市场价值取代。

非经常性和非经营性资产负债

非经常性资产负债是由不会再发生的非经常性活动或事项构成。非经营性资产是那些不需要为保持预期业务水平起作用的资产。相关的例子包括来自诉讼的收入或支出、出售资产的损益、超出预期经营所需资金的现金、可变现的证券、以非经营性现金形式收到的利息收入或股息收入、以非经营债务支付的投资或权益。

在评估一份控股权的权益时，非经营性资产通常会加到经营性的企业价值中去，以便计算企业价值的总值。在评估少数股东权益时，这种价值可能加回去，也可能不加回去，因为具有少数权益的股东有可能得到它，也有可能得不到它。

表外资产

资本性租赁应该记在资产负债表中，只是当租约条款不能反映市场情况时，才需要调整。经营性租赁不表现在资产负债表中，但如果租赁不是按市场利率做的，就需要调整利润表中的租赁费用。

保修义务是另一种重要类型的资产（对于经销商）或负债（对于制造商或服务商），会出现在许多公司的"表外"。与管理层、制造商和行业数据提供商进行讨论，会有助于这些科目的量化。

虽然资产负债表负债这一边需要调整科目通常极少，但还是需要认真检视。常见的负债调整项包括：

- **与资产相关的负债**：与调整过的资产相关的负债，也可能需要调整。例如，如果不动产作为资产被移除，那么所有相关负债也应该销账。如果后来在企业的总体层面，不动产的价值被加到经营价值（通过市场水平的租金推导），相关债务可以从房地产价值中抵扣。
- **带息负债**：如果对一份应付票据所收利息是固定利率，而且在估值日与市场利率区别很大，那么该笔债务就需要调整。与这种做法相似的是一种固定利率债券的调整方式，即当其固定利率与当期市场利率差别很大时，需要在确定这种债券的市场价值时，进行相关的调整。
- **累计额**：下述累计科目通常不在资产负债表，但在估值时却是公司义务，必须计入相关科目：假期、病假、资金无着落的退休金或利润分享计划，以及员工股票期权行使的影响。
- **递延税款**：把资产方的递延税，从账面价值调整到市场价值时，可能需要一项递延税负债。
- **表外负债**：常见的未入账项目（尤其是非上市公司）包括担保或保修义务、未决诉讼或其他纠纷——例如税收问题、员工索赔、环保问题或其他监管问题。一般是通过与管理层及法律顾问讨论，对这些负债进行评估和量化。同时，还有必要查询该公司是否已做出承诺：在今后一个时期内，从特定供应商那里购买相当数量的原材料或为其他公司或个人做担保或联保。

一般来讲，对权益部分的调整只是通过净额对资产和负债部分来做调整，来使报表达到平衡。通常，这里主要是针对留存利润做相关调整。另外一个通常要做的调整是销账库存股，以便报表只反映已发行在外的股票。

当采用收益法或市场法确定目标公司的经营价值时，为了确定被评估企业的总价值，很有必要对目标公司所拥有具体资产价值进行调整。当目标公司拥有下述非经营性资产时，这种事情会经常发生：过剩的经营资产（如过剩现金或闲余固定资产；或者资产短缺，如经营资金不足）。当以上任何一种情况出现时，用收益法或市场法确定企业的经营价值都不能反映这些因素对价值的影响，因此必须在初步确定了经营价值时对它们进行调整。

在谈判的过程中，买方和卖方都不愿意将非经营资产或超额资产包括在交易中。当包括在交易中时，必须对这些资产的价值进行调整。根据具体情况，这些调整可能反映在谈判达成的具体出售条件中，以及反映在买方在这些具体条件下愿意支付的价格（而不是具体价值）中。

计算账面调整价值的具体步骤

在持续经营前提下的账面价值调整法的应用，通常被简称为账面价值调整法。它包括以下 5 个步骤：

- **起点**：设法得到目标公司截止估值日的资产负债表或在此之前尽可能最近日期的资产负债表（经审计的财务报表比只是审核过或编制过的报表要好，权责发生制的报表比现金收付制的好）。
- **调整报表项目**：把每项资产、负债和权益科目，从账面价值调整到评估的市场价值。
- **调整不在资产负债表中的项目**：评估并增加未在资产负债表上列出的特殊有形资产、无形资产和负债。
- **税收影响**：考虑税收对资产负债表调整影响的合宜性，同时也要考虑是否应该取消资产负债表上的递延税。
- **终点**：从调整的角度出发，编制以市场价值反映所有科目的资产负债表，以这种金额为基础，确定已投资本或股本的调整价值。

对于缺乏经营价值的资产密集型目标公司（因无法创造足够的回报），通常采用资产法或成本法估值。这种方法通常只适合于评估控股权益，因为它有权促成为股东创造现金利益的权益出售行为。无论是采用账面价值调整法确定"在岗"资产的价值，还是使用清偿价值法确定它们的价值（在有序清偿或强制清算条件下），总之，这些方法都涉及把资产负债表的相关科目，从账面价值调整到市场价值。对于经营价值由收益法或市场法确定的那些公司，这些调整方法也可用来反映可能存在于公司非经营资产的价值或资产的盈亏问题。

VALUATION FOR
M&A
第 12 章

通过溢价和折价调整价值

在探讨溢价和折价（贴现）的应用之前，让我们坐下来，喘口气。实际上，当投资价值的确定涉及购买整个公司的协同效应买家时，通常不会出现这些估值调整的问题，但按照公允市场价值的标准，这些估值调整非常适用。在并购活动中，买卖双方不仅应该了解目标公司基于100%控制权的公允市场价值，而且也应该清楚单个投资者可能拥有的缺乏控制权权益的公允市场价值。若能如此，对溢价和折价（贴现）的理解一定能给它们带来收益。相对于其他调整方法，这种调整法通常会对价值产生更大的影响，所以实施之前要三思而行。当然，这些调整不会自动进行，它们也不是一个单一不变的百分比。在调整过程之初，小心谨慎不仅能为我们省时，而且还能为我们带来更好的价值评估值。

这个谨慎之旅将始于对几个术语的理解，因为在溢价和折价的应用过程中，各种术语经常被误用，特别是少数股东权益（minority）和控制权（control）这两个词。"控制权"表示具有很大控制权的一项权益，无论是少数股东权益，还是控股型权益。控制权益并不总是多数权益，少数股东权益也可能拥有控制权，取决于是否存在着"同股不同权"的现象。"少数股东权益"表示的是缺乏实质性控制权的权益——无论是少数股东权益还是多数股东权益。因此，为避免混淆，我们将使用"非控制权权益"这一术语，替代"少数股东权益"。少于50%的在外流通股份并不等于缺乏控制权。当所拥有的多数股东权益都是无投票权的股票时，就会出现这种结果。

溢价和折价的可应用性

每种估值的方式方法都会产生不同的价值特性。上市公司类比法推导出的是控制权或非控制权的可变现价值；并购法通常会为我们带来具有控制权的可变现价值；收益法能推导出控制权型或非控制权型的价值——每种价值都内含不同程度的可变现性；在大多数时间里，资产法计算出的是具有控制权的可变现价值。因此，对于每种价值形态，都必须考虑溢价和折价的适用性，因为这种调整可能适合于某一种方法，但不一定能适用于另一种。这点需要予以强调，因为我们在企业估值中，有一个常见的错误假设，即是否做折价或溢价调整取决于被评估公司的特征。例如，当我们面对的目标公司是一家非上市公司，而且买家正在收购其具有控制权的权益时，不要不假思索就假定，为该公司确定的每种价值，就必须应用控制权溢价和变现性不足的折价。

正确的方法：识别由各种估值方式最初所评估价值的性质，然后把这一价值与目标公司的特性相比较，以便决定采取何种调整方式（如果需要的话）。是否应用控制权的调整，取决于如何回答与每种估值方式相关的下述问题：蕴含于估值方式中的控制权程度，与被估权益内在的控制权程度是否相同？

如果控制权程度不同，那么，就可能需要进行控制权溢价或无控制权折价的调整。例如，并购法隐含的控制权程度，接近等于某一企业100%权益收购所内含的控制权程度。如果用这种数据评估某一可比的所有者权益，那么就不需要做折价或溢价调整，因为并购法所得价值反映的控制权程度与所估权益的基本相等。如果最初所评价值的特性与所估权益的不同，那么就需要因控制权存在与否做溢价或折价的调整，以便确定一个适当的价值。

控制权存在与否的问题被确定之后，接下来应考虑目标的可变现程度。虽然可变现程度与控制权程度大相径庭，但是两者相关且可变现性受控制权影响。因此，如有必要，可变现程度的调整应该在控制权调整之后进行。和前面的步骤一样，确定是否有必要因可变现性而进行调整，取决于如何回答如下这个问题：最初用于价值评估的方法，其蕴含的可变现程度是否与被估权益内含的可变现程度相同？

例如，如果用上市公司类比法推导出基于非控制权可变现的初始价值形态，并据此评估一家非上市公司的非控制权权益，那么就可以因后者缺乏可变现性做折价调整。相反，如果通过并购法得出一个具有控制权的可变现价值形态，而所估权益也具备这些特性,那么,就不应该有任何可变现性不足的调整问题。

总的来说,在开始应用溢价和折价调整之初,就根据控制权和可变现程度,来识别最初确定的各个价值的性质。然后,将每一种价值结果与目标公司所有者权益的那些特性相比较,以便确定是否必须对该方法下的最初价值形态进行调整。

溢价和折价的应用和推导

所有者权益内含的控制权程度能影响其可变现程度,因此在为可变现程度做调整之前,必须就控制权进行溢价或折价调整。进一步说,这些调整会产生一个乘数效应,而不是简单相加的过程。例如,如果最初确定的具有控制权的可变现价值是 1 000 万美元,因缺乏控制权而给予的折价率(DLOC)是 20%,因缺乏可变现性而给予的折价率(DLOM)是 35%,则这些调整表述如下:

最初确定的具有控制权的可变现价值	1 000 万美元
20% 的缺乏控制权折价率(DLOC)的运用	(1−20%)
	800 万美元
35% 的变现性不足折价率(DLOM)的运用	(1−35%)
非控制权的可变现价值	520 万美元

控制权溢价

如果价值的最初形态无法反映因控制权利益而带来的价值增值,那么就需要施加一个控制权溢价来反映这个增值部分。这也称为市场参与者收购溢价(MPAP)。⊖

在美国,有一项每年都要做的研究,内容是上市公司股价的一种比较研究:在收购公告发布之前,上市公司股票的非控制权价格与上市公司控制权收购后的股票价格的比较研究——这种比较研究的结果就是控制权溢价的推导来源。因为上市企业必须向美国证券交易委员会(SEC)报告这类交易的结果,所以可以得到用于查阅和分析的相关数据。实验性证据的另一来源是:控股公司权益(即封闭式基金、房地产投资信托、SEC 注册的有限合伙企业权益)的售价与其

⊖ 要深入分析 MPAP 的应用,请参阅《评估基金会关于市场参与者收购溢价的财务报告评估咨询》第 3 期。

净资产价值的比较结果[⊖]。

在对并购的估值中，重要的是要注意：在其他交易中是否支付控制权溢价应该由买方极其谨慎地决定，因为买方可能会因此面临为目标公司支付过多的风险。没有两个交易是相同的，并且溢价的上下浮动区间很大。

缺乏控制权的折价

从控制权溢价数据可以推导出缺乏控制权的折价率（DLOC）。在没有公开证券市场数据时，就需要直接计算一个 DLOC 值。DLOC 反映了因缺乏控制权而导致的价值折损。这一折价通常用于缺乏控制权的少数股东权益或多数股东权益。当价值的最初形态反映了控制权，而被估的所有者权益又缺乏控制权时，需要进行折价调整。

可变现性不足的折价

可变现性不足的折价（DLOM）反映的是因不能将所有者权益快速变现而导致的价值折损。

它也源自市场数据——和用于揭示控制权溢价的市场数据相比，这些市场数据为这种价值调整提供了更准确的信息。对于可变现性不足的折价百分比，最常见的来源是有关限售股研究报告。限售股（即所谓尚未公开交易的股票）是某一公司发行的未在 SEC 注册登记（因此不能在公开市场发售）或已在 SEC 注册登记但在公开市场出售受限的股票。在过去 30 年，众多机构从事此类研究，分析那些具有一定限售期但可流通变现的上市公司证券的价格。这些限制使得这类证券无法在公开市场交易，但允许私下交易。然而，从事这类交易的买家仍然面临限售问题，因此他们只愿意为这样一种无法及时变现的证券支付一个折价后的价格。限售的持有期因不同证券而异，不过在 1997 年以前，通常不会超过 24 个月。从 1997 年开始，限售股的持有期缩减至 12 个月。2008 年 2 月 15 日起，持有期被缩减至 6 个月。有关持有期缩减的早期研究表明，由于变现性不足而给予的折价幅度，因这些股票日益缩短的限售期和更为活跃的市场流动水平而降低。限售股研究的结果显示，20 世纪 90 年代的折价水平一般在 35% 左右。因此，仅在某一特定时期暂时无法在公开市场出售的上市公司股份，会因其非控制权的可变现性不足，而导致大约三分之一的价值缩水。这一事实

⊖ 为了进一步了解控制权溢价和折价推导过程，建议读者查阅 Shannon P. Pratt, *Business Valuation Discounts and Premiums*, 2nd ed. (Hoboken, NJ: Wiley, 2009)。

表明：市场对可变现有强烈的需求，而可变现性下降会导致价值的大幅缩水。

溢价和折价的应用

确定 DLOM 的一种定量方法是：利用布莱克 - 斯科尔斯期权定价模型，使用看跌期权的交易原理，计算一个基于无风险出售假设的交易成本[⊖]。这一方法将看跌期权成本作为可变现不足折价的替代值，反映的是一种理论成本，即为确保股票在具备可变现条件时，其成交价格不会低于目前市值的理论成本。这样，人们可以将定量方法得到的 DLOM 与实证研究中所评估的 DLOM 进行比对。

灵活把握调整的度

虽然人们会不自觉地将这类市场数据奉为圭臬，但溢价和折价的应用却不会像开灯关灯那样是一个"是或否"的简单问题。这类调整更应该像调光开关，允许光线依据环境而逐渐增强或减弱。我们必须基于具体事实和条件的认知，合理地应用折价率和溢价率，并以此决定调整幅度的大小。例如，某公司由一人持有是 40% 权益（剩余 60% 权益由另外一人持有）的控制权和影响力，要逊于由多人共同持有（每人持股不超过 1%）的 40% 权益。在这两种状态下，同样是 40% 所有者权益，但这些权益间相对的控制权程度差别很大。

进一步说，如果某人持有一家公司 98% 的股份，想想另外那 2% 股份持有人的影响力。然后，再换一种情况，假设那 98% 的股份是由两个股东各持 49%，考虑此时那个剩余 2% 股份持有人的影响力。在后一种情况下，那个 2% 股份持有人就拥有了关键的一票——虽然其所有权份额很小，但具有重大的影响力。这些例子使我们更有必要认真考虑表 12-1 所列示的那些具体影响因素（它们会影响溢价或折价的调整幅度）。最后，这里再次强调一下：如果想要确保这些调整适当无误，就离不开专业经验和对相关市场数据的把握能力。

⊖ 要想深入理解这套方法，参见：(1) David B. H. Chaffe III, " Option Pricing as a Proxy for Discount for Lack of Marketability in Private Company Valuations – A Working Paper," *Business Valuation Review* 12, no. 4 (December 1993): 182–188; (2) John D. Finnerty, " An Average-Strike Put Option Model of the Marketability Discount," *The Journal of Derivatives* (Summer 2012): 53–69; (3) Z. Christopher Mercer, *Quantifying Marketability Discounts* (Memphis, TN: Peabody Publishing, 1997), pp. 403 – 414; (4) Aswath Damodaran, *Investment Valuation*, 3rd ed. (Hoboken, NJ: Wiley, 2012), pp. 683–688; (5) Frank K. Reilly and Keith C. Brown, *Investment Analysis and Portfolio Management*, 5th ed. (Fort Worth, TX: Dryden Press), pp. 347–354。

表 12-1　影响调整幅度的具体公司因素

影响控制权程度的因素
- 在少数股东批准公司特定行为的能力问题上，股东权益结构的影响
- 在少数股东影响董事会成员人选的能力问题上，股东权益结构的影响
- 在关键一票影响的问题上，股东所有权模式的影响
- 特定司法环境下，对少数股东的法律保护的程度
- 无表决权的股票
- 少数股东权益地位的历史记录

影响可变现程度的因素
- 股份流通转让的限制条件
- 妨碍股份流动转让的相关协议
- 所持股份的吸引力大小
- 或多或少分红的历史记录和分红目的
- 在该行业，公司的出售行为是否有合理组织的市场做依托
- 该行业的整合现状或整合压力
- 在该行业，这个规模的权益的潜在购买者数量

收益驱动模式下的控制权与非控制权的对比

在第 6 章，我们已经讨论过有关收益的调整，包括因为向股东支付高于市价的报酬而做的调整。一般说来，只有在所有者权益具备法律赋予的实施控制权调整的权利时，所谓的控制权调整才可进行。在大规模的并购交易中，这些控制权调整的量级不大，对收益或现金流来说并不重要。但对小公司而言，控制权调整会对估值产生很大影响。想通过溢价和折价的应用来反映对价值的控制权或非控制权调整，一般来说是不合适的。相反，有关控制权和非控制权的价值差异应通过对回报（收益和现金流）的调整来体现，而不是通过溢价和折价进行调整。表 12-2 对此进行了说明：某公司在尚未考虑超额报酬调整之前，有 500 万美元的净收益。当支付了 100 万美元的超额报酬给具有控制权的股东或其受益人时，就意味着因非控制权产生了 20% 的隐含折价。但是，如果公司决定支付 300 万美元的超额报酬，那么因控制权的缺乏使得价值的减损幅度就达到了 60%。由此可知，折价幅度取决于超额报酬的相对大小。当这一报酬占公司该报酬前收益的很大比例时，控制权与非控制权的价值就有了天壤之别。

无论是有关控制权溢价的市场数据，还是隐含了非控制权折价的市场数据，均无法准确反映不同超额报酬的差异，所以在收益驱动模式下，控制权与非控制权的差异，只能通过调整收益来估算（如表 12-2 所示），而不是将控制权溢价强加到非控制权价值之上或从控制权价值中减去非控制权的折价值。

表 12-2　通过调整回报计算控制权和非控制权价值　　（金额单位：万美元）

	较低的超额报酬	较高的超额报酬
超额报酬前的净收益（控制权回报）	500	500
减：超额报酬①	−100	−300
超额报酬后的净收益	400	200
控制权价值的计算②	$\dfrac{500}{20\%}=2\,500$	$\dfrac{500}{20\%}=2\,500$
缺乏控制权价值的计算②	$\dfrac{400}{20\%}=2\,000$	$\dfrac{200}{20\%}=1\,000$
缺乏控制权的隐含折价率	$\dfrac{2\,500-2\,000}{2\,500}=20\%$	$\dfrac{2\,500-1\,000}{2\,500}=60\%$

① 需要做控制权调整的超额报酬有许多类型，包括工资、奖金、附加福利、向偏爱方支付的钱，以及具有控制权的股东采取的其他形式。

② 假定使用单期资本化法，资本化率为20%。

公允市场价值与投资价值

在确定目标公司的独立公允市场价值时，应用某些折价方式没有问题，但在确定与某一特定买家相关的投资价值时，就可能不合适了。例如，在遇到非上市目标公司时，DLOM适用于独立市场价值的调整，但是当收购方为上市公司，需要确定投资价值时，就不宜采用DLOM方式了。

在对企业进行估值时，可以通过溢价和折价的方式对价值进行最大幅度的调整。与并购估值相比，这些调整在房地产和赠予税方面应用得更为普遍——不过即便如此，它们在这方面仍然需要我们认真斟酌对待。在这个调整过程中，首先要辨识各估值方法确定的初始价值的性质，以便评估溢价和折价的使用是否恰当。为了确定合理的调整幅度，需要了解相关的市场数据，因为溢价和折价的基准是由它们推导出来的。但这些基准并不等于最终的调整百分比。在确定调整幅度时，必须考虑被估权益所处的条件和环境。说到底，这是一种职业判断，而且，分析师凭着项目背景和专业经验，才可以做出经得起推敲的价值调整。

VALUATION FOR
M&A
第 13 章

调适初始价值并确定最终价值

一旦评估师使用一种或多种估值方法得出初始价值,那么就必须直面一个问题:"它是正确的吗?"换句话说,基于估值日期以及所用信息的质量和数量等条件,为所有者权益确定的价值是否合理且经得起推敲?

由于通往初始价值之路,要用许多定性评估和定量计算铺垫,所以,审核和调整的过程既要全面彻底,又要有条不紊。企业估值涉及大量的计算过程,很多计算结果依赖于前面步骤计算数据的准确性。所以,准确性是基本,而养成审核所有计算过程的习惯则是实现这种准确性的保障。

无论是采纳最初的评估值,还是将多种方法得出的评估值进行平均,所得的最终价值都无法确保一个无懈可击的价值结果。若要得到一个合理的价值结论,关键是要进行全面审核——审视每一步所用的假设、方法、信息以及计算。

纵览全局的基本要求

我们先从基础开始。请回答下述问题来审核估值过程:

- 评估的是什么财产或所有者权益?是一种特定资产、一种股东权益,还是已投资本?
- 这项财产享有的具体法定权利是哪些,或者所受的局限有哪些?
- 是否还有其他所有者权益对这项财产或其回报享有潜在的优先要求权?

- 这项所有者权益内含控制权或非控制权吗？
- 这项所有者权益的流动性如何？
- 评估日是哪一天？估值分析是否只涉及公司信息和截至评估日已知或可知的外部环境信息？
- 涉及的价值标准——是相对于财务买家的独立公允市场价值（不考虑协同效应），还是相对于战略买家的投资价值（考虑协同效应）？或者两者皆有？抑或是其他某种价值标准？

只要有可能，三种估值方法（收益法、市场法和资产法）都会用来求取某个价值的评估值。因为估值对象的性质或可获信息的数量或质量之故，某种或某些估值方法不太适用，甚至根本不适用。因此，一种常见的做法是，用某种方法评估出一种价值结果，然后用其他方法验证这种估值结果的合理性。每种估值方法都是建立在不同的标准之上。收益法的估值基础是未来的回报——以某种回报率（反映一个相应的风险尺度）对这个回报予以贴现或资本化。对于市场法中的类比公司法，它的价值基础是公开市场为类比上市公司权益所支付的价格；对于市场法中的并购法，它的价值基础是公平交易中为收购公司所支付的价格。资产法的价值基础是企业的资产评估（估值时，假设公司会出售这项资产）。对于被估值对象，不同估值方法的认知各不相同；对于价值动因，这些估值方法各自有着自己的见解。分析师要尽量使用每一种方法或能够说明不使用某种方法的原因。

一旦确定了初始价值，通常有效的做法是：暂时抛开估值具体细节，转头审视这一价值结论。在这个过程中，问问一个毫无偏见的理性人，看他是否也可以得出相同的估值结论。此时，应通过审核来确保这一价值结论没有受到自身过高或过低估值偏向的影响。还应考虑估值时是否分析了公司的以往表现、竞争环境（包括行业环境和宏观环境）、内部优势和劣势，以及未来的可能情况。如果考虑了协同效应，应确保只是在计算投资价值时才予以考虑，不能让其涉入公允市场价值的估值。还要评估这项估值是否考虑到有关这项交易的市场考量和动机，以及买家和卖家是否都有合理的信息。问问买家和卖家，（在他们了解相关事实基础上）看看他们是否都会认为相关假设都是合理的。

在估值时，须进一步考虑每一种估值方法的普适性。表 13-1 对估值方法的适用性进行了总结概括。

表 13-1 企业估值方法适用性概述

收益法	市场法①	资产法
公司的大部分价值源自它的经营业绩	有足够数量的与目标公司类似的类比公司	公司拥有大量的有形资产
公司创造了正向收益或现金流	并购交易所涉的收购公司和目标公司所处环境类似,具有可比性	公司经营几乎无法带来价值
公司无形资产价值很大	能够获得充足的类比公司的数据	公司资产负债表包括了它的大部分有形资产
公司风险可以通过回报率精确计量	公司估值倍数能充分反映截至评估基准日的市场条件和价格	能够精确评估公司资产的价值
通过预测,可以准确评估公司未来业绩	目标公司规模足够大,能更好地与市场法中所用的类比公司进行比较	所评估的所有者权益拥有控制权或能获得相关资产的价值
公司拥有可能反映无形价值的独特产品、服务或流程	公司的赢利能力足以让市盈率变得有意义	公司在很大程度上依赖于竞争性的合同投标,并且没有一致的或可预测的客户群

①此处的市场法仅指类比上市公司法和并购法。

最好是根据公司的竞争力评估,判断每一种方法的适用性。应格外关注公司及行业的风险和价值动因,同时应特别留心每一种方法是如何考量这些关键变量的。要识别被某种方法忽视或考虑不当的风险或价值动因,还要清楚它们对所确定的价值产生的影响。当估值结论与该行业的经验法则相抵触时,要查明原因。这样做是为了弄明白估值结果是否需要调整(不太可能),或者是经验法则为何对这项特定评估不起作用(更有可能)。还要考虑这一行业是否使用或者普遍使用了经验法则。因为经验法则往往只是一种简单化的概括,不能充分描述一家公司的个性特征,所以它不能作为估值的唯一手段。不过,如果经验法则在该行业内普遍应用,那么我们至少应该将其评估值,作为验证基本估值方法评估结果是否合理的一个尺度。如果行业内相关人士时常谈及这些指标,那么估值时就最好要考虑和讨论其适用性和合理性。

在使用收益法或市场法时,应评估对所用回报所做的任何调整,判断它们的合理性和适用性。在此过程中,要再一次确认协同效益只能在计算投资价值时才予以考虑。还有,要认识到收益法和市场法估值都是基于公司业绩指标确定价值,所以它们很大程度上要依赖对公司业绩的合理评估。因此,需要再一次根据公司的竞争环境,对其业绩表现进行验证。为了完成对估值的严格验证,应在公正的思维方式下,应用这些评判方式(收益法、市场法和资产法验证)审核每一种估值方法的结果。

收益法验证

收益法是企业并购估值方法中最常用的一种方法,主要是由于它的理论基础好且有弹性。投资者认可这种方法理论上的合理性,即它的价值基础是未来的回报,而且用能反映相关风险程度的贴现率贴现这个回报。除了具备合理性这一理论基础之外,收益法在适当考虑市场流动性情况下,还建立了一个有关控制权与非控制权权益的模型或已投资本模型,从而能够更容易地计算企业公允市场价值或投资价值。此外,它还可以采用过去或未来的预测回报,并以各种类型的收益或现金流计量这种回报。

为保证收益法合理有效,公司价值应与其收益或现金流密切相关。当然,这通常适用于那些赢利的公司,不适用于那些经营欠佳的公司。正因如此,验证时应关注估值过程的两个关键变量:回报和回报率。

为了对收益法得出的估值结论进行综合验证,需要客观地评价下述几个方面的内容。

公允市场价值与投资价值

- 用于估值公司公允市场价值的回报及回报率,应能够反映公司作为一个独立经营实体的经营业绩和风险状况。
- 投资价值应考虑到协同效益对回报的影响。回报率应该反映收购公司的风险状况以及相关资金成本,并根据目标公司的风险状况进行调整。

已投资本与所有者权益

- 记得考虑:并购估值通常使用已投资本模型,目的是避免融资问题影响经营价值。若要合理地应用这种模型,在已投资本回报和回报率的使用上,要注意合理性和一致性问题。
- 在应用已投资本模型时,审核一下是否可能因公司财务杠杆极度不合理,公司的加权平均资本成本(WACC)被歪曲了。考虑一下当下的市场环境是否能形成这样的资本结构。对于目前杠杆水平来说,多大的负债成本和权益成本才是合适的。
- 在计算加权平均资本成本时,要明确负债与权益的比例应建立于市场价值,而非账面价值。在此过程中,或许需要使用逼近法或简化公式。

回报的计算

- 应考虑基于估值对象所用的回报流是否恰当。对投资者而言，已投资本所产生的净现金流才是为资金提供者提供的计量最精确的现金回报，而且用这种回报求得的回报率才最为可信。回报的其他指标都不够准确，也更容易人为操纵，并且往往必须依赖于不够严谨的回报率。
- 在评估公司实现未来预期业绩的可能性时，考虑一下公司以往的经营业绩，并说明相关的理由。
- 在既定的宏观经济和行业状况之下，结合公司（基于战略优势、劣势）的竞争地位，考虑实现预期业绩的可能性。
- 对非营业性和非经常性收益支出项目的所有标准化调整进行审核——要意识到调整的目的是为了更准确地反映公司未来经营业绩实现的可能性。此外，还要审核一种特殊的收益性调整：对以任何形式给予所有者或其受益人的，高于或低于市场标准的报酬所做的调整。一般来说，只有在所评估的控制性权益有权决定这种报酬的情况下，这些调整才算合理。
- 在审核公司的预测成交量时，应在宏观经济和行业情况既定的情况下，根据产品及产品线考虑定价和单位销量。
- 假定在预测的宏观经济和行业情况之下，考虑预测费用以及最终利润率是否合理。
- 假定公司法律和税务地位及税收管辖权一定的情形之下，审核它在评估基准日的税收属性和未来税率评估的合理性。
- 审核营运资金和固定资产投资预测变动幅度的合理性。如果可能，还要审核估值所涉的应收账款、应付账款、存货以及固定资产周转率，同时，将这些数据与公司以往业绩和行业标准进行比较。
- 在选择长期增长率（用于单期资本化法或多期贴现法残值）时，应考虑如下因素：
  - 宏观经济和行业的长期展望。
  - 公司目前的竞争环境以及竞争优劣势的可能持续时间。
  - 公司的赢利能力、管理能力以及满足增长所需资金的来源。
  - 应记住，如果所定的增长率高于行业预测增长率，则意味着公司可以无限期地提高市场占有率。

∞ 如果选用多期贴现法，就应该评价预测期的长短是否合理——预测期应足够长，以便反映现金流预期的所有重大变化，而且预测期最后一年的回报应该相当稳定，且在之后很长时期内具有可持续性。

∞ 当公司未来回报可能存在重大变化时，应考虑使用概率分析（见第6章），以反映这种变化对价值的影响。

回报率的确定

∞ 审核用于计量业绩的回报率是否与公司回报相一致。误用回报和回报率的情形包括：
  ∞ 权益与已投资本不分。
  ∞ 税前回报与税后回报不分。
  ∞ 净现金流量与净收益不分。

∞ 考虑权益贴现率求取方法的适宜性：
  ∞ 资本资产定价模型基本不适用于非上市公司的估值，因为此类公司很少能满足该模型的一些潜在假设。
  ∞ 如果能够从一组合宜的类比公司推导出目标公司的贝塔系数，那么增补型资本资产定价模型（MCAPM）可克服诸多的局限性。在市场法下使用类比上市公司法时，增补型资本资产定价模型可能在收益法下也适用。
  ∞ 扩展模型法（假定其贝塔系数为1），通常最适用于非上市公司的估值，特别是在类比上市公司法不能使用的情况下。

∞ 考虑所定的规模溢价是否适宜于目标公司。

∞ 考虑贴现率是否准确反映了行业风险，抑或还要追加不同的贝塔值，或还要采用不同的具体公司风险溢价。

∞ 考虑贴现率是否反映了竞争力分析中所识别的具体公司风险因素。这一贴现率也应反映公司的主要风险动因和价值动因（这两组动因会影响公司的业绩及其相对的战略优势和劣势）。

单期资本化法

∞ 考虑这种方法的适用性，所定的单周期回报应准确反映公司长期的年度业绩情况。

- 还应考虑本方法的假设条件：这个回报将以一个固定比率无限增长下去，而且，在考虑到公司竞争力水平及长期宏观经济和行业状况的基础上，这一长期增长率必须是合理的。

控制权价值与非控制权价值

- 注意：在收益法下，控制权与非控制权间价值差异的最大影响因素是回报流的选择。
- 一般说来，如果某项权益无权决定所有者员工或其受益人所得的超额报酬，那么在对此项权益进行估值时，就不应该对这部分报酬进行标准化调整。
- 当超额报酬并没有实际兑现，且控股股东和非控股股东的回报基本相同时，控制权与非控制权之间的价值相差无几。然而，这多半会反映在溢价或折价的合理应用之中。
- 当针对控制性权益进行溢价调整或针对非控制性权益进行折价调整时，应充分考虑这些调整在准确性和适应性方面存在的局限。同时，要意识到推导这些调整值的数据的理论局限。

流动性水平

- 要认识到控制性权益的流动性通常比非控制性权益高得多。非控制性权益因流动性不足而给予的贴现率一般在 5%～15%，这通常反映了收购方转售这一控制性权益所需的时间和交易成本。
- 要认识到非上市公司的非控制性权益很难找到买家，所以其贴现率一般至少在 25%～40%。
- 要认识到控制性程度和流动性水平，会受到目标公司众多特有因素的影响，最终的折价或溢价幅度会随着这些因素而定，大小不一。

估值的其他调整因素

- 如果在评估公司经营价值过程中，没有考虑非经营性项目的价值，那么在评估公司整体价值时，应将其与公司经营价值相加。
- 如果某项非控制性权益无权清偿变现非经营性资产，那么在对这一权益估值时，非经营性资产的价值通常不会纳入其中。反之，流动性强的非经营性资产能够提高非控制性权益的流动性和安全性，在这种情况下，贴现率就应该体现这一财务特性。也正因为如此，有的公司会持有大量的房地产，因为它们通常比非上市公司权益的风险要低。

市场法验证

在并购估值中，市场法确定的价值仍需详细验证。因为市场法主要通过经营业绩或财务状况某些倍数指标来确定价值，所以，在评价这种方法结果的准确性时，需要对这两大变量（业绩指标和估值倍数）进行详细审核。

在验证市场法的准确性、合理性以及为目标公司所选估值倍数时应当：

- 考虑目标公司与类比上市公司如下因素的相似性：
    - 规模。
    - 产品或服务，及其范围。
    - 市场和客户。
    - 竞争力。
    - 管理深度。
    - 财务业绩。
    - 财务杠杆和流动性。
    - 筹资难易程度。
    - 客户集中度。
    - 供应商依赖程度。
    - 技术和研发能力。
    - 品质和产能。
    - 财务信息和内部控制的准确性。
- 审核类比上市公司当期的估值倍数是否符合长期的发展趋势，或者审核市场在评估基准日是否出现了上下波动的异常情况。
- 考虑预测的未来情况是否与过去的历史情况相类似，同时，类比公司当期估值倍数准确反映这种差异的可能性有多大。
- 考虑目标公司与类比公司进行比较的主要业绩特征，包括：

- ∞ 增长率。
- ∞ 赢利能力。
- ∞ 资产利用效率。
- ∞ 财务杠杆及其倍数。
- ∞ 流动性。
- ∞ 考虑类比公司估值倍数的范围、平均值与中位值，权衡哪些数据能体现或不能体现目标公司情况。考虑目标公司是否在上述所有数据方面都要高于或低于类比公司，同时，要考虑出现这种情况的原因。
- ∞ 考虑在使用其他并购交易的数据时，每项交易包含了什么。上市公司估值倍数的数据牵涉股票交易，而非上市公司交易的数据（特别是那些小额交易）通常都牵涉资产交易。如果涉及一项资产交易而需要对股票估值，那么就必须对这一交易内容进行调整。在有些情况下，需要先加上全部流动资产，再减去全部流动负债。在另一些情况下，则需要加上除存货之外的所有流动资产。总而言之，如果是一项资产交易而你要评估股票价值，这一交易就必须进行适调，以便与股票价值相平衡。
- ∞ 考虑评估基准交易的时机。举例来说，因为2007年度整体估值水平偏高，而且筹资比较容易，所以，在2009年年初，对某一公司估值时，2007年的交易数据就缺乏相关性。在经济萧条时期，即使可以获得更近期的交易数据，但这些交易也只是一些廉价急售的结果，所以并不能准确体现公司的正常价值。

资产法验证

因为资产法无法确认一家公司的赢利能力，所以这一方法通常不适合营利公司的估值。它通常应用于资产密集型公司或无法为所用资本创造足够回报的业绩欠佳的公司。

在评估资产法的结果时：

- ∞ 要考虑所定价值是建立在持续经营之上，还是在清算前提之下。清算前提是假定公司将终止经营，这通常会使得收益法或市场法失效。
- ∞ 要考虑所估权益是否具备出售资产的法定权利。因为非控制性权益通常缺乏这种权利，所以，在评估一家经营性公司非控制性权益的价值时，资产法并不适用。
- 要考虑公司价值是否主要来自资产所有权，而非其经营表现。这一点将决定资产法是否适用。
- 要考虑资产评估法或其他净资产评估法的评估质量和可靠性。即使资产法是一个恰当的选择，也要切记，其可靠性依赖于准确的资产估值。
- 要考虑公司的无形资产。如果这些资产没有被识别和估值，那么资产法的结果多半是价值低估。
- 要考虑目标公司资产是否都以低税基形式体现在资产负债表上，这可能会使收购方在资产再售时承担内含的利得税。

当收益法和市场法的价值结果不一致时，可以进行的一些快速核验

市场法通常应该产生一个支持收益法结果的价值。当它们的结果不一致时，要考虑下述这些问题：
- 如果像并购估值中最常见的那样对控制权进行评估，请检查两种方法的结果是否反映了这一事实。这些方法是否在很大程度上使用了基于控制权的不同回报指标？是否一种方法基于少数权益回报计算价值并应用控制溢价，而另一种方法却通过使用控制权回报反映控制权价值，这些做法会造成什么差异或扭曲？
- 收益法通常是使用预测数据，但市场法则通常是将价值计算为历史收益的倍数。如果历史和预测的回报大不相同，要确定出现这种差异的原因，以及那个更准确地描述公司在估值日期的潜在价值。而其他的相关计算可能需要进一步调整。
- 市场法最常用的是单期经营业绩的倍数，例如每股收益或EBITDA。由于这种倍数是应用于单期回报的资本化率的倒数，因此将倍数转换为资本化率，并将预估的长期增长率加回来计算隐含贴现率。在考虑到所用回报（例如，收益与现金流量、税前与税后收益等）的差异之后，将此贴现率与收益法中使用的贴现率进行比较。如果出现差异，请考虑对似乎不太合理或基于不太可靠数据的倍数或贴现率进行调整。
- 交易倍数法通常能产生基于控制权的投资价值——取决于每个交易的特征。在评估这一点时，首先要看看这种战略型交易是否为主导公司提供了市场的现实指标。还要将其与通过收益法计算的基于控制权的投资价值进行比较，看看哪种计算提供了更大的可信度以及它们为何结果不同。

- 在使用类比上市公司法时，除了平均值和中位数外，还要看看这些类比公司倍数的浮动范围。同时，还要再次考虑所用的回报流的差异，计算由这些倍数产生的隐含资本化率和贴现率。接下来，要考虑这些比率同收益法所用的贴现率和长期增长率相比的合理性。这种比较应能突显市场倍数中包含的隐含短期增长率。
- 看看为目标公司所选的倍数及其产生的等效的贴现率和该回报流的增长率。根据收益法的相关结论，评估这些比率的合理性。当出现不一致时，可能需要重新评估目标公司的倍数选择。

价值的适调及其结论

在彻底验证完每一步骤的结果之后，必须确定最终的估值结论。在使用了一种以上的估值方法时，可以将这些结果进行平均——但这种做法并不值得推荐。计算一个简单的算术平均值，意味着每一种估值方法都同样合理，或者说每一种估值方法所得出的结果都同样值得信赖。虽然这种情况也可能存在，但更可能的情况却是：某一个方法更能准确地描述和量化风险和价值的关键动因，由此得出的估值结果更经得起推敲。在这种情况下，要给每一种估值方法赋予相关权重（基于算术方式的或主观判断的）。表 13-2 所呈现的价值适调形式，提供了验证所得结果的一种简便方法。不管是选择算术权重，还是选择主观权重，也不管权重比例是多少，以及最终价值如何，最终而言，这些实际上都属于基于对公司的定性和定量的全面扎实理解的专业判断。假如不是这样的话，我们就可以应用专业软件程序行事——那就可以极大地简化企业估值流程。然而遗憾的是，估值过程实在是太复杂了，无法将其浓缩为一个公式或者程序。

表 13-2 拟算价值的适调和适于最终价值的折价或溢价的应用　　（金额单位：美元）

各估值法的拟算价值（调整前）				基于下列因素差异程度而进行的适调		适调后			
估值法	所估权益	价值	依据	控制权	流动性	公允市场价值	依据	权重	加权后各部分价值
贴现现金流法	100%	3 600 万	有控制权，视同自由交易	不需调整	不需调整	3 600 万	有控制权、流动性好	70%	2 520 万
类比上市公司法	100%	3 500 万	无控制权，视同自由交易	25% 溢价	不需调整	4 375 万	有控制权、流动性好	20%	875 万

（续）

估值法	各估值法的拟算价值（调整前）			基于下列因素差异程度而进行的适调		适调后		权重	加权后各部分价值
	所估权益	价值	依据	控制权	流动性	公允市场价值	依据		
并购倍数法	100%	4 400万	有控制权，视同自由交易	不需调整	不需调整	4 400万	有控制权、流动性好	10%	440万
	在有经营控制权和流动性的基础上，100%私人控股公司权益的公允市场价值								3 835万
	加：非经营性资产								150万
	在有控制权和流动性的基础上，100%私人控股公司权益的公允市场价值								3 985万
	除以：已发行在外的股份——200万股								÷200万
	在有控制权和流动性的基础上，私人控股公司每股公允市场价值								19.93

表13-2展示了贴现现金流法、类比上市公司法和并购倍数法推导初始价值后的适调过程。在审核每种估值方法并确定最终公允市场价值后，分析师断定贴现现金流法所得价值更为可信。基于公司历史表现、竞争优劣以及行业环境，看起来是可以实现预期回报的。为反映控制权，回调支付给所有者的高于市场标准的报酬，来调整已投资本回报的净现金流——这种做法似乎准确反映了公司的赢利能力。此外，只有通过合理方法计算得出的回报率，才能准确反映目标公司存在的主要风险动因和价值动因。

类比上市公司法没有考虑超额报酬问题，它直接利用非控制性权益收益数据，再应用30%的控制权溢价，将非控制权的公允市场价值转换为有控制权的公允市场价值。分析师有相当的理由相信，类比上市公司的市场价格可以用来为目标公司确定一个合理的估值倍数。但由于对30%控制权溢价处理方式心存疑虑，本方法所估价值在计算最终价值时只占20%的权重。（如果高于市场标准的报酬已经付出，通常就要将这个金额回调到回报里。这样就可以直接通过类比上市公司法求出具有控制性权益的回报，而不再需要使用控制权溢价和设定权重的适调措施了。）

在并购法下，分析师通过多个战略交易进行推导，得出对特定并购方有代表性的投资价值。不过，由于这些交易的确反映了业内熟悉情况的收购方为获得控制性权益而愿意支付的价格，所以这些交易被认可，但只占很小的权重。

价值验证

一旦通过多种估值方法确定了价值形态，就应该进行价值验证。对应用单一方法或综合应用多种方法得出的最终价值，在验证过程中应考虑如下问题：

- **隐含的估值倍数**。尽管市场法的那些具体方法并不足以给出一个价值形态（通常仅有收益法能推导出这种价值形态），但这种结论的测试可以通过收入或某种收益（例如净利润、息税前利润和息税折旧摊销前利润）的倍数进行。应根据已得倍数的表现形式，看它是属于哪个相关市场（小盘股市场、中盘股市场或大盘股市场）。

- **经验法则**。通常以收入或收入的某种倍数形式出现。似乎没人能够甄别可以确定经验法则的特定交易，并且它们很少随经济或行业条件而变化。因此，它们无法提供评估的基准。但是，由于它们经常在并购背景下被许多行业引用，因此应将其视为一种合理性的验证方法，以帮助确认由其他方法确定的价值指标。

- **过往交易**。如果公司以往股票交易是公平的，且相关交易距本次交易评估基准日时间不长，那么这种交易就能给出一个价值形态。

- **无形资产**。在收益法和（或）市场法用于公司估值的一些例子里，资产法（应用了账面价值调整法时）也可以用来做价值验证。因为验证时需要评估营运资金和固定资产的价值，还要应用第 18 章将介绍的方法对无形资产进行确认和估值，所以资产法既是最为耗时的，也是最具挑战性的价值验证方法。

- **股本净值**。在对多数可持续经营企业的估值中，股本净值（公司资产负债表中全部资产与全部负债的差额）充其量只是一个下限的参考数据。不过，斟酌一下股本净值与拟算公允市场价值之间的溢价，可能会有所裨益。如果两者之间的这种溢价很小或相等，且与市场趋势不符，那么理智告诉我们需要查明原因或重新考虑分析所用的关键假设条件。

- **收购自证法**。也可称为杠杆收购分析或并购经纪人方法，用来评价预测现金流是否足以覆盖交易所生债务的清偿。这种债务的清偿可被视为收购方投资的一种回报，因此可以将其与其他替代性机会的回报进行比较。收购方利用目标公司的资产（小型公司还包括个人资产）来获得并购贷款，然后以目标公司产生的现金流偿债。"收购自证法"测试把基于预测现金流的拟算价值与合同偿债期、应急储备金、利率和首期付款这四大因素进行比较。如果这四项因素的假设是合理的，那么这种价值形态就是合理的。

8. **私募股权收购**。与收购自证法相关的问题是要考虑私募股权收购中预期交易结构的价值验证。表 13-3 给出了一个例子并对其进行了解读。

表 13-3 私募股权收购结构示例

		金额（美元）	隐含倍数
收购价格①		63 200	
收入②		75 200	0.84
息税折旧摊销前利润②		8 500	7.44
已投资本市值/息税折旧摊销前利润		63 200	7.44
息税折旧摊销前利润		8 500	
夹层债③	13.4%	8 500	1.00
高级债④	31.6%	20 000	2.35
负债总额	45.1%	28 500	3.35
权益	54.9%	34 700	
资金来源			
夹层债	12.8%	8 500	
高级债	30.1%	20 000	
滚动权益⑤	9.5%	6 320	10.0%
PEG 权益⑥	47.5%	31 540	
总额	100.0%	66 360	
资金运用			
购买权益	85.7%	56 880	
滚动权益⑤	9.5%	6 320	10.0%
购买价格	95.2%	63 200	
费用⑦	4.8%	3 160	5.0%
总额	100.0%	66 360	

① 如表 21-2 所确定的投资价值。
② 最近一年的收入和 EBITDA，见表 21-1。隐含倍数为 0.69× 收入和 6.08×EBITDA。
③ 夹层贷方同意提供 850 万美元，相当于 1 倍 EBITDA。
④ 一家银行同意贷款 2 000 万美元，相当于 2.3 倍 EBITDA。
⑤ PEG 已要求卡文迪什（卖方）以股权转仓的形式投资 10% 的收益，并通过与交易相关的收益支付。这是从属于 PEG 的股权投资和完全的外部融资。因此，卖方面临这一数额的风险，但有机会参与未来的出售（"咬第二口苹果"）。
⑥ 为了完成这笔交易，PEG 投资 2 061.5 万美元，其中 1 803 万美元用于支付收购交易的部分，以及 258.5 万美元的费用。
⑦ PEG 为支付买方费用和交易成本提供资金，相当于购买价格的 5%。

客观评价估值能力

本章概述了下述两个方面的内容：①风险和价值动因；②估值适调——为推导出一个经得起推敲的估值结论，对相关方法和相关计算进行的适当调整。在考虑这些问题和计算过程时，分析师应冷静严格地审视自身，看看自己所拥有的估值知识和技能，是否与潜在的出售或收购要求相匹配。每次估值都应该毫无例外地分析本章论及的诸多要点。因为这里总结的要点都有价值，分析师应该熟练掌握相关理论和计算方法。

若自身知识和经验不足，那就应客观地评价欠缺相关专业知识所带来的后果。企业并购通常都会涉及巨额资金和长期投入。如果分析师不能熟练掌握本章所涉及的估值理论和技术方法，那么在做出具有巨大影响的重大决策之前，应该寻求专业支持。相对于并购的潜在收益，专业支持的成本通常要小得多，因为准确估值的结果，要么是完成一项成功的交易，要么是更重要的结果——放弃一项应该避免的交易。

估值场景：并购平台

本部分前7章的重点是衡量非上市公司作为独立实体的公允市场价值。在并购估值方面，这类似于公司的内在价值，因为该价值是基于目标公司固有的感知特征确定的，而不考虑任何特定买方的特征或协同效应。

在为潜在交易或总体战略进行规划时，这从卖方的角度提供了一个基准估值，并为在几个退出场景中，建立了一个平台，确定了一个价值范围（将在第14章中讨论）。换句话说，卖家应该以高于独立公允市场价值的价格出售。在并购估值方面，独立的公允市场价值和投资价值之间存在着重要的区别。提醒一下，投资价值对特定买家来说才是价值，因此就定义而言，一家公司可以有多个投资价值。正如卖方的目标是高于公允市场价值的出售，买方的目标价格是尽可能低于投资价值，从而将其为预期协同效应支付的成本降至最低，并增加股东价值，而非降低其价值。

正如沃伦·巴菲特的那句名言所说："价格是你付出的，价值是你得到的。"如果买方和卖方都由合格的并购或估值顾问代表，那么价格通常会处在公允市场价值和投资价值之间。此外，在并购交易中，时机、个人能量、公司定位、市场状况以及投标所及范围，都会对价格最终会落在何处（相对于价值）产生重大影响。

VALUATION FOR
M&A
附录 13A

严谨而彻底的估值分析是避免并购交易失败的关键

——贾斯廷·约翰逊[⊖]

公司进行并购交易有很多原因。然而，不管具体的驱动因素是什么，所有交易背后的共同主题都是希望合并将增加收购方的股东价值。具有讽刺意味的是，据估计，超过 50% 的并购交易失败了——这意味着它们最终破坏了股东价值，而不是创造了价值。这一令人惊讶的数据突显出，在确定交易是否值得进行时，公司董事所面临的困难。实际上，更加注重严谨而彻底的估值分析是帮助董事会提升识别和避免不良交易能力的关键，也是帮助董事会在谈判和安排可能更具财务意义交易时提供指导的关键。本附录将讨论如何构建一个严谨而彻底的估值分析，以及这样的分析如何帮助董事会确定哪些公司可以成为成功的收购目标。

对一个假设的具有协同效益的交易进行分析

出于我们的目的，我们将假设一家上市公司收购方已确定了潜在目标。目标公司与收购方经营的业务相同，都为类似客户提供服务。由于收购方和目标公司的分销网络重叠，并且生产和行政人员的冗余可从收购目标中排除，因此业务合并的预期成本节约可能相当显著。这是具有协同效益交易的典型例子。实际上，协同效益指的是收购方将目标公司的收入提高到其最高收入可能性，同时通过消除重复的工序和功能，消除与实现收入相关的许多多余成本，从而

[⊖] 附录 13A 由贾斯廷·约翰逊撰写，它更深入地解读了，为何严谨彻底的估值分析能够帮助买方确定成功收购目标。

提高并购后的整体利润。

估值过程的第一步是确定目标公司的市场价值，而不考虑买方特定的协同效益。虽然收购方最终对分析合并后公司的估值最感兴趣，但应首先单独确定目标公司的市场估值，其原因有两个：

（1）提供有关目标公司董事会可能期望在交易中实现的基准估值的买方视角。

（2）建立一个参考点，买方可以借此分析和评估它在协同效益的市场水平之上能带来多少额外的协同效益。

确立收购目标的价值

有几种普遍接受的方法可用于确定收购目标的价值（有关常用方法的概述，请参见图13A-1）。前两种方法主要用于公开交易的目标公司。出于我们的目的，我们将假设收购目标是非上市公司，其价值可以使用其他四种方法确立。

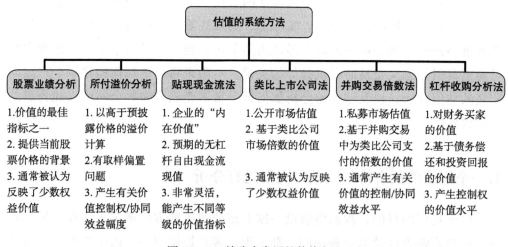

图 13A-1 并购中常用的估值方法

最常见的方法之一是依赖于公开市场类比上市公司的交易倍数。在选择上市公司时要谨慎，以确保业务、规模和／或增长前景与目标公司的可比性。另一种常见的方法是观察类似目标公司的行业并购交易倍数。对于这种方法，注意区分财务收购和战略收购是有用的。战略收购者可以而且经常为收购目标支付更高的交易倍数，因为这里蕴含着与收购者相关的特定协同效益。这种方法会产生一个与价值相关的控制/协同效益水平。这些方法的价值指标应基于将观察到的市场市盈率乘以目标公司的独立息税折旧摊销前利润（或其他可能更合适的财务指标），而且不考虑任何特定收购方的协同效益。

如果能得到目标公司可靠的长期预测，财务顾问通常会使用贴现现金流量（DCF）分析来确定价值。然而，重要的是要记住，这种分析的效果与用 DCF 模型的相关财务预测的一样。因此，DCF 分析可以给予较小的权重，甚至在某些情况下可以省略。如果财务顾问确实要选择进行 DCF 分析，则必须谨慎使用目标公司准备的财务预测。一个陷阱是采用对未来业绩（相对于历史业绩）过于乐观预测的表面数值。应对此类预测进行认真的尽职调查，以确定其是否可靠。在某些情况下，可以对预测应用"估值折扣"以抵消长期计划的乐观性，而在其他情况下，财务顾问可以通过查看目标公司的历史业绩和行业标准来制定一组更合理的预测。无论如何，财务预测不应该考虑任何与买方相关的特定协同效益。

最后，如果目标公司可能吸引财务买家，那么使用杠杆收购（LBO）分析对公司进行估值也是明智之举。这种方法通过确定财务买家愿意为公司支付的金额来确定目标价值——取决于它可能采用的融资结构。除了股权投资外，财务买家可能会寻求使用债务作为收购资金方式，以提高股权回报。如果一家公司相对于该行业而言表现不佳，那么杠杆收购模式也可能包括一些关于重组的假设，以更好地使目标公司业绩提升到与整个行业保持一致。财务买家还可以寻求把目标公司作为平台进行附加收购，以增加 EBITDA，并通过退出前的多次扩张来实现价值。

一旦做完所有方法的估值，财务顾问将对各种定价指标进行三角分析，以确定目标公司的总体基准估值范围。这一分析为收购方确定初步提交的价值，提供了一个有用的基准线。

为收购方确立价值

估值分析的下一个阶段涉及评估收购对收购方的价值将是什么。这种分析与市场估值分析不同，因为我们现在要从一个特定买家的角度进行评估，以及收购对该特定买家的价值（即投资或协同价值）。对于市场上的每个潜在买家来说，这个价值可能是不同的，具有高度协同性的买家能够提供最高的购买价格

(根据定义,投资价值就是对特定买家的价值)。

在进行此估值分析时,在确定交易的可行性之前,需要仔细分析许多因素。如果它是可行的,那么我们要确定买方能够为目标支付多少钱而仍然能够增加股东价值。其中一些因素包括预期协同效益的数额、与实现这些协同效益的相关成本、购买对价的金额和类型,以及收购方股票的交易倍数。我们将随后依次看看这些因素。

最好把钱花在外部顾问身上,他们会对目标进行尽职调查,以评估交易的潜在协同效益。管理层在依赖自身对协同效益进行估计时,应谨慎行事。在许多情况下,协同效益的数额无法精确预估,而且可能范围很广。由于难以识别和估算潜在的协同效益,建议管理层进行敏感性分析,以评估交易对收购方股价的影响。这最好在一个敏感性分析表中进行,它既可以改变假设的协同效益的金额,也可以改变购买对价的金额,这为董事会提供了一个可视化工具,以了解在不同的协同效益水平上支付多少是合理的。通过这种分析:收购方应该记住,对许多交易来说,实际实现的协同效益要低于预期值。此外,实现这些协同效益可能需要比预期更长的时间,而相关的一次性成本也可能会高于预期值。从买方的角度来看,一笔好的交易是,即使是在预期协同效益范围的低端,也会增加收购者的股价。更好的交易是,尽管协同效益低于预估区间的低端,但仍能增加股东价值。相反,仅处在预期协同效益最大值或附近才能增值的交易,可能最终会破坏股东价值。同样的逻辑适用于将目标公司的业务整合到收购方,并实现协同效益所需的一次性预估成本。与协同效益本身类似,这些一次性成本也可能难以精确预估,不仅其范围可能很宽,而且还可能需要围绕该假设做敏感性分析。敏感性分析背后的用意是在保守的基础上考察交易的财务影响。例如,如果情景分析显示交易增加了股东价值,那么即使实现的实际协同效益处于预期的低端值,实现这些协同效益所产生的一次性成本处于该范围的高端值,以及购买对价相对于目标公司的市场估值是合理的,从收购方的角度来看,交易也可能最终会使自己受益。

对价对价值的其他影响

分析购买对价的类型对价值的影响也很重要。收购将如何进行融资?购买价格可以通过可用现金、新的债务、股票或这些的组合来融资。债务的使用将以利息支出的形式对未来收益造成拖累。实际上，利息支出是实现交易协同效益必须考虑的另一个成本。如果卖方可以接受，使用股票对价可能对买方有利。但如果使用股票，则建议在任何过渡服务协议到期之前，对股票设置卖出限制，以激励卖方确保平稳过渡并降低任何过渡问题的风险。虽然卖方必须等到可以将其股票转换为现金之时，但如果交易的协同效益能按计划实现，它们将有利于股票价值的提升。

需要考虑的另一个因素是收购公司的估值倍数。如果从历史上看它呈现出相当的波动性，那么建议对股票的预估价值进行敏感性分析，并假设收购方的估值倍数与其近期交易历史一致。估值倍数越低，交易协同效益的价值增幅越低。

此外，可能还有其他因素需要分析。例如，以成本协同效益为收购理由的大多数交易背后的一个假设是：目标公司的收入将在收购后继续存在，不会导致客户流失或源自任何特定客户的业务水平不会下降。然而，许多收购的结果显示事实证明并非如此。收购方需要评估是否需要为目标公司有关键客户的人制定和实施激励机制，或与客户直接建立这种关系，以确保这种关系的转移得到保障，收入得到保留。这将是一个额外的成本，将相应抵消拟实现的部分协同效益。

在确定了目标公司的公允市场价值和目标公司对特定买方的投资价值后，收购方就有了与卖方谈判的有利地位。通常情况下，买家通常愿意支付的价格会高至协同效益的市场水平。买方应小心支付超过这一水平的协同效益。

显然，没有董事会会为了摧毁价值而达成交易，但这往往也最终会发生。在多数情况下，着重强调如上所述的严谨和彻底的估值分析，可以帮助董事会提升区分好交易和坏交易的能力。

VALUATION FOR
M&A

第四部分

特殊问题

第 14 章　退出规划
第 15 章　交易的艺术
第 16 章　公允意见函
第 17 章　企业并购和财务报告
第 18 章　无形资产估值
第 19 章　衡量和管理高技术创业企业的价值
第 20 章　跨境并购

VALUATION FOR
M&A

第 14 章

退出规划

本书有一个基本前提：非上市公司本身就是一种投资。因此，这类公司的所有者必须持续不断地进行规划，以便培育、保护和收获其财富组合中的这个部分。我们在前几章中详细解释了如何准确衡量非上市公司的价值，但除非所有者能够成功地获得这些财富，否则，这些知识就不会带来什么好处。

这个财富的收获流程一般称作"退出规划"⊖，但极少有所有者或顾问能意识到这种收获流程为企业财富所带来的深远影响；他们也很难意识到，在实现非上市公司的目标中，这种规划对于自己是何等的关键。

为了评鉴有碍成功退出的问题，让我们首先考虑外部市场的挑战。并购顾问认为65%～75%的潜在卖家自身不具备在市场出售的条件，而且根据美国商务部的研究报告，在待售的企业当中，只有20%能够成功转手。这意味着实际完成出售的公司仅有5%～7%。

虽然不太被人们所认知，但公司及其所有者的**内部**环境对成功退出形成了更大的障碍。实际上，面对围绕退出的相关问题和目标，所有者自己通常是矛盾的。除了公司的出售之外，他们极少能认识到，还存在着一组可供选择的退出方案。在现实中，当一企业所有者想要对某种选择进行改变时，并不意味着他或公司就能立刻准备好，并成功地实施这种转变。

巅峰权益解决方案公司（Pinnacle Equity Solutions）的约翰·莱奥内蒂，总结出了退出规划的六步骤流程，并得到了实践的验证。在我们解读如何利用这

⊖ 本书作者非常感谢本章所述的巅峰权益解决方案公司的创始人兼首席执行官约翰·莱奥内蒂提供的退出规划的几个概念。

个流程制定退出规划方案之前,最好让我们检视一下为什么退出一项非上市公司投资会是如此的独特和困难。如果企业所有者意识到与这项投资相伴的高风险和丰厚的回报,那么他们就会乐意付出更多的努力来从事方案的有效规划。

为何退出规划如此困难

对于企业价值较大的非上市公司的所有者,制定一个退出规划似乎是一件不言自明的事,这应该是大多数所有者都渴望做的事。但在现实中,这种事却很少出现。虽然无法找到综合的统计数据,但许多与非上市公司所有者打交道的业界人士认为,在退出自己的公司时,只有极少所有者实现了他们的主要目标。这就引出了一个问题:为何退出规划会如此困难?

这个问题的答案首先在于:退出决策通常是一件高度复杂的事,而且由于多数企业所有者及其顾问都把这件事视作一种财务决策,结果使得这种挑战的难度变得更大了。有关是否退出公司的决策,以及如果决定退出,如何退——这些涉及四个独特而相关的需要考虑的问题。每个都需要进行认真规划,并找到实现所有者理想结果的障碍。另外,当需求和目标得到确认后,企业会发现有些目标会与另一些目标相冲突,使得所有者不得不妥协。随着时间的推移,所有者的生活环境、需求和目标也会发生变化,同时,企业经营环境也会发生变化。在某一年和某一组环境条件之下合适的规划,在不同的时间段,可能就不可行了。当一家公司有若干股东时,这些变量往往会变成好几倍,要达成一个适合于所有利益方的策略,就更难了。

好的规划始于对所涉主要问题的明确认识,以便所有者可以确认他们的需求和目标,并依据这些需求来设定目标的优先次序。在退出规划中,所说的所有者通常必须处理的四个问题如下。

- (1) **战略性的企业问题**。一家公司的综合条件不仅会明确地影响它的价值,而且还会影响对其他潜在买家的吸引程度,进而影响公司持续成功所需的那些要素。为了能够做出任何可行的退出方案,许多公司需要提前若干年做准备。因为对退出策略和时机有很大影响的因素不少,包括公司的规模、对关键高管或客户的依赖程度、宏观经济和行业的总体条件等。

- 因此，对退出决策而言，所有者首先要集中精力对公司进行战略性评估，明确要想成功实施这种巨变，必须做什么。对某些所有者而言，这种评估非常困难，因为这需要对他们的领导力和业绩进行评估，找出其管理技能或管理团队中的短板或缺憾，并考虑他们习惯于领导的公司应该如何改变。

- （2）**财务问题**。对许多（如果不是多数）企业所有者而言，公司投资的退出对他们的影响体现在下述几个方面：财富、年度回报或现金流、其所有投资组合的风险水平，外加投资的流动性。退出规划可能会牵涉，企业所有者离开公司会中断其来自公司的持续性收益，抑或他们继续留在公司，并继续从企业获取某种令人满意的薪酬和福利。

- 在退出之前，许多非上市公司所有者的财富多半或全部都集中在单一的非上市公司的投资上。这类投资呈现出的投资策略，从稳健型到高风险型都有，取决于其财富的规模、所有者可能拥有的其他投资，以及所有者的年龄。同样，所有者选择的退出规划，可能会使他的回报及其整个财务的安全性发生或大或小的变化，这要看所有者的年龄、生活方式、生活标准和风险偏好。

- 非上市公司的退出规划有时也涉及这样的交易结构：未来年份的权变酬劳或买方负债的承担问题。这些决策也能对所有者的收益和风险水平产生很大的影响。这类相关问题，具有下述遭遇的所有者会给出答案：在出售公司时，做了盈利兑现支付计划，最后却没有实现计划；或向其公司的购买者提供了信贷资金，但几年之后却不得不取消贷款，重新接手此时已经残废的公司。

- （3）**职业或工作问题**。许多非上市公司所有者都很难区分下述两种关系：自己在公司的所有权或投资；自己在公司的工作问题。当所有者考虑退出计划时，他们可能选择终止在公司工作，但在某种程度上继续保持一个股东身份，抑或结束他们在公司的所有权，但在某种程度上继续作为公司的一位工作人员。

- 对许多所有者而言，打造自己的公司是其人生最大的成就之一，他们不想与其脱离干系。所有者可能会考虑他在岗位或责任上的变化，但他们的工作渴望可能是整个退出规划中最优先的重点。所以，所有者的职业前途和目标的评估应该是退出流程中的关键一步。

- 为了做好这一步，所有者必须评估自己想做和不想做的工作、所有者想要做的工作量，以及所有者大致想工作多久。另外，所有者必须评估自己是否愿意与他人一起工作或为他人工作，以及为自己的工作所要求的薪酬。
- 有些所有者容易低估其工作的重要性，以及什么工作对他们最重要。例如，有些想卸掉"作为所有者"的义务或责任，另一些则非常想对公司保持控制力。做这些决策常常要求企业所有者具有很高的反省力和认知力，即他必须意识到自己再也无法在公司扮演特定的角色了。
- （4）**个人问题**。除了战略、财务和职业的担忧外，非上市公司所有者通常也有个人问题，并会对他们的退出决策产生很大影响。在这些问题中，有些是和他们个人所处的环境有关，其他的则涉及一些对他们很重要的人物。
- 就个人因素而言，退出公司的决定可能有若干动机，包括企业所有者的年龄或健康状况、公司之外的兴趣、可以看到的自己在公司的地位（声望和身份问题），以及公司本身的长期遗产问题。
- 把大半生倾注于企业创建的所有者，会把自己等同于公司本身，会把任何形式的退出视作一种巨大的挫败感。他们需要深究这些个人问题，从而找出对他们最重要的东西，最终确保他们的退出规划囊括了这些需求。
- 就非上市公司的所有者而言，其生活中往往还有其他的人——最常见的是家庭成员、雇员或其他的股东。这些人的境况（比如，收入和财务安全）会受到退出规划的巨大影响。如果这种退出事件发生的话，他们有些可能会失去工作，抑或他们的工作地位和薪酬会发生很大的变化。
- 根据退出结构的不同，作为公司股东的其他人的地位也会发生变化。当然，他们既可把这些变动视作一种积极的变化，也可视为一种消极的动荡。非上市公司的所有者需要辨识关联度最大的利益相关人，评估不同的退出选择对他们会产生怎样的影响，然后据此来权衡其他的问题。

一旦辨识出了有关退出决策的四个问题（战略的、财务的、职业的和私人的），就必须对它们进行轻重优先排序。也就是说，所有者需要辨识最重要的财务和非财务需求，以及与退出决策相关的目标。在这些目标中，有些有着很明确的财务含义，但另一些可能没有。对许多所有者而言，一项成功的退出决策可能无法严格地用货币来衡量。如同本章后面的六步骤退出规划流程的步骤二所言，应该在两个方面定义所有者的准备就绪度，即财务上和心理上的准备就绪度。在所有者的目标列表中，有些目标会起到降低他们收益或财富的作用，但会给内心带来宁静。这就是有关非上市公司投资决策的典型之处，明显异于出售上市公司股票的决策。在大多数情形下，前者是一种个人色彩很浓的决策，而后者则纯粹是一个财务决策。

对100%地拥有公司的个人而言，找到一个能迎合这四个问题的上佳退出规划已是一个很大的挑战。当一个非上市公司有着若干股东时，每个人都会有自己的需求和目标。当这些差异遍布于股东的年龄、财富、流动性、风险偏好、工作欲望和生活标准时，要想综合出能够满足每个人需求的退出计划，则是一个更加巨大的挑战。

这里要强调的是：退出计划对于非上市公司所有者的健全决策至关重要，因为这些决策涉及战略、财务、专业和个人问题的异常复杂的组合。在预期的退出日期之前，认识到这些问题并确定优先顺序，会给我们带来显而易见的好处。特别是在涉及多位股东时，要想平衡那些相互冲突的需求和目标，更多的准备时间能提供更多灵活筹谋余地。

是什么让你的非上市公司投资的规划鹤立鸡群

标准的投资理论强调组合多元化、流动性充裕，以及持续的风险回报分析——特别是随着时间的流逝，生活环境、需求和目标都会发生变化。因此，多数企业所有者都会聘请一位金融顾问来帮助他去实现这些目标。不过，非上市公司投资往往与这种分析无缘，因为金融顾问几乎没有下述有关的信息：这项投资的价值几何、公司创造的年度现金流回报、公司的风险水平、受哪些法律辖制或影响流动性的其他因素。这种信息的匮乏应该引起注意，特别是在我们考虑到非上市公司投资的三个属性时，这种情况会更甚。

- **它一般都是所有者最大的一笔投资**。也就是说，对于多数非上市公司所有者，捆绑在企业上的财富，要大于他在其他方面的财富。虽然这种财富的集中度可能是合适的，但对于正在创造财富的35岁之人，会有些风险；对 50 岁之人，这种风险就要大很多；对于一位 65 岁的所有者，这种财富结构对其财务安全就是一种严重的威胁。当人们接近退休年龄时，投资理论会强烈地推荐投资组合的多元化方式，但许多（若不是多数的话）非上市公司所有者没能在其财务规划里，考虑到这个问题。

- **所有者在非上市公司的投资是其投资组合里风险最大的证券**——这里假设所有者拥有上市公司的股票和债券。正如第 9 章详述的那样，由于较小的规模、相对有限的管理、资金通道的缺乏、对关键人物的依赖，以及其他因素，所以对非上市公司的风险水平而言，通常需要至少 20% 的净现金流权益回报率才算合理。非上市公司所有者的财富通常都集中在单一且风险较大的资产上。

- **鉴于几个原因，所有者的非上市公司投资是其流动性最差的投资**。没有可以快速出售这种权益的公开交易所，这种局限性还因为下述问题进一步恶化：多数公司无法在短期内做好出售的准备（通常要花一年的时间，才能做好销售的准备——如果能最终售出的话）。另外，出售一家非上市公司的费用往往高昂（交易费、财务费和律师费等），而且，非常耗时。正如我们将在下面看到的，所有者与企业的心理分离也是一个大问题，增加了流动性不足的挑战。

非上市公司通常非常依赖关键股东和（或）高管，他们具有一些与众不同的知识、人脉或技能，对公司的成功起到了实际的作用。在对公司的贡献上，这些因素的作用都是正面的，但在退出规划的流程上，它们的作用却是负面的。一般而言，买家是不太愿意购买业绩高度依赖关键人物的公司，除非能确定这些人在公司出售后，还能继续为公司工作一个特定的时间。对所有者而言，这会导致一个糟糕情况的出现：计划出售企业并于五年后退休的所有者，发现自己必须把四年半的时间花在这个过程中，而且，若想为公司拿到一个好的出售价格，他还必须同意在公司出售后在公司再工作三年。如果他能在五年前意识到这一点，那么，他就会已经开始培养一个管理团队，以便在公司未来出售时，替代他在公司的作用。

通常，会出现一个或多个因素使得退出计划复杂化。首先是公司章程或股东协议里，限制权益转让的条款。这类限制的目的是为了防止不受欢迎的个人或实体获取公司的所有权。虽然这种条款提供了某种保护作用，但它们可能严苛地限制或基本上废掉了股东出售权益的能力。仅因这种羁绊存在的可能性，就很有必要每年做一次体检，审核一下非上市公司的章程和股东协议，以防万一。

当非上市公司拥有多名股东时，由于其他股东的需求和目标之故，权益转让的限制会进一步复杂化。有些股东可能反对任何所有权的变动而自己又缺乏经济实力购买待售权益。其他股东可能反对公司通过资本化的方式购买股份，抑或利用单个股东销售权益的渴望攫取低价之利，抑或从他那儿得到其他的让步。其他股东也有可能根本就没有介入公司的任何事宜，抑或对公司或这项投资一无所知。

把握非上市公司的出售时机也是一个挑战。想在三五年脱手的股东可能发现，当那个日子最终到来的时候，公司或行业环境已经大不如前，致使出售价格降得很低。对那些就出售做好准备的其他股东而言，他们可能发现，由于受限于供应商协议或受碍于客户要求，退出成了一件很困难的事情——除非以相当不利的价格和条件达成协议。

制定退出计划，不能仅从财务角度考虑。评估企业所有者退出的心理准备，即使不是更重要的事项，也应该是同等重要的事情。

显然，非上市公司权益的出售不同于致电经纪人出售谷歌、IBM或埃克森美孚的股份。企业所有者必须理解与这项投资相伴的公司价值、风险和回报，以及非上市公司投资转让复杂的独特属性。了解了这些以后，所有者可以把其非上市公司的投资包括到他们的总体投资组合和个人财务规划中，以达到适当的多样化和流动性水平。

为何要现在就开始做非上市公司的退出规划

就非上市公司的退出规划，前面几节阐释了其独特的复杂性。多数所有者都没有认识到这种复杂性，而且他们通常都不太愿意处理这类不确定性问题（这种事情实际上是他们生涯的一个主要组成部分）。除非出现紧急情况，否则所有者们的做法往往是把这些问题推到未来去处理，所以退出规划一搁就是好几年。

对许多所有者而言，这种"以后再去考虑"退出规划的策略，往往导致灾难性退出结果，即结局通常会是"3D"退出方式中的一个：离婚（divorce）退出；能力丧失（disability）后的退出；死亡（death）退出。就所有者而言，这些事件中的任何一个，通常都会不期而至，严重贬损公司价值，极大地收窄了其退出的可能性。离婚通常会使所有者在情感上受到创伤，而公平解决财产分配问题则需要现金，而且公司在最需要他出大力的时候，所有者却被离婚大战搞得焦头烂额、无暇顾及。能力的丧失既可能是所有者的健康所致，也可能是公司的健康所为。无论哪种情况，都会削减公司的价值，丧失某种或多种退出选择。死亡退出通常是公司丧失其领袖或愿景，这种遗憾可能会使公司与客户和供应商的关系受到伤害，致使经营瘫痪。另外，除非已经有了遗产继承规划，否则可能得卖掉公司，获得现金，并支付应付的遗产税。

事先规划是必不可少的，正如我们论述过的，某种或多种因素通常会使多数退出替代方案无法立即实施。无论是构建一个接班的管理团队，还是准备公司的出售，或是为退出等待一个较好的市场时机，都需要时间。一份制备良好的退出规划都会考虑到时间问题，最大限度地减少耽搁，而且会根据所有者的喜好调配时机。

事先规划也要涵盖使所有者需求和目标发生变化的因素：年龄、健康、对外界的兴趣、工作的欲望或其他因素。这很重要，尤其是当公司有若干个股东时，因为每个人都希望在对自己有利的条件下退出，而且对于任何想退出的股东，都一定会为他们找到适合的市场。

正如随后的讨论所强调的，好的规划通常需要一个由不同专业人士组成的团队，以及一个指挥项目运作的组长。在这个团队里，大多数专业人士通常都是聚焦于他们各自的具体任务，遇事都会产生本能的专业反应。也就是说，当要求他们去做他们要做的事情时，他们会去做这些事情。因此，结果就取决于这位项目组长，看他能否制定出一个有效的规划，并确保每项服务的提供者为实现所有者的优先目标尽忠职守。

虽然对大多数需要规划的活动而言，五或十年是一个很长的时期，但就退出一家非上市公司的有效规划而言，这个长度的时间框架是必需的。过程的复杂性、需求和目标随时间而变化的现实、不断变化的业务条件，以及多个所有者为一项投资带来的不同情况，都为提前做好规划构成了令人信服的理由。总的来说，所有者应该将这种退出视为一个控制事情发展并显著提升企业价值的商机。

退出规划流程

一份退出规划是一份企业所有者有关企业退出策略的书面提纲，涉及战略问题、财务问题、职业问题和个人问题（正如前文所述）。此外，它还要辨识和量化财务问题、业务问题、保险问题、法务问题和税务问题——涉及转手一家非上市公司的相关问题。出售公司是一个**事件**，但退出规划是一个**流程**。退出规划是一件需要花时间做的事情，而且可能（但不是必须）包括出售企业。退出规划是围绕企业所有者的个人目的而构建。就其本身而言，这应该是在一组外部顾问团队的帮助之下，由企业所有者来完成的事情——无论企业所有者的年龄和彼时的状况如何，也不管公司处在企业生命周期何种阶段，都应如此。一次成功的企业权益转换，需要一份思路缜密、逻辑连贯的退出规划。这是一个需要所有者积极参与规划（和执行）的过程，因为所有者需要有明确的目标以及对可用的过渡选项的完整理解。规划（和执行）过程不是可以委托给其他专业人员的事情。正如下面所描述的，所有者的积极参与对于一个成功计划的正确制定和实施至关重要。

企业所有者的退出规划应该是公司战略规划的一部分，因为它对公司如何发展会产生直接影响。对企业所有者而言，一项与死亡和税收一样无法规避的事情是：在未来的某一个时点上，他们不得不转移其企业的所有权。对于这种不可避免的所有权转移，最好是精心制作一份规划，按照企业所有者的条件来实现这种转移。如同本书的开篇所言，卖家可能会在不利的条件下出售或被迫接受很低的出售价格——这些都是因为缺乏准备或没有足够的相关知识所致。此外，还会有更多的不利后果。由于缺乏规划，企业所有者可能被迫在不利的条件下退出，可能无力选择最有利的退出方式，结果不仅对他们自己有负面影响，而且也不利于他们的企业、雇员、家庭，甚至社区。

最关键的是，企业所有者要组建一个具有下述能力的专家团队：能够齐心协力地工作，清楚不同的退出可选方案，并引导所有者去实现最适合于他们的那个方案。这个团队⊖最好包括一位会计师、企业评估师、遗产律师、保险顾问、并购顾问、个人财务规划师和税务律师，并在这些专业顾问中选定一人，作为制定退出规划的组织者。要想做出一个成功的退出规划，需要每个顾问都

⊖ 这与第 4 章论述的并购交易的顾问团队是相一致的。不过，企业主应该确保这个团队的每个成员都有做退出规划的具体经验。

带来各自领域的专业知识。没有任何一位顾问清楚所有的相关要素并能回答所有的问题，但每一位都必须有退出规划的相关经验。每种类型的顾问都有各自具体的优势和劣势，以及不同的动机。最终，引导退出规划的不是顾问的动机和目标，而必须是企业所有者的。对退出规划制定的组织者而言，他的作用是：根据企业所有者的目标，组织退出规划的制定，并协调每个顾问的规划流程。

本章介绍了退出规划的重要性，以及退出规划为何以及如何成为企业所有者的挑战。然而，我们这里有一个可以遵循的流程，可以为可能非常混乱和复杂的运作带来一些清晰度。这个流程已经存在了十年，已有成千上万的企业主和专业顾问在其退出规划设计中使用了它。

我们可以把这种退出规划表述成一个六步骤流程，并在本章接下来的部分进行阐述：[⊖]

- （1）设定企业所有者的退出目标，以便规划退出方案。
- （2）确认企业所有者的财务和心理就绪度。
- （3）辨识退出企业所有者的类别。
- （4）了解和选择最可行的退出方案。
- （5）推定企业具有的价值区间，并确定最适合于所选方案的那个价值。
- （6）实施退出策略规划，达到企业所有者的目标并确保其财富的安全性。

步骤一：设立退出目标

就制定退出规划的工作而言，它的流程始于为企业所有者设立退出目标。随后，企业所有者可以对这些目标进行识别、澄清和排序，同时，借此维系对项目流程的控制。对不同的企业所有者，这个目标设置流程都会与众不同。这个流程涉及企业层面规划的完整性，反映企业所有者在财务、职业和个人目标等的相关条件和需求，需要回答下述问题：

退出：你退出企业想得到什么？
传承：你的企业在没有你的情况下如何运营？
遗产：你希望你的财富归属谁，你想要你的企业将来怎样？

[⊖] 这个六步骤流程来自 John M. Leonetti, *Exiting Your Business, Protecting Your Wealth* (Hoboken, NJ: Wiley, 2008)。建议读者阅读这本书，并访问相关网站：www.exitingyourbusiness.com 和 www.pinnacleequitysolution.com，以便获取有关退出规划流程的深度理解。

对这些问题的回答，反映了每个企业所有者的偏好。至关重要的是，所有者必须积极参与目标设定过程，并且花费足够的时间来思考未来的许多潜在场景。目标明确是关键。一旦所有者明确了他希望将来发生的事情，规划过程就可以进入下一步。但是，对大多数业主来说，弄清楚私营企业的未来是一个巨大的挑战。这里的挑战在于，企业主很少能够选择适合企业中每个利益相关者的方向。因此，企业主在决定推进个人和企业规划的最佳方式时，往往会受到各方利益的影响。

例如有些企业所有者可能想要从企业获得尽量多的金钱，多元化个人资产，并持续在企业工作。如果这包括向外界出售，可能会以放弃对公司的控制权和改变企业文化为代价。即使这种行为符合企业所有者的个人和职业目标，长期的忠诚员工也可能会对这种行为感到不满。还有一些所有者可能更倾向于将其财富多样化，并将其返还给员工、转移到管理团队或转移到家庭成员。这些内部转移可能不允许所有者实现他的个人财务目标，而且很可能让所有者个人承担债务以及为企业未来成功负责。稍后将看到，这些可选方案每一个都有自己的退出选项（阐述于"步骤四"的退出规划过程），而且每个选项都有其优点和缺点。了解各种选项和权衡它们对企业主和他人的影响是获得目标清晰度的关键——而目标又是企业采取行动、推动规划及其实施所依赖的指南。

当一家非上市公司有若干股东时，它的退出规划可能会暴露出相冲突的或不兼容的目标。从标准的判断而言，这种差异不能说明有任何股东的"不对"。但是，在企业中拥有多个所有者会增加上述复杂性，需要更多考虑如何达到各个所有权方的目标清晰度和一致性。但是，当股东之间的差异太大时，最好的解决方案就是让其中之一退出企业，把投资转向别处。显然，退出规划的一个很大的好处是，尽早发现这种差异，以便能够把握有效地解决这类问题的最佳机会。

企业的股东必须与顾问团队协同努力，制定一个具有下述内容的**书面**规划：

- ∞ 找出财务和非财务目标，并对它们进行排序。
- ∞ 为实现这些目标，确立企业战略、职业策略和个人策略。
- ∞ 设定一个时间框架。
- ∞ 列示退出后的事项。

要想做好这些，需要考虑许多问题，比如其中会包括：

- 当你考虑退出这个企业时，你此时认为，你想通过自己的退出达到什么目的？
- 想想在20年、10年、5年、2年之后，你希望自己在干什么？
- 为你的雇员和（或）自己的家人留下遗产，对你有多重要？
- 在你退出后，你希望谁拥有和（或）经营你的企业？
- 谁是你的关键雇员，在你规划退出时以及退出后，你希望他们扮演什么角色？
- 有家庭成员涉足企业的经营管理吗？你希望他们在未来扮演什么角色？
- 你知道你的企业价值几何，以及在不同环境下，它们的不同价值吗？
- 在你的财富中，有一个多大的比例体现在你的企业里？
- 你的风险偏好是什么？
- 在退出企业之后，你还会涉猎哪种类型的活动（企业的或非企业的）？

这些是企业所有者在设定退出目标时，应该考虑的众多个人和企业问题中的几个。这些目标必须进行优先排序，打印成文，用以指导企业进行相关的调整。在退出规划流程的起点，企业所有者在财务和心理上的准备就绪度会对退出目标产生相当的影响。

步骤二：企业所有者的准备就绪度

许多企业所有者通常都是置个人需求于企业需求之下。在这样做的过程中，所有者倾向于将利润再投资到他们的企业中，也倾向于允许他们的企业垄断他们的时间，通常都优先于花在家庭和娱乐的时间。因此，无论是在财务上还是个人（时间、精力）上，所有者都对自己的公司进行了全面投资。

为了简化计划退出的过程，并在"步骤一"中扩展目标设定的过程，所有者可以衡量他们的财务和心理就绪度，以确定他们对今天的退出做了多大的准备。通过使用这个简化的过程，所有者可以调整他们的当前状况，并开始考虑在他们的退出计划中接下来需要做什么。同样，退出计划是一个过程，而不是一次简单交易。知道你今天在财务上和心理上所处的位置，是一个非常有用的步骤，可以帮助你了解如何以及何时能够达到"步骤一"中所述的目标。这"步骤二"有助于确定他们退出的财务和心理就绪度。

从**财务准备就绪度**（也就是说，从所有者个人财富所处地位）看，企业所有者要么指望来自退出的收入（可能是一份可持续获得的回报或从一项权益出售中得到的现金）去实现其长期目标（较低的财务就绪度），要么完全不指望这类收入（较高的财务就绪度）。借助于退出规划团队的帮助，企业所有者必须厘清自己当期的财富水平、投资的多元化程度、风险偏好、收入来源、企业的运营支出、退出后的预期生活方式，以及赡养伴侣和孩子的相关需求等。

就财务就绪度较低的企业所有者而言，他们目前的财富地位和满足未来经济目标所需的资产数量之间还有一个缺口。企业所有者需要从自己的企业获取具有流动性的真金白银，来补足这个缺口所需，用以满足其退出后的花费支出，以及其后代所需的支出。一般而言，财务就绪度较低的企业所有者拥有的退出选择要更少，需要更周密的退出规划。他们需要考虑使用下述行动的组合：①使企业获得进一步发展，以便实现自己的经济目标；②在维持对企业控股权的同时，尽快退出部分投资，以便实现投资的多元化；③卖出企业并为企业新的所有者工作；④退出之后，削减预期开支。对于财务就绪度较高的企业所有者，可供选择的退出方案会更多。

从**心理准备就绪度**（比如，企业所有者对企业的依恋程度）看，企业所有者可能做好了退出的准备，对如何充实没有企业的日子，有了很好的规划和（或）把这种退出视作进入人生下一阶段的健康而自然的步骤（较高的心理就绪度）。

此外，所有者可能深度卷入企业的日常经营活动，对企业有很深的情感依恋。除经营企业外，这类所有者几乎没有任何爱好，视企业为事业而非投资，以及（或）下意识地抵制规划退出所需的步骤。对这类所有者而言，企业可能就是他们自己的化身（较低的心理准备）。无论他们的心理准备的就绪度如何，企业主可能会考虑为自己投资一个相关的教练或加入像 Vistage 之类的 CEO 同伴小组。

正如下一节的调查数据所示，大多数（84%）美国私人企业主对退出公司的心理准备就绪度较低。如果我们把这与之前在有关老去的婴儿潮一代企业主的问题所提供的数据结合起来考虑，这就是一个有趣的统计数据。

一旦所有者设定好退出企业的个人目标，而且他们的财务和心理准备就绪，那么他就可以开始和顾问定义自己所属的退出类型，并着手制定退出规划的其余部分。

步骤三：退出所有者的类型

"步骤三"涉及给退出所有者的类型定性。退出所有者的类型有四大类，具体取决于每个所有者退出的财务和心理准备就绪度。确定退出所有者属于哪种类型，有助于分辨最适合于所有者的退出方案，并可据此构建相关退出规划。

"实力雄厚且蓄势待发"型所有者的特点：财务和心理准备就绪度都很高。他们不仅已经准备就绪，而且具备条件开始启动这项退出之旅。他们个人对企业的日常经营影响不大，对企业的情感依恋有限；他们在公司权益之外的财富足以支撑他们的生活方式；遗产税的问题通常需要体现在退出规划里。

"富裕但仍想继续工作"型所有者的特点：就退出企业而言，具备较高的财务就绪度，较低的心理就绪度。这些所有者准备离去，但不知道，除了经营企业外，他们还能做什么。从心理准备的就绪度而言，他们的介入对企业的日常经营很关键，同时，他们享受工作，对企业有情感依恋的倾向。财务上，就像"实力雄厚且蓄势待发"型所有者，他们有着足够的财富，包括企业之外的收益来源，同样，也可能面临遗产税的问题。这些企业所有者可能正在考虑一份从企业逐步退出的可控规划。

"留守及发展"型所有者的特点：退出的财务就绪度和心理就绪度都较低。他们不仅没有做好停止工作的准备，而且，就维持其退出后的生活方式而言，他们还没有积累起足够的个人财富。在企业所有者群体中，他们通常有着更多创业者的色彩，大都更希望继续工作。他们的兴趣是在企业的发展上，着眼于在较远的未来退出企业，而且会在合理避税的基础上节约每一块铜板。

"以最高价极力退出"型所有者具有较低的财务就绪度和较高的心理就绪度。他们想以尽可能高的价格立刻退出。这些企业所有者的选择有限，仅有的选项可能就是出售他们的企业。就退出企业而言，他们在财务上没有准备好，可能还依赖企业维系他们的生活方式，但停止工作的愿望很高，至少是想尽快脱离目前的企业。

没有任何一个所有者完全适合于四种类型中的某一个，但可能偏向于某一种，同时具有其他类型的某种特质。在图14-1的退出象限图中，我们把退出规划流程的"步骤二"和"步骤三"放在一起，有助于表述就财务和心理就绪度而言，一位所有者会属于哪一个类型区间。

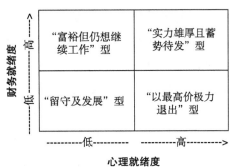

图14-1 退出象限图

为了提高企业所有者衡量其退出就绪度的能力，我们创建了一个在线软件调查工具，以帮助企业主做这种衡量。在三年的企业主调查过程中，完成了超过 1 500 项调查。该调查工具被命名为企业退出就绪指数（BERI，以报告形式体现），如图 14-2 所示。

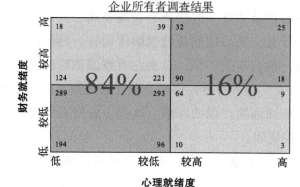

图 14-2　企业退出就绪度指数

注：©2017，巅峰权益解决方案公司。

这些调查结果反映了美国的企业主退出的一般就绪度。这些调查结果满足了这样一个目的，即如果这些企业主感觉他们还没有准备好从他们创建（或购买）的企业转出的话，那么这个调查结果实际上帮助了那些心理准备就绪度低的企业主看到他们真的并不孤单。

此外，仔细观察，调查结果不仅表明他们心理准备程度较低，而且现今大多数人退出的财务就绪度也较低。如上所述，这些"留守及发展型"企业主代表了当今大多数企业主的就绪度。而且，鉴于这一事实，许多企业主的问题不仅仅是"如何在企业之外存入更多资金以确保我的个人财务/退休规划"，而且是"我对我的企业有多依恋，以及这如何使我无法就我所拥有的最大财务资产进行客观规划"。

实际上，"退出规划"这个名称并不一定能很好地适用于这个企业所有者市场，因为它好像在直接暗示——退出就是该走了。然而，正如在本章中多次提到的，退出规划实际上是一个长期的过程，旨在于一段时间内帮助企业所有者规划其最终的退出。

说实话,在一个所有者准备好要离开之前,实际上并没有太多时间去完成那些成功转换通常所需的改变。BERI调查的结果应该有助于企业主认识到,在财务和心理准备方面,他们并非与众不同,而且,为了实现个人和企业的成功转型,他们应该用更长的时间来制定自己的退出规划。

步骤四:可选退出方案

企业主参与了退出规划流程,完成"步骤一""步骤二"和"步骤三"后,就已经考虑好他们的个人和企业目标,并了解了他们在退出时的财务和心理准备情况。现在,可以向前一步,来看一看为实现"步骤一"所涉目标的所有可行的可选方案。一份完整的退出策略规划会检视可行的退出可选方案的所有优缺点,以确定哪一个是帮助企业主实现其总体目标的最佳方法。这时企业主可能会意识到出售企业不是退出的唯一或最佳选择。如表14-1所示,还有许多退出的可选项。认识到大多数非上市企业不会进行首次公开募股(IPO),并对清算公司也不会有兴趣,我们这里就专注于持续经营企业的五种最常见的退出选择:出售、资本重组、员工持股计划(ESOP)、管理层收购和股份赠予。

表14-1　20种退出可选方案

分拆出售部分股份	清盘(有选择的、有序的或强制性的)
债务再融资	资本重组
资产剥离	员工持股计划
股份的AB股化	出售给家族
赠予慈善事业	管理层收购
赠予雇员	出售给员工和外界投资者
赠予家庭成员	出售给第三方
IPO上市发行股票	股份回购计划
合资企业	分拆上市
杠杆资本重组	战略联盟

出售给第三方

将企业出售给第三方是最直观、最容易理解的退出选项。许多企业主都知道他们所在行业的公司会卖给更大的竞争对手(或投资者),而且还有一些企业主甚至知道那些公司的估值倍数。对于这个选项,需要理解出售交易的基本构成,以便为潜在的出售事宜做更好的准备。并购的好处已经在第1章进行了论述,而并购市场和规划流程则在第4章进行了阐述。

这个选项一般是立刻实现股东财富的最有效的手段，当然这里有个前提，即这个出售行为能够有助于价值创造并能以最高的价格卖掉企业。通过这种方式，企业所有者通常可能得到最高的价值，但可能失去工作、放弃对企业的战略和财务控制、丧失企业未来的价值，并遭遇税费问题。⊖这些要退出的所有者出售企业的所得价值，无非就是市场能够承受的价值（换言之，也就是买家能够支付的价值）。正如本章一开始提到的，并购顾问认为65%～75%的潜在卖家达不到出售条件，这意味着这些企业的其他退出选择可能更有意义。此外，正如BERI的统计数据所显示的，如今，只有不到两成的企业主具备出售企业的心理准备，即他们才是出售公司的候选人。

如果企业所有者清楚，在出售交易之前的若干年，就可以采取许多行动来提升企业价值，并使公司在未来更容易转让，那么他的结局就会更好。这本书书名《并购估值》（为并购而估值）就此做了提示。

私募股权基金的资本重组

下述情况共同导致了私募股权投资者的剧增：不断增加的上市公司立法、廉价债务融资工具的出现、更多的现金可用于投资、婴儿潮时期出生的企业主的老龄化，以及不断增长的经济形势。在2017年，PitchBook Data公司披露全球有13 039家活跃的私募股权基金公司（PEG），其中6 434家的总部设在美国。这些公司一共支持了64 471家世界各地的公司，包括30 682家美国公司。

最初，这些基金公司专注于中盘股、大中盘股和大盘股市场的投资。随着大公司估值的高企和基金公司数量的整体增长，这类基金公司已经将投资下移到中盘股的低端市场，以购买成长性好的公司。如今，这类基金会购买具有下述特征的500万～1000万美元规模的公司：有独特的销售地位，有增长潜力，有赢利能力，有一个好的管理团队。由于这些趋势，对于企业所有者来说，私募股权资本重组的方式已经成为一个更可行的退出选择。

资本重组交易是指，企业所有者把企业的控股权出售给私募股权基金（PEG），从这些出售收入中拿走部分现金，并且也可能在经营层面继续掌控企业。私募股权基金提供资金和管理知识，帮助企业做大做强。这种融资为公司的成长提供所需资本（仅靠企业所有者的资本金无法完全做到），抑或这种投入资金是为了满足企业的一项收购活动所需。出售权益的企业所有者得到的价值，

⊖ 对于少数公司而言，相比出售，IPO又是一个退出的可选方式。

不包括任何可能的协同效益价值,但他会为公司未来的价值保留部分权益,并可能在雇用协议之下继续为公司工作。对于财务和心理就绪度较低的企业所有者(换言之,即"留守及发展型"企业所有者),这是一种典型的退出方案。

虽然这种再资本化选项在纸面上看起来非常好,但许多所有者会为是否接受这种替代方案而挣扎,因为私人企业主通常不想让合作伙伴介入他们的企业(更不想成为别人的雇员)。这些所有者应该认真关注突显私募股权力量在当今市场中不断增长的那些统计数据,并了解它们的交易是如何为满足私人企业主的各种需求和关注,而随时间演变的。

员工持股计划

员工持股计划(ESOP)是一种所有权的内部转移方式,涉及把公司权益(全部或部分)出售给员工受益信托。员工持股计划信托是一种合规的退休计划,内容包括权益兑现时间表、最高限额,以及《员工退休收益保障法案》的其他相关规定。

员工持股计划为公司的权益提供了内部市场,为企业所有者提供了投资多元化的可能,为长期效忠公司的员工提供了权益奖励的机会,能激励员工提升企业生产率。此外,这个方案还提供了一种合规的退休金计划,为公司及其企业所有者提供不小的税收优惠。另外,由于员工持股计划的可塑性,企业所有者可以保有控股权,继续在公司工作,领取工资,仍然享受某些合理的特权,还能分享公司未来的价值。在拟退出的四类企业所有者中,有三类所有者可以把员工持股计划作为他们的一种可选方案。整体上,员工持股计划对下述所有者是一个有吸引力的可选方案:想通过部分权益变现一些现金的所有者(通过免税展期增减流动性⊖)、还没有准备退休的所有者、想要为员工留下遗产的所有者。而急于退出的所有者不可能对员工持股计划感兴趣。

总的来说,ESOP 是一个非常灵活的工具,但是它有一定的复杂性。经验丰富的退出规划专业人士,以及专门做 ESOP 的人士,可以帮助澄清这种复杂性,让所有者了解 ESOP 是否是帮助其实现个人和企业目标的可行选择。

管理层收购

管理层收购(MBO)是另一种涉及所有权内部转移的退出策略。不过,在这种情形下,所有权直接出售给了公司现有的管理团队(也许还有一些共同所

⊖ 针对美国国内税收法典 1042 款项下的 C 类公司。

有人和/或家庭成员)。这种退出方案有四大好处：

- (1) 控股权的退出可以在许多年间逐渐实现，提供了一个有弹性的交易结构和税负形式。
- (2) 公司的价值得以维护，因为企业经营的连续性得到了保障。
- (3) 交易不需要一个外部的第三方参与。
- (4) 它对助力公司成长的团队是一种奖励。

其缺陷包括：

- (1) 雇员缺乏购买企业的现金支付能力。
- (2) 企业的雇主/雇员与合作伙伴之间的关系生变。
- (3) 可能需要把企业当作抵押物。
- (4) 需要与为所有者打工的人谈判。

MBO通常是那些财务就绪度高而心理就绪度低的企业主（即那些富裕但选择工作的人）的选择。MBO可能对具有下述心理的企业主并不适合：希望将企业所有权风险转移给有财务实力的买家或私募基金，以便让自己通过几年甚至几十年的努力获得大回报。也就是说，很多老板都真心希望奖励那些帮助其取得成功的员工。MBO需要企业主和管理团队之间有高度的配合，因此需要一个经验丰富的专业团队来执行。一个完整的退出规划过程将兼含MBO方案（用于企业主退出规划）的财务和非财务的优缺点。

股份赠予

股份赠予（gifting）策略涉及把所有权转让给家庭成员或员工。这种赠予策略能够与其他策略（如员工持股计划和管理层收购方案）组合一起用，实际情况也常常是这样，即把一笔额外的公司股票转赠给员工、继承人或慈善机构。在多数情况下，这些方法都不会给企业所有者带来任何现金流。不过，某些交易能给现有所有者带来常年收益，同时对于那些赠予出去的资产，会给现有所有者带来有利的税收抵扣优惠。

如果仔细琢磨的话，股份赠予方法应该在退出流程的早期做，最好是在出售公司之前较早的时间点做，以便在价值提升时，那个增值的部分已经是处在所有者的遗产之外了。虽然当时不是出售公司的恰当时机（比如，处在市场的下行期，或时点与所有者的短期目标不太吻合），但那时可能是做遗产分配计划和赠送股份的好时机。赠予股份更多的是一个遗赠问题，而不是一个退出或继承的问题，除非家族参与了企业经营，并且是领导团队的一部分，预计将获得未来的所有权。因此，对拥有高水平财务准备的所有者而言，股份赠予通常是一种选择，但与所有者退出的心理就绪度无关（即指的是那些富裕但仍选择工作或富裕但准备离开的所有者）。

虽然清盘（清算）不是大多数企业所有者想考虑的，也不在本书考察范围之内，但在某些情形下，它可能是一种需要考虑的可选方案。当一家企业业绩持续表现不佳，且管理层一直拒绝改变不良的经营管理方式，或无人出手购买这家企业，那么清盘可能是保值的最佳方式。不听取建议以主动和有序的方式清盘，有时可能导致最终破产。

在这些退出可选方案中（见图14-3），每一种都具有不同价值。这里，有一个重要的概念需要了解：一个企业具有的价值不限于一个值；相反，它是一个范围。下一节将会阐述为什么同一个企业会有不同的价值。

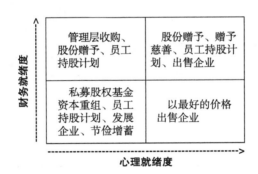

图14-3　退出可选方案

步骤五：价值范围

估值是退出规划流程的核心部分。企业通常是企业所有者最有价值的一笔资产。因此，通常对财务就绪度较低的雇主而言，他们的财务保障取决于企业价值的最大化（和税负的最小化），以及能否把其资产价值转化为现金。所有者及其顾问必须知晓企业当期的价值范围，以便确定如何抵达自己财务目标的彼岸。在查看整个资产组合时，对可流动证券和所持不动产，企业所有者可以很快确定它们的当期价值。不过，由于对流动性较差的企业价值缺乏了解，所有者不可能清楚其个人财富净值是多少。

企业的"价值"取决于价值的前提和标准（这在第1章做了介绍），但这些要基于退出规划的目标和前景来确定。通观本书，我们都会提及这么一个事实：价值是一个范围的概念，不是一个精确的数字。许多企业的所有者都不知道自己公司的价值，他们也不懂价值是如何变化的。结果，他们也不可能意识到：每个可选的退出方案都附有不同的价值。

要想审核依据各退出可选方案的分析得到的财务结果，企业所有者必须懂得存在于企业的"价值范围"。从并购角度出发的这一概念在附录13A中已有提及，它涉及从交易中获得的协同效益。在退出计划中，范围的概念就更加广泛了。企业评估师有充分理由将其评估的使用限制在特定目的。其价值结论直接受到价值目的和基本标准的影响。每个公司的价值范围都可以以连续统一的形式呈现。如同表14-2所示（该数据应用了我们将在第21章中提供的案例研究中的数据），这种范围可能非常重要。

表14-2 价值连续值 （单位：万美元）

清偿价值		公允市场价值		投资价值
1 500	1 900	3 100	3 500	4 100
清偿价值→股份赠予→员工持股计划→管理层收购→私募股权资本重组→战略买家				

	息税前利润	隐含价值
账面价值①		1 500
少数股东权益的公允市场价值②	690	1 900
控股权公允市场价值③	765	3 100
投资价值——横向整合④	865	3 500
投资价值——纵向整合⑤	1 015	4 100

① 卡文迪什在估值日期（第5年）中，因清偿目的而定义的账面价值。我们假设未就账面价值做任何追加调整。参阅第21章的表21-3。

② 适用于股份赠予目的的、处在少数股东权益价值范围的公允市场价值。这里假设公允市场价值是建立在4倍于息税前利润值之上，但因缺乏变现性而采用了30%的贴现率。因为是对少数股东权益进行估值，所以，没有就超额补偿问题进行调整。息税前利润取自表21-1。

③ 控股权的公允市场价值，即针对私募股权资本重组的价值。这里也假设公允市场价值是建立在4倍于息税前利润值之上。由于75万美元的超额补偿（参阅表21-7）对息税前利润进行了调整，但这里没有对流动性不足进行价值贴现。

④ 针对寻求横向整合的战略买家的投资价值。由于费用降低，已调整的765万美元息税前利润将得到进一步的调整，结果是息税前利润有了一个100万美元的增幅。对于这个案例，支付的投资额是一个4倍的息税前利润值，但投资价值通常反映了一个比公允市场价值更高的倍数（更低的贴现率）。

⑤ 针对寻求纵向整合的战略买家的投资价值。由于新增的收入和降低的费用，已调整的息税前利润将进一步调整，结果是息税前利润有了一个150万美元的增幅。

在价值连续值的最低端是清盘价值。就持续经营的企业而言，在公允市场价值范围的较低端，通常活跃的是直接财务买家——他们会贴现公司未来预期现金流，并假设仅利用公司的（通常是较高的）资本成本进行内部发展。这段价值范围值始于公司的小股东（流动性很小、对公司的管理没有控制权），包括无法控制所有者的随意支出。因此，正如第 12 章所阐释的那样，对缺乏控股权和缺乏变现性进行贴现一般是合理的做法。这里的公允市场价值适用于股份赠予和员工持股计划方案。

然后，价值连续值扩大到控股权股东——他不仅掌控企业管理，而且愿意的话，他也有能力卖掉公司。在这里，针对缺乏控股权的贴现就没有了意义，因而针对缺乏变现能力的贴现率要么被最小化，要么没有使用的必要。公允市场价值适用于针对财务买家的企业出售情况，通常也适用于管理层收购和私募股权资本重组的退出形式。

再接下来，这个价值连续值会持续扩大到涉及协同效益的投资价值（可能涉及一个具有多元投资组合的买家）。通过消除一些公司的经营性支出，这类买家能提升公司管理费用的使用效率，并把被购公司视作其开拓特定市场的运作平台。

随后是寻求横向整合的战略买家（一家公司想在生产流程的某个节点控制市场，方法是控制这个节点的资源），利用业务组合，降低成本。在最后，是寻求纵向整合的战略买家——一家公司为了提供产品或服务，控制几个涉及生产和（或）分销的环节（利用其他企业提升其收入水平）。出售给第三方的可选方案也可能处在几个不同的价值层面。总的来说，退出规划的部分作用是确认哪种买家会认为该公司最有吸引力。

正如第 3 章介绍的那样，价值动因反映了公司的优势——这些优势既能使公司的风险最小化，也能使公司的净现金流回报最大化。这些动因包括预期来自并购的协同效益、行业地位、增长趋势、品质及企业声誉、现金流及赢利能力、客户关系、区域拓展的可能性、品牌、技术、知识产权、配套的人力资源和其他相关要素。为了理解这个价值范围，企业所有者必须对这些价值动因有深刻的理解。

步骤六：退出规划的实施

退出规划流程中的最后一步是有关完成规划的部分。在量化了所有者的目标,确定他们的就绪情况,并分辨了他们最近似的所有者类型之后,除了理解价值就是范围的概念之外,相关的流程还包括退出选项的评估,随后,所有者就基本上会接受一个他们所选退出方案的价值。现在,在"步骤六"中,重点是构建交易,审查某些结构的税务影响,起草执行规划所需的法律协议,以及组建合适的咨询团队,以协助(持续的)规划和退出的实施。

退出规划还有一个不可或缺的部分(与估值相关):通过税负最小化进行保值、从债权保护价值、通过价值动因提升价值等。像表 14-3 概述的那样,价值的保值方法还有:把企业转型为 S 类公司、建立员工持股计划或设立一个剩余财产年金慈善信托(charitable remainder trust,CRT)等。此外,价值的保护方法还有:检查保险政策、实施定期的法律审计、解除个人担保、把不动产从经营中分离,以及设立多家实体,等等。提升增值的方法还有:不断增加现金流、降低与这些现金流相关的风险。不断增加现金流的方法有:增加收入并减少非常开支。降低现金流风险的方法有:夯实客户群及使其多元化、建立一个扎实的管理团队及培养一个接班人。这个流程的关键点是能够向潜在买家呈现企业过往历史和解读管理层未来的成长战略。会给公司内涵加分的行为还有:把公司的财务报表梳理好,把管理层的企业发展战略整理成标准文档。此外,定期获取有关自己企业的独立评估报告,如能达到几个目的(包括找出公司特有的价值动因,为退出规划的目的确定客观的价值评估值)。上述这些就是规划实施的所有构成部分。

表 14-3 价值的保值、保护和增值

保存价值	保护价值	提升价值
S 类公司	检查保险政策	增加收入
员工持股计划	法律审计	减少开支
剩余财产年金慈善信托	解除个人担保	客户多元化
	分离不动产	扎实的管理
		培养接班人

但这里要强调的是退出规划流程的灵魂:理解、培育和实现企业价值。而要想实现价值,需要有效实施退出规划。

退出规划的实施要涉及交易结构、税收、遗产规划、法律协议和更多事务的协调和计划。它是一步一个脚印的流程,要花经年累月的时间来实现这种价值的转移,然后是管理的问题,最后是控股权的问题。当然,要考虑的问题还包括市场条件、市场时机、价值最大化与相关风险、外部要素与内部要素、战略性业务要素、沉迷于企业的情感问题、"成功"的心理指标,以及家族成员管理企业的潜在可能性。

要想有一个顺畅而成功的退出,确保有一个称职和专业的顾问团队非常关键。同时,抓紧实施和定期复审退出规划,会有助于确定所有者的时间安排,并锁定最终的成功退出。

在指望出售公司的所有者中,运作时间不足三年的,绝大部分都未能达到目的。如果他们的退出规划同时有可启动的备选方案,那么他们在未来以最优价格出售公司的情况要好得多。而要想理解什么是最优价格,就必须懂得在前 8 章所述的给一家企业估值用到的那些基本变量。

VALUATION FOR
M&A
第 15 章

交易的艺术[⊖]

要想成功地经营企业，并对企业做出合理的价值评估，就必须深谙价值——这是前述章节一再强调的管理层和股东必须了然于心的基本常识。然而，在并购领域，往往是在确定完企业的独立公允市场价值和投资价值之后，才会有实际行动。在并购流程里，交易的设计和谈判（"做交易"）是随后的步骤。本章将分别从买家和卖家的角度，阐述交易的谈判过程。虽然每项并购交易各有千秋，而且它们可能都有各自的特定需求、具体条件或不同环境，但本章所提及的概念和原理可为交易双方提供一个有益的指引，助其实现最终的共同目标：谈判成功，达成交易。

形态各异的谈判难题

要想完成这项艰巨的任务，需要渊博的知识和众多的技能。首先，并购交易的谈判人员应该擅长沟通（体现在倾听、交谈和写作方面），必须熟知价值的含义，同时，还应该对税法和会计准则有一定的了解。正如第 4 章所述，并购团队应该包括法律、税务和估值方面的专家，并由其中一人作为谈判代表。在这里，相关知识的宽度是一个基本要求——对于没有认识到这一点的买方或卖方，最终与他们不期而遇的，要么是吃亏的价格，要么是不利的条款。

⊖ 本书作者由衷感谢迈克尔·艾格斯（电子邮箱：mje@abasf.com）对本章编写所给予的帮助。美国企业评估师协会的迈克尔来自加州旧金山市，具有下述资质证书：高级评估师（ASA）、美国注册银行审计师（CBA）、注册会计师（CPA）和商业价值评估专业资格（ABV）。

在考虑交易中的这些问题时，有必要回顾一下第 4 章中下述两节的内容："公司出售的策略和流程"与"并购策略和流程"。

卖家往往觉得自己比他人更了解企业的情况（尤其作为公司的所有者或 CEO），因而自己最有资格谈判公司的出售事宜。同样地，买家公司的 CEO 或控股股东也认为，它们凭借自身权力就能谈出最佳的交易价格和条款。虽然买卖双方可能具备广博的知识，并拥有批准或否决交易的权力，但他们必须意识到谈判是一个过程，自己只能在其中扮演一个角色。这里的关键是要清楚谈判小组的每一位成员应该扮演的角色，然后要使每个团队成员忠实履行各自的职责。

这种并购谈判的结果将决定公司长期的经营方向，往往会使买卖双方陷入激烈紧张的唇枪舌剑之中，所以这里需要强调人际交往和沟通技巧的重要性。这场谈判将会影响很多人的职业生涯（人们的工作去向和他们的工作内容），不少人的命运都悬系于此。在此利害攸关之时，主要谈判人员往往又彼此陌生，不得不依赖并不熟知的并购小组成员。

在意识到上述情况后，合格的顾问应该就价值和**他们的**（而非**客户的**）价值观点的依据进行初步沟通。作为头脑冷静的专业人士，他们应该能够为即将开始的谈判，逐步估算一个合理的估值区间，抑或能认识到这是一项双方无法达成的交易。这些顾问应该清楚，在谈判过程中，他们所提出的价值建议都是他们自己的，不是客户的出售价格或收购报价。这种做法使得客户（最终决策者）能免于过早地对交易价格或交易条款做出任何承诺，而又能使双方较好地了解彼此的期望和清楚各自的谈判风格。

上述做法也能避免双方因心急而仓促讨论价格问题。价格不是价值，价格深受众多交易条款的影响。这些条款包括：

- 交易清算时的现金数额。
- 交易结构——股票出售 / 收购 vs. 资产出售 / 收购。
- 付款方式——现金 vs. 权益 vs. 某种混合方式。
- 非竞争协议。
- 卖家的雇用合同或顾问合同。
- 卖家的融资和（或）抵押担保协议。

在谈判的最初阶段，明智的做法是在一些重要但不带有对抗性的问题上寻求共识，比如交易完成后公司未来的发展计划，以及收购后卖家或其他重要人物所能扮演的角色。在谈判的初始阶段，双方也可以甄别和评价卖家的非财务问题或个人问题。在这个过程中，也可以设法评估新公司的经营能力。在设法解决这些初始问题的过程中，双方都在不约而同地建立某种程度的信任感，并协商有助于双方切入更加困难的价格问题的方法。经过这种磨合，在下一阶段，双方表现出的价格差距可能会小一些，而且双方可能会建立起相关的势能，便于解决最终无法回避的分歧。

当谈到价格问题时，请铭记这句名言："卖方的价格，买方的条款。"由于存在着不少交易的设计技巧，通常买家给出的收购要约要既不超自己的预算，也可以使得卖家愿意出手。一般来说，如果买家能达到或接近卖家的价位，在如何支付对价的问题上，卖家的决策通常会显示出自己的灵活性。

交易结构：股票 vs. 资产

理智的卖家都能认识到：在评估一项潜在并购交易时，有经验的买家都会小心谨慎地权衡其中包含的风险。因此，首先和最为重要的风险评估之一就是考虑是从目标公司股东手里购买股票，还是收购全部或部分所选资产。

虽然众所周知的那些上市公司的并购大部分都是股票交易，但在中盘股市场上，无论股票交易还是资产交易都是常见的方式。因而，并购双方都应清楚这两种交易结构各自具有的优点。最为常见的情况是：交易一方坚持使用其中一种交易结构，不会创造性地采纳其他结构达成交易。由于有利于其中一方的某种交易结构，通常会不利于另一方。因此，交易双方明智的做法应该是：在制定谈判策略时，要考虑清楚交易结构可能带来的后果。卖家通常偏爱股票交易，因为它有单一税率的好处。相反，买家往往偏爱资产交易，因为并购资产享有递增折旧基数的税收好处，同时因为资产交易只会收购可确认的资产和负债，降低了潜在风险。因为不同交易所处环境各异，所以双方都应该仔细评估这两种交易结构的具体内涵，甄别和量化它们各自的利弊（尤其是风险和税后净现金流的甄别和量化），从而最终谈出理想的交易。当交易结构为股票交易和资产交易时，它们各自具有怎样的优点和缺点呢？让我们就此看看以下的陈述及概述于表 15-1 的内容。

表 15-1　股票交易 vs. 资产交易——买家/卖家比较

股票交易

	优势	劣势
买家	1. 一些股票交易（例如免税的股票交易）不需要纳税，而所有的资产交易都需要纳税 2. 通常比资产交易花费更少的时间和成本	1. 对买方无递增折旧基数的税收好处（除非选择了第338条款） 2. 因此，买家是以税后金额支付的 3. 如果是个人购买，公司不负责融资 4. 税收亏损通常能够展期抵扣，但： 　① 如果超过50%的所有权变更，净经营亏损（NOL）将失效 　② 否则，每年只有部分净经营亏损可用 　③ 合并回报受限（CRCO和SRLY） 5. 合同持续有效（无论好坏） 6. 可能会有不受欢迎的资产、负债和或有事项，但买方可寻求对任何未披露的负债要求赔偿
卖家	1. 买方对公司的业务承担全部责任 2. 卖家想要更低的长期资本收益 3. 收购后就不需要做清算了 4. 一些股票的出售可能符合ESOP或重组待遇 5. 所有的资产都被出售了，所以没有必要处理不想要的项目	1. 卖方的保证和担保范围更广 2. 若需卖方融资，则抵押贷款更难 3. 对卖方来说，更难保留部分资产 4. 如果有净经营亏损，则不能用于抵消其他利润

资产交易

	优势	劣势
买家	1. 所购资产的税基是公允市场价值 2. 支付的价格被抵扣、摊销或折旧过的 3. 买方可选择企业形式 4. 所选资产是被购买的并承担负债 5. 增加债务和股权结构的灵活性 6. 对卖方或有负债的风险敞口较小	1. 对买方通常不能使用卖方的税务会计方法（如果账面上的资产价值高于公允市场价值，则为劣势） 2. 买方可能希望保留某些合同权利 3. 如果有更便宜的收购，价格可能会降低 4. C类公司和三角重组可能会限制基数提升 5. 某些S类公司的内置资本利得（BIG）税
卖家	1. 减少对买方的保修承担义务 2. 如果不征内置利得税，买方就会获得更大的灵活性，而卖方的税负则会更低 3. 更容易保留选定的资产 4. 卖方可以保留一些有形或无形资产 5. 使买方在构建交易时更加灵活	1. 对一家C类公司或最近改制的S类公司来说，双重征税通常是一个主要问题 2. 如果公司是一个C类公司或S类公司，有内置的资本利得税敞口，那么卖方可以双重减税 3. 买方可能为多余资产付很少的钱 4. 合同权利可能不易转让

股票交易

一般说来，在股票交易中，买家的并购内容包括所有的有形资产和无形资产，以及卖家及其代理人当前或先前的行为带来的所有负债（包括未披露的负债和或有负债)。这些内容可能潜藏着买家最为担忧的未知陷阱。

卖家角度：卖家通常最为偏爱股票交易，因为只要持股超过一年，持股人只需根据股票的购入成本与出售价格之间的差额，一次性缴纳个人所得税。股东所需缴纳的税率为长期资本利得税税率，相比普通收入税率要低得多。谈判过程中，卖家会尽其可能将收入进项以股票的方式获得，同时尽量使顾问合同和非竞争协议的收入进项额最小。之所以如此，是因为顾问合同和非竞争协议这两项的收入是按普通收入税率纳税，而股票的净收入只需缴纳较低的资本利得税。

这种交易结构使得卖家在税收方面得益，而买家却会遭受税收及其他方面的不利影响，所以卖家以股票交易方式获得的交易价格通常偏低。另外，股票交易会导致买家必须接收目标公司的全部负债，包括表内、表外及或有负债，极大地增加了买家的风险。因此，买家通常要求将充分陈述和保证条款纳入交易协议，以避免股票交易可能带来未知的潜在负债。

有鉴于此，卖家应该列明买家如果并购卖方公司可能会遭遇的风险，并尽可能采取一些必要的转变使这种风险最小化。如果卖家通过这些举措使潜在买家在股票交易方式上的风险足够小，那么交易就可能最后以股票的方式进行。

因为股票交易对买家不具备吸引力，所以卖家通常只能找到很少愿意进行股票交易的买家。如果存在少数权益股东，卖家还必须获得他们的同意，这就要求与他们分别进行单独的谈判。

以保险形式做风险管理：通常保险是一种有助于降低风险的实用工具。对买家而言，可以用合理的边际成本购买责任险（称作长尾险），作为买家现有保险的附加条款。如果买家要求卖家购买这一保险，作为单独的新保单，保费可能要高很多。在同一利益点上，买家比卖家更有能力采取措施降低交易成本（以上就是其中一个很好的例子）。同时，这个例子还说明：可以采取措施对交易价格施加影响，并能为买方和卖方都带来相关利益。

买家角度：对买家而言，股票交易的主要缺点是以目标公司现有税基承接了它的固定资产，这通常意味着目标公司的大幅折旧已被扣除。在这种情况下，买家能够减记的收购成本要少很多，即使有一些特定税法选项可用，也无济于事。

为了降低有碍利润表现的费用，作为上市公司的买家可能更倾向于将大部分成本归为一般无形资产价值，以便进行摊销，而不是在较短期间进行折旧。这也说明上市公司更关注收益情况，而非上市公司买家通常以税负最小化为目标。

除了给买家带来税收的不利影响外，这一交易结构还会给买家带来其他潜在风险。通过收购股票的方式，买家承担目标公司的全部负债。买家最担心截至当期卖家或其机构内含下述三项可能的风险：或有负债、资金无着落的退休金计划以及潜在的产品质量索赔。这些债务可能会给买家带来潜在损害，为此买家要付出百倍的努力去调查这些债务情况（迫使买家从事更加广泛细致的尽职调查）。当然，如果卖家不愿意或无力接受买家所希望的充分陈述和担保条款，买家就会受到掣肘。

如果股票交易不是收购全部股份，买家就必须应付那些可能投反对票的少数股东。在股票交易的谈判中，由于上述这些不利因素，买家通常能够谈出较好的价格和条款。

虽然股票交易对买家存在诸多不利，但也不乏益处。因为公司结构没有变动，所以公司合同、信贷协议及劳动合同都延续不变——除非这些合同有特别条款约定：如果股东发生重大变化，则它们就自动失效或需重新获批。如果这些合同可以维持不变，那么，买家的并购和整合过程就会更加顺畅。买家还会从卖家那里获得税收方面的好处，例如，一般亏损或资本亏损的结转抵扣。买家也许能够选择适用联邦税收法典338节的条款：在合规的股票收购交易中，买家可就卖家的固定资产采用递升税基，通过并购的税收或以支付某种税款形式抵消这些新增税基。在谈判协商过程中，买家会尽量将交易价格分配到顾问合同或非竞争协议中，因为这样可以抵减买家税收。

颈圈调整：当买家购进股票时，它就获得了目标公司的"流动头寸"。也就是说，公司的营运资金（即流动资产减去流动负债的差额）是公司价值的组成部分。协议价格将在交割日生效，且卖家通常会"担保"交割当日营运资金的变化应该处于协议价值的一定范围以内，例如，10%的波幅之内。

例如，在过去两年，Sellco公司的平均营运资金为1 000万美元。在Sellco公司全部已发普通股收购中，这个标准化的营运资金金额是整个交换价值中一个协定的部分。根据最终达成的协议，所谈定的10%"颈圈"意味着如果营运资金低于900万美元，则交易价格应调减相应的金额。同样地，如果营运资金高于1 100万美元，则交易价格应调增相应的金额。

资产交易

在以资产买卖而构建的交易中，只有那些在收购协议中列明的有形和无形资产以及负债项目才能转让。买家偏爱这种交易结构，因为他们可以有选择地排除所有或部分负债，它们通常对卖家不利。

一般说来，在资产交易中，卖家会保留现金、应收账款和应付账款等科目。由买家承担卖家任何负债的做法都意味着真实收购价格的提升，因为这实际上是买家向卖家支付了额外的收购对价。在谈判初期，双方就应确定哪些资产不在交易范围内，这样就可以在最终交易协议中明确排除这些资产。如果交易不包括营运资金项目，那就意味着被收购公司新的运营一开始就没有卖家的现金、应收账款和应付账款，因此买家就必须考虑中短期现金流以及筹资需求。

卖家角度：对卖家而言，资产交易最大的缺点就是收入进项被征两次税。第一次是在资产出售时公司缴纳，第二次是在公司清算分配时个人股东缴纳。

在资产出售过程中，公司可能面临额外麻烦的税收问题：对折旧抵扣款进行征税（在资产出售时，这类收入被视为公司的普通收益）。而且，对于为商誉所支付的金额，公司还要立即将其确认为一项资本利得。对资产出售收入的双重课税会使卖家的实际收益大大缩水。不过，资产交易也有其优点：买家十分热衷于资产交易，他们通常愿意为此支付更高的价格。

因为资产交易只涉及已列明的可确认资产和负债，所以在这种交易方式下，卖家仍要承担剩余的负债。这些负债通常包括或有负债、应付退休基金、应付职工福利、租赁负债以及未决诉讼费用。卖家还要承担资产交易相关的一次性税费（如房地产转让税）。在资产出售时，如果卖家要继续运营剩余资产，那么这种资产并购转让，就会暂时打乱公司剩余资产的运营，整个业务需要重新调整。

在资产交易中，因为买家能够更准确清晰地界定交易项目，所以卖家要对交易所做的充分陈述和相关保证通常极少。在收购全部或部分特定资产的情况下，买家没有必要扩大尽职调查范围，不用涉及卖家的公司章程、会议记录、财务报表、信贷协议等内容。卖家不用尽调这些内容，它们仅适用于股票交易。如果还存在少数权益股东，资产交易通常可以降低持异议股东的法律诉讼风险（这种风险可能出现于股票交易）。

买家角度：采取资产收购方式，买家会获得很大的税收好处，因为所购资产可以当期公允市场价值入账。而"基数递增原则"能折旧掉不少买家的并购成本。另外，收购价格中超过有形资产公允市场价值的金额（为特定无形资产（如专利、版权和商誉）而支付的部分），通常可在计算所得税时予以抵扣。

在资产收购中，买家收益仅仅是购买被列为交易范围的可确认负债，因为这样可规避或有负债和其他未知的表外负债。

通过资产交易，买家能避免购买风险资产，常见的风险资产主要包括：可能内含环境风险的房地产、不能收回的应收账款以及无法售出的存货。此外，买家可以自主确定购买和持有这些资产的实体，这可能带来税收筹划和风险管理的机会。

为获得上述的相关利益，买家通常必须付出比股票交易（或权益交易）方式高得多的收购价格。当然，这一较高的价位已考虑到买家所能获得的好处，以及给卖家在税收方面所带来的巨大负面影响。资产收购有时也会给买家带来一些不利影响，当然这些负面影响可被上述所述利益冲抵。在收购资产而非股票的交易中，从技术上说，买家不能获得目标公司的雇员、客户或合同。虽然买家能够得偿所愿地避开某些特定雇员或合同，但在与其他雇员、工会和客户的谈判中，可能会遇到困难。此外，除了公司与供应商的关系（包括信贷安排以及银行和租赁人关系）必须重建外，采用资产并购方式的话，买家还可能无法使用能为公司带来优势的某些特许或许可。不过，利用资产交易，买家可以有选择地重新雇用其中意的雇员，可能有机会选择性地延续最有利的合同。

通过购买资产，买家不能沿用卖家所享有的优惠税收结转抵扣，而且通常还会丧失卖家的失业补偿金和工伤赔偿保险评级。

第 338 条条款（Section 338 Election）

在美国，税法在某些情况下允许买卖双方出于法律目的将交易视为股票买卖，但出于税收目的将交易视为资产交易。具体来说，买方合法购买股票，但被视为购买资产，而卖方合法出售股票，但被视为出售资产。在第 338（h）(10) 条条款中，卖方确认出售资产所得的应纳税所得额。在第 338（g）条条款中，买方确认出售资产所得的应纳税收益。这两种类型的第 338 条条款都要求买方是一家 S 类或 C 类公司，并且至少获得目标公司 80% 的股票。

收购价格的分配

如果要把并购交易构建成一项资产交易，即使尚未完全谈出或确定收购价格，但草拟**收购价格的初步分配方案**应是交易双方首批应做事宜之一。草拟分配方案的目的是促进双方思考交易的整体构思和税收问题。要想启动这种讨论，我们有一个相当不错的引子：表格 8594——美国联邦税务局要求填写的相关表格。很多情况下，在尚未考虑相关税收影响之时，收购双方就进入价格、条款、融资方面的谈判，甚至都谈到了收购价格的初步分配问题。对收购价格分配的误解，往往导致交易的失败和谈判末期的僵局。所以，应该在签订意向书并达成初步共识的基础上，填写表格 8594。这有助于确保双方理解每一项资产分配决策的税收后果，有助于清楚每项分配决策将如何最终影响买家税后现金净成本，以及卖家资产出售的税后净收入。从财务报告角度考虑收购价格分配的问题，将会在第 17 章进行讨论。

交易结构的设计非常复杂。有利于其中一方的条款通常会给另一方造成不利。因此，双方必须持续关注每一种交易结构所带来的风险和所能规避的风险。同样重要的还有，双方都必须不断关注这种交易给买家带来的税后净成本和给卖家带来的税后净收入。对卖家而言，股票交易的最终条款可能会是给出较低的收购价格，并增加卖家收入且（或）减少买家风险。交易结构设计的创造性思维，对交易达成最佳双赢结果至关重要。如果交易双方都能认识到协议条款对对方的税收的影响，那么他们就可以较顺利地达成交易，使得整体税负最小化并使双方受益。

付款方式：现金 vs. 股票

在上市公司的大型收购中，买家通常支付股票而非现金给目标公司。这种付款方式会对交易双方的风险回报产生较大影响。现金收购往往更简单直接，但对股票收购而言，不管是上市公司股票还是非上市公司股票，都非常复杂，需要小心谨慎地分析评估。

在现金收购的情况下，买家股东承担交易的全部风险，而卖家的风险非常直接明了：他们必须确定的就是能否获得尽可能高的价格，以及能否通过继续持股而获得更高回报。

如果卖家接受股票支付方式，他们必须清楚这种"货币"的风险和波动性要比现金大得多。而且，在股票收购中，卖家要分担买家在这项交易上是否成功的风险。如果买家是上市公司，这种风险会始于随之而来的即刻威胁：交易一宣布就可能立即引起市场的负面反应，进而导致股票价格下跌，价值缩水

（卖家的收入也相应减少）。此外，根据美国证券交易委员会第 144 号规定，在并购交易后的一定期间内，作为交易货币的上市公司股票，其上市交易会受到一定的限制。

因此，如果对方提供的支付方式是股票，那么卖家就必须谨慎评估这种货币的质量和流动性，以便确定这一方式的吸引力有多大。也就是说，卖家必须严格细致地评估买家的股票。至少，卖家应了解买家股票的如下问题：

- 买家所在行业的环境如何？行业潜在增长率是多少？
- 买家历史业绩怎样？未来发展前景如何？
- 相对于上述预期而言，买家股票的定价如何？明年会如何变化？
- 在交易方面，哪些限制条件（如果有的话）会阻止或延滞买家股票的出售？
- 买家股票的市场表现及特征如何？当新股东准备出手这些股票时，是否有销路？

由于卖家股东缺乏对买家股份的控制权，因此，在只占据买家董事会少数席位的前提下，他们通常只能通过自身的投票权来最大限度地影响买家收购后的经营和决策。有时，卖家能够通过谈判获得这种董事会席位，但他们必须认识到，对于买家董事会想要通过的决策，少数席位也就最多只能投反对票。

因为卖家对买家所看中的公司十分了解，所以卖家就要尽可能地利用这一优势。如果获得的是买家的股票，卖家就必须与买家一起承担并购交易是否成功的风险。也就是，如果卖家质疑买家在收入预测、成本协同效益或实现协同效益的时机方面过分乐观，那么卖家就得与买家一起承担无法创造这种价值的风险。

在某些情形之下，以股票作为支付货币的交易能享受优惠的税收待遇。依据美国税法（恰好本书出版之日生效），如果卖家与买家采取股票换股票的方式交易，并且现金支付额占交易总额比例低于 20%，那么"交换"的股票部分当期不纳税。卖家已有股票的纳税基数会结转到换入的股票，延征税额只有等到换入的股票最终出售兑现后才会予以征收。

卖家还要确定收购要约中是否有**固定的股票价格**或**固定的股票交换比率**。在固定的股票价格下，可以通过将特定日期买家提供的股票的市值除以已经确定的股票价格，得出卖家所得的股份数。按照固定的股票交换比率，卖家的每一股份所能得到的买家股份是一个固定的数量。由此，若买家股价下跌，则卖家就会遭受损失；若买家股价上涨，则卖家就会受益。为了限制双方的损益，通常会施加一个"地板和天花板"，也称为颈圈（collars）。举例来说，如果在交易清算日，股价处于价格范围以外（比如说低于之前所商定的价格），那么买家或卖家（也可能是双方）可以终止交易。这种股价颈圈考虑了两方面的情况（低于商定价格和高于商定价格），这对交易双方来说都公平。从长远来看，市场价值的暂时波动对交易的影响微乎其微。

卖家还必须仔细审视换入股票所携的权利。除了关注转让限制和其他类似的局限外，卖家还应争取得到**跟随权**——类似于**控制权变更条款**。这种权利通常能为卖家提供另一个分享利益的机会：在买家随后能够获利的股票交易中，卖家这次得到的股票能够"跟随"出售。换言之，在随后的交易中，如果买家公司股票被他人收购，这些条款可让卖家再次获利。

以上所述内容有一个假设前提：买家以上市公司股票对收购进行支付。如果交易支付介质是非上市公司股票，卖家的风险会更大。非上市公司股票的价值难以确定，而且波动性大，流动性差，特别是少数股东权益（这类股票所报价格的价值应该在其现金等价物基础上予以大幅折价）。在这种情况下，卖家可能希望达成法律条款，以保证这种股票的销路。比如可以是一种**卖出期权类条款**，即买家公司必须根据协议的相关条款，以既定价格或通过估值程序确定的价格，买进卖家得到的这些股票。（权益）买卖协议或正式的退出策略实际上也是期权，因为就合并公司的上市变现事宜，如果双方在合同里没有注明时间期限，那么卖家就面临着一个现实的风险：他们可能永远无法通过出售这些股份，实现它们的流动性或消费性的现金价值。在现实中，非上市公司股票之间的买卖或交换并不常见，实施之前应仔细斟酌。在第12章，我们论述过与这个话题相关的溢价和折价问题，即控制权的溢价、缺乏控制权的折价和变现性不足的折价等问题。

如果卖家售出自己的股票而换入买家公司的股票，那么他们就应该清楚相对于等额现金交易而言自己所要承担的巨大风险。如果买家是上市公司，且市场对这项收购的反应是负面的，那么卖家面临股价立即下跌的风险。此外，卖家还要承担这项交易的协同效益成败与否的全部风险。因此，卖家在接受买家股票作为支付手段时，必须慎重评估买家公司股票截至交易日的估值合理性、并购交易成功的可能性以及所换股票的潜在流动性。除非上述所有问题都能获得满意的答案，否则，卖家在交易中不应接受买家公司股票，即使接受，也应大幅度提高交易价格。

个人商誉

个人商誉（也称为"专业商誉"）是指商业企业中与关键人物的声誉、知识、技能、经验、培训、专业知识和人脉相关的价值。这与企业商誉形成鲜明对比，企业商誉是指与整体实践实体相关的价值（因此也称为"实践商誉"）。在某些并购交易中，将部分对价分配给个人商誉可以提供相当大的税收优惠，特别是在少数关键员工为 C 类公司贡献不同价值和未来收入流的情况下。出售个人商誉的任何收益都被视为资本收益，但税率较低。此外，被收购企业不会在出售个人商誉时引发任何实体层面的收益，而收购方则可能能够摊销个人商誉的价值。

个人商誉通常存在于下述情况：当关键员工没有雇用协议或竞业禁止协议时，当相关员工与客户和/或供应商的关系是依附于个人而非公司时，当相关员工有权出售其商誉时。在 1998 年联邦税务法院审理的马丁冰激凌公司案件[⊖]中，法院确定了以下八个个人商誉存在的必要特征：

- （1）关键员工和公司之间没有竞业禁止协议。
- （2）出售公司是一家 C 类公司，出售的结构是资产出售。
- （3）企业取决于关键员工的个人关系和声誉。
- （4）员工的参与对销售流程很重要。
- （5）企业拥有数量少，但交易金额大的客户/供应商。
- （6）业务是一种技术性的、专业化的或专业的服务。
- （7）企业拥有高比例的无形资产。
- （8）关键员工的流失降低了企业的收入和/或利润。

税务法院案件为证明个人商誉存在的条件提供了指导。以下案件有利于与个人商誉相关的纳税人地位：

⊖ 马丁冰激凌公司诉税务局案 110 税务法院第 18 号 [*Martin Ice Cream Company v. Commissioner* 110 T.C. No. 18 (1998).]。

- 威廉·诺沃克等人诉税务局案　税务法院备忘录1998–279（*William Norwalk, et al. v. Commissioner*，T.C. Memo 1998-279）
- 布罗斯·特兰金等人（运输）诉税务局案　税务法院备忘录2014–107（*Bross Trucking, et al. v. Commissioner*, T.C. Memo 2014-107）
- 富兰克林·奥戴尔（房地产）诉税务局案　税务法院备忘录2014–155（*Estate of Franklin Z. Adell v. Commissioner*, T.C. Memo 2014-155）

但是，以下案件对纳税人不利：

- 所罗门诉税务局案　税务法院备忘录2008–102（*Solomon v. Commissioner*, T.C. Memo 2008-102）
- 肯尼迪诉税务局案　税务法院备忘录2010–206（*Kennedy v. Commissioner*, T.C. Memo 2010-206）
- 卡瓦拉罗诉税务局案　税务法院备忘录2014–189（*Cavallaro v. Commissioner*, T.C. Memo 2014-189）

为了证明个人商誉的存在，它应该是：①在购买协议中可明确识别的，②收购方同意的，③由独立估价师估价。正如将在第18章中解释的那样，个人商誉常常是使用收益法中的一种"有"（个人商誉）对比"没有"的分析方法来评估。其涉及在评估公司时，假设关键员工不再与公司合作，而且可能会与之竞争，并将这种所得价值与公司的实际价值进行比较。两种情形的差异代表了个人商誉的价值。也可以使用市场法中的比较交易分析对其进行估值，其中把调整后的市场倍数乘上公司预期损失的收入和/或收益；或者在收益法中进行损失边际分析，它考虑的是在没有关键员工贡献和能力的情况下，公司产生的潜在增量边际损失。在上面提到的2010年肯尼迪案的判决中，税务法院驳回了个人商誉，原因是缺乏独立的估价或其他有意义的分配交易金额总进项的尝试。

综上所述，个人商誉只有在交易协议中明确并通过独立且可支持的估值分析进行量化，才能为并购交易各方提供有利的税收优惠。

弥合分歧

当买卖双方彼此尊重但无法就价值达成一致时，该如何处理呢？首先，双方应该重新评估此项交易的利弊，包括它对各自股东价值和竞争地位的可能影响。这种分析有助于双方聚焦于能够使收购谈判得以成功的价格和价格范围。其次，双方都应审视交易结构、买家税后净现金成本以及卖家税后净收入。每一方都应该考虑各种可能的交易结构，以使双方的税负最小，并最终弥合双方的分歧。例如，考虑不同的成本分配方法，使卖家能够享受资本所得之利，而不是遭受普通所得税之弊，或考虑一种交易结构，使得卖家只需缴纳单一税负而非双重税负。显然，双方要想缩小分歧，通常的做法是关注买家税后净成本和卖家税后净收入，而不是纠结于实际收购价格。这也能让双方聚焦于他们的真实净成本和净回报。

当所设计的交易结构不足以达成交易时，应该考虑**利益兑现条款**。通常被定义为某个业绩指标百分比的利益兑现条款，为卖家提供了这样一个机会：创造超过买家从当期交易及其股份中所能看到的价值。利益兑现条款往往有利于买家，因为买家可以在获取了议定的利益之后才为这种利益付款。可以看出，利益兑现条款的目的是要求卖家分担交易风险，而且卖家要等到实现特定目标之后才能获得回报。利益兑现条款的计算通常是一件困难的事情，它取决于如何解读条款内容，可能带来争执。下面是利益兑现条款的一些具体指标形式：

- 超过收入基数的新增百分比。
- 息税折扣摊销前利润的百分比（当现金流总额最重要时所用的指标）。
- 买家净收益百分比和卖家净收益百分比（当未来的资本和资源存在竞争时所用指标）。

有很多这类绩效指标，但对利益兑现协议而言，最重要的是术语的定义。让我们考虑下述在利益兑现条款中会引起争执和困惑的定义问题：

- 什么是"利润"？
- 利润是在所得税、年终分红、企业捐赠和类似抵减项之前的，还是之后的？
- 是抵减了实际工资和其他形式报酬之后的利润？还是抵减了协议的报酬或行业标准的报酬之后的利润？
- 对于分配给本业务单元的总部管理费用和其他公司费用，是否应当制定政策予以限定？
- 被购企业是否应该继续单独记账，以便进行比较分析和利益兑现条款的计算，或者利益兑现条款是否应建立在某些合并业务单元的组合指标之上？
- 非竞争协议或源于收购价格的商誉摊销是否会影响利益兑现条款？

利益兑现条款的相关计算都应以表格的方式予以详细例解（作为最终协议的附录），此外，还应该包括有关术语的可验证的具体定义。

在经济下行期间，利润倍数和价值通常都下跌。把这种下跌视作暂时现象的卖家和寻机砍价的买家之间的分歧，可以用利益兑现条款予以弥补，因为设计它的目的就是为了提供价值上升的潜在空间。此外，卖家的其他相关策略包括：提供更多的卖方融资（其所产生的回报要高于经济下行期的某些投资），保留一定权益以待经济复苏之后高价售出。

弥合分歧或从买家向卖家转移价值的另一工具是**雇用协议**。它可以使买家支付给卖家的费用进行税前扣除，而卖家所收的这些费用可作为普通所得征税。虽然雇用合同的价格应该体现相关服务的真实市场价值，但有时它们是"伪装的"收购价格的部分进项，可以享受税前扣除的税收优惠。此外，双方都应该谨慎评估什么是符合市场水准的报酬，以便确保不会受到税务局的质疑。

雇用协议能为卖家带来诸多好处。首先，它能使卖家名列享有相关报酬的"工资名册"上（这种报酬通常包括丰厚的雇员福利，例如，车辆使用、俱乐部会员资格、假期工资以及参与退休计划或股票期权计划）。此外，正式的雇用协议能为卖家提供一种"担保"，以保证其继续受雇，同时还能为卖家提供一定程度的"保障"，以防雇用关系的意外终止。这类雇用协议通常含有一个既定的年限，并规定除特定理由之外，不得解雇卖家。除此之外，该合同通常还会包括这样一项相关的条款：如果双方终止合同，则必须支付卖家预先确定的全部报酬。

卖家的雇用协议可能还会包括一项**常青树**条款，它可以不断地更新延续，除非买家向卖家出示具体的解聘函。雇用协议可能还会有另一种条款——**实际解雇条款**，内容包括卖家在并购后公司的工作描述，如职位名称和卖家向上报告的监督岗位界定等。如果买家想要变更这一报告关系，则会被视为买家"实际解雇"了卖家，那么既定的卖家利益将全部立即兑现。这一条款的目的是为了给卖家提供保障，明确他们在新公司中的具体职责，并在环境发生变化时，卖家可以在有利的条件下掌握离职的主动权。对于那些不想接受严密监督或非常严苛报告要求的创业者或曾经的公司高管而言，上述条款非常重要。

未尽交易的后续事件

和关注未尽交易同等重要的是，谨慎的卖家还应考虑未来可能会出现的出售情况。如果买家公司随后发生了控制权变更（换句话说，如果买家公司在一定期间内（从收购日起算，通常为24～36个月）被收购或兼并），那么可能会触发另一项有利于卖家的条款。通常，在买家公司控制权发生变更的情况下，已接受延期付款的卖家有权立即收取全部的收购价款。控制权变更条款可以让卖家在获得原交易的收益，还可以分享买家在之后交易中的所获收益。

从其他角度看待并购交易

有一点需要交易双方清楚：交易双方的代表都是具有一定经验的顾问，双方都无法从对方那里获得很大的便宜，除非一方正处于不利的环境或出现了极端的情况。不过，在中小型企业市场的交易中，很多参与者或其顾问缺乏足够的培训和经验，所以，无论是买方情形还是卖方处境都有可待发掘之处。因此，有时会出现一方或另一方大获其利的交易实例，只不过多数不为人们详知而已。

为了设计出双赢的交易，交易双方应该认清它们共同的目标。如果对价值有了较好的了解，而且就交易结构和合同条款的选择都做了充分的探讨和分析，那么最终达成的协议往往能体现双方相互的需求。其中包括买家的一个基本需求，即支付的价格能够获得合理的投资回报，当然前提是买家了解了相关风险，而且并购融资唾手可得。也包括卖家的下述需求：转让所有权，实现个人的某些目的，就所售权益（或资产）获得公平的税后对价款，得到流动性、延期付款的收回保证以及对未来工作的充分保障（如果交易涉及的话）。交易双方必须认识到：政府是以税收方式参与交易，这会对双方利益产生影响，必须谈出一个对双方都合理的相关结果。双方还应该进一步认识到：企业往往是由复杂的经营活动构成，充满了很大的不确定性，必须对这些不确定性予以甄别和确认，并在出售/收购协议中予以合理界定。

基于以上因素，应大力鼓励交易双方进行换位思考。如果卖家想要自己的非财务考量得到认可，以及自身财务目标能够实现，他们必须相应地认可买家的风险敏感性、竞争的难处、资本的约束以及现金流的需求。

就上面所述而言，所有的一切都似乎能顺理成章，但在谈判处于白热化的情况下，客观理智地对待这些问题却非常困难。这种情况再次向我们强调：在交易之前，培育一种理解和信任的相互关系，对双方都有好处。同时，它还进一步强调了另一种必要性，即卖家应该在预期交易日的若干年之前，就开始启动公司的传承规划流程。借此，卖家能够更好地理解和满足买家的需求。更重要的是，卖家会因此着手培养若干潜在买家，以便尽可能地降低对单一买家的依赖，与此同时，尽可能地强化谈判地位，以期实现出售回报的最大化。

同样地，对买家而言，计划和寻找相关的卖家也是一个持续不断的过程。最好的交易通常都不会按部就班地出现于市场，通过与有收购前景的公司建立关系，可以极大地提高对这些机会的把握能力。如果买家仅仅依赖中间人所提供的交易信息，那么他们遭遇的可能都是定价过高的目标公司，而且这些目标公司通常也会同时出现在许多其他潜在买家的面前。由于收购过程的复杂性，使得绝大部分收购或出售机会不可能凑巧出现在最佳时机。总之，了解价值、认识价值的驱动要素以及并购交易的运作机理，能够为并购双方铺就一条更加可靠的成功之路。

VALUATION FOR
M&A

第 16 章

公允意见函

公允意见函是由一个合格第三方提供的专业意见函，内容是从财务角度看，由内部人或第三方从事的具有控股权变化的交易（如合并、收购或类似的公司交易）所涉对价对公司非关联股东是否公允。公允意见函的提供者是为委托人（买方、卖方、董事会、受托人、投资者和执行人的统称）进一步夯实自己的决策过程（而非取代他们的决策过程），提供的一种服务——通常会收取一笔固定费用。⊖换句话说，公允意见函不能代替受托人的审议和判断，因此只是审批交易时需要参考的一份资料。

公允一词并不一定意味着最高（最低）或最优价格。它通常意味着拟议的对价应该处在通过全面财务和估值分析所确定的价值区间。然而，一个值得注意的例外是当价格高于这个区间，并且这种公允意见函是为卖方所做的时候。

这个意见函是对一项交易的公允观点，依据是投资银行业者、企业评估师、交易顾问、商业银行业者或会计师（以下统称为顾问）的专家判断，用于支持交易的执行人员做出适当的决策，并通过履行其谨慎职责降低风险。

虽然公允意见函相似于企业估值（包括相关的财务和估值分析——事实上，它们都只是在特定的时间点有效，而且相关的结论也只是顾问的判断而不是事实的陈述），但它们之间还是有几个主要的差异。在企业估值中，通常还没有实际的交易发生，因此，这种评估只是作为一项交易前行的影子。由于交易在企业评估中是假设的，评估师给出的是价值意见；但是，公允意见函里的顾问给

⊖ 顾问不应该接受公允意见的或有费用，因为这意味着缺乏独立性。

出的却不是这种意见。相反，这类顾问给出的意见却是，从财务角度考虑，相关对价是否公允。此外，由于企业估值中的交易是假设的，所以买卖双方通常都是假设的，而且企业估价师是使用本书其他地方讨论的收益法、市场法和／或资产法来确定和证实具体的估值。就一份公允意见函来说，通常都是有一笔交易已经在即，所以买家和卖家都是已知的，在此，缺乏流动性已经不是问题了，而相关的价值（即潜在的交易对价）是通过应用与特定事实和情况相关的那三种估值方法来测算和验证的。这里还应用了能影响价值的正面和负面因素，推导和测算了相关价值的区间。

公允意见函也不应与偿付能力意见函和资本充足率意见函相混淆，后两者也可以围绕某些类型的交易给出。偿付能力意见函会说，在额外债务的负担下，借款人现在有且将仍会有偿付能力。在并购语境中，于高杠杆交易的背景下，提供这种偿付能力意见函是为了保护出售方股东、公司董事会和交易顾问免于出现未来可能破产的交易。资本充足率意见函涉及下述价值的确定：公司资产的公允市场价值超过其负债与资本存量面值之和。

在大多数司法辖区，完成公允意见函并不是一种法定的行为。不过，公允意见函已是当今诉讼环境下的标配，它通过证明受托人在交易过程中遵循了谨慎行事的原则，有助于为他们建立第一道自我保护的防线。[⊖]换句话说，获得公允意见函是诉讼中受托人以合理的商业判断代表他人做出决定的证据。除此之外，公允意见函在交易中还扮演着重要的角色。

为什么要获得公允意见函

受托人在考虑多种交易类型时，应考虑获得公允意见函。表16-1概述了26个可能需要公允意见函的交易类型。公允意见函回答的基本问题是："从财务角度考虑，这个对价是否公平？"

[⊖] 1985年，特拉华州最高法院裁定，目标公司的董事会通过批准收购而没有"适当行使商业判断"（例如获得公允意见函），那就违反了其谨慎原则。这一案件——史密斯诉范-格尔库姆（环联公司），488 A.2d 858（Del.1985）——是法院第一次认定董事会违反了其谨慎原则。虽然并未明说在法律问题上需要公允意见函来支持一项明智的商业判断，但法院在随后的许多案例中都指出，获得公允意见函表明董事会在继续进行交易的问题上已做出正确的决定。例如，在1996年，该法院指出，获得公允意见函是一种"程序保障"——被视为公允交易的一种有力证据（这个案例是私有化交易）。参见 Seagraves v.Urstadt Prop.Co., Inc., 1996 WL 159626（Del.Ch.1996）。

表 16-1　什么时候一份公允意见函是有益的

- 收购（部分或全部）
- 反对股东的评估条件
- 剥离
- 员工持股计划（ESOP）的形成和收购
- 交换要约
- 私有化交易
- 敌意收购的争论
- 合资企业解散
- 合资企业组建
- 杠杆收购（LBO）
- 清算
- 贷款契约要求
- 管理层收购（MBO）
- 少数股东收购
- 非营利实体出现超额收益和个人私利规避
- 私募（即估值下行融资）
- 资本重组
- 关联方交易
- 流通证券的回购或转换
- 重组
- 企业出售（部分或全部）
- 出售受债券契约影响的资产
- 有担保的贷方交易（防止资金的欺诈性转移）
- 分拆
- 投标要约
- 某些股东比其他股东得到更多对价的交易

2017年，道衡公司发表了一份公开文件，对2006～2016年间公开披露的3 000多份公允意见函进行了研究。该研究得出结论："绝大多数公允意见函提供的估值指标都落在中点（报价）两侧15个百分点以内——明确显示出强大系统方法和高度校准估值分析支撑的广泛的行业标准，……（因此应该是）公司董事会和高管评估收购报价的可靠方式之一。"⊖

人们获取公允意见函通常有三个原因：协助决策，降低风险，改善沟通和透明度。⊖⊜

⊖ Chris Janssen, Robert A. Bartell, A. Scott Davidson, and Yann Magnan, "In Defense of Fairness Opinions-An Empirical Review of Ten Years of Data," Duff & Phelps,LLC, March 28, 2017.

⊖ Philip J. Clements and Philip W. Wisler, *The Standard & Poor's Guide to Fairness Opinions: A User's Guide for Fiduciaries* (New York: McGraw-Hill, 2005), pp. 14–15.

⊜ 注意：本章提供的因素列表和所有其他相关列表并不包含所有因素，也没有按任何特定的顺序排列。

- **协助决策**。公允意见函是一种程序工具，可以帮助受托人在是否接受要约报价的过程中做决策。提交给受托人的敏感性或场景分析，可以为急于执行交易的各方提供可能被忽略的、有关拟议交易的相关背景和潜在影响。

  例如，如果一家公司正在考虑出售给财务买家，那么情景分析可以模拟不同类型的战略买家可能支付的价格。或者，如果一家公司处于成长阶段的早期，或者一直在苦苦挣扎，情景分析可以帮助了解如果该公司等待一两年再出售，可能会怎样。

- **降低风险**。虽然任何一般的咨询都可以带来类似如上所述的决策好处，但顾问在提供独立意见的同时，也为受托人提供切实的指导。也可以把获取独立公允意见视为一种法律工具，帮助受托人履行良好商业判断的义务。

  具体来说，公允意见函可以帮助受托人在面临违反受托人义务的指控时，根据被称为商业判断规则的法律原则提出辩护。这法律原则是："如果交易是出于善意和谨慎，并在董事或当事人的权力范围内进行的，⊖ 那么，董事和高级管理人员就不会因无利于或有害于公司交易而承担责任。"

  特拉华州法典第 8 部分第 141（e）节规定：在下述情形下，董事受到"完全保护（即不承担责任）：其行为是建立在诚信……基于公司官员或雇员提供给公司的相关信息、意见、报告或陈述……或任何其他人向公司官员或雇员提供的相关信息……或任何其他人向相关成员提供了其理应是在其专业或专家能力之内的信息"。

⊖ *Black's Law Dictionary*, St. Paul MN: West Publishing Co., 2001。《商业判断规则》诞生于 1945 年的奥的斯公司诉宾西法尼亚公司案。当时法院裁定：只要董事们的行为是出于善意，那么，即使他们选择了错误的做法，也不用对股东承担责任。随后，在联合石油公司诉梅萨石油公司案中，董事会的行为也受到了商业判断规则的保护。在 2000 年的麦克穆林诉贝兰案中，法院指出，要想根据商业判断规则要求得到保护，董事会必须证明他们履行了"三重受托人职责——忠诚、诚信和应有的谨慎"。在 1985 年史密斯诉范－格尔库姆案、列夫隆福诉安德鲁和福布斯控股案中，法院认为，那些董事都未能行使理智的判断，而且在前一个案子里，相关行为却是建立在严重的疏忽之上，同意以过于低廉的价格出售公司，而在后一个案子里，即使没有指控董事会成员恶意行事，但却要他们为结果负责。最后，1984 年的阿伦森诉路易斯案的教训是：如果一个或多个董事可能从交易中获得个人财务利益，那么商业判断规则可能就不适用于裁决董事会的行为了。

∞ **改善沟通和透明度**。通常，公允意见函可以向股东或外部利益相关者确切地表示，受托人在考虑潜在交易时遵循了谨慎行事原则。如果存在潜在的利益冲突，那就更应该获得这种公允意见函。

尽管获取一份公允意见函会产生一定的费用（确实会在正常企业估值费用之上多出一块不菲的费用），但它们远低于那些可能会涉及的诉讼费，尤其是有多个股东时。鉴于和诉讼相比，获取公允意见函不仅费用较小，且时间成本低，所以受托人应把与交易相关的公允意见函，视为就那项交易所做的极为重要的额外咨询所做的投资。

非上市公司对公允意见函的使用

尽管公允意见函的消费者主要是上市公司，但非上市公司也越来越多地使用公允意见函，主要原因是与交易相关的诉讼增多。通常，非上市公司所有权的细微差别就会引起潜在利益冲突，这使得受托人变得非常谨慎，不得不追加公允意见函，以防患于未然。非上市公司通常包含复杂的资本结构、被动型投资者、家族所有权、跨公司交易以及（或）缺乏独立的董事会成员。这些因素的任何组合都可能导致某种代价高昂的诉讼，但这可通过使用公允意见函来规避或减缓。鲍勃·布坎南认为，非上市企业在下述情形下会去主动获取公允意见函：⊖

∞ **多种形式的股权**。许多非上市公司拥有多种类别的股权，每种股权都拥有与其他股权不同的权利（例如，普通股与优先股），从而产生不同且往往迥异的利益。在考虑并购交易时，控股股东和董事会必须就其相关的财务影响，谨慎对待所有各方不同利益的公平性问题。当然，这还包括少数股东获得公平价格并得到公平对待的问题。

∞ **被动型的股东**。许多非上市公司拥有大量被动型股东（即不积极参与企业经营或管理）。这些被动型股东对公司的业务、运营或价值的理解与控股股东、管理层或董事会不同。外部独立顾问出具的保证可以大大避免或减轻相关风险。

⊖ Robert H. Buchanan, J.D., ASA, "Why Get a Fairness Opinion for a Privately Held Company？" In *Fairness Opinions in Today's Legal and Economic Environments* (Portland, OR: Business Valuation Resources, 2012).

- 家族。许多非上市公司都是由家族所有。其他一些公司则由家族集团控制,但在控制家族之外还有其他家族股东。股东不仅可以跨代,而且利益和观点也会相异。家庭成员间的纠纷也很常见,特别是有的家庭成员在公司管理中并没有平等发言权的情况。
- 缺少外部董事。很少非上市企业的董事会由许多(如果有的话)外部独立董事会成员组成。此外,这类企业的管理深度和专业知识都不足以提供评估交易公平性所需的专业知识。

其他的考虑因素包括存在大量股东利益和外部利益的情况,例如,员工持股、信托持股或私募股权投资者持股。由员工持股信托(ESOP)全部或部分拥有的非上市公司可能收到合并或收购的要约,员工持股信托受托人不仅必须履行其对员工持股信托参与者的受托人义务,而且还必须遵守适用的劳工部规定。⊖信托持有的非上市公司股份可能会收到改变控制权的要约,受托人需要代表信托和信托的受益人进行投票。私募股权公司在退出其拥有控股权的公司的投资过程中,必须履行其对其他公司股东的法定责任。此外,公允意见函还可用于满足债务契约的相关要求。总而言之,即使非上市公司不受上市公司所面临的审查程度的影响,但总还是存在由不满的股东提起诉讼的可能性。

准备公允意见函的相关各方

受托人对公司股东负有责任。履行这一职责的部分是获取独立的公允意见函,而这又关乎选择合适的顾问来做这件事。受托人选择顾问,应以顾问的资历和经验,以及他们对关键问题(如以下所述)的回答为依据。就谁应该在交易中负责准备公允意见函这个问题,重要的是不受交易结果影响的独立性。这是一个关键问题,监管者、法院⊜、股东都不会忽视。事实上,在2007年,美国证

⊖ 此类法规要求销售价格不低于公允市场价值,并且从财务角度来看,这种交易必须对员工持股信托是公平的。这通常被解读为这种交易对员工持股信托既必须绝对公允(不低于公允市场价值),也必须相对公允——相比于许多不一定是公允市场价值部分的金融因素(其他的一些经济因素,即可能影响员工持股信托认为企业出售会为员工持股信托参与者提供最佳回报的经济因素)。

⊜ 近年来(在2011年至2014年期间),特拉华州法院变得极为慎重,因为意识到下述三起案件中出现了利益冲突:乡村地铁公司股东诉讼案,88 A.3d 54 (Del.Ch.2014);德蒙特食品公司股东诉讼案,25 A.3d 813 (Del.Ch.2011);埃尔帕索公司股东诉讼案,41 A.3d 432 (Del.Ch.2012)。

券交易委员会批准了 FINRA 第 2290 号规则，该规则"要求当成员公司在控股权交易中提供公允意见函时，要具体披露相关的利益冲突及其处理流程"。"这类顾问（通常是一家投资银行）必须披露，他们是否还担任与拟议交易相关的任何其他角色，如果是，他们是否会在这项交易完成时获得补偿。"对这类受托人来说，以这种方式选择一位独立的顾问，就是一种审慎和良好的做法。否则，受托人更容易由于其判断和决策受到质疑而遭遇诉讼。

如前所述，公允意见函通常由投资银行业者、企业估价师或交易顾问提供。偶尔会有商业银行业者或会计师提供这种服务。以下通常是这类顾问独立性受到质疑的原因：

- 在交易完成后可以获得成功费的投资银行业者或其他交易顾问。
- 对交易进行结构和定价的投资银行业者或其他交易顾问。
- 拥有相关公司的股权或债权的顾问。

在选择顾问时，受托人不仅要考虑独立因素，还要充分考虑顾问在提供公允意见方面的经验和专业知识。毕竟，受托人是依赖顾问基于知情判断而提出公允意见函，因此，受托人应当向这类顾问提出以下问题：

- 您在提供公允意见函方面的经验是什么？
- 您的公司是否因为您准备的公允意见函而被起诉？⊖
- 如果是这样，对您做出了多少次不利的判决以及结果如何？
- 您是否与交易各方有任何潜在的或实际的利益冲突？
- 您多久参与一次购买或出售公司的谈判？
- 贵公司是否有公允意见委员会？如果有，请说明委员的资格条件。
- 请解释您公司出具公允意见函的审核流程。
- 您的公司在我方公司所在行业的经验是什么？
- 您的公司对相关各方考虑的交易类型有何经验？

这种顾问还应具备所涉交易复杂程度的经验，这也决定了其收取的最终费用。以现金为总对价的卖方交易可能是最不复杂的，而具有或有对价的买方股

⊖ 在选择顾问时，因提供公允意见函而被起诉不应被自动取消资格。大多数被起诉的顾问都从诉讼中吸取了教训，极大地丰富了他们应对诉讼的办法。如果潜在顾问曾被起诉，受托人应调查情况，并询问这会如何改变顾问的行为。

票交易则更为复杂。

费用（应该给固定下来）会因以下因素而有所不同：

- 拟议交易的重要性。
- 分析范围大小。
- 完成交易所需时间。
- 收购或出售企业所处的阶段（例如，创业企业 VS 成熟企业）。
- 数据质量和数量。
- 交易复杂程度。
- 已支付或已收到的对价形式。
- 渠道的广度、对所寻对象的依赖程度。

最后，如果涉及诉讼，受托人应该向法庭解释自己选择顾问时使用的标准。

公允意见函的组成部分

公允意见函描述了顾问从财务角度确定交易公平的过程。它通常以一封简短信函的形式提交，辅以受托人顾问的口头陈述。在信函和陈述的背后是对所有相关因素的全面分析。请参阅本章末尾的"附录 16A"——这是一家非上市公司买方和卖方的公允意见函报告样本，使用的是第 21 章案例研究中提供的相关事实。

虽然美国和其他几个国家没有关于公允意见函结构的专业标准，但加拿大

- Philip J. Clements and Philip W. Wisler, *The Standard & Poor's Guide to Fairness Opinions: A User's Guide for Fiduciaries* (New York: McGraw-Hill, 2005), 21.
- 此外，请参阅以下链接，获取由估值研究公司（VRC）为轩尼诗资本收购公司编制的涉及公共领域公允意见函的示例。相关的意见函可在附录 B 的最后找到，并附有公司管理层编写的分析背后的细节描述——始于第 161 页。https：//www.sec.gov/Archives/ edgar / data / 1642453/000121390017000988 / defm14a_hennessy.htm。
- 在美国，公允意见函不受统一的专业评估标准或任何其他企业评估标准的约束。然而，美国金融业监管局（FINRA）的第 5150 条规则适用于规范其成员这方面的行为，它规定了提交公允意见函的程序，并要求披露任何相关的利益冲突。此外，美国证券交易委员会（SEC）还发布了第 13e-3 号规则，对私有化交易中的公允意见函提出了披露要求。

已经制定了这些标准。从作者的角度看，这些标准通过下述披露的内容，为公允意见函的组成结构提供了一个有用的框架和指南：

- （1）聘请顾问做公允意见函的一方的名称。
- （2）对拟议交易的描述以及向证券持有人（或一组证券持有人）提供的对价。
- （3）做公允意见函的目的。
- （4）顾问的身份和证件。
- （5）描述顾问与任何利益方之间过去、现在或预期的关系，并就提供公允意见而言，看看这些关系与这种顾问独立性的相关性如何。
- （6）公允意见函的生效日期。
- （7）声明：这份公允意见函是由行为独立客观的顾问所撰写，或可能会导致实际或可察觉的缺乏独立性和客观性的事实（即任何潜在的利益冲突的披露，包括该顾问在被评实体中持有相关权益）。
- （8）下述事宜的描述：足以让读者理解公允意见函的正当性，以及影响财务公平的方法和各种需要考虑的业务、资产或证券。
- （9）声明顾问的报酬不取决于下述行为的结果：使用公允意见函、实际的（或感知的）或有对价性质的披露。
- （10）对所进行的审查范围的描述，包括审查和依赖的信息类型（包括与公司管理层讨论）的摘要。
- （11）对支持公允意见函结论所做或所依赖的估值工作的描述。
- （12）该顾问用于推导结论所考虑的任何真实要约或先前估值或其他重要专家报告的阐述。
- （13）关键假设的陈述。
- （14）顾问在做分析时认为重要的因素的论述。
- （15）对审查范围和提供给顾问的信息不完整的局限的阐述，包括特定的原因和对结论的潜在影响。
- （16）对做公允意见函的人提出使用该函的相关限制（而且仅用于所述目

⊖ 具体而言，加拿大特许企业评估师协会（CICBV）已经制定了三套关于公允意见函的标准：标准第510号包含"披露的标准和建议、标准第520号包含"工作范围的标准和建议"，以及标准第530号包含"文件文档的标准和建议"。

⊜ CICBV标准第510号，第8.2～8.4节。

的），其次是声明不承担因未经授权或不当使用公允意见函而造成的损失责任。

虽然这些披露是公允意见函的重要组成部分，但价值标准的确定、相关财务和估值分析以及协同效益的潜在影响都是其使用价值的关键要素。

就提供公允意见函而言，并不像估值那样必须符合各种财务报告或税则的要求，或必须与相关诉讼判决结果相一致，因为一个特定的价值标准（如公允价值或公允市场价值）并不是法律上所要求的。尽管如此，分析还是可以以计算标的公司的公允价值为基础，进而基于市场数据确定各种潜在买方协同效益，以确立投资价值的范围。[⊖] 要记住，一个公允意见函不是一个退出规划或类似的咨询流程，在一份公允意见函确定价值范围的流程中，可以考虑几种交易情形。它们包括公开发行、出售给战略买家、出售给私募股权公司、杠杆资本重组、管理层杠杆收购、ESOP 杠杆收购、出售给财务买家、公司分拆、有序清算。当然，很少（如果有的话）会考虑到所有这些交易情形；分析的情形将取决于拟议交易所关联的事实和情况，并可能受到相关判例法和管辖范围的影响。

就在准备公允意见函中所完成的相关估值分析而言，受托人应该了解价值范围是如何确定的、预测是如何使用的、考虑了哪些协同效益、使用了哪些市场数据，以及考虑的控股权溢价水平是多少。正如企业估值一样，这里的分析涉及经济和行业数据、管理层访谈、定性的公司背景、历史财务报表、财务预测和公司股票的过往交易。它使用这种分析来应用本书第 6 ～ 11 章中阐述的收益法、市场法和资产法确定一个价值范围。[⊖] 具体来说，这种分析为下述各项提供了相关的理由：所用的预测、适用于那些预测的贴现率、所选的类比上市公司及类比交易，以及产生于每种方法并与交易对价相关的所算价值。在实践中，与企业评估报告不同，这种分析多半都不会陈述于公允意见函，但仍然是这类顾问的执掌之物。通常，由信托顾问在一个单独的会议中向受托人陈述这种分析。

⊖ 这里的例外是为涉及员工持股计划的交易准备公允意见函，交易各方必须遵守由美国劳工部颁布的 ERISA 条例。这些条例规定在公允意见函中考虑的价值标准必须是公允的市场价值。

⊖ 在道衡公司的一份研究报告中，研究了 2006 ～ 2016 年间 3 000 多份公允意见函（引用于本章前面的脚注中），其中 91% 的意见函包括了至少两种估值方法的使用，75% 包括使用三种或更多种方法。类比公司法几乎用于所有分析的意见函，其次是贴现现金流量法，然后是交易倍数法。

当交易涉及整个公司或公司控股权时，可以考虑控制权溢价。然而，顾问必须注意："大幅溢价可能会为合并提供理由，但如果没有其他合理的估值信息，仅靠一个溢价的要素，并不能为报价的公平性提供足够的依据。"⊖

关于协同效益，顾问应该进行分析和量化第 5 章论述过的收入增加、成本降低和其他的协同效益来源对价值范围可能产生的潜在影响。由于许多协同效益未能在交易后如期实现，如果要从财务角度得出公允的结论，则取决于所拟协同效益能否实现，因此这类顾问应该小心谨慎。

公允意见函的不足之处

虽然公允意见函从财务角度来看，是一个交易公允与否的评估，但无论是从交易本身的其他方面，还是从相关运营的评估看，它都有自己的局限性。

关于交易本身的其他方面，公允意见函无法：

- 为已经给出的报价是否是最高的（最低的）和最好的价格或对价提供意见；
- 给出有关收购和出售协议条款或与交易有关的其他法律事项的看法；
- 声明双方交易是公允或诚信的；
- 说出股东将要收到的交易对价的分配；
- 提供有关该交易辅助条款的指导或意见（如锁定事宜、终止费、遣散协议等）；
- 评估导致拟议交易的谈判过程或拟议交易的商业合理性；
- 就拟议的交易，建议以特定方式进行投票或行动（由受托人决定交易是否合理）；
- 从法律角度发表交易是否公平的看法（因为这将在一份独立于公允意见函的法律意见函里处理）；
- 提供有关拟议交易的法律、税务或会计影响方面的保证；
- 把责任从受托人转到顾问。

公允意见函里也不包括一部分源自交易的运营利得。例如，其不会就技术

⊖ 史密斯诉范 - 格尔库姆，488 A.2d 858（Del.1985）。

性或其他利益或协同效益发表看法，也不会确认拟议交易的战略优点。

公允意见函也不涉及所接受信息的独立验证，也不包括企业设施或具体有形资产/负债任何形式的核查或评估。它也不会涉及对任何未来（或过往）财务业绩质量或准确性的证明或意见的任何类型的审计、审查、汇编——即使公允意见函可能会依赖相关的预测。

无论支持它的尽职调查是多么严格，公允意见函不可能滴水不漏，也不能保证能完全消除交易中的风险，它也不提供任何实际的风险担保形式。

最后，一份公允意见函并不强制受托人接受拟议的交易或为任何特定决策背书。它只是受托人必须考虑的几个因素之一。

结论

随着并购交易的增多，诉讼案件数也随之上升，而且交易结构也日益复杂。在这种情形之下，那些收取固定费用的独立顾问所准备的公允意见函就成了受托人决策流程的宝贵工具，同时它还能显示出他们良好的商务判断力和应有的审慎原则——无论相关企业是公开上市公司还是非上市公司。

VALUATION FOR
M&A
附录 16A

公允意见函样本

2018 年 3 月 1 日
杰伊·M. 阿特尼㊀
律师事务所（LawFirm）有限公司
主街，123 号
西提市㊁，明尼苏达，59999

回复：公允意见函——卡文迪什公司

亲爱的阿特尼先生：

杰伊·M. 阿特尼，路易·伯廷－卡文迪什信托（下文简称"客户"或"委托人"）的受托人，聘请估值事务所（ValuationFirm）公司（下文简称"估值事务所"），从财务的角度，就卡文迪什海鲜分销公司（下文简称"卡文迪什"或"公司"）存量股权 80% 持有人所收到的收购对价（来自"生效日"2018 年 2 月 2 日的拟议交易，下文将论述），提供我们的意见（"意见函"）。

拟议交易

我们了解到欧姆尼食品分销公司（下文简称"欧姆尼"）已提出报价收购卡文迪什的股权，包括根据 2018 年 2 月 2 日的意向书（下文简称"协议"）所做的以下条款（下文简称"拟议交易"）。

∞ 以现金 4 800 万美元总对价（购买价格）收购卡文迪什公司的所有股本。

㊀ 阿特尼，Attorney，意为律师。作者将其作为律师的姓名。
㊁ 西提，City，意为城市。作者虚拟的地名。

- 依我们的理解，拟议交易将会运用美国国内税典 338（h）（10），以资产交易方式进行缴税。
- 这个购买价格是假定卡文迪什在交易完成后将以与过去一以贯之方式进行运营，而且公司在交易截止日将仍然具有以卡文迪什和欧姆尼约定的基于历史资产负债表（"决算资产负债表计算"）的营运资金。
- 在结束交易前，公司将支付所有累计未付的股东红利；这些金额将不计入决算资产负债表中的应计费用。
- 将会按照决算资产负债表计算的任何偏差，一对一地上下调整收购价格。
- 公司将负责支付交易达成前的税款、股东贷款或股东的其他义务。
- 欧姆尼打算通过谈判与公司首席执行官路易·伯廷达成雇用安排。
- 伯廷先生同意签署一份为期三年的非竞争契约，但收购方还需在购买价格之外另支付 60 万美元。
- 具有 75 天的排他期。

资格和独立性声明

估值事务所在美国有 8 个办事处，在加拿大有 2 个办事处，有近 100 名员工，为中大型公司提供企业和无形资产估值，以及公允意见函和偿付能力意见函。克里斯·阿普瑞泽在他 25 年的职业生涯中，为美国和其他 15 个国家的公司提供了 2 000 多项企业和无形资产评估服务，以及 50 多份公允意见函。他拥有经行业认可的注册高级估价师、经认证的企业估值师、注册企业估价师、注册估值分析师和国际注册估值专家。除了准备这份公允意见函外，估值事务所和阿普瑞泽与卡文迪什公司或欧姆尼公司没有任何过去、现在或预期的未来关系。因此，这位阿普瑞泽先生在没有利益冲突的情况下，独立客观地准备了这份公允意见函。

公司背景

卡文迪什公司是一家野生和人工饲养海鲜的分销商，向位于美国中部 14 个州的餐馆和商店提供海鲜，正在考虑扩展到加拿大位于草原地带的三个省份。目前，该公司 80% 的股权由委托人持有，20% 的股权由两个被动投资者持有。

分析范围

在准备这份意见函时，我们的相关程序包括但不限于下述内容：

∞（1）审核 2018 年 2 月 2 日的意向书。

∞（2）就公司财务状况、业务、资产、收益、预期的未来业绩，以及拟议交易，参与与卡文迪什管理团队（"管理"）的讨论，包括路易·伯廷（首席执行官）、吉克尔斯·珍（首席运营官）、迈克尔·伯廷（首席财务官）和约翰·帕瑞索（营销副总裁）。

∞（3）2018 年 2 月 15 日，在明尼苏达州卡文迪什的办公室与管理层会面。

∞（4）审查下列文件：

- ∞①公司截至 2017 年 12 月财年的历史财务报表——2013 年 31 日至 2017 年 12 月 31 日。
- ∞②由公司管理层编制的卡文迪什财务预测运营数据——2018 年 12 月 31 日至 2022 年 12 月 31 日。
- ∞③管理层提供的与公司财务状况有关的其他内部文件。
- ∞④卡文迪什的组织文件。
- ∞⑤管理层和卡文迪什签订的雇用协议。
- ∞⑥其他相关的财务表。

∞（5）审查管理层制定的对价分配表。

∞（6）审核相关上市公司的历史交易价格。

∞（7）利用公认的估值和分析技术，进行一定的估值和比较分析，这些技术包括：

- ∞①贴现现金流分析。
- ∞②合适的所选上市公司的相关倍数分析。
- ∞③相关的交易分析。

∞（8）考虑总体的经济、市场和金融情况。

∞（9）进行其他的分析并考虑更多我们认为合适的因素。

假设和限制条件

这份意见函受到某些一般假设和条件的限制，其中多数可能对结论产生重大影响，它们包括但不限于：

∞（1）在准备意见函时，我们依赖该公司提供的信息，并没有对所提供的信息进行过独立验证。

- （2）我们依赖的信息、数据和陈述来自公共信源或非公信源，我们没有对提供的信息进行过独立验证。

- （3）我们假设这里提供的所有信息都是准确和完整的，并假设预测和预期是由管理层根据公司对未来业绩的最佳判断和合理估计真诚地做出的。

- （4）我们假设由估值事务所以草案形式审核的所有文件的最终版本，在所有重要方面都与审核过的草稿相符。

- （5）我们假定自最近财务报表和提供给估值事务所的其他信息的截止日起，公司的资产、服务、财务状况、业务或前景都没有发生实质性的变化。

- （6）我们假设没有与被评估资产、产权和/或企业权益相关的留置权问题、归属问题、违反许可证问题，也没有携带风险的成分。我们对任何和所有未来的环境因素和潜在责任，或对可能需要安排足以发现它们的系统研究，不承担任何责任。

- （7）我们不受要求对卡文迪什的任何财产或设施进行实地考察，我们也没有对卡文迪什单个资产、负债或前景做任何独立的估值或评估，也不会配备任何这种估值或评价。

- （8）我们的意见函必然是以经济、市场和其他实际情况，以及我们所能得到的到截止日为止的资料为依据。因此，这里重要的是，要理解尽管后续的发展可能会影响我们的意见，但我们没有任何义务进一步更新、修改或重申我们的意见。

- （9）我们对拟议交易的法律、法规、税务或会计性质或拟议交易的完善能力（如协议中所述），不发表意见。

- （10）我们假定拟议交易将会按照双方于2018年2月2日签订的意向书中详细规定的条款完成，而且不修改或放弃其中的任何条款或条件。

- （11）我们依赖的事实是公司就与拟议交易有关的所有法律事宜得到了其法律顾问的咨询建议，包括所有与拟议交易相关且按法律要求所要采取的流程，都适当地、有效地、及时地采取了。

- （12）至于是否有其他交易可能比拟议交易更有利于卡文迪什普通股股东，我们并不会表示意见。

估值事务所过去和现在都没有被要求：①与第三方就拟议交易、本公司资产、业务或运营的相关问题发起任何讨论，或从第三方寻求任何利益的迹象；②就拟议交易的替代方案向公司或任何其他方提供意见。

我们的分析没有考虑拟议交易后的重组或再资本化导致的任何潜在的具体增量价值，而且我们不会在拟议交易完成后的任何时间内就公司或公司权益可出售的价格或其范围发表任何意见。

披露

估值事务所针对该客户陈述如下：

- 我们不会担任拟议交易任何一方的金融顾问。
- 我们报酬并不取决于使用公允意见函而导致的任何举措或事件，包括圆满完成拟议交易这个事件。
- 过去几年估值事务所与客户之间没有任何重大关系，也可以理解为估值事务所与受这份意见函影响的拟议交易相关方之间没有关系，我们也不会因此得到或旨在得到任何报酬。
- 我们的意见函所述对价量或质的公允性，并非是针对该公司的任何高级职员、董事、员工，或此类人员将得到的对价额，我们的对象是他们作为公司股东的角色。

意见函的使用和传播

这份意见函完全是根据拟议交易所做。以（或仅以）受托人之力，本函仅供本案客户使用。本案客户可以提供一份副本给：①与拟议交易相关的、为本案客户提供服务的那些法律、会计和财务方面的顾问；②信托受益人；③向信托受益人提供这类服务的法律、会计、财务方面的顾问；④向估值事务所披露并经估值事务所事先书面同意的其他当事人。而且，在向这些相关方披露这封信函之前，本案客户应提醒相关方，其不能把这份意见函及其任何部分（包括但不限于估值结论、估值事务所的身份、其股东、董事、雇员、顾问、合同方、子公司、代理机构及代表、专业协会或其附属组织）透露给任何第三方。

未经事先书面同意，不得在任何时候将本信函披露、传达、转载、传播、摘引或引用给除本信函所提及人员以外的任何第三方（或以任何方式或出于任何目的）。

估值事务所的意见函在此所表达的意见仅限于从财务的角度，审查作为卡文迪什存量股份 80% 持有者的委托人所收到的收购对价的公允性问题，不涉及卡文迪什公司是否继续进行拟议交易的重要业务决策。本函仅供客户在评估拟议交易时参考，而我们的意见并不构成本案客户就拟议交易进行投票的建议。

结论

鉴于上述情况，截至本函发布之日，我们认为从财务角度看，对卡文迪什 80% 存量股份持有人的委托人来说，即将接受的交易对价是公平的。

您非常诚挚的，
估值事务所公司，
克里斯·阿普瑞泽
ASA、CBA、CM&AA、CPA/ABV、CVA、ICVS
董事总经理

VALUATION FOR
M&A

第 17 章

企业并购和财务报告[⊖]

本书自始至终都是在并购背景下向读者介绍确定和提升公司价值的相关方法和工具，特别是潜在交易发生之前所使用的那些方法和工具。在过去的几十年间，伴随着公允价值会计准则的建立及其广泛应用，以及并购财务报告合规性要求的出现，估值已经成为并购业务不可或缺的组成部分。尤其是在交易发生后的那段期间，目标公司可确认的无形资产和商誉的公允价值都会反映在收购公司的财报上，并会最终影响随后财年的报告收益。

本章概述了与财务报告规范相关的准则标准，它们可能会对企业的并购活动产生影响。首先，我们介绍一些主要原则和准则，它们会导致某些假设和步骤方面的差异（相比于本书其他部分所述的估值概念）。然后，我们会介绍一些购买总价分摊之后通常所见的无形资产类型。最后，我们列示了与财务报告合规性相关的尽职调查问题的增补清单，以及作为附加信息的参考文献目录。本章的目的是让读者（包括审计师、企业主、财务经理、交易顾问和估值师）在遇到财务报告合规性要求和主要估值概念时，能对这些问题有一定的认知和大致的了解，以便为并购交易后财务报告的编制做好更充分的准备。我们提供的这些相关阐释和说明，都是源自我们经历过的无数并购交易前后，向财务总监们提供顾问服务的经验。注意：本章所涉的这些问题都是与编制财务报告相关的，不同于交易后相关的税务问题。

⊖ 就基于第 2 版（2010 年）对本章的更新所做的贡献，作者非常感谢霍华德·汉密尔顿（注册金融分析师、高级副总裁），估价研究公司（新泽西州普林斯顿）www.valuationresearch.com。

美国的《一般公认会计原则》和《国际财务报告准则》

《一般公认会计原则》⊖是美国企业财务报告的表达规范,由财务会计准则委员会(FASB)颁布。在美国,但凡需要获得独立会计师审计、审核或编制会计报表的公司,都必须遵循《一般公认会计原则》的要求。对受制于《一般公认会计原则》的财务报表而言,公允价值计量是必须遵守的——除非你有意违规。在美国之外,与《一般公认会计原则》对应的是《国际财务报告准则》(IFRS),它是由国际会计准则委员会(IASB)颁布。

过去的十几年间,财务报告制定准则发生了实质性的变化,而且其新增变化(同样会是实质性的),将在下一个十几年间陆续出现。这些变化会直接影响并购交易(本章所用的对应词是"企业组合"——这是财务会计准则委员会和国际会计准则委员会所用的词语——business combinations)。在 2002 年,财务会计准则委员会和国际会计准则委员会签署诺沃克协议(即两个委员会之间的谅解备忘录),内容是致力于融合美国《一般公认会计原则》和国际会计准则(IAS)。这项活动始于 1996 年——此时,公司财务报告开始驶离历史成本,向公允价值行进。就财务报表上的那些资产而言,以公允价值进行表述,要比以历史成本表述更加有用。

就《一般公认会计原则》和《国际财务报告准则》在过去十多年的变化而言,财务报告的规范要求对企业并购活动的影响较以往更大了。

对此,虽然差异仍然存在,且随后的分歧已经出现,但公允价值和企业组合标准在很大程度上弥合了。目前,还没有就其他标准的弥合做相关努力。

几乎所有发达国家,除美国外,以及许多发展中国家现在都要求使用 IFRS。目前,还无法预期美国将在何时会开始使用 IFRS。

这些变化影响了全球做并购交易的方式。因此,在考虑企业组合问题时,公司管理者及其顾问有必要对特定会计准则及其对财务报表的影响,有一个一般的理解。

FASB 和 IFRS 的相关陈述

伴随这些变化,并购交易方必须比过去更加熟悉《一般公认会计原则》,特

⊖ 本章提及的《一般公认会计原则》(GAAP),是指美国的《一般公认会计原则》。

别是会计准则汇编（ASC）专题820和805（财务会计准则公告[SFAS]157和141），以及会计准则汇编350（财务会计准则142和144）。在美国之外，并购交易方必须更加熟悉《国际财务报告准则》专题3和国际会计标准专题36和38：

ASC820——公允价值计量。颁布于2006年9月，会计准则汇编（ASC）820（财务会计准则157）为如何在财务报表的公允价值计量中，应用公允价值概念和要求额外披露信息建立了一个框架。

IFRS 13——公允价值计量。2011年5月发布，从2013年开始生效，阐述了基于国际财务报告的公允价值计量原则。

ASC 805——企业组合。最初于2001年6月发布，2007年12月修订并经后续会计准则更新修订（ASU），ASC 805涉及企业组合的会计处理，包括收购价格的确定和无形资产的识别。

IFRS 3——企业组合。最初于2004年3月发布，于2008年1月修订，随后也进行了修订，IFRS 3规定了对所收购资产和负债的确认和计量。

ASC 350——商誉和其他。ASC 350于2001年6月发布，随后由ASU 2017-04修订，涉及商誉和其他无限期无形资产的减值。

ASU 2014-02和ASU 2014 2014-18。在2014年发布，这些允许非上市公司对商誉和某些无形资产，采用简化的会计指导原则。

IAS 36——资产减值。最初颁布于1998年6月，随后经多次修订，IAS 36要求无形资产的记载金额不超过其可回收金额，被定义为资产的"公允价值减去处置费用"及其"使用价值"的较高者。

IAS 38——无形资产。最初颁布于1998年9月及之后经修订，IAS 38为处理无形资产提供了指导。

ASC 360——物业、厂房和设备。ASC 360包含有关无限期长期资产（有形资产和无形资产）的减值测试的指南。

ASC 820、805和350将在本章后面更详细地讨论。值得注意的是，对非上市公司来说，ASC 805和350都有会计应用的替代方案，既可简化无形资产和商誉的初始估值，也可简化后续的会计处理方式。

作为诺沃克协议的成果之一，财务会计准则理事会和国际会计准则理事会，就企业组合的会计处理方式，启动了它们之间的第一个合作项目，以便进一步促进会计准则的国际融合。随着财务会计准则委员会颁布会计准则汇编805（财务会计准则公告 141（R）），以及国际会计准则委员会对《国际财务报告准则》的修订，遂在下述两个方面取得了很大进步：一是对企业组合方面的财务会计报告编制的改善；二是对国际会计准则融合的促进。就公允价值计量而言，目标是为它在应用中的一致性问题，提供一个日趋一致的指南。因此，与公允价值和业务组合相关的指导很大程度上得到了聚合。在本书出版时，聚合已经不再是优先项。

审计公司的审核

与公允价值评估值一起受到审计的，还有影响资产负债表的其他评估值，但依据都是《一般公认会计原则》和《国际财务报告准则》。以编制财务报告为目的的估值，实际上是一个遵循上述准则的合规过程。在过去若干年间，对公司雇用外部独立资产估值专家没有要求，但由于下述三个原因，对这些专家的依赖程度日渐增强：一是来自会计监管机构日渐严苛的检查；二是审计人员严格的独立性要求；三是对为编制财务报告所做估值日益严格的审查。在这种严格的监管环境下，不仅需要估值专家在企业估值方面有扎实的功底，而且也需要他们对下述几个方面的知识了然于胸：无形资产估值、公允价值计量的详细规范、前面所述的相关准则，以及来自美国注册会计师协会、估值评估协会、国际估值准则委员会和其他相关组织的相关文献。相比于涉税事务、诉讼事务或战略规划的估值，公允价值会计属于估值领域里一个很专业的细分知识，有着不同的专业准则和要求。此外，最近推出的实体和无形价值认证（CEIV）证书正迅速得到越来越多人的认可，以至于提供与公允价值相关估值的专业人士都需要这种证书。持有这类证书的个人必须遵守附加的文献要求和其他的相关要求。

对公允价值评估的最终确定由管理人员和估值专家共同拍板，但财务报表的最终责任却是由公司管理层承担。因此，财务高管人员需要积极监管会计人员和估值人员的工作。审计公司需要愈发认真审计上市和非上市公司公允价值的评估值，来应对下述三种情形：上述新追加的准则要求、美国证券交易委员会（SEC）和上市公司会计监管委员会（PCAOB）对审计质量的关注，以及PCAOB在公允价值审计中发现的相关问题。财务会计准则委员会（FASB）通过各种审计准则公告（SAS）提供了如下的规则和方法：

- AU-C 第 540 条——审计会计估计数，包括公允价值会计估计值和相关披露。建立与会计估计值有关的审计师责任，包括公允价值和相关的参考因素，如控制、专家的使用、假设和前置的估计值等。
- AU-C 第 500 条——审计凭证。解释什么是审计凭证以及审计人员的相关审计责任，包括与管理人员使用专家相关的指导——涵盖评估资格、能力和客观性。

会计准则汇编 820：公允价值计量

会计准则汇编（ASC）820 为以编制财务报告为目的，如何计量资产和负债的公允价值确立了一个原则框架。2006 年颁布之前，在公允价值计量和披露要求方面，《一般公认会计原则》的规则存在不一致的情况。《国际财务报告准则》对应的内容"国际财务报告准则 13"于 2011 年 5 月颁布，并于 2013 年生效。这种准则的目的是：尽量对以编制财务报告为目的的公允价值计量方法予以统一。它确定的价值准则既不同于以纳税为目的的公允市场价值，也不同于以诉讼为目的的公允市场价值和公允价值准则，也异于以战略规划为目的的公允市场价值和投资价值准则，甚至不同于其他一切价值准则。总之，它有别于之前美国国税局、法院和企业通用的任何价值准则。

根据会计准则汇编 820，公允价值被定义为"一种价格，即在一个有序交易的环境下，在计量日，市场参与者为出售资产而愿意接受的价格或为转移负债而愿意支付的价格。"⊖ 为了更好地理解这一定义，需考虑以下几点：

- 公允价值曾经被视为**进入价格**（买方）：公司为收购资产或者清偿债务而需支付的金额。而现在公允价值被视为**退出价格**（卖方）。
- 这里的目标是："估算一项出售资产或转移负债的有序交易在计量日于当期市场条件下市场参与者之间会发生交易的价格（也就是说，在计量日从持有资产或欠有债务的市场参与者角度看的退出价格）。" ⊜
- 作为退出价格，公允价值代表公司若在市场上出售资产或转移负债时，愿意接受的价格。在概念上，一项资产或债务的退出价格不同于其交易

⊖ ASC 820-10-20 的术语表。
⊜ ASC 820-10-05-1B。

价格（进入价格）。在很多情况下，尽管退出价格和买入价格可能完全相同，但在初始确认时，交易价格不再能代表资产或负债的公允价值。

- 与退出价格的概念一样，交易成本应费用化，而非资本化。也就是说，由于下一个收购者对之前交易所发生的成本不感兴趣，因此交易成本不应体现在公允价值之中。

- "一项有序的交易有这样一种特征：在计量日之前一段时期都敞口于市场，以便与这些资产或负债相关的交易，发生于正常和习惯的市场活动中；它不是一项被迫交易（例如，一项强制性清算或被迫出售）。"[①]

- 公允价值计量假定交易发生在相关资产或负债的主要市场或最有利的市场。主要市场是指资产和负债最多和最为活跃的市场。最有利的市场是指，在考虑到交易成本和转移成本之后，能使某项资产所获金额最大化的市场或转移某项债务所付金额最小化的市场。如果存在有关资产和负债的主要市场，即使其他市场的价格在计量日可能更为有利，但公允价值计量也应体现主要市场的价格（不论这一价格是直观的还是使用估价技术确定的）。[②]

- 有一点很重要，即要从市场参与者的角度审视公允价值，而不能以特定实体的角度。也就是说，公允价值以市场为基础，而不能以特定实体为转移。市场参与者[③]是一个不相关的群体，它们基于应有的勤勉了解相关的资产或负债，有意愿且有能力从事这些资产/负债的交易。此外，这些可能都是假定的情境。因此，按照公允市场价值准则，假定的买方和卖方存在着某些相似之处。不过，一个重要的区别是，要看市场参与者是财务买家还是战略买家。另外，就市场参与者的观点而言，一项资产可能对某个市场参与者来说有巨大价值，但对某个实际并购者来说，价值可能很少，甚至毫无价值。

- 公允价值假设市场参与者能最佳地使用资产。这种使用必须在物理上是可能的，法律上是允许的，并在财务上是可行的，此外这种使用还应使资产价值最大化[④]。在有关价值的前置条件方面，报告实体必须确定资产

[①] ASC 820-10-20 的术语表。
[②] ASC 820-10-35。
[③] ASC 820-10-20 的术语表。
[④] ASC 820-10-35-10B。

的最佳使用方式是自用（作为某一资产包的组成部分）还是出售（作为单独个体使用）。⊖

会计准则汇编820规定了一个基于三个层级的可观测到的输入值的公允价值等级结构。

- （1）第一级估值输入值被给予最高优先级，代表同类资产或负债活跃市场的报价。
- （2）第二级估值输入值包括非活跃市场上的类似资产或负债的报价、同类资产或负债的报价、可以直接观察到的那些资产或负债的输入值（而不是其直接报价），以及来自可观测的市场数据或被市场数据证实的市场输入值。
- （3）第三级估值输入值是最低优先级，因此需要披露最多的信息，但代表了绝大多数交易，包括所有非上市公司的交易。第三级估值输入值不可观测，它们建立在公司对市场参与者如何所思的自我假设之上。

总之，在公允价值计量和披露要求方面，会计准则汇编820提供了贯穿《一般公认会计原则》始终如一的规则。就企业并购而言，受会计准则汇编820影响最大的财务会计准则委员会公告，可能就是会计准则汇编805。

会计准则汇编805：企业组合

会计准则汇编805规定了公司基于财务报告目的应该如何解读并购交易。会计准则汇编805制定的会计处理要求，非常类似国际财务报告准则3⊖制定的要求。正如后面将要讨论的，非上市公司的会计方案允许他们忽略对大多数客户关系和非竞争协议资产的确认。在财务准则汇编805中，企业并购交易被称作企业组合——被定义为"收购方获得一个或多个企业控制权的交易行为或其他事项。有时称作'真实合并'或者'平等合并'的交易也是企业组合（正

⊖ ASC 820-10-35-10E。

⊖ 在它们各自的最新修订稿中，财务会计准则公告141和国际财务报告准则3，在趋同性方面取得了重大进展，细微差异体现以下几个方面：公允价值的定义、控制权的定义（在企业并购中为识别买家目的的定义）、非营利组织的处理、非控制性权益的计量、并购前的或有事项或有对价事宜，以及其他事宜。这些都超出了本书所要论述的范畴。

如这个词在这个公告里所使用的那样）。这个公告就下述事项为并购者确定了应遵循的原则和要求：①如何确认和计量被购的可确认资产、所担负债以及卖方的非控制性权益；②如何确认和计量企业并购中所购商誉或产生于低价收购的利得；③如何确定所需披露的信息，以保证财务报告使用者能评价企业组合的性质和财务影响。"需要重点关注的是，这一公告并不适用于："①合资企业的建立；②非业务性的资产或资产包的收购行为；③同一控制权下实体、企业或非营利活动间的组合。"同样地，该指南不适用的还有某些有限的情形。

关于时间方面的要求表述如下：如果企业组合的初始会计处理在交易发生的报告期末尚未结束，准许予以估值计入，然后，在交易后一年之内进行调整。

在会计准则汇编 805 的主要目标中，有两个如下：一是提供更多有关无形资产的信息；二是提高不同实体之间财务成果的可比性。不过，虽然本综述的重点是无形资产，但 ASC 805 也要求金融资产、营运资金项、固定资产、房地产和负债，都以公允价值确认。

在这个公告中，无形资产被定义为"不具备物质形态的资产"（不包括金融资产），但不包括商誉。之所以关注无形资产，是因为我们正在从生产型经济向知识型经济转型，大部分价值都是由无形资产所创造的。风险投资家、私募股权基金和对冲基金都开始认为无形资产具有核心价值，比过去更加注重它们的战略意义。

ASC 805 要求在实体的财务报表中确认和计量可识别的无形资产。无法识别的无形资产都体现在商誉的科目里。这些确认标准适用于企业组合中获取的无形资产，而不适用于通过交易取得的无形资产。必须确认为资产而不是商誉的无形资产具有以下特征：资产源于合同或者法律上的权利（例如商标、品牌名称、互联网域名、非竞争协议、特许权转让协议、特许经营协议、计算机软件和专利技术），或者在不考虑是否有意这样做，但资产能够从被购实体中分离

㊀ 财务会计准则委员会的财务会计准则公告 141（修订于 2007 年）：企业并购（2007 年 12 月）。

㊁ ASC 820-10-20 的术语表。

㊂ ASC 805-10-05-3。

㊃ ASC 805-10-05-4。

㊄ ASC 805-10-25-13。

㊅ 同上。

出来出售、转让、授权许可、出租或者交换（例如客户关系、专有技术和数据库）。配套的人力资源不能确认为独立于商誉的无形资产，需要连同下述资产一起估值：客户关系、订单、现有技术、在研项目或适用于多周期超额盈余法（将在第 18 章介绍）评估的其他资产。即使收购方不打算使用的资产（例如商标或复制的软件），也要给它们赋予价值，以便与下述两项规范保持一致：市场参与者概念；会计准则汇编 820 所定义的公允价值。收购竞争对手的买家不会使用被购方的商标，但如果其他市场参与者很可能会使用这个商标，那么，该商标就必须予以确认和估值。

2014 年，FASB 发布了 ASU-2014-2 和 ASU-2014-18，它们共同简化了非上市公司的业务组合的相关会计准则。ASU-2014-2 考虑到了商誉的摊销，ASU-2014-18 允许对某些资产（即多数客户关系和非竞争协议）不予以确认的做法。一家实体在没有采用 ASU-2014-18（客户关系和非竞争协议，不确认）的情况下，还可以选择采用 ASU-2014-2（商誉摊销）。相反，如果一家公司采用了 ASU-2014-18，那么它还必须采用 ASU-2014-2。

财务准则汇编 805 将可确认的无形资产分为五类，分别举例如下：

- （1）**市场营销相关**。市场营销相关的无形资产是指主要用于市场营销或用于产品或服务促销的无形资产。它们包括商标、商品名称、服务标识、集体商标、鉴定标识、商业包装（唯一颜色、形状或包装设计），报纸刊头、互联网域名和非竞争协议。在会计处理的替代方案下，非上市公司不需要从商誉中单独确认非竞争协议。

- （2）**客户相关**。客户相关的无形资产是指与现有客户相关的那类资产。包括如下内容：客户合同、相关客户关系、非契约客户关系、订单或未完成的生产订单。出于可识别的目的，如果公司有订立合同的成型做法，那么，只要满足了合同的法律标准，就可认为一项客户关系成立——不管那份合同目前是否存在。在会计替代处理方式下，非上市公司只需要识别与客户相关的资产"能够独立于企业的其他资产出售或许可，即可。"⊖这省略了许多包括在上市公司的客户关系资产。

- （3）**艺术相关**。如果艺术相关的无形资产源于合同权利或法律权利（例如版权），那么它们就满足了确认条件而不被归为商誉。这类资产包括戏

⊖ ASC 805-20-25-30。

剧、歌剧、芭蕾舞、书籍、杂志、报纸、其他文学作品及音乐作品（包括作曲、歌词、广告词），还有图片与照片、视听材料（包括电影、音乐视频和电视节目）。

- （4）**基于合同**。基于合同的无形资产代表的价值是源于合同协议的权利。这类资产包括许可权协议、版税协议、暂缓还债协议、广告制作合同、建筑合同、管理合同、服务合同或供应合同、租赁合同、施工许可、特许代理协定、经营权和转播权、特许使用权（如钻井、水、空气、煤炭、树木砍伐和特许航线）、维修保养合同和雇用合同。

- （5）**基于技术**。基于技术的无形资产是指与创新和技术进步相关的无形资产。这类资产包括专利技术和非专利技术、计算机软件和掩模作品、数据库（包括标题库）、商业秘密（如秘密配方、工艺和秘诀），以及在研项目（IPR&D）。

收购公司财务主管在同公司的注册会计师和估值专家讨论之前，应根据无形资产类型，审核目标公司的下述类型的无形资产：市场营销相关、客户相关、艺术相关、基于合同和基于技术。

上述清单并未详尽所有，但它确实为公司交易前无形资产尽职调查，提供了一个不错的框架。同时，也为并购交易完成后，目标公司可确认无形资产收购价格的分摊，做好了估值准备。尽管财务会计准则委员会（FASB）在这个清单上，根据这五大类定义了30种以上的无形资产，但很多都基本不存在收购价格的分摊问题。另外，尚有其他很多无形资产可能与特定收购活动相关，而且会出现在收购价格的分摊中，最为常见的有如下10种：

- （1）**客户关系**。与客户有关的无形资产包括交易中收购的客户群/客户清单。对购买方来说，客户关系代表了基于这个客户群预期会持续发展的业务关系和未来收益。事实上，客户关系往往体现了被收购企业价值的主要部分。客户这一无形资产经常与商誉混淆，但从财务准则汇编805准则的角度看，它不同于公司商誉。以往，商誉被界定为预期客户会再次惠顾公司之意或客户将继续与某个特定供应商做生意的可能性。依据商誉的这种概念内涵，这里有一个预期：某些原先就存在的客户，在未来某段时期，会再次光顾这个企业并带来一定的收入。与此相反，出于会计目的对这种客户当期的估值反映了对具体客户关系的分析，它们过往带来的收入、它们的购买模式及其身份可以由收购这种客户关系而得到证实，以便能够确定源自这个群体的收入预测。客户关系的价值反映了在考虑收购价格水平和消耗的变化后，从中获得的经济利益。因此，在某些情况下，可以使用成本法评估客户关系的价值，但这种价值评估更多的是使用收益法中的多期超额盈余法（MPEEM）。⊖

（2）**现有技术**。现有技术体现在当期由公司出售的产品和服务之中。在技术上，这些产品被视为成型的产品，因为它们达到了设计规范的要求，也处于或已通过了测试阶段。现有技术通常是专有技术，指还未取得专利和正在申请专利的商业秘密和专有技术。在许多情况下，对一家正在运营的公司来说，现有技术比专利更有价值。要想具有价值，现有技术必须是用于公司经营的技术，为企业主带来某种竞争优势并获得保护以防竞争对手利用。现有技术可以带来一些经济优势，如较低的经营和制造成本或产品/服务的溢价。尽管很难做到绝对保密，但它可以在时间、成本、知识或技能方面，为竞争对手设置一些障碍。最后，现有技术树立或确保了企业的市场地位。鉴于这些特征，现有技术的价值往往体现于它的创收能力，因此它的估值通常使用收益法中的多期超额盈余法（MPEEM）或者权利金节省法（relief-from-royalty method）。

（3）**在研项目**。在研项目（IPR&D）指尚未完成的某项研发项目。需要特别指出的是，在研项目是一种正在开发的技术，即潜在技术还没有达到技术可行的程度，还没有项目的工作模型，或还未完成项目详尽设计的所有步骤。一旦这种研发成果进入市场，就成为现有技术。在企业组合过程中，收购后用于研发活动的资产都是单体的可确认资产，而且每个都要进行单独估值。在研项目的技术往往引领前沿，所代表的技术不易复制。每项具体的在研项目必须是被购公司的亲历所为，它的成本可以按照财务会计准则公告 730 的规定量化为研发成本。在研项目必须以合理的可信度予以评估，必须能够实质性地最终创造价值。它们尚未完成，还存在技术风险、工程风险或仍需监管审批，并且它们还将继续产生额外的研发费用。在研项目还必须具备预期经济效益，使收购公司能

⊖ 以上十类无形资产的估值方法和方式将分别在第 17 章阐述。

够预期目标公司的每项独立资产或与其他资产构成的资产组合，将如何用于合并后的研发活动。然而，值得关注的是，按照会计准则汇编820对公允价值的定义，不会按照收购方使用与否来决定是否计入在研项目的价值。因此，收购方必须考虑其他市场参与者的预期行为。这种公允价值应该被资本化，并进行减值测试，直至在研项目的完成或中止。对在研项目的估值，通常使用收益法中的多期超额盈余法或者权利金节省法。

(4) **租赁协议**。如果公司拥有若干低于市价的房产或设备的租赁协议，那么就存在着价值（因为按照市场标准企业节约了成本）。由于这类租赁协议低于市价的性质，使得公司可以实现一定数量的节约资金，因而能够借此创造可确认的效益流——这些都意味着估值这类租赁协议，需要使用收益法旗下的多期贴现法。

(5) **特许权协议**。特许权协议说的是一家公司为获得特许使用费，特许其他实体使用商标名或专利的行为。这些协议的估值取决于公司获取特许权收益的金额，所以通常是用收益法旗下的多期超额盈余法评估特许权协议的价值。

(6) **非竞争协议**。一份非竞争协议是一个企业的买方和卖方达成的协议：限制卖方一段特定时间内的竞争行为（往往按地理区域划分）。当一个企业被出售时，无论卖方是个人出售家族企业，还是公司剥离的一个子公司，买方通常会与卖方签署一份非竞争协议。这类协议可能是整体资产或权益出售合同的条款之一（一项非竞争信约承诺），抑或把这个承诺作为一项独立资产出售给买方的契约（一项非竞争协议）。在有些企业，雇员或因工作职责与老板或高管之间的交流，能够获知很重要的信息。对这类企业的雇主而言，非竞争协议就显得非常有价值。虽然签订的协议并不能确保杜绝恶性事件，但这类协议的威力在于它会迫使员工慎重考虑离职之举。尽管在并购交易中普遍存在着非竞争协议，会产生收购价格的分摊问题，但它的价值只占购买总价一个相对小的比例。在现实中，因为卖家离开公司之后，在非竞争协议规定的3～5年内成功成为竞争对手的可能性很小。此外，由于地方司法权之故，非竞争协议很难在法院得到强制执行，这个问题涉及修改司法管辖权的大问题。就估值而言，这里通常使用收益法中的差值法（"有"对比"没有"）对非竞争协议进行估值。

∞（7）**订单储量**。订单储量（也称作合同储量）代表从合同的剩余销售额中将获得的收入。估值订单储量类似于估值销售合同。当然，只要有能获得一组预期收益的合同，就一定会在获取这些收益时发生费用。同时，用于评估订单储量公允价值的方法，必须考虑到这些订单中的每一份订单的收入。最适用于这类估值对象的评估方法是多期贴现法。对来自订单储量的预计现金流进行评估，可以按低于企业整体风险的贴现率，因为与订单储量相关的客户有合同约定，保障性较强。

∞（8）**专利**。在美国，专利是政府通过专利商标局授予发明者生产、使用和出售发明的合法权利。授予的专利可在一个地区的一个有效期内享有合法的垄断权。有效期一般是20年（自注册之日起）。除了节约成本的可能外，内含专利的产品可能享有销售溢价。这种溢价的大小或取决于收取溢价的能力或取决于相关知识产权节约成本的能力。一项专利的价值取决于如下因素：有效期的长短、相关发明的地位、所处的行业、实用性，以及相关的阻碍性专利等。专利的估值方法很多，但就编制财务报告的目的而言，最常见的估值方法是收益法中的权利金节省法。

∞（9）**软件**。所有公司都拥有软件，但在所有企业并购中，并不会单独计算软件的价值。价值会赋予目前在市场上通过许可证销售的软件，作为服务可以即时使用的软件（SaaS），或融入服务/产品的软件。与现有技术一样，软件也被视为专有技术。用于公司经营的软件，不仅会体现为某种竞争优势，也可视为一种商业机密（可以通过规定员工必须遵守限制条款、确保知识隔离、严格控制文件和档案等手段进行保密）。专有软件或技术可以较低的（服务、经营和制造）成本的形式，体现为一种经济优势。尽管很难做到绝对保密，但它可以在时间、成本、知识或技能方面，为竞争对手设置一些障碍。最后，它还可以在树立或确保企业强有力的市场地位方面起作用。鉴于这些特征，软件的价值往往在于其创收能力，因此这种估值通常会使用收益法中的权利金节省法，但用于内部运营的软件除外，因为它不直接产生收入。在后一种情况下，需要使用成本法中的重置成本法进行估值。

∞（10）**商标或商业名称**。在1946年的商标法案中，商标被定义为"制造商或商家采纳用来识别其商品，并区别于其他商家产品的任何字、名称、符号、图案或它们的组合"。商标具有三个基本功能：标识产品；保证某种品质；作为市场营销的公共关系载体。一定程度上，商标价值来自这三项功能。同样，商标价值的大小在于其溢价能力、市场占有率和（或）市场使用费。既然商标拥有者在创立商标上投入了时间和费用，那么就要防止竞争者分享由此带来的利润。只要积极使用并严格防范，注册商标的价值就能得到保护。一个商业名称是一个企业、协会或其他组织用来识别自身的名称。这是一种营销类的无形资产，它与用于识别公司产品的商标既可以相同，也可能不同，如微软就含有这两种类型的功能。一个商业名称并不具有商标所受的那种法律保护，它不能在联邦注册，除非它本身也是一个商标。商标和商业名称要么具有长期使用期限，要么具有不确定使用年限。通常它们都通过收益法旗下的权利金节省法进行估值。

还应意识到企业并购与会计准则汇编 805 号相关的其他几个方面，但这超出了本书的范畴，需要回顾这个公告本身的内涵和相关文献。接下来，总结一些之前尚未提及的不在上述范畴的关注点。

- **收购法**。按照收购法（原名购买法），收购方要把被购方的价值（截至收购日），作为一个整体予以衡量和确认。应用收购法需要 4 个步骤：①确定购买方；②确定购买日期；③确认和计量所购的可确认资产、所担债务和不具控制权的权益；④确认和计量商誉或来自低价收购的利得。⊖
- **披露要求**。在会计准则汇编 10-50 中，列示了一份长长的要求披露的清单。
- **交易成本**。按照会计准则汇编 820，交易成本不包含在企业并购的公允价值中。交易成本必须计入当期损益而不能资本化。
- **预计的重组成本**。这部分成本不再作为资产计入，但作为此期发生的费用。
- **或有对价**。在购买价格中，必须包括盈利兑现条款的公允价值。应定期

⊖ 会计准则汇编 805。

地通过调整后的公允价值,更新收购后的或有对价。在获得最新信息时,也应如此。这些公允价值是通过利润进行重新计量,而不是依据商誉来进行重估调整。

由此,按市价计量的会计准则会使它们受到潜在影响,导致交易后收益波动的可能性加大。如果盈利兑现能力被低估,收购方就会减记收益,从而减少了利润。与此相反,如果被高估,收购方就会计增收益,从而增加了利润。

- **廉价收购**。如果所购净资产的公允价值超过购买对价的总和,超过部分将作为利得反映在利润表中。这种做法较过去是一个显著变化(过去,所购净资产公允价值超出部分按有形资产和无形资产的价值成比例减少)。
- **部分收购**。当部分收购获得股份控制权时,所有资产和负债的公允价值都计入合并的资产负债表。
- **权益证券**。作为对价支付的权益证券的公允价值,是按照交易截止日计量,而不是按协议日期计量。
- **或有资产和负债**。按交易截止日的公允价值,确认目标公司并购前的或有资产或或有负债(例如:一个未决的诉讼或尚未解决的环境危害事件)。

会计准则汇编 805 和国际财务报告准则相应条款 3 都在企业并购的时间、成本和结构方面做出了规定。会计准则汇编 805 增加了许多必须以公允价值计量的资产(及负债)种类和名称。此外,在尽职调查过程中以及交易完成后,购买方需要考虑将相关审计和估值人员纳入并购小组。

最后,为说明在会计准则汇编 805 中最基本的购买价格分摊方式,让我们假设一个有关卡文迪什海鲜食品分销公司以 2 500 万美元并购贝诺食品公司的案例,而且这里没有采用会计处理的替代方法。贝诺食品有 1 100 万美元营运资金和 400 万美元固定资产,剩余 1 000 万美元分配给已确认的无形资产和商誉。卡文迪什聘请评估专家确定所购无形资产的公允价值。评估专家和管理层审阅了几个可能的无形资产(都包含在上述五种无形资产内),如贝诺食品拥有的商标、客户关系和非竞争协议。在完成估值后,评估专家确定了商标的公允价值为 200 万美元,客户关系的公允价值为 350 万美元,非竞争协议的公允价值为 50 万美元。剩余的 400 万美元被计入商誉(需要按照财务会计准则公告

142，做周期性减值测试）。

会计准则汇编 350：商誉和其他无形资产

根据会计准则汇编 805/ 财务会计准则公告 141（R）规定，对收购价格进行分配的要求会产生的估值问题，不仅会出现在并购之时，而且也会出现在并购之后。如果质疑报表上任何资产的公允价值会在交易结束后跌破其账面价值，那么按照会计准则汇编 350-20 和会计准则汇编 350-30（财务会计准则公告 144）的要求，需要对它们进行减值测试。用上述案例来解读，如果贝诺食品公司成为卡文迪什海鲜食品分销商旗下单独的报告单位，而且已经确定并购后的那年，它的公允价值已经下降，那么 400 万美元的商誉可能受到负面影响，会被部分或全部减记。尽管这种影响会出现在交易结束之后，但如果交易执行情况异于预期，就必须考虑未来潜在的减损问题。

为非上市公司引入的会计替代方法 ASU-2014-2，允许对商誉进行简化处理。按照这种替代处理方法，公司在 10 年或更短的时间内摊销商誉。此外，减值测试可能发生在实体或公司一级或分列报告的单位一级。"如果显示相关实体（或报告单位）的公允价值低于账面所计金额（触发事件）的事件发生或环境变化，那么这些实体（或报告单位）的商誉就应该进行减值测试。"⊖如果这些单位或报告单位的这种账面价值大于公允价值，其商誉就要按照这个超出额减损或冲销。如果发生了相信公允价值可能低于账面价值的触发事件，则应该做这种测试。这种例子包括一般经济或工业状况的恶化、成本增加或具体实体的问题，如失去关键客户或关键管理层人员。

相比于会计处理替代方法，根据会计准则汇编 350-20，所购商誉和特定无形资产不在消耗性资产之列；它们仍然在资产负债表（如非摊销类），假定为无限期的使用年限，每年进行减值测试。对于使用年限有限的无形资产，将在使用年限内持续地进行摊销。因此，在贝诺食品案例中，该公司的商标可分摊 20 年⊜，客户关系可以分摊 8 年，非竞争协议分摊 4 年。当资产的入账价值超过其

⊖ ASC 350-20-35-67。

⊜ 这里所拟的假定使用年限只是为了便于案例的阐述。一项资产的适用年限的确定要看实际的具体情况。例如，商标可能有 5 年、10 年、20 年或其他有限使用年限；或者可能被认为具有无限年限。

可收回金额（也就是其公允价值）时，则被视为处在减值状态。

减值测试要求进行初始和周期性（通常为按年或如果有一个触发事件）的公允价值评估。公允价值的评估通常是通过独立第三方机构或公司做内控的个人。当前，自 ASU 2017-04 颁布以来，如果相关实体或报告单位的面值高于公允价值，那么商誉就要按这个超出额进行减值或冲销。历史上，并且会持续到 2020 年，有一个接下来的步骤（其与收购时发生的做法类似），即为了暗示商誉的新价值，要对所有资产的公允价值进行评估。商誉的账面价值与隐含公允价值之间的差额为减值金额。

如果某一年度的商誉没有减值，那么公司就不会在此期的账目做商誉减值处理。如果有减值的情形出现，任何商誉减值损失都会在利润表上确认为费用，而且相关的数值也会在资产负债表上得到调整。[⊖]

按照会计制度汇编 820，公允价值是以市场参与者的价值为基准，而不以特定实体为转移。因此，即使一项资产对收购公司没有价值，但如果对市场参与者有价值，那么它仍然必须计入收购方的资产负债表。这项资产可能随后会被减记掉。然而，在实践中，收购公司的行为往往被视为市场参与者的行为。

把会计准则汇编 805 融入尽职调查过程

鉴于公允价值会计准则被日益广泛使用，它对收购方交易后的影响会惠及尽职调查流程。这会有助于我们对下述事项的理解：利润潜在增加或稀释的潜力、资产负债表的构成，以及剩余性商誉等。作为尽职调查的组成部分，收购者需要考虑以下与编制财务报告要求有关的问题。

- 在采集信息方面，我们有合规于会计准则汇编 850 和 820 的采集程序吗？
- 如果是非上市公司，公司会选择会计替代处理方法吗？这样做有什么不好吗？
- 在企业合并的过程中，是否需要雇用评估专家来帮助识别和评估所购资产？如果是的话，是否有适当的程序，评估这些评估专家的企业估值资质、完成以财务报告为目的的估值能力等资质？

⊖ 根据《一般公认会计原则》的会计准则汇编 350-20，减记金额直接减少资产金额。根据《国际财务报告准则》，减记损失要计入与这项资产对应的账户。

- 为他们按合适的时间表排好出场的时间了吗？
- 是否已经与他们讨论了预期要用的时间、评估范围和报表格式？
- 是否准备好了一年期以上的长期预测？什么是最终的内部回报率？如何与市场参与者的（现金流类）预期回报率保持一致？
- 审核过资产和负债的主要类别吗？
- 在营运资金方面，如果把应收账款和存货调整到公允价值，会有什么影响？
- 就固定资产而言，对账面价值近似公允价值的假设，我们接受吗？或是需要雇用一位固定资产评估师？
- 就负债而言，对负债的计量是否考虑了借款人的信用？是否有必要雇用保险精算师审核目标公司的养老金计划？如何评估递延所得税资产和递延所得税负债？
- 需要将目标公司无形资产的初步估值做到什么程度，才能理解它们对收购方财报的影响？
- 目标公司可确认的无形资产是什么？如何根据收购价评估它们各自公允价值的合理性？
- 企业有包含知识产权内容的商业计划吗？
- 企业有没有支付或收取任何与知识产权相关的使用费？
- 企业是否在过去购买或者出售过任何无形资产或知识产权？
- 是否存在无形资产对收购方没有实际价值，但依据市场参与者概念有价值，最终的影响是什么？
- 有关整合人力方面，公司能否提供员工名单，包括职位、入职时间、薪酬和福利？若重新雇人的话，会有什么影响？不同层级的新进员工需要多久才能完全达到岗位要求？
- 公司能否提供前五年（或更长时间）的客户清单，包含每年从每个顾客获取多少收入？
- 公司能否评估出某一重要员工未签非竞争协议而离开公司的可能性，能否评估出这种情况对收入和利润的影响——无论离职人员是否从事竞争行业？
- 公司商标影响收入的百分比是多少？现行技术的影响是多少？专利的影响是多少？
- 有多少正在进行的研发项目？

- 是否将在研项目进行资本化和进行周期性减值测试，直至完成？如果是，假如项目失败，将如何影响目标公司的财务？假如项目成功，最终的分期摊销将会如何影响目标公司的财务？
- 已确认的无形资产的使用年限，如何在将来的摊销期间影响财务报表？
- 是否有大量商誉？按财务会计准则公告 350，将来如此量级的商誉会有很高的减值损失风险吗？
- 另一方面，是否存在着负商誉的可能，并因此在利润表里计入了一笔利得？
- 审计公司如何处理有关会计准则汇编 805 合规分析的复核？公司是否需要一个内部估值专家团队复核这项工作，是否需要雇用外部估值专家，或由审计组成员自己做这项复核？在审计开始之前，完成这项工作需要多长时间？
- 就或有负债而言，未决诉讼或环境义务的影响有哪些？
- 实现盈利兑现条款的可能性有多大？
- 由于需要在随后年份依据所实现的利润进行重新计算，那么盈利兑现条款对未来预期收益的影响是什么？
- 因为不能资本化而只能进入当期损益，那么交易成本如何在本年度影响公司的收益？
- 并购能否增加收购方的收益？如果不能，收购方要多久才能恢复到当前的收益水平？
- 是否有计划将目标公司与收购公司的财务报告进行合并集成？
- 收购后，基于这些准则的信息披露要求，你熟悉吗？
- 是否考虑过这样一个事实，即并购重组活动不再以收购记账法累计利润，反而会稀释交易后的利润？
- 是否真正理解了已完成并购交易的税务影响？

对于规模较大的公司（报表都是审计过的），上述的某些问题会显得更加重要。但是，如果收购公司需要根据《一般公认会计原则》或国际会计准则委员会的规定编制财报，那么这里就有一个重要的关注点，即它的财务和会计团队需要认真考虑上述每一个问题。

如果不对产生于企业并购的公允价值内涵进行评估的话，那么按上述相关准则编制财报的结果，可能会使收购方惊愕不已。本章概述了财务报告编制时，需要考虑的一些核心准则。下一章将介绍为无形资产估值（作为收购价格分配部分的内容）常用的技术。推荐各位读者查阅本章参考文献一节列示的相关书籍，以便获取更多的相关信息。

参考文献

上述这些准则均可从 www.fasb.org 和 www.ifrs.org 网站获取。就公允价值的会计处理和无形资产估值而言，下列书籍提供了更多的相关信息：

- AICPA Accounting & Valuation Guide, *Assets Acquired to Be Used in Research and Development Activities* (New York: American Institute of Certified Public Accountants, Inc., 2013).
- Appraisal Foundation – Best Practices Series：
  - *The Identification of Contributory Assets and Calculation of Economic Rents*, 2010.
  - *The Valuation of Customer-Related Assets*, 2016.
  - *The Measurement and Application of Market Participant Acquisition Premiums*, 2017.
  - *Valuation of Contingent Consideration*, 2018.
- King, Alfred M., *Executive's Guide to Fair Value: Profiting from the New Valuation Rules* (Hoboken, NJ: Wiley, 2008).
- Mard, Michael J., James R. Hitchner, and Steven D. Hyden, *Valuation for Financial Reporting:Fair Value, Business Combinations, Intangible Assets, Goodwill, and Impairment Analysis*(Hoboken, NJ: Wiley, 2010).
- Mard, Michael J., Steven D. Hyden, and Edward W. Trott, *Business Combinations with SFAS 141R, 157, and 160: A Guide to Financial Reporting*(Hoboken, NJ: Wiley, 2009).
- Pellegrino, Michael, *BVR's Guide to Intellectual Property Valuation*, 2nd ed. (Portland, OR:Business Valuation Resources, 2012).
- Razgaitis, Richard, *Valuation and Dealmaking of Technology-Based Intellectual Property* (Hoboken, NJ:Wiley, 2009).
- Reilly, Robert F., and Robert P. Schweihs, *Guide to Intangible Asset*

Valuation (New York: American Institute of Certified Public Accountants, Inc., 2013).

- Smith, Gordon V., and Susan M. Richey, *Trademark Valuation:A Tool for Brand Management* (Hoboken, NJ: Wiley, 2013).
- Smith, Gordon V., and Russell L. Parr, *Intellectual Property: Valuation, Exploitation, and Infringement Damages* (Hoboken, NJ: Wiley, 2005).
- Smith, Gordon V., and Russell L. Parr, *Valuation of Intellectual Property and Intangible Assets*, 3rd ed. (Hoboken, NJ: Wiley, 2004）.
- Zyla, Mark L., *Fair Value Measurements: Practical Guidance and Implementation*, 3rd ed. (Hoboken, NJ: Wiley, 2018).

VALUATION FOR M&A
第 18 章

无形资产估值

尽管美国经济已从生产型转为知识型（美国标普 500 公司的市值中无形资产占比近 87%[⊖]），但公司的财务报告还是刚刚开始触及这个趋势性的变化。正如第 17 章所述，会计准则汇编 805 和国际财务报告准则 3 都要求将企业并购交易的收购价格，分摊至所有被购的有形和无形资产，使被购公司无形资产的公允价值都体现在收购方的资产负债表中。不过，公司内部开发形成的无形资产尚无法计入资产负债表。

本章的目的是让读者对无形资产估值有一个基础性的了解。（对无形资产估值技术的深入解读，请参见第 17 章的参考文献一节。）了解本章介绍的无形资产估值方法，会为读者提供"有形"的帮助，即有助于读者做出满足合规要求的并购财务报告（第 17 章所讨论的）。另外，它还可以为读者提供"无形"的帮助：开始关注公司无形资产的价值，关注这些资产是如何在公司价值创造、培育和最大化的过程中起作用的（如第 2 章所述）。你越能辨识和理解公司的无形资产，你就越贴近公司的真正价值。

无形资产估值方法

如同企业估值，确定无形资产公允价值的方法不止一种。然而，就这类资

[⊖] 根据 Ned Davis Research 机构进行的独立研究得出的结论——于 2015 年受 Ocean Tomo 公司委托。这与 20 世纪 70 年代后期的情况完全倒置，当时上市公司的价值（基于标准普尔 500 指数）约 20% 来自其无形资产。在过去 40 多年中，无形资产占标准普尔 500 市场价值的百分比在 1975 年为 17%，1985 年为 32%，1995 年为 68%，2005 年为 80%，2015 年为 87%。

产估值的程序而言，围绕普遍公认且内含所有估值原则的三种估值方法（收益法、资产法和市场法），的确存在着一种普遍公认的理论基础。实际上，这三种普遍公认的估值方法意在分别反映标的资产的三大特征：经济性（收益）、有效性（资产）及比较性（市场）。

收益法

收益法以预期的经济原理（即预期将会获取的经济收益）为基础。这种方法通过某项无形资产在剩余使用期限期间货币收益的预期流量，衡量该项无形资产的价值。一般来说，应确定无形资产在剩余经济寿命期间所产生的收益流的现值。这需要对财务信息，以及对财务、营销和运营人才相关的因素进行分析，以预测归于这项资产的未来收益流。收益法包括三个基本部分：预测经营收益、预测预期经营收益的持续期、选择适当的风险贴现率和资本化率。

在这些成分既定的情况下，可以将经济收益（例如现金流、净收益或权利金节省额）通过贴现率转化成等价现值。这类资产的公允价值是贴现后的未来收益的总和。这种方法假设源自特定无形资产的收益，在很大程度上，决定着这项资产的价值。当所估无形资产是能够产生收益的资产或有可能转化为产生收益的资产时，这种方法最为适用。如果在评估经济收益和资本费用（如果有），以及在确定合适的贴现率或资本化率方面，缺乏充分的数据支持，那么这种方法的适用性就会弱一些。

在收益法的大类中，有关无形资产估值的最常见方法是贴现现金流法（DCF）、多期超额盈余法、权利金节省法和差值法。贴现现金流法已在第7章做过论述，其他方法将在本章予以介绍。这里有一个重要的关注点：这些方法并非收益法旗下估值无形资产的所有方法。根据作者的经验，上述方法是用于编制财务报告的最常用的方法。其他方法还有利润分割法、收益资本化法和直接资本化法。

收益法通常最适用于以下无形资产的估值：合同、客户关系、现有技术、在研项目、许可和权利金协议、非竞争协议、订单储备、专利、特定软件和商标。

资产法

资产法的基础是有关替代性和价格均衡的经济学原理，强调相关资产的效用。一个谨慎投资者为一项资产支付的价格，不会高于它的重置成本。再生产成本的着眼点是无形资产精确原型的构建（或购置）成本。重置成本关注的成本是重构与目标无形资产效用相同资产再投入的成本，但其形式或外表与被估的目标无形资产的原型相比，可能并不完全一样。当资产的成分相对较新，而且能够合理体现目标资产的最佳使用状态时，资产法的结果就是最有效的价值形态。这一方法经常用于评估特殊目的资产的价值——它们在市场中销售或出租的可能性很小。

在对大多数其他无形资产估值时，资产法就不具有收益法和市场法那样的综合性。这一方法无法直接反映决定价值的诸多重要因素，必须另加考虑。尤其是，资产法不能直接反映与相关资产关联的经济利益的量。这些利益的驱动要素是：产品或服务的需求，以及对其所含利润的追求。关于经济利益的高低走势、持续的时间，以及与获取预期经济收益相关的风险等信息，都无法全部在资产法模型中直接体现[⊖]。

在资产法这个大类中，广泛用于无形资产估值的方法是重置资产法——稍后将在本章予以介绍。如表 18-4 通过对一个成套的人力资源估值，给出了该方法的应用实例。这里重要的是要注意：对于某些其他可以使用这种方法估值的无形资产，如内部开发的软件，最大的挑战之一是确定外部（经济的）过时性和/或内部（功能、技术和物理的）过时性。

资产法最适合对以下无形资产进行估值：成套人力资源、公司实务和规程、分销网络、客户关系（当它不是公司创造收益的主要无形资产的某些情况）和软件（内部应用）。

市场法

市场法的基础是有关竞争和均衡的经济原理。这是最能体现市场报价的方法，它反映的是会计准则汇编 820 辖下，价值层级最大的那部分股票的价格。市场法内含的基本假设是：可比资产的其他买家不仅有自我意愿，而且已经了解所有相关事实信息，并圆满地完成了一项公平交易，因而体现了购买时那项资产的公允价值。

市场法求取价值形态的方式是，把被评估的无形资产与近期公平交易所购可比（或类比）资产进行比较。然后，根据被评估无形资产与可比资产之间的

⊖ Gordon V. Smith and Russell L. Parr. *Valuation of Intellectual Property and Intangible Assets, 3rd ed.* (Hoboken NJ: Wiley 2000) 213.

重大差异，调整相关的市场数据。市场法最大的优点在于：如果有真实可比的交易数据，那么用起来非常简便。特别是被购资产广泛面向第三方出售的情形，就是市场法最为适用的情境。如果所选的可比交易与（评估基准日或接近评估基准日的）目标资产之间并无可比性，那么市场法的适用性就会丧失。

为了合理地应用市场法，分析师需要识别类似资产的公平交易、定价信息的披露，以及相关的合理知识（应是交易方都知晓）。一般来说，虽然无形资产不乏买家，且有时能独立于公司单独销售，但往往缺乏可比的交易数据。之所以这样，是因为经年形成的这些资产和财产都是为了满足特定企业的需求。因此，无形资产估值应采用收益法和资产法；而市场法很少用于无形资产估值。

然而，在使用收益法下的权利金节省法，评估无形资产（例如商标、专利和某些种类的技术）价值时，为了确定合适的权利金率，需要考虑基于市场的相关数据。另外，市场法适用于对酒类经营执照或特许经营权等无形资产的估值。

无形资产估值的关键成分

在阐述估值无形资产的这三大方法中最常见的方法之前，很重要的一点是要清楚，在确定属于被估特定无形资产现金流时，收益法的六个关键成分。这些成分包括剩余使用期限、特定无形资产的相关收入、特定无形资产的相关费用、贡献性资产的计提回报、适用的贴现率和税收摊销收益。这些成分是稍后介绍的多期超额盈余法的应用基础。

剩余使用期限

使用收益法评估无形资产价值，首先的步骤之一是确定这类资产的剩余使用期限。这不同于传统的企业估值（传统的方法假定在持续经营的情况下，企业寿命是无限期的）。确定剩余使用期限不仅是估值无形资产最难的一面，而且这个成分也是无形资产价值最重要的驱动要素之一。剩余使用期限越长，其价值越高。无形资产的使用期限具有离散性（即存在于一定期间内），但对某些特定资产而言，它们的使用期限则是不确定的（即或是很长的时期，或是无法明确辨析，但未必就是无限期）。

在估值无形资产时，剩余使用期限的确认基础是一种预期时间，即相关资产将为公司未来现金流做出贡献的持续时间，而且这个时间段可能符合，也可能不符合《一般公认会计原则》规定的无形资产摊销期限。确定这种使用期限需考虑的因素㊀包括：公司相关项资产的预期用途、可比资产的预期使用期限，以及限制或延长这项资产使用期限的任何法律或合同条款。同时，还要考虑过时性、需求、竞争和其他经济因素的影响（比如行业的稳定性、已知的技术进步、导致监管环境复杂多变的立法活动，以及分销渠道的预期变化）。

例如，客户关系估值通常需要评估预期剩余使用期限的现金流。在确定这种创收资产的未来收入及其价值如何递减时，客户的长期生存模式（比如，资产寿命曲线）相当重要。就客户相关的无形资产而言，客户流失分析通常是评估剩余经济寿命的方式。而与客户续约相关的保留率和流失率，则是用来评估这项资产的周转率及其寿命曲线的。为了评估与公司客户关系相关的保留率，应检查一定期间（如5年）内客户关系构成变化，以评估客户流失率。

美国专利的法定期限是20年。除某些特殊情况外，专利有效期的起始日为发明人向美国专利商标局递交申请之日。就估值的目的而言，这并不一定意味着专利的剩余使用期限，就等同于剩余的法定期限。例如，药品类专利的平均有效期限是11.5年㊁。一般来说，在专利和其他技术性无形资产的问题上，期限周期分析（剩余期限的基础是未来预期的财务生存能力）通常是评估剩余经济寿命的方式——相对应的是客户流失分析。另一个需要考虑的关键因素是：企业有多长的时间可以使用与专利相关的技术。通常而言，这一时间要短于专利的法定期限。

在持续经营的前提下估值企业，潜在假设是企业将无限期经营下去。然而，对大多数无形资产而言，寿命都是有限的。因此，确定无形资产的使用期限是确定其价值的重要驱动要素。

尽管商标没有明确的法定期限，但通常假定与企业一样具有无限寿命。不过，在确定商标使用期是无限、长期或者短期时，必须考虑市场偏好变化以及商标资产的长期可持续性。

在确定剩余使用期限时，还有另外两个要考虑的因素：公司管理层对资产

㊀ 会计准则汇编350-20和国际审计准则38。

㊁ 美国药学研究和制造商协会《2009年制药行业概况》(*Pharmaceutical Industry Profile 2009*)（2009年3月）：39；www.phrma.org。

未来用途的预期；某些法律规定或合同条款——要么可以限定使用期限，要么能续约或延长法定的或合约的期限。同时，还需要考虑包括需求、竞争、过时性、技术进步、分销渠道和监管等在内的诸多经济因素。总的说来，依据会计准则汇编 820 的规定，这里也要特别考虑市场参与者的预期（也就是说，这种考虑必须基于市场情况，而非特定公司的情形）。

根据会计分期摊销准则，无形资产在使用期限内，通常应根据直线法进行摊销，但最终的摊销方式取决于无形资产实现经济利益的方式。如果无形资产使用期限被认定为无限型，则不能进行摊销，但必须定期进行减值测试。

收入

在确定了剩余使用期限后，就需要评估与所估无形资产相关的未来现金流，即要确定预期的公司收入中，哪些部分应该归属于这一无形资产。我们这里用客户关系的估值来举例说明。如果公司全部客户为 1 000 名，其中前 20 名客户在评估基准日前 12 个月的收入占公司总收入的 80%，那么客户关系估值会首先对这前 20 名客户的收入进行分析。在随后的每一年，把剩余使用期限（消耗）分析（比如说 5 年）的结果应用到这些收入里，会显示出一个持续递减的情形。由于现有客户关系相关的收入会停止，所以我们应该注意到：现有客户的现金流分析反映的是一个有限期间的相关预测。尽管这一案例中使用的寿命期被定为 5 年，但预测期还可以向后延续若干年。这样做的目的是为了说明一个相关的现实情况：客户关系价值的下降趋势不是直线型，而是趋于平滑的指数型。还有一个富有代表性的情况：现金流分析可用于反映一个残值因子，捕捉一个有限预测期外归属公司的价值。但是，由于客户关系的使用期限有限，所以只需一个合适年限的收入预测即可。

费用

一旦确定了被估无形资产相关的未来预期收入，我们就要进入现金流预测的下一步。对客户关系而言，所有费用的确认基础都是与公司客户相关的预测费用，既包括直接的经营费用，也有行政管理费用。因为这些费用涵盖了与新客户相关的销售和营销费用，而且现有客户关系的估值范围不包括评估基准日之后所产生的新客户，所以必须调整整体经营费用，以确保其中不包括与新客户相关的销售和营销费用。这种调整的结果会提高整个公司的利润率。

在分配购买价格时，如果要对特定无形资产（如商标）进行估值，那么就有必要评估商标对客户关系的利润贡献情况。为此，就必须包括权利金费用（基于商标估值中所用的权利金率）。在表18-1，我们对这些概念进行了解读。

表 18-1　多期超额盈余法：客户关系估值　　（金额单位：美元）

	第1年	第2年	第3年	第4年	第5年	第6年	第7年
现有和未来全部客户	50 000 000	55 00 000	59 400 000	63 600 000	68 000 000	70 700 000	73 500 000
起始的客户关系收入	50 000 000	46 428 571	41 387 525	36 894 227	32 888 568	29 317 810	26 134 733
年增长率因子4%							
无增长客户关系收入	50 000 000	48 285 714	43 043 265	38 369 997	34 204 111	30 490 522	27 180 122
年度流失率（假设剩余使用期限为7年）	7.14%	14.29%	14.29%	14.29%	14.29%	14.29%	14.29%
保留率	96.43%	92.86%	79.59%	68.22%	58.48%	50.12%	42.96%
当期客户关系收入	46 428 571	41 387 555	36 894 227	32 888 568	29 317 810	26 134 733	23 297 248
营业利润率	11.0%	11.8%	12.5%	13.5%	13.7%	13.7%	13.7%
加：新客户销售及营销费用	1.0%	1.0%	1.0%	1.0%	1.0%	1.0%	1.0%
调整后营业利润率	12.0%	12.8%	13.5%	14.5%	14.7%	14.7%	14.7%
营业利润	5 571 429	5 305 158	4 965 193	4 776 082	4 302 820	3 835 656	3 419 214
减：商标回报@1.5%	696 429	620 816	553 413	493 329	439 767	392 021	349 459
税前收益	4 875 000	4 684 341	4 411 779	4 282 754	3 863 053	3 443 635	3 069 755
减：所得税拨备@27%	1 316 250	1 264 772	1 191 180	1 156 343	1 043 024	1 929 782	1 828 834
净收益	3 558 750	3 419 569	3 220 599	3 126 410	2 820 028	2 513 854	2 240 921
减：营运资金回报	188 036	167 620	149 422	133 199	118 737	105 846	94 354
减：固定资产回报	136 036	121 266	108 100	96 364	85 901	76 575	68 261
减：非竞争协议回报	614 714	547 974	488 480	435 445	388 168		
减：成套人力资源回报	860 321	766 915	683 650	609 425	543 259	484 277	431 698
贡献性资产总回报	1 799 107	1 603 776	1 429 651	1 274 432	1 136 065	666 697	594 313
归属客户关系的现金流	1 759 643	1 815 794	1 790 948	1 851 978	1 683 963	1 847 157	1 646 608
现金流现值@14%贴现率：	1 648 057	1 491 795	1 290 686	1 170 763	933 815	898 519	702 601
分摊收益前现金流现值（1～7年）	8 136 235						
分摊收益前现金流现值（7年后）	2 167 466						
现金流现值合计（分摊收益前）	10 303 701						
加：税收摊销收益	1 379 092						
客户关系的拟算公允价值	11 700 000						

贡献性资产的计提收入

然后，预测净收益减去相关贡献性资产（这些贡献性资产的使用使得公司的运营成为可能）的回报，以便确定属于客户关系的现金流。这些贡献性资产包括营运资金、固定资产、合同、成套人力资源等。这体现了一种资本费用或经济租金的调整，而且，"是意在确保在企业层面分析经济收益时，与目标无形资产相关的用于或耗尽于创造收益的所有资产的投资，都有一个合理的回报。"⊖不同种类的资产，其回报率的计算方式各不相同。

营运资金回报率水平的确定是基于管理层的预期，只要管理层与市场参与者的预期保持一致就行。固定资产相关水平的确定是基于公司固定资产需求相对于其总收入的水平。相比之下，合同和成套人力资源的水平分别建立于各自的公允价值，与每一既定年份公司总收入水平相对比。贡献性资产的回报率表述为相关收入流的百分比。

一般而言，每一贡献性资产回报的确定都是依据当期资金成本、资产类别，以及各自作为负债筹资抵押品的接受程度。某种特定回报率的计算部分是基于负债融资和权益融资的常用比例。要反映估值计算中贡献性资产的回报，需要针对实现相关收入所需资产的公允回报打一个折扣。它可以被视为使用这些资产所应付的权利金的代理指标。

贡献性资产的回报一旦被确定，应将其从预期的税前收益或者净收益中减去，从而减去营运资金、有形资产和无形资产的公允回报（即用于创造被估无形资产收益的那些资产的回报），并最终确定归属于目标无形资产的现金流。

适用的贴现率

在收益法中，既然各具体方法都涉及评估目标无形资产未来的预期净现金流，那么就必须贴现这些未来收益流，算出它们的现值。这一贴现系数应反映无形资产投资的经营风险和财务风险，还要反映其与公司整体加权平均资本成本（WACC）之间的关联性。正如第8章和第9章所述，必要回报率的确定应基于风险评估。风险越高，要求的回报率就越高，相关的价值就越小。因而，投资者预期股票的回报率要高于国债或者银行存款。对资产而言，根据资产负债表中营运资金到无形资产这一从上而下的顺序，相应的贴现率逐渐增加。在对某一无形资产估值时，影响风险的因素包括：公司对该项资产的所有权特征、

⊖ Robert F. Reilly and Robert P. Schweihs *Valuing Intangible Assets* (New York: McGraw-Hill 1999) 177.

该项无形资产的创收潜力、该项资产的流动性、该项资产的持有期限等。对国际交易而言，在确定适用的贴现率时，还必须考虑特定国家的政治和经济风险，以及向国外转移收益的能力。

因为与公司客户关系相关的经济收益直接受到公司整体运营结构（包括赢利能力）的影响，所以与此类资产投资相关的风险通常取决于整体风险（以加权平均资本成本衡量）。商标也同样如此。不过，有些无形资产（尤其是客户关系）会有下述情况：它们的相关风险要高于公司整体风险，比如说，它们的风险直接系于公司无形资产的隐含贴现率（等同于加权平均资产回报率计算中确定的贴现率）。⊖

适用于许多无形资产的贴现率，有可能高于公司的加权平均资本成本，也有可能低于公司的加权平均资本成本。例如，对订单储备而言，其适用的贴现率要比加权平均资本成本低得多，因为从已签订合同的那些客户要钱的风险，要低于公司整体风险。在无形资产行列的另一边，现有技术和在研项目所适用的贴现率，要远远高于加权平均资本成本。与公司技术投资相关的风险要高于公司本身的风险，这是由于竞争力可能急剧变化的不确定性所致。专利技术被视为公司最有价值的资产，同时，也常常被看作是风险最大的资产。这是因为技术可能无意中被泄露或者被他人独立研发成功，导致技术失去排他性。在研项目的相关风险是最高的，因为研发项目可能无法完成，抑或可能无法被市场认可，相应的预期收入和利润就无法实现。

> 公司资产具有不同的风险和回报特性。贴现率应该反映与归属被估无形资产的收益相关的风险。尽管适用于公司商标或客户关系的贴现率，通常与公司的加权平均资本成本联动，但在研项目的贴现率往往很高，而订单储备的贴现率通常较低。

税收分摊收益

在美国，国内税收法典（IRC）第 197 章（a）规定了 15 年的无形资产的税金摊销期。⊖由于无形资产通常在税后基础上进行估值，因此在无形资产的税收

⊖ 加权平均资产回报率（WARA）反映资产负债表中资产（表左）的回报情况，而加权平均资本成本（WACC）则反映了资产负债表中资金（表右）的回报情况。

⊖ 虽然这通常是针对无形资产的规定，但也有例外。例如，国内税收法典第 167 章规定软件的税收摊销期为 3 年。

可依法摊销的国家，若要做这些无形资产的现金流预测，则一定要反映这种减税效应所创造的新增价值。因此，在这些国家估值无形资产时，就应该把这种分摊收益包括进来。正因如此，在这种税盾收益既定的情况下，这种摊销收益应加回到现金流中。

乍一看，大家可能认为这仅仅适用于资产收购的案例，因为在股票收购中，无形资产通常无法出于税收目的而进行摊销。不过，为了财务报告编制的目的，在股票交易内含的无形资产估值里，包括了这种税收摊销收益（其假设是每个单项资产都能单独销售）。就本质而言，不管交易结构如何，这种资产的价值是不变的。股票收购会产生递延所得税负债，后者可冲抵这种缺失的税收收益。

税收摊销收益的计算公式是：

$$PV_{CF} \times (n/(n-PV(k,n,-1) \times (1-k)^{0.5} \times t)-1)$$

式中：

PV_{CF}——现金流现值

N——摊销年限

K——贴现率

$PV(k,n,-1) \times (1-k)^{0.5}$——在既定贴现率之下，一美元年金在摊销期的现值，这里的0.5是为了反映所用的半年转换期（在第8章有详尽解读）

t——税率

在计算下述三个图表的税收摊销收益时，我们假设15年的使用期，14%的贴现率和27%的税率。

所有这6个因素（剩余使用期、收入、支出、贡献性资产的计提收入、贴现率和税收摊销收益）在可能是估值无形资产最为广泛应用的方法（多期超额盈余法）中扮演着关键角色。

无形资产估值的具体方法

在估值无形资产的三大方法中，内含几种具体方法。最常用的方法有：多期超额盈余法、权利金节省法、差值法和重置资产法——它们频现于企业并购价格分配的研究报告。

多期超额盈余法

多期超额盈余法（MPEEM）是一种基于收益法的方法，因为它评估无形资产价值的基础是相关资产未来的经济预期收益。它非常类似企业估值里的贴现现金流分析法（或多期贴现法）。就像贴现现金流法一样，多期超额盈余法建立于这样一个基础前提：通过预测一项资产未来的财务业绩，并确认它所创造的超额现金流，最终确定这项资产的价值。在评估这种未来现金流时，要求我们分析被估资产相关的风险，而且这种风险应该反映在未来现金流现值的计算中。就本质而言，多期超额盈余法旨在衡量一种价格，即为相关无形资产未来创造现金的潜在可能性，买家愿意在当前支付的价格。不过，和贴现现金流法相比，它还是有许多不同之处：它涵盖的是一个有限期（相对于无限期），通常仅仅包括部分公司收入和相关支出，还要就有关资产费用做调整，并且在某些情形下，需要涉及这类资产的税收摊销收益问题。就内涵而言，多期超额盈余法是通过甄别和减去归于其他资产的现金流，得到属于特定无形资产的现金流。这种方法多半用来估值企业中创造收益的主要无形资产（如客户关系或现有技术等）。

多期超额盈余法确定的无形资产价值相当于企业预期无债净现金流现值总额超出贡献资产在其寿命周期所得收益的部分。如表18-1所示，对客户关系而言，公允价值可以通过8个步骤来确立：

- 步骤一，评估第一个预测年的预期客户收入（用基年收入乘以收入的增长率或收缩率）。
- 步骤二，评估一个有限预测期的客户预期收入（把这个预测期的客户预期收入乘上生存曲线衰减率——通过损耗分析确定）。
- 步骤三，确定这个有限预测期的税后预测利润（通过评估已售商品成本和创造客户关系相关收入所需经营资产的成本，比如剔除与新客户相关的支出）。
- 步骤四，确定来自目标客户的净现金流（步骤三减去贡献性资产的计提回报——基于有形资产和无形资产的公平回报）。
- 步骤五，评估公司调整过风险的资本成本。
- 步骤六，评估适用所有无形资产和被估特定资产的贴现率，确保这个贴现率和加权平均资产回报率（WARA）及加权平均资本回报率（WACC）相调和。

- 步骤七，利用这个适用的贴现率，贴现预测的净现金流。
- 步骤八，加上一个适当的税收摊销收益。

可以用下述简化的形式，表述多期超额盈余法：

预期收入

减去：总支出（已售商品成本和经营支出）

等于：经营收益

减去：与权利金相关资产（如商标）的回报

等于：税前收益

减去：税款

等于：税后收益

减去：贡献性资产的回报

乘上：现值因子

等于：现金流现值

加上：税收摊销收益

等于：目标无形资产的拟算公允价值

权利金节省法

权利金节省法（RFRM）是一种基于收益法的方法，它的假设是：一项无形资产之所以有价值，是因为它的所有者避免了支付特许使用这项资产的费用。按照权利金节省法，假设相关无形资产是源自独立的第三方特许，而且是通过了公平的谈判，那么所做的评估值就应该是基于合理的权利金收益。权利金节省额的计算方法是：用一个权利率（表现方式是该无形资产权利金收益与无形资产的全部收入或净经营收益的百分比），乘以已经确定的该无形资产未来权利金基数（即一个合理水平的未来收入或净经营收益）。就确定无形资产的价值而言，这种方法是一种合理且被广泛接受的方法，常常用于估值商标、专利、现有技术和软件等。权利金节省法的逻辑假设是：一家公司为了获得一项成熟资产的使用权，乐意为此支付费用，否则这家出售类似产品的公司就无法享用这种资产的使用权。

在确定合理的权利金率的过程中，需要分析一个样本量的有类比性和合理性的权利金或特许协议。所选特许协议代表的交易，应该反映具有类似风险回报的投资属性，使它们与标的无形资产具有可比性。与风险回报相关的投资属性包括：行业条件、进入障碍、为所有者或授权人创造一定水平经济收益的能力、无形资产的生命周期、可供拓展和发掘的潜质、消费者的认知程度、时效性、技术风险、使用的独特性，以及无形资产适用的地理范围等。就商标而言，我们可以基于类比交易对标的商标风险回报的投资属性进行评估，并据此估算出这个商标的公允权利金率。然后，用这个权利金率乘上权利金基数，得到该公司这项资产的权利金节省额，再调整相关的法务或行政维持费用。

所确定的权利金是税后的，因为这项无形资产的所有者若没有这项资产，它就必须为它的使用付费，所以这些权利金费用是可以享受所得税扣减优惠的。

权利金节省法既可用于使用年限有限的资产，也可应用于使用年限无限的资产。当用于诸如商标这种使用年限无限的资产时，我们应该使用永续增长法（类似估值企业的贴现现金流经典模型），评估预测期之外的权利金残值。当使用永续增长法时，预测期结束后的永续价值等于预测期最后一年权利金节省额（调整过增幅的）除以资本化率。最后，再加上一个适当的税收摊销收益，就得到了这项资产的公允价值。

就像任何无形资产一样，相关的贴现因子（用于确定标的无形资产未来收益流现值）应该反映特定无形资产投资的业务风险和财务风险。因而，必要回报率的确定要基于风险评估而计算。就一项商标而言，它的贴现率应该与公司整体的贴现率基本一致。就现有技术而言，它的贴现率则可在公司整体贴现率之上增加一个溢价。如表18-2所示，我们给出了一个应用权利金节省法的估值过程，例解了一个有效期为5年的商标估值案例。

表18-2 权利金节省法：商标的估值 （金额单位：美元）

	第1年	第2年	第3年	第4年	第5年
权利金节省额的计算：商标所涉收入	50 000 000	55 000 000	59 400 000	63 600 000	68 000 000
乘上：权利金率	1.5%	1.5%	1.5%	1.5%	1.5%
权利金节省额	750 000	825 000	891 000	954 000	1 020 000
减去：维持费用	50 000	50 000	50 000	50 000	50 000
剔除维持费的税前权利金	700 000	775 000	841 000	904 000	970 000
35%的所得税拨备	189 000	209 250	227 070	244 080	261 900
权利金节省净额	511 000	565 750	613 930	659 920	708 100
年度权利金节省净额现值（贴现率为14%）	478 595	464 801	442 442	417 181	392 666
权利金节省净额现值	2 195 685				
税收摊销收益	293 880				
商标的拟算公允价值	2 500 000				

差值法

差值法（DVM）是一种基于收益法的方法。它为资产估值的方法是：把一个确定时期内含这项资产的企业现金流现值与企业同期没有这项资产的现金流现值进行比较。使用差值法估值的资产具有下述特征：很难给它直接分配一个收入值或收益流，但它对收入和收益的产生发挥了作用。差值法有两种计算方式：

- （1）"有"对比"没有"的分析，也称作增减分析，即标的无形资产（通常是非竞争协议或特许协议）的价值是下述两项现值的概率加权差：一个确定时期内所有在用资产的现金流现值；一个确定时期内除标的无形资产外的所有在用资产的现金流现值。
- （2）"绿地"分析，即使用现金流预测为标的无形资产（通常是联邦通信委员会的广播许可证或无线特许经营权）估值——假设企业拥有的唯一资产是标的无形资产，而其他所有无形资产要么是收购的，要么是内部研发或租赁的。

在收购价格分摊中，常见且需要用差值法估值的无形资产是非竞争协议。在应用差值法为非竞争协议估值时，用不同的假设来确定企业两组预测现金流：一组是有非竞争协议的现金流，另一组则是没有非竞争协议的现金流。价值评估值是基于这两个不同现金流模型确定的，目的是在比较的基础上，看看它们对企业现金流的影响。现金流预测涵盖了非竞争协议的整个有效期（实际上，既可以是整个有效期，也可以超过有效期——取决于它对企业预期的经济影响是否还存在）。这两个价值的差额代表了非竞争协议的公允价值。在表18-3中，我们给出了这种案例的解读。

表18-3　差值法：非竞争协议的估值　　　　（金额单位：美元）

多元情境差值法	情境一： 有协议的 现金流现值	情境二： 无协议的 现金流现值	丧失的 现金流现值	竞争概率	权重价值
第1年开始竞争	15 322 536	3 781 503	11 541 033	10%	1 154 103
第2年开始竞争	15 322 536	5 156 105	10 166 431	10%	1 016 643
第3年开始竞争	15 322 536	8 009 981	7 312 554	10%	731 255
第4年开始竞争	15 322 536	11 194 072	4 128 464	20%	825 693
第5年开始竞争	16 799 349	14 055 674	2 743 676	20%	548 735
第6年开始竞争	19 559 732	17 064 191	2 495 540	20%	499 108

多元情境差值法	情境一：有协议的现金流现值	情境二：无协议的现金流现值	丧失的现金流现值	竞争概率	（续）权重价值
无竞争			0	10%	0
预测现金流的现值					4 775 538
税收摊销收益					639 179
非竞争协议的拟算公允价值					5 400 000

为了便于描述，把该公司当期的业务运营（即有非竞争协议的情境）称作情境一，把该公司没有非竞争协议的业务运营称作情境二（即出现了这种竞争）。进一步假设：无竞争协议期是五年，但这种协议的经济影响预期会持续一年。在情境一里，所用的现金流与公司作为一个整体预测要实现的现金流一样。因而，整个企业贴现现金流分析相比于情境一现金流分析的仅有差异在于：情境一只是反映了公司在一个有限的六年期内的现金流。情境二评估的是来自关键雇员（或没有非竞争协议）的竞争，对公司收入、支出、相关现金流，以及最终对公司价值的影响。有两个最重要的因素需要考虑：①预测期每年将会丧失的预期收入（在我们的例子里是 4 年）；②在 6 年中，每一年的竞争概率。此外，要考虑的其他因素还有：固定费用与变动费用的组合、若相关的关键人物不在工资单上时可能节省的工资金额、企业收入较低时所需的资本支出的变化，以及风险差异的整体评估。在确定竞争概率时，你必须考虑专有技能、商业秘密、公司内的创业倾向、关键雇员的绩效工资等因素的存在。

重置成本法

重置成本法（RCM）是一种基于成本法的方法。它估值资产的方式是评估重置类似资产所需的当期成本。时常用这种方法评估的无形资产主要是成套人力资源这类无形资产，而重置一套企业雇员的成本包括：招聘、雇用和培训成本。

就成套人力资源这类无形资产而言，重置成本法的基础理论是：通过购买一个正在运营的企业，公司避免了招募和培训雇员所需的费用和时间（假设被购企业没有现存雇员时）。成套人力资源的价值还包括某些雇员的管理经验和技术秘诀。这里要考虑的相关因素包括：重置雇员的可获得性、组织内人员的专业化程度、薪酬和福利待遇、其他的激励补偿、人才寻找的费用和支出，以及培训期的非生产性时间。每个雇员的培训支出都不同，取决于雇员职责的复杂程度。这类支出包括雇员处在非生产状态时的工资、薪酬和相关福利的支出。在表 18-4 中，我们给出了一个应用重置成本法估值成套人力资源的例子。

表 18-4　重置成本法：成套人力资源的估值　　（金额单位：美元）

雇员类别	招聘成本			培训成本		
	人数	估计成本	总计	年平均成本	需培训时长（月）	总计
首席执行官/创始人	1	210 000	210 000	700 000	18	525 000
高层管理人员	18	90 000	1 620 000	360 000	6	1 620 000
中层管理人员	78	22 500	1 755 000	150 000	3	1 462 500
办公文员/辅助性雇员	205	4 500	922 500	50 000	1	427 083
	302		4 507 500			4 034 583
成套人力资源的拟算公允价值						8 540 000

　　培训费用的大小取决于两个要素：新雇雇员的一般生产效率、雇员达到全额生产率所需的时间。就所有雇员而言，在正式雇用日就应该具备某种水平的生产率，如同下述假设所言：所有的雇员上岗时都有起码的技能和经验，否则他们就无法担当相关岗位。在生产率上，雇员最初和暂时的不足只是需要雇员调整自己，适应岗位的程序和环境。一般而言，当一个人首次受雇时，他的非有效工时是最大的。通常在六个月的时间内，这种非有效工时会降到接近于零。由于假设最初的非有效工时会在上述时间里，以直线的方式缩减至零，相反，它也暗示有效工时会在上述时间内，以直线方式不断增加，在培训（处在"无效工时"或"非100%有效工时"之间的）时期结束时，会最终达到100%。

　　与前面的论述一致，为了说明无效工时，我们可以确定一个数月的时间，赋予一组雇员一个初始的无效工时。例如，就平均而言，可以假设公司雇员在培训期间的有效工时是50%。

　　把这些培训的时间因子乘上全体雇员的平均年薪（包括福利），得到的是与每个雇员相关的平均培训费。然后，用这组雇员的数量乘上雇员平均培训费用，得到的是他们培训的总费用。再把这组雇员招聘总成本与这个金额相加，得到这组雇员的重置总成本。把每个雇员平均重置总成本乘上公司雇员数量，可以评估出公司成套人力资源的重置成本总额。

　　必须考虑这个方法内含的细微差异。例如，重置成本可以假设一个与当期雇员队伍具有不同特征的雇员队伍。如果可行的话，重置成本法必须考虑这样一种情境，即当期在位的雇员队伍（由年龄较大报酬较高的人员构成）可以被更年轻、同样熟练和薪酬较低的雇员替代。而且，还要考虑一个机会成本，反映创造这项资产期间丧失的现金流（相比于公司如果已经持有这项资产时会实现的现金流）。

在给无形资产估值时，有四个用得最多的方法：多期超额盈余法、权利金节省法、差值法和重置成本法。

结论

无形资产涵盖了公司价值的大部分，但这份价值还没有反映在公司的财务报表里。事实上，这种价值不是可以马上看到以及即刻予以计量的。不过，股东和经理必须加深对这种价值的理解，并把它体现在自己的战略规划里。因为，理解和培育公司无形资产价值是公司价值创造的一个不可或缺的部分——它不仅是驱动公司战略规划的动力，还能聚焦公司的关键成功点和前进方向。本章介绍了估值无形资产最常用的四种方法，不过还有其他方法。推荐读者查阅第17章最后一节的参考文献，以便对这些方法有一个更好的理解。如果公司的无形资产价值得不到足够的重视，那么就只能说明：股东、经理人和顾问对公司价值的理解只是一知半解，对公司价值创造的经营管理，也只能是事倍功半！

VALUATION FOR
M&A
第 19 章

衡量和管理高技术创业企业的价值

在 2008～2009 年，金融市场犹如过山车般上下震荡，几乎所有投资者都受到了惊吓。非上市高技术创业企业的股东和经理也感到了恐惧，因为这里不仅权益价值是未知数，而且所有资产几乎全部都是无形资产。这也是为什么具有前瞻性的创业家，会把企业估值作为严谨的年度战略规划的核心。

本章设法阐释一个独一无二的难题：为使股东价值的最大化，衡量和管理高技术创业企业的价值。在为高技术创业公司估值的过程中，首先，你必须理解它们相比于成熟企业的差异，评估它的战略地位，辨识它的经营发展阶段，确认它所处的融资发展阶段和必要回报率要求，并考虑它的投资退出通路：出售或 IPO。

为何高技术创业企业的评估至关重要

就高技术创业企业的某些领域和情况而言，这种评估既有价值，也有必要。为了激励雇员，向他们授予股票期权，是这种估值常见的触发点。当创业企业缺乏足够资金支付有竞争力的薪酬时，股票期权就成为吸引合格人才的一种手段，但这种期权的有效性则取决于宏观经济和市场状况。如果我们说这种估值具有某种基石性的作用，那么主要是因为它有如下两个重要的价值点：正确评估这种期权的公允市场价值（截至发行日）；以备美国证监会或其他国家类似机构未来可能的审核。

在美国，这些创业公司的资产结构很复杂，它们通常都是借助风投起步，并经历了一轮以上的融资，权益结构中出现了优先股。为了合规于某些税收和财务报告的要求，这些公司通常都需要第三方独立估值。在雇员股票期权发行时，为了避免超额的激励支出，要确保发行时的授予价格等于相关普通股的市场价值。就税收而言，《国内税务法典》第409A则规定：凡属纳税年的不合规的递延报酬计划的报酬递延金额，都要包括在毛收益里（具体限度不要超过被没收的巨大风险，而且不曾出现在往年的毛收益里）。在授予日，如果股票期权以高于或等于股票公允市场价值的行权价发行，那么这种激励报酬可以递延。就财务报告的目的而言，会计标准汇编718涉及的是有关企业用权益票据交换实物或服务的会计事项处理规则。为了确定基于权益进行激励补偿的成本，这个公告要求绝大多数的这类交易采用公允价值。在确定了权益补偿（截至授予日）的公允价值后，为获得这个奖励，雇员需要为公司提供服务的时期被确认为是这项成本的适用期。

在创业企业的早期阶段（往往需要资本的时期），可能也是做财产规划的最好时间。自信的创业家会在创业阶段就把股份赠予出去，因为他预期这些股份的价值会在随后的年份里增值。由于美国国税局要求对赠予股份进行估值，所以对创业阶段的股份赠予而言，其最大好处多半体现在税收方面。

与任何公司一样，创业企业也会涉及诉讼问题，比如股东纠纷、某股东婚姻解体、知识产权侵权，以及合同纠纷。除此之外，在制定股份转让协议或为关键人物购买人寿保险时，创业企业也会考虑雇用评估师。

在实现公司主要的财务目标（股东价值最大化）的过程中，也许最引人关注的应该是估值所能起到的关键作用。对于许多高技术创业企业，股东价值最大化往往意味着做成一个项目（比如，成功研发出一项技术或一款药品），并使客户或市场相信这个项目的独特性会使其具有巨大的潜在价值。只要年度战略规划能聚焦于价值和价值主张，股东和管理层就能为公司制定最佳方向。如果把价值置于规划流程的中心，那么管理层不仅能够持续地评估公司战略定位的合宜性，还可以评估企业的独立公允价值，以及企业通过出售或IPO所能增加的价值。

高技术创业企业的关键不同之处

对处在发展阶段的公司而言，它们的经营记录非常有限，几乎没有收入，更谈不上有经营利润。高技术企业都具有这些特征，而且不确定性往往更高，因为它们所处的市场或行业是全新的或刚刚出现的，没有传统的商业模式和业绩基准。此外，下述原因使得这种不确定性更加虚无缥缈：这种公司正在研发实验性的新产品，或是潜在客户或相关市场前所未闻的产品。

创业企业的成功与产品研发、生产和营销的时机及其成本紧密相关，所以预测必须准确而翔实。随意设定和处理关键预测参数，包括每个发展阶段的价格、产量、成本和所投资金，往往是误算公司真实业绩和最终误估公司价值的第一步。

技术的不断变化和产品的生命周期短，不仅使准确预测的难度增加，而且还使价值波动的幅度增大。正如我们将要讨论的，这些问题迫使我们认真关注竞争要素，甄别公司的竞争优势和劣势，因为最终是它们确定用于计算价值的回报率或倍数。

在技术类公司里，有形资产和资产规模的重要性都要小很多。当技术是主要资产时，公司的绝大多数甚至所有的价值都出自无形资产，包括知识产权和人力资源。相比于财产、厂房和设备，这类深具活力但又十分脆弱的资产的价值可能会迅速缩水。因此，这里有一项很重要的任务：辨识新近形成的知识产权，并为它们获取足够多的专利和法律保护。

创业公司最初的资金（无论是来自创业家、天使投资人，还是风险投资人）的目标都是在一个设定的时间和成本框架之内，把公司推向下一个发展阶段，所以缺乏足够的资金是这类公司常见的瓶颈。这里有一个关键的"烧钱率"指标，它为创业企业施加了一种约束，不能逾越预测的成本和时间底线，因为高技术企业几乎没有借贷能力。缺乏成熟产品、服务或客户群意味着：即便在最好的情况下，这类创业企业的负债融资能力也是有限的，通常不仅会伴随着很高的利率，而且还会给管理层带来很严的限制条件。此外，市场已经表明，投资者质疑许多高技术企业的商业模式，特别是那些持续亏损，并对技术或产品缺乏明确的开发计划和商业化计划的企业。

价值管理始于竞争分析

传统上，投资者把一些较为显要的财务指标（包括销售额及增幅、营业利润、资产利用率和现金流）视作自己决策的基础。不过，这些指标反映的是结果，而不是原因。就一个更加可信的估值而言，这里的核心是必须辨识什么创造了现金流，并因此创造了价值。要想做到这一点，就必须对公司的战略地位做内部和外部的评估，即竞争分析。

这些原则同样适用于高技术企业。虽然经理们可能会聚焦于行业的具体指标，如单位客户的销售金额或单位广告资金的网站点击量，但在发展快速的市场上，我们的重点应该偏向公司创造新品或改造新品的能力，以及企业建立竞争优势和创造现金流的能力。

外部分析

对于创业企业，这种分析始于外部的或行业的分析——这往往是很难做的一件事，因为这种竞争对手通常都是大公司的一个小部门或一家无名的公司。在一项新技术浮现之时，它的应用往往存在很大的不确定性——应用于什么市场、针对什么产品，以及何时能得到应用。例如，很多软件公司的技术都徘徊于一种应用与另一种应用之间，因为可能浮现竞争性或并行性应用，而且在这个过程中，它们的目标市场也会发生变化。此外，客户迅速地浮现和消失，可能只是因为分销渠道重新定义了相关技术的终端用户。

随着相关技术的发展及其最终产品和客户的确认，销售增幅的前景可能会发生迅速的变化。此时，价值会因此发生大幅波动。对一项新技术的早期融资而言，这种不确定性促使风险投资人要求很高的投资回报率。对于公司的潜在产品、客户和竞争对手，如果没有更加可靠的相关信息，就会加大风险的程度，进一步推对高投资回报率的要求。

客户集中的问题往往会出现在这种新兴市场，因为信息的缺乏或营销力度的不足或很弱的分销能力，都会阻碍创业企业接触市场上所有的潜在客户。典型的创业企业，尤其是早期阶段，在生产、营销、销售和渠道或融资方面，一般都缺乏一个以上的核心能力，妨碍公司充分挖掘技术的价值。对于认识到这些局限性并获得所需能力的公司，随着自己的技术从概念到产品、到客户、到现金流的推进，它们的价值会发生巨大的变化。这个进程也凸显了下述两种价值之间的潜在区别：创业企业独立的公允市场价值（可能很低）；对战略买家高得多的潜在价值。和创业企业相比，这类买家通常有自己的方式方法，能够更快地、更有效地、更成功地，把一项技术推进到创造现金流的阶段。

正因如此，管理层必须持续不断地辨识阻碍企业成功的所缺的能力。要想做到这一点，还需要不断优化把产品推向市场的时间和成本——随着公司技术的发展或失败，这会使公司价值出现突变。当烧钱的速率和借贷的局限威胁公司的生存时，作为一家孤军奋战的企业，挫折或延误会使它处于极为脆弱的境地。因而，退出策略，包括为公司准备并购伙伴或战略买家，也必须是创业企业当期战略规划的一个组成部分。

内部分析

在内部分析里，最重要的是持续地检视这种技术将会带来怎样的产品或服务或会为已有产品或服务带来什么，以及最终会怎样创造现金流。这种分析的起始通常是研读商业计划书及其相关预测，特别是评估需要完成和完善产品的财务投资需求。必须认真检查支撑预期产量、定价能力和利润率的竞争优势。由于不确定性的存在，需要对预测进行调整（要么是金额上的调整，要么是时机拖后的调整），方法是利用概率分析来量化可能的结果。

对处在发展阶段的企业而言，关键人物通常是不可或缺的，所以对管理人才和技术人才要予以特别的关注。在这类企业中，执行经理往往是几乎没有管理专业知识或经验的"科学家"，在销售推广、生产或财务上，可能存在着知识和经验的盲区。在企业的早期，这些职能方面的能力可能不是那么关键，但在位的管理团队必须具有或发展所需专业管理知识和经验，以促进公司的成长，尤其是促进企业"变现"（liquidity event，也称为套现）的实现。当然，这些能力的缺失不一定会使公司消亡。不过，它们的确会带来掣肘，而且往往暗示企业需要退出策略，以便做好进入下个成长阶段的准备。

为了吸引和保留关键人才，许多创业企业提供股票期权，而且这些期权会对每股价值产生很大影响。管理层还应该知道如何计算非上市公司股票期权的价值。一般情况下，著名的布莱克－斯科尔斯期权定价模型（BSOPM）高估了非上市公司股票期权的价值（因没有考虑其流动性不足的问题），所以应该像第12章所阐述的那样，就此施加一个贴现率。

对高技术创业企业而言，股东价值最大化通常意味着一个可研项目（比如，一项技术或一款药品等）的完成，同时，要设法使买家或市场相信，这个项目不仅品质独一无二且其潜在价值巨大。

强调规划

许多成型的企业几乎没有战略规划，不仅活了下来，而且还生机勃勃，但创业企业不同，它们更需要这种规制的指引。一个综合的规划不仅会使管理层聚焦于自己的市场和客户，而且，也不会怠慢它们产品的服务。战略规划还能促使现金更有效地使用（这会降低所需的融资金额），并最终提高投资者的回报。

若这种战略规划缺乏逻辑连贯性或有明显的缺陷，通常意味着关键职能领域存在明显的劣势或缺乏专业知识。在这种情况下，若想客观地预测把公司从发展阶段，推进到成熟阶段所需的能力、成本和时间，要么不可能，要么极其困难。这种问题（目标不定、方向不明，以及运作核心脱离创造未来现金流这个基准点）意味着风险的增加和价值的降低。若存在着战略劣势或无法获取关键能力，战略规划应该顺势引导公司转向其他的相关战略，包括把公司出售给一个战略买家、合并，甚至清盘，以使亏损最小化。

发展阶段

一旦理解了高技术公司的关键差异点，并分析了这类公司的竞争地位，那么就必须确定它的经营发展阶段。这是估值创业公司的重要部分。对公司发展阶段的确定，将有助于选定公司估值的最合适的方法（到底是哪种或哪几种的组合），还有助于评估实现增长的计划，以及最终出售公司或 IPO 的相关风险。

在 2013 年，美国注册会计师协会（AICPA）颁布了第二版《作为激励补偿发行的非上市公司权益证券的估值》的实践指引，为这类公司的估值和信息披露提供指南，同时，为它们在这类权益型证券的发行事宜提供了最优的实践方法。针对这类公司，这个实践指引概括了六个发展阶段⊖（按经营发展阶段定义，而非融资阶段）。

- **阶段一**，迄今为止，公司尚无产品收入，费用支出的记录也有限，通常有一个不完整的管理团队，外加一个创意和一份计划书，此外，产品可能有一个初始的研发。这个阶段的典型情况是：种子资金或第一轮融资的提供方大多是朋友和家族的天使基金或聚焦于早期企业的风投公司，另外，赋予这些投资人的权益，有时是普通股形式，但更多时候是优先股。

⊖ AICPA Task Force. *Valuation of Privately-Held Company Equity Securities Issued as Compensation*（2013）.PP.15-16.

- **阶段二**，公司没有产品收入记录，但有了相当的费用支出记录，而产品研发正在进行当中，团队应该已经悟到横亘于眼前的商业挑战的内涵。通常，这个阶段会出现第二轮或第三轮融资。此期的投资人一般都是风投公司，它们可为公司提供更多有关管理和治理的专业知识。这些投资人得到的权益通常都是优先股。
- **阶段三**，公司在产品研发上有了长足进步；关键的发展里程碑都已实现（如雇用一个管理团队）；产品研发接近完成（如进行了阿尔法和贝塔测试），但往往还没有产品收入。一般而言，后轮融资会发生在这个时期，典型的投资人会是风投公司和战略业务伙伴。发行给这些投资人的一般都是优先股。
- **阶段四**，在发展过程中，公司已经实现了另外一些关键的里程碑（比如，第一批客户订单、第一笔有收入的出货），重要的是有了些产品收入，但通常仍然处在亏损经营状态。另一个典型的情况是，夹层融资会出现在这个阶段。同时，与投资银行讨论 IPO 之事多半也会发生在这个阶段。
- **阶段五**，公司有了产品收入，并在近期取得了财务上的突破性指标，比如实现了经营性盈利，或达到了盈亏平衡，或取得了正向现金流。某种企业变现，如 IPO 或企业出售，可能发生在这个阶段。所发售的权益通常都是普通股，一旦实现了 IPO（或发生了其他形式的企业变现），优先股都会转换为普通股。⊖
- **阶段六**，公司有了成型的经营盈利记录或创造正向现金流记录。IPO 可能发生在这个阶段。

若公司的发展阶段能够按照经营状况来定义，那么它也可以按照融资情况来定义。

风险和贴现率

对每个发展阶段投资者所要求的回报率，这个实践指引也提供了指南。⊖

⊖ 企业变现或与投资银行讨论 IPO 实际阶段的出现，取决于宏观经济状况、投资者情绪，以及 IPO 市场的状况等因素。

⊖ AICPA Task Force. *Valuation of Privately-Held Company Equity Securities Issued as Compensation* (2013) 148.

这个指南划定了四个发展阶段⊖（会在随后概述），划分的标准是必要回报率（required rate of return），而非经营发展阶段。这有助于为被估公司确定合适的贴现率。

- （1）创业阶段的投资通常是投在经营史不足一年的企业。这个阶段的风险投资（如种子资金）通常是由个体风险投资者（如天使投资者）提供。这种融资多数是用来做产品研发、原型测试和营销测试。这个阶段的投资回报率处在50%～70%的范围内。⊖
- （2）第一阶段或"早期发展"的投资所投企业，一般已经发展出了原型产品，看起来可行且下一步的技术风险很小，当然商业风险还是很大。较小的风投资金往往在这个阶段进入，为基础产品的开发提供融资。这个阶段的投资回报率处在40%～60%这个范围。
- （3）处在第二阶段或"扩张"阶段的企业，通常为客户发运过一些产品（包括测试版的产品）。较大的风投公司往往是在这个阶段介入，为企业的收入增长、产品或服务的推广，以及渠道的建设提供资金。这个阶段的投资回报率处在35%～50%的范围内。
- （4）过桥/IPO阶段融资所涵盖的经营行为如下：中试工厂的建设、生产设计和生产测试，当然，还有IPO之前的过桥融资。这个阶段的投资回报率在25%～35%的范围内。

由于伴随着每个成功的项目都会有几个失败的项目，所以，任何风险投资人不可能在每项投资中，都能最终实现这些回报率，但它们仍然有用：相对于公司业绩的预测值，若公司的实际业绩出现了缺口，这些回报率可用于计算如何补偿公司业绩的这类缺口。此外，对创业企业的贴现率很高，原因是下述两种较高的不确定性：收获未来现金流的不确定性；实现这些现金流需要较长的时间窗口（如果项目能够创造现金流的话）。如果读懂了公司的这些背景信息（包括外部和内部环境的风险、所处发展阶段，以及相关风险特征），那么你就可

⊖ 有两个出版物阐述了这种发展阶段：James L. Plummer, *QED Report on Venture Capital Financial Analysis* (Palo Alto, CA：QED Research, 1987), pp. 1-11–1-14, 和 William A. Sahlman and Daniel R. Scherlis, "A Method for Valuing High-Risk, Long-Term, Investments：The Venture Capital Method," *Harvard Business Review* (August 12, 2003), pp. 6–7.

⊖ 回报率的确定方式同上。

以进入公司的实际估值阶段了。

创业企业与传统估值方式

如同第 2 章所强调的，为了聚焦价值，投资者必须能够衡量价值；所以，估值应该是战略规划不可或缺的部分。对于外部和内部每个竞争要素的风险和回报，估值分析都可以量化它们的后果（即价值变化）。这个过程可为管理层绘制提升公司现金流的路线图，同时，设法实现股东价值最大化和风险最小化。在估值创业企业的过程中，可以应用传统的收益法、市场法和资产法（论述于第 6 ~ 11 章）。不过，在对创业企业应用这些方法时，有些不同的考量。

收益法

正如第 7 章所述，收益法衡量企业价值的基础是目标公司的连续预期货币收益。收益法旗下有两种估值法——单期资本化法和现金流贴现法（区别在于一年期的收益预测和多年期的收益预测）。

单期资本化法（SPCM）极少适用于评估创业企业，特别是高技术企业。创业企业的收益或现金流（如果有的话），很难代表它们长期潜在的收益和现金流，而且成功的创业企业的成长过程会非常快，此后，不断增加的竞争或新技术的出现，会把它们的增长速度减缓到一般的增长水平。这种资本化法无法体现这些变化。

现金流贴现法（DCF）通常要有效得多，因为它采用的是贴现现金流分析，反映了收入、利润和最终现金流未来的预期增长。作为对未来预期回报深思熟虑的预测，贴现现金流分析的主要好处，同时也是它的最大害处。它的这种害处，即对这些预测的信赖，在创业企业身上得以恶化。创业企业的特征往往是：绝对没有正向现金流、财务记录有限或几乎没有，以及（或）处在一个寂寞的市场空间（即处在一个找不到可以作合理比较的类比公司的新市场）。有些行业人士认为，就其本身而言，因为这种现金流预测具有高度的推测性（原因是相关技术还没得到商业验证或相关产品还处在开发过程中），所以，在估值创业企业时，这种方式被边缘化了。现实的情况是，相比于成型公司，对创业企业而言，所有的估值方式都具有推测性，但估值所依赖的基本要素都一样。例如，我们必须评估收入增幅，必须懂得最初的亏损是怎么回事，一旦公司达到了相对稳定的阶段，必须对可持续的经营利润进行预测，必须评估驱动增长所需的再投资金额，必须确定公司达到稳定期所需的年份数，必须评估企业的终值（建立在公司出售或 IPO 之上的价值），必须确定一个预期回报率。正如埃斯瓦斯·达莫达兰所强调的：

> 如果被估公司的利润为负、增长快，但信息有限，那么对它的估值就无法准确……原因不是估值模型的质量问题或使用模型的分析师的水平问题，而是由于被估对象本质上的不确定性所致，即被估对象未来的前景不明朗。当涉及创业企业的投资时，这种不确定性就是一个无法躲避的事实。在估值的过程中，我们致力于把握这种不确定性，就评估对象的未来，做出我们力所能及的评估。注意：那些因估值模型可能的潜在错误而鄙视估值模型的人，结果是使用了更加粗糙的方法，如在相关公司间比较市销率。正如我们看到的，这里的区别在于，他们好似用抹布抹去了所有的不确定性，好像这些不确定性不曾有过……即便一项估值不精确，但它为我们提供了一个给力的工具，回答了下述问题：对一家公司当期的市场价格，未来需要出现什么才能说明它的合理性。然后，投资者可以决定他们是否接受这些假设，并做出自己买卖股票的决策。㊀

创业企业的价值完全源自未来的预期成长。由于几乎没有可资利用的经营记录，所以这种预测面临着众多的不确定性。就像其他任何估值一样，在做未来经营预测的过程中，评估师需要与管理层密切合作。如果有商业计划书的话，评估师就必须认真研读这份计划书，并对计划书写作以来相关假设的变化，进行讨论。创业企业的特性之一就是发展和变化很快，计划书里的相关预测会很快过时。同时，还要注意的是：这些预测的乐观色彩通常会非常浓，因为它是用来争取融资的。对于这种过于乐观的预测，必须予以处理，方法是利用贴现率（在本章的上一节论述过），以及概率加权的预测现金流。

如同第 7 章所述，采用传统的两阶段模型或三阶段模型，应用现金流分析就可以达到目的。在两阶段模型里，价值计算的构成是：若干年（通常是 5 年）利润预测值现值的总和，外加被估对象终值的现值。这个终值的确定方式通常是就某种利润或现金流乘上一个倍数，㊁往往反映了这类创业企业价值的大部。

㊀ Aswath Damodaran. *Investment Valuation: Tools and Techniques for Determining the Value of Any Asset*, 3rd ed. (Hoboken, NJ: Wiley 2012) 661–662.

㊁ 一旦采用了这种方法计算，许多业内人士觉得收益法变成了某种收益法和市场法的混合方式。

在三阶段模型里,增加了一个阶段(可能是另一个 5 年期),采用了一个过渡性的增长率,在此之后,再计算终值。无论采用哪种模型,合理的财务预测是这个估值过程的关键部分,同时这种预测必须考虑到公司的管理能力、市场潜力、相关技术和所处行业。

最后,采用了现金流分析的收益法,是估值创业企业的一个有效方法。在用它来预测未来预期现金流的过程中,现金流分析可以反映公司在不同发展阶段回报值的变化。它还能方便地融入敏感性分析和概率分析。⊖

市场法——类比公司法

市场法求取价值的方式是把被估公司与类比上市公司做比较,或把被估公司与类比企业(最近因公平交易而收购的企业)做比较。

在估值创业企业时,往往采用市场倍数,因为相对而言,它们易于理解,而且以市场为基础,也易于应用。在为创业企业估值使用倍数时,我们遇到了一个棘手的问题:动态的形势,静态的应用。正如第 10 章所述,市场倍数既可以取自上市公司(如类比公司法),也能来自被购公司(如交易数据法)。一般来说,出自前者的结果具有可变现性和非控制性的价值形态,因为这个倍数源于上市公司具有流动性和非控制性的权益。后者的所得结果往往既具可变现性或非变现性但有控制权的价值形态,因为相关数据一般反映了被购公司的整体倍数。

就估值高技术创业企业而言,一个重要的部分是确定企业经营所处的发展阶段——抑或是处于六阶段中的某一阶段,如从没有产品收入到具有成型的财务记录,抑或是处在基于企业融资和必要回报率为基准的所谓四阶段(即从种子资金到 IPO)的某个位置。

在估值创业企业时,传统的市盈率倍数基本不适用,即使是 EBIT 倍数和 EBITDA 倍数也是如此。相反,在这个市场,常见的是收入倍数,主要是因为创业企业通常都没有利润(因此没有相关的倍数可用)。为了有更好的效果,样本公司的经营活动,必须与被估公司有相对的一致性。例如,在某些行业,在

⊖ 然而,值得注意的是,这适用于整个公司的估值。如果只是对一家具有复杂的资本结构(如具有优先股的)公司的普通股进行估值,那么就必须适用本章后半部分所论述的一种或多种股权分配方法。

确定收入倍数的可比性时，有一个重要的斟酌点，即产品和服务收入的组合问题。

在公司的利润表收入科目以下，有不少内容可以编制出某些形式的利润倍数，作为收入倍数的一个补充。在这些倍数中，利息、税收和研发费用之前的利润倍数就是其中之一——因为某些创业企业有很大的研发费用。此外，可能还有一些具体行业的倍数。例如，互联网公司的注册用户的倍数，也可能是一个好的价值指标。

正如第10章所强调的，在对上市公司倍数做总体分析时，有一点非常重要，即上市公司和非上市公司之间有很大的区别。吸引公众投资的那些公司的收入增幅（当期的和预期的）通常都在平均水平之上，而且它们有着好得多的融资通道。此外，在多数情况下从产品或服务发展的领先性角度，创业企业也无法和上市公司相比。

运用利润倍数估值创业企业的难处，与采用单期资本化法的一样。利润倍数也无法准确体现这类企业增长率的预期变化——从初始很快的增长速度，到遭遇竞争后，逐渐下降的速度。因此，高技术创业企业100倍的利润倍数，其基础多半是建立于极低的利润基数（相比公司未来利润潜能）。它们短期的增长预期与长期的相比，差别非常大。由此得到的价值几乎没有什么意义。

战略交易中的倍数受碍于两个刚刚阐述过的因素。更有甚者，战略交易通常还会反映仅有个别买家才能够取得的协同效益。当某个倍数来自行业的领军企业时，这种价值失真情况也会发生。例如，如果让一家创业企业采用亚马逊或谷歌业绩的倍数，那就等于把这些非常成功企业的规模、增幅、客户群和品牌认知度等因素，都附加于这家相差甚远的创业企业。

当采用市场倍数估值创业企业时，你必须记住要把股本金之类的因素考虑进来，因为要想创造未来的收入和利润，企业必须引进更多的权益资金。此外，还需要把那些出自未来倍数的价值形态贴现为现值，因为这种分析是设法采用未来的价值形态确定今天的价值。

总之，在为创业企业估值时，各种市场倍数（诸如收入倍数或各种形式的利润倍数等）被广泛引用。它们可以用，但需慎用。

市场法——优先交易

对公司股票的优先交易进行考虑是市场法里的另一种方法。对初创公司来说，这通常是包括采用期权定价法，分析近期几轮的正常融资，以便在发行优先股时，对公司的总股本价值进行的推断。这通常被称为反求法：股权价值的求解是以迭代方式使得优先股的隐含价值等于每股发行价格。在期权定价法中的优先股价值包括其清算优先值及其之上的普通股清算值的联合价值。由于期权定价法青睐每类股权的权利和优先性，所以普通股的隐含价值均小于优先股。

资产法

正如第 11 章所述，资产法是确定企业资产和（或）权益（方法是直接把资产价值减去负债价值）价值形态的一般方式。就估值创业企业而言，资产法是相关性最小的一种方法，主要因为创业企业的所有资产几乎都是无形资产，不仅很难辨识和估值，而且也没有计入资产负债表。

资产法要想用于创业企业，只有一种情况，即当公司有大量现金余额和/或可变现的知识产权（如专利），但尚未实现任何有意义的里程碑事件的情形，抑或是处在清盘的情境之下。

替代的估值方式

虽然传统估值方法可用于估值创业企业，但一些可替代方式往往也适用。它们包括蒙特卡罗模拟算法（MCS）和实物期权分析法（ROA）。

在第 6 章论述的蒙特卡罗模拟算法是一种概率方式，可以与贴现现金流分析法（DCF）结合起来使用。⊖MCS 有助于确定贴现现金流法不同价值结果的概率，并可解读不同价值组合如何影响不同贴现现金流法的价值结果。这种方式可以让你辨识那些关键假设，以及那些已知其概率分布（如正态分布）的关键假设的可能价值，并让人们推导出最终价值的置信区间。

比如，你可能假设，日益增长的竞争威胁推高风险，因而可能降低价值，但一年后，创业企业成功开发一项技术的概率增加了（在 MCS 模型里会加分），它所带来的价值要高于因新增竞争威胁可能减少的价值。若一个既定情境有一组最佳推测值，那么一次现金流分析可以从中推导出一个价值。MCS 可以考虑到输入变量的所有组合，并为每个变量算出一个概率分布，描述每个输入变量的可能结果。MCS 价值运算的结果，既包括一个可能性最大的结果，也涵盖一系列具有合理概率但可能性较小的结果。总之，与标准的贴现现金流分析或敏

⊖ 以及预测企业变现和其他的目的。

感性分析相比，MCS 提供的可能结果分析更加全面。

在一个投机氛围很浓的环境里，投资者可以采用另一个风险管理工具。传统的贴现现金流法无法准确反映投资者或风险投资人的后续投资能力——例如，在后轮融资阶段的优先购买权，就带有公司股票看涨期权的性质。在第 6 章，我们也阐述了实物期权（ROA），它采用了期权定价的方法，用以说明买家的某种特定能力，即等待整理分析最新竞争数据，然后决定在以后某个时点是否购买权益的能力。

采用实物期权的好处在于，它能体现一种推进或放弃一项既定投资的权利（期权）。在有效期截止时，一份看涨期权的价值是相关股票价格减去该期权的行权价。在有效期内，一份看涨期权的价值等于标的股票价格减去行权价的现值（这两种价格都根据该期权的风险做过调整）。在这两种期权定价模型里，每一种都建立于下述三项因子：标的股票价格的波动性；当期股票价格和行权价之间的差额；所剩的有效期长度。因此，随着不确定性的增加，实物期权的实际价值得到了提升，因为它们帮助投资者管理了风险。

QED 调研报告：风险投资使用的估值方法

传统的估值方式也用于对创业企业的估值，但风险投资人更多是使用修改过的传统估值方式。在 1987 年，QED 调研机构出版了《QED 调研报告：风险投资的财务分析》。[⊖]虽然时日已久，但这份报告仍然被广泛引用，因为在风投公司如何做财务分析的问题上，这份报告提供了清晰而深刻的解读，其中包括风投公司如何估值创业企业的内容。

通过分析商业计划书、现场拜访及访谈，先把估值新企业前景的那些因素确定下来（本章前面介绍过）。梳理过这些因素之后，估值流程就可以启动了。QED 调研报告为大家呈现了风投领域采用的 4 种另类估值方式：

- （1）传统的 VC 估值方法（VC 法）
- （2）第一芝加哥法（FCM）

[⊖] James L. Plummer. *QED Report on Venture Capital Financial Analysis* (Palo Alto CA: QED Research 1987). 本节资料来源于该报告的第 2 节"风险投资人所用估值方式小结"（Summary of Valuation Methods Used by Venture Capitalists）。

∞（3）基本法

∞（4）收入倍数法

传统的 VC 估值法

这种 VC 法是一种余值估价法，只考虑单一情境的两个时点：当前日和未来变现退出日。同时，它还需要相关假设（即一直到企业变现前收入的复合年均增长率假设），外加变现时会赢利的假设。这个方法采用表 19-1 所用的计算公式。在这个例子里，假设收入是 250 万美元，而 5 年持有期的年均复合增长率为 40%，在此期间，VC 的投资会通过公司的 IPO 退出。按税后 14% 的利润率、假设的市盈率倍数是 19，⊖外加 40% 的贴现率，该公司权益（假设没有带息负债）的拟算公允市场价值为 670 万美元。

表 19-1 传统的 VC 估值方式　　（金额单位：美元）

公司的现值	$\dfrac{R \times (1+g)^n \times a \times P}{(1+r)^n}$
R= 收入	2 500 000
g= 增长率	40%
a= 变现时的税后利润率	14%
P= 变现时的预期市盈率	19
n= 至变现日所需的年份数	5
r= 贴现率	40%
公司权益的拟算公允市场价值	6 700 000
所需资金金额	4 000 000
所需持股的最低百分比	59.7%

在这种方法和其余三种估值法里，除非有特别提示，我们都把假设予以了简化，即仅有一个 VC 投资人、一轮融资、一种优先股、公司都处在第二个发展阶段、一个年均复合增长率、不变的利润率，并对净经营亏损结转没做任何调整。

第一芝加哥法

第一芝加哥法（FCM）⊜的起始部分和 VC 法的处理方式一样，然后概率加

⊖ 此外，还可以使用其他的倍数（比如，收入的倍数或其他盈利水平的倍数）。

⊜ 就像 QED 调研报告第 2～7 页特别提到的，第一芝加哥法在下述两篇文章中有较长的阐述：Stanley C. Golder, "Structuring and Pricing the Financing," 和 Stanley A. Pratt and Jane Morris, *Guide to Venture Capital* (Wellesley, MA: Venture Economics, 1986)。

权三种不同结果的情境：成功、侥幸生存和失败。这种方法要求分析师考虑潜在的不同结果，而不是依赖过于简单的收入或利润倍数。在今天的实践中，这些概念的应用是通过概率加权预期回报法进行的，将在本章后面讨论。

尽管如此，这种方法还是一种直觉的、相对容易复制的方法。表 19-2 例解了如何按照第一芝加哥法计算价值的过程。一家已经赢利的创业企业，收入为 250 万美元，计算得到的价值为 670 万美元，最近完成了金额为 400 万美元的一轮融资。1、5、6 和 9 行都是输入值，剩余的几行都由公式计算得出。

表 19-2 第一芝加哥法 （金额单位：美元）

	成功	侥幸生存	失败
收入增长率①	50%	20%	0%
三年后的收入水平	8 437 500	4 320 000	2 500 000
五年后的收入水平	18 984 375	6 220 800	
七年后的收入水平		8 957 952	
变现时的税后利润率	18%	9%	
变现时的税后利润	3 417 188	806 216	
变现时的市盈率	20	10	
变现时的公司价值②	68 343 750	8 062 157	900 000
公司的现值③	12 707 456	764 813	327 988
每种情境的概率	50%	40%	10%
公司在每种情境之下的现值	6 353 728	305 925	32 799
公司权益的拟算公允市场价值		6 700 000	
持股所需的最低百分比④		59.7%	

① 250 万美元的收入基数。假设每一种情境的年收入增长率都一样。
② 对于成功和侥幸生存情境，变现时价值确定的方式是：利润 × 市盈率。对于失败情境，假设该公司从来没有赢利过，并在三年后作价 90 万美元，进行了清算。
③ 假设的贴现率是 40%。对于成功情境，假设了一个 5 年期的时间因子；对于侥幸生存情境，假设了一个 7 年期的时间因子；而失败情境的时间因子，则是 3 年期。
④ 代表初始 VC 投资（在这个例子里是 400 万美元）所占权益百分比。

在成功的情境中，假设收入在 5 年的持有期里，是按照 50% 的年增长率增长，一直到近 1 900 万美元，在第 5 年 VC 通过 IPO 退出。依据 18% 的税后利润率，该公司的利润额接近 340 万美元。采用一个假设的 20 倍的市盈率，在 VC 变现退出时，该公司的市值为 6 830 万美元。假设贴现率为 40%，在 5 年持有期后，该公司的现值是 1 270 万美元。

在侥幸生存情境里，假设收入在一个更长的 7 年持有期里，按照一个低得多的 20% 的年增长率增长，一直到近 900 万美元。在第 7 年，由于较低的收入增幅和利润率，通过把公司出售给一个竞争对手，VC 实现了退出。所以，VC 的投资幸运地没有亏损，但该公司没能作为一个独立的实体而继续存在。使用一个 9% 的税后利润率，该公司的利润额接近 80 万美元。采用一个假设的 10 倍市盈率，在 VC 变现退出时，该公司的市值为 800 万美元。假设贴现率为 40%，在 7 年持有期后，该公司的现值是 76.5 万美元。

在失败的情境里，在 VC 投资 400 万美元后，该公司在经营期间，收入从未超过 250 万美元。在第 3 年以后，这家 VC 决定撤出，把这笔钱投到潜力更大的公司。这家 VC 能够把该公司的资产卖掉，并解散该公司，获得一笔假设金额为 90 万美元的资金。在这种情境下，三年的持有期之后，（假设贴现率为 40%）该公司的现值为 32.8 万美元。

然后，在第 9～11 行，计算公司的价值：这家 VC 为每个情境分配一个概率，并用它们乘上每种情境的公司现值，得到的是 670 万美元的价值。这家 VC 所要求的最低持股百分比是 59.7%（用 400 万美元除以上述所计算的价值 670 万美元）。

第一芝加哥法允许人们分析若干种"如果""怎样"的情境。不过，这里有一点是要注意的，即这个例子的假设是一种增长率、不变的利润率和一样的贴现率。它还假设：这家 VC 愿意基于这种方法计算的预期价值，做投资决策。⊖ 在许多实例中，分析师通常需要对这些假设做些改变。在日常的具体实践中，面对眼前的投资机会，分析师会考虑一组合适的可能情境。

基本法

基本法类似于多期贴现法（在本章前面有过阐述并在第 7 章有详尽的阐述），采用的是一种贴现未来利润的分析。不同于前面两个方法，只是聚焦假设的变现日，这种方法考虑的时间跨度较大，既包括企业变现之前的时期，也涵盖企业变现之后的时期。

和第一芝加哥法一样，这种方法既有直觉的特性，也有易于复制的特征，且假设之简单也一如既往。表 19-3 例解了如何根据基本法进行价值计算的过程。

⊖ 参见普拉默的《QED 调研报告：风险投资的财务分析》(*QED Report on Venture Capital Financial Analysis*) 第 6 章，可以进一步了解第一芝加哥法的风险偏好处理方式，以及在评估流动性偏好和基于交易价值的认沽权证的影响时，这种方法的使用情况。

表 19-3 基本法 （金额单位：美元）

年份（序号）	收入[①]	收入增幅	净收益率	净收益	现值因子[②]	净收益现值
1.	3 750 000	50%	18.0%	675 000	0.7143	482 153
2.	5 625 000	50%	18.0%	1 012 500	0.5102	516 578
3.	8 437 500	50%	18.0%	1 518 750	0.3644	553 433
4.	12 656 250	50%	18.0%	2 278 125	0.2603	592 996
5.	18 984 375	50%	18.0%	3 417 188	0.1859	635 255
6.	26 578 125	40%	17.0%	4 518 281	0.1328	600 028
7.	34 551 563	30%	16.0%	5 528 250	0.0949	524 631
8.	41 461 875	20%	15.0%	6 219 281	0.0678	421 667
9.	47 681 156	15%	14.0%	6 675 362	0.0484	323 088
10.	52 449 272	10%	14.0%	7 342 898	0.0346	254 064
终值[③]				52 449 272	0.0346	1 814 745
拟算的权益公允市场价值						6 700 000

[①] 最近 12 个月的收入是 250 万美元。

[②] 现值因子的基础是 40% 的贴现率和采用（利润或现金流）年终发生制。

[③] 终值的计算方法是，用第 10 年的利润除以 14% 的资本化率，再在第 10 年底，用 40% 的贴现率予以贴现。在计算 14% 的资本化率时，是假设成熟期的贴现率为 18%，而长期可持续的增长率为 4%。

你可能争辩道，应用这个方法所需的预测带有很浓的推测色彩。不错，现实情况就是如此——用于估值创业企业的任何方法，都有很大的推测成分，而且还充满着不确定性。预测未来几年的退出，同样是一种推测行为，因为我们没有能力预测未来几年的经济周期、市场行为和 IPO 的机会。这个方法的好处是，它需要想透公司在自己的生命周期里需要经历的一些因素，如收入的增幅、收入增幅（不可避免）的减速和不同的赢利能力，相比这类因素，还要考虑市场份额和市场渗透力等。这种方法还能展示追加亏损的影响（没有表现在这个例子里），直至公司的地位稳定为止。对随后几年预计会大额亏损的早期公司，这种方法仅能起到一个价值的核对作为。

收入倍数

如同它的名称所言，收入倍数就是一个要乘以公司收入（一般是基于责权发生制，而不是收付实现制）的因子。这种收入既可以是未来 12 个月的收入（领先型），也可以是当期财年的收入（拖尾型）。正如对任何企业的估值一样，这种收入倍数可能是建立于一个样本量的类比上市公司或类比的并购交易。这种收入乘数往往用于处在发展早期的那些公司——一群几乎没有任何利润的实体。这种倍数明显包含着一些劣势，比如，没有考虑利润率、资本支出和经营资金的需求、研发的时间和强度，以及营销和生产的间隔期等各项的差异。尽管如此，但作为核对其他方法所求价值的一种方式，它们既简单又快捷。

估值创业企业的概率权重情境法

QED 调研报告用例子阐述了一些 VC 用来为创业企业估值的若干方法。同时，它还向我们展示 VC 常常使用倍数法。这种事实（结合传统估值法的使用）意味着倍数估值法应该基于具体公司的发展阶段和其他特性，应用于为创业企业估值，并根据它们的结果出现的概率和被估公司的相关度进行加权平均。

传统的概率分析法需要辨识可能的结果（即乐观的、很有可能的、悲观的），然后权衡每种情况发生的可能性。当然这些结果取决于公司实现下述关键指标的能力：最常见且有针对性的收入、经营利润率、再投资金额，以及最终的现金流。上述的每个指标都作为一个变量出现在这种分析里，能生成一组或一套电子表格的潜在结果。

在并购估值中，特别是在公司没有外部投资者的情况下，为高技术创业企业估值应该把所有的方法都考虑进去，把它们的结果视作不同情境下的价值形态，并按截至估值日的预期赋予它们不同的概率权重。特别需要提出的是，为高技术创业企业估值应该采用概率权重情境法（PWSM）——也就是全额已投资本法（在本章下一节将会介绍），一种可以对权益资本进行分配，以便对普通股进行估值的方法。还可以应用 VC 们所用的经过适调的第一芝加哥估值法（本章前面予以了介绍），并结合运用分配权益价值的概率权重预期回报法（下节将介绍）。

概率权重情境法（考虑若干结果的情境）是为高技术创业企业估值的有效方法。这种方法能考虑到不同时点各种退出方式：通过出售或 IPO、非上市情境（用长期业绩的预测确定价值形态），以及在商业模式无法实现时的清偿情境。

正如我们已经赋予了大块篇幅讨论的那样，为高技术创业企业估值时，有许多需要考虑的问题。概率权重情境法可以抓住许多这类需要考虑的问题。它是由四种主要情境和多重二级情境构成。这四个主要情境是：

∞（1）卖给第三方（市场法）。

- （2）上市（市场法）。
- （3）保持非上市状态（收益法）。
- （4）清偿（资产法）。

二级情境涉及主要情境里的多重可能性（如以不同的日期和价值实现的公司出售或IPO）。在这些情境中，赋予每一种一个相应的概率，以便求得一个价值。为了通过例解来说明这种方法，[⊖]假设我们正在为Ahdkee技术公司（一家四年前开始经营的公司）估值，它两年之后取得了第一笔收入，但直到下一年才开始创造利润。我们假设，在深入分析了它在市场上的当期地位和发展阶段后，该公司有七种可能的情境：

- **在第2年出售**。Ahdkee在第二年出售时的估值为7 000万美元——10%的概率。
- **第3年出售**。Ahdkee在第三年出售时的估值为1亿美元——20%的概率。
- **第4年出售**。Ahdkee在第四年出售时的估值为1.5亿美元——20%的概率。
- **第3年IPO**。Ahdkee在第三年IPO的估值为1.8亿美元——10%的概率。
- **第4年IPO**。Ahdkee在第四年IPO的估值为2.5亿美元——15%的概率。
- **保持非上市状况**。没有发生任何市场交易，Ahdkee继续按照它的商业计划独立前行。在这种情境之下，基于贴现现金流分析，它的价值是5 000万美元——20%的概率。
- **Ahdkee的清偿退出**。它不能成功地调适自己，无法适应快速演进的技术和竞争环境，无法继续前行。在这种情境之下，它的价值是100万美元——5%的概率。

正如这个例子里所见，以及表19-4中解释，四个主要的情境都考虑到了，还外加了公司潜在出售或IPO的多重情境。在概率分配上，考虑的因素包括：

- 在第2和第4年之间，Ahdkee成功进行IPO或出售的概率为75%，如果这种企业变现没有发生的话，它维持目前现状持续下去的概率为20%，企业经营失败的概率为5%。

⊖ 这个案例研究独立于本书其他的任何案例，目的不是为了温故其他估值法的应用，而是例解概率权重情境法的原理。因而，将会陈述而不是计算几个假设值。例如，将会直述贴现现金流分析法的结果，不会显示相关的预测和贴现率的推导过程。

∞ 市场认为，该公司成功进行 IPO 的概率（25%）要小于公司出售的概率（50%）。

表 19-4 估值高技术创业企业——概率权重情境法

（金额单位：万美元）

	已投资本的拟算价值	贴现因子（40%）	已投资本现值
情境 1：在第 2 年出售	7 000	0.510 2	3 571.4
情境 2：在第 3 年出售	10 000	0.364 4	3 644.0
情境 3：在第 4 年出售	15 000	0.260 3	3 904.5
情境 4：在第 3 年 IPO	18 000	0.364 4	6 559.2
情境 5：在第 4 年 IPO	25 000	0.260 3	6 507.5
情境 6：保持非上市	5 000	1.000	5 000.0
情境 7：在第 3 年清偿退出	100	0.364 4	36.4
	已投资本现值	概率	已投资本的概率权重价值
情境 1：在第 2 年出售	3 571.4	10%	357.1
情境 2：在第 3 年出售	3 644.0	20%	728.8
情境 3：在第 4 年出售	3 904.5	20%	780.9
情境 4：在第 3 年 IPO	6 559.2	10%	655.9
情境 5：在第 4 年 IPO	6 507.5	15%	976.1
情境 6：保持非上市	5 000.0	20%	1 000.0
情境 7：在第 3 年清偿退出	36.4	5%	1.8
公允市场价值			4 500

为了测试 3 种出售情境中每一种的价值预期，采用了市场法中的交易估值法（见第 10 章）。它涉及 4 个步骤：

∞ （1）**选择合适的交易**。这些交易所涉公司的特征：与 Ahdkee 公司有类似业务线和（或）其他类似特征（包括向类似顾客出售产品）。找到了总共 30 个相关的交易。

∞ （2）**分析所选交易**。平均的收入倍数为 3.4，而中位值是 2.6。最低的倍数是 0.1，最高的是 22.4。就这些交易而言，第一个四分位反映的收入倍数是 0.9，处在第三个四分位的收入倍数是 3.5。这里只使用了收入倍数，因为 Adhkee 还没有利润，或它没能创造足够多的利润，以给出一个有意义的利润倍数。

∞ （3）**复核每种情境的收入倍数**。对于情境 1，隐含的收入倍数 1.46（采用第 2 年的预测收入计算）处在整个倍数值范围的底端，在第一个四分位 0.9 和中位值 2.6 之间。对于情境 2，隐含的收入倍数是 1.74（采用第

3 年的预测收入计算)。对于情境 3，隐含的收入倍数增加到 2.17 (采用第 4 年的预测收入计算)。在第 1 和第 4 年之间，预测的收入是按照年均 20% 的幅度增长。

- (4) **合理性的确定**。基于这个分析，由 Ahdkee 管理层估算的交易价值范围看起来是合理的。

为了测试这 2 种 IPO 情境的价值，采用市场法中类比上市公司法 (也是第 10 章的内容)。它也涉及 4 个步骤：

- (1) **选择合适的类比上市公司**。所选上市公司具有 Ahdkee 类似业务线和 (或) 其他类似特征 (包括向类似顾客出售产品)。总共找到了 8 个相关的上市公司。
- (2) **分析所选上市公司**。平均的收入倍数为 4.0，而中位值是 3.6。最低的倍数是 1.9，最高的是 5.5。相关交易的第一个四分位反映的收入倍数是 2.5，处在第三个四分位的收入倍数是 4.5。
- (3) **复核每种情境的隐含收入倍数**。对于情境 4，隐含的收入倍数 3.13 (采用适用于那个情境的第 2 年的预测收入计算) 处在整个倍数值范围的底端，在第一个四分位 2.5 和中位值 3.6 之间。对于情境 5，隐含的收入倍数是 3.62 (采用第 2 年的预测收入计算)，处在这个类比公司样本的中位值 3.6。
- (4) **确定合理性**。基于这个分析，由 Ahdkee 管理层估算的 IPO 的价值范围看起来是合理的。

作为一种选择，在某些情况下 (如在制药行业)，可以采用目标行业的实际 IPO 数据，检测这种 IPO 的情境价值。如果能够查阅足够数量的 IPO 资料，就能观察到一个系列的投前估值，并把它们与 Adhkee 假设的 IPO 价值进行比较。此外，还能观察到相对于最后一轮融资时完全摊薄过的投后估值，在近年完成 IPO 的类比公司的投前估值。最后，可把同类公司最后一轮融资与其 IPO 之间的天数，与 Adhkee 最后一轮融资结束与其正考虑的 IPO 情境之间的天数进行比较。

在 Ahdkee 既没有 IPO 也没有公司出售的情况下 (即没有市场的收购交易)，管理层确信公司将继续按照其商业计划前行。此时，将会通过多期贴现法，利用贴现现金流分析 (阐述于第 7 章)，分析这种继续保持非上市公司的情境，得到的公允市场价值是 5 000 万美元。

清偿情境考虑的是：三年后，Adhkee 在调适自己适应快速演进的技术和竞争环境方面，不成功的概率——尽管最近它也创造了收入，但它"烧"完了现金，没能募集到新的资金，最后关门倒闭。但它能通过有序清偿方式，以 20 万美元的价值卖掉自己的固定资产，以 80 万美元出售它的专利和其他知识产权，总共获得 100 万美元的清偿价值。

既然 Ahdkee 有两年时间出售产品，创造收入，那么就可以认为公司是处在第二阶段或"拓展期"，正如在早先的"风险和贴现率"一节所示，适用于它的贴现率处在 35% ~ 50% 这个区间。基于公司的各种具体因素，40% 被认为是适用于 Ahdkee 公司的贴现率，并用它把各种情境贴现到现值，以确定公司的公允市场价值。

这个分析结果（见表 19-4）得出的公允市场价值是 4 500 万美元。

一旦使用概率权重情境法确定了价值，就要对这种价值进行验证。由于被 VC 界广泛使用，而且相对易用，所以传统的 VC 方法（见表 19-5）可以用来确认求取最终价值的参数（在这个案例里，它们是利润率和市盈率倍数[⊖]）是否合理。此外，也可以用收入倍数，或对处在后期的创业企业使用不同形式的利润倍数。通过这些价值验证所做的平衡调整，你可以评估创业企业价值结论的合理性。

表 19-5 核对价值：传统的 VC 估值方式　　（金额单位：美元）

公司的现值	$\dfrac{R\times(1+g)^n\times a\times P}{(1+r)^n}$		
R= 收入	25 000 000	25 000 000	25 000 000
g= 增幅	20%	20%	20%
a= 变现时的税后利润率	12%	14%	17%
P= 变现时的预期市盈率	20	20	20
n= 至变现日所需的年份数	2	3	4
r= 贴现率	40%	40%	40%
公司权益的拟算公允市场价值	44 100 000	44 100 000	45 900 000

权益分配法

到目前为止，本章论述过的估值方法都是应用于创业企业的整体估值。有时，需要对公司的普通股进行估值。这会出现本章开篇所介绍的许多情形。例

⊖ 相比于被分析的 30 家被售公司和 8 家上市公司。

如，股份赠予、雇员股票期权授予或某些诉讼情形所需估值，这些都要求估值穿越创业企业的总体价值，直面普通股价值。

当一家公司的资本结构复杂，有不同种类的股票，对权益有不同的要求和权利，那么就需要做进一步分析。在这种情形下，虽有不少为普通股和优先股估值的方法，但最常用的两种权益分配法是概率权重预期回报法（PWERM）和期权定价法。它们可以把一家公司权益的总价值分配到其资本结构的相关成分，进而得到公司普通股价值。

按照概率权重预期回报法（PWERM），可以基于几个可能的变现情境，对一家公司未来的价值进行分析。这些情境可能包括战略性出售或合并、IPO、公司解体（优先股得到所有的清偿款项而普通股一无所获），外加公司的非上市实体的价值（假设无变现事件）。可以在未来每次企业变现发生之时，利用调整过风险的贴现率，把这个变现的价值贴现为现值，以确定每种情境的普通股价值。然后，按照每种情境发生的概率，对每种情境之下普通股现值进行加权平均，确定这种普通股的价值形态。当存在着几种明显的变现情境时，一般认为这种方法较为合适。⊖

简而言之，概率权重预期回报法（PWERM）有 5 个步骤：㊀

- （1）辨识对公司最有可能的变现事件，包括预期何时发生、每种变现事件发生的概率，以及每种事件之下公司权益的价值。可以把所述的情境分解为四种类型（在前一段落予以了列示，比如出售、IPO、不上市或清偿）。
- （2）为所述的每一种变现事件，确定普通股价值。㊁
- （3）为每一种变现情境，确定普通股现值。
- （4）把分配给每一种情境的概率，用于每种情境的普通股现值，确定估值日的概率加权价值。
- （5）用价值验证分析，确定普通股价值及其所依假设的合理性。

⊖ AICPA Task Force *Valuation of Privately-Held Company Equity Securities Issued as Compensation* (2013) 58–61.

㊀ Francis D. Mainville. "Using the Probability-Weighted Return Methodology to Value Common Stock," *Valuation Strategies* 12 no. 3 (January–February 2009): 15. 推荐读者研读这篇文章——它对概率权重预期回报法有更深入的阐述，并有详尽的案例应用解读。

㊁ 这也可以用来估值其他类别的股票。

期权定价法把普通股和优先股视作目标公司权益价值的看涨期权。在内涵上，可以把普通股视作某种看涨期权，即它给予所有者一种权利，而不是义务，以事先确定的价格或行权价，购买标的企业。这种方法对某些关键假设（如波动率）较敏感，而非上市公司很难做这种假设的预测。[1] 当普通股股东可能的变现情境数量无法缩减至几种可能时，这种期权定价法较为适用。另外，要是预计近期不会有变现事件，这种方式就合适，因为这种方法认为：如果目标公司在估值日整体出售的话，它的普通股只有很小或几乎没有价值，但它对公司未来价值有要求权，即超过公司优先股优先要求权的部分价值。[2]

概而论之，期权定价法分析包括以下 6 个步骤：[3]

- （1）除了普通股期权的行权价值外，还要计算满足公司优先股优先清偿的价值。[4] 这些价值或转换点是依托步骤 3（行权价）或步骤 4，计算公司权益价值中每种股票的新增百分比。
- （2）确定公司权益价值中每种股票的新增百分比。这些百分比用在步骤 4，以把这些期权的价值分配到每种股票上。
- （3）用 BSOPM 之类的期权定价模型，计算行权价等于转换点（步骤 1 确定）的看涨期权的价值。
- （4）确定每种股票价值——基于刚才计算的看涨期权价值和每种股票对这些价值的要求权。
- （5）对这些普通股没有经过调整的价值，用一个变现性不足的贴现率，确定它的公允价值。
- （6）用价值验证分析，确定普通股价值及其所依假设的合理性。

当为高技术创业企业估值的目的不是出售公司、IPO 或募集新一轮资金时，往往只需要对公司的普通股进行估值。最适于运用概率权重预期回报法

---

[1] 公司权益未来预期回报的标准偏差。

[2] AICPA Task Force, *Valuation of Privately-Held Company Equity Securities Issued as Compensation* (2013), pp.61–65.

[3] Francis D. Mainville "Using the Option Pricing Methodology to Value Common Stock," *Valuation Strategies* 12 no. 3 (January–February 2009): 18. 推荐读者研读这篇文章——它对期权定价法不仅有更深入的阐述，而且，还有详尽的案例应用解读。

[4] 更复杂的资本结构可能需要一个追加转换点的计算，包括计算把优先股转为普通股这个点的价值（如果优先股为非参与型或为最大参与型，等等）。

（PWERM）的情形是：公司未来适合于变现事件的情境有好几种，包括出售公司的可能及其出售的时机，并能合理评估估值参数。最适于运用期权定价法（OPM）的情形是：一轮融资刚刚结束或普通股股东可能的变现情境无法缩减至几个可能性情境。此外，还有其他的权益分配方式，但在实践中用得较少。

结论

在提供潜在高回报的同时，高技术创业企业也位于风险最大的投资之列。在这类企业的投资选择中，关键是要找到好方法。这种理智的选择之旅，始于公司的内部能力和外部环境分析，辨识公司的优势和劣势。严格且持续更新的商业计划对下述两点至关重要：监控公司的成长进步；评估公司成功路上不断变幻的风云。高技术创业企业的估值是非常复杂的过程，并带有很大的主观性。此外，做正确的假设是一件充满挑战的事情，但为了对它们进行估值并确定前进的路径，我们必须确定这些假设。在为创业企业估值的过程中，如果要评估影响企业价值的一组可能因素，那么就应该运用概率加权情境法。总之，借助本章所呈的那些方法，可驱散缭绕于创业企业估值周围的多数迷雾，为这类估值活动带来良多益处。

VALUATION FOR
M&A
第 20 章

跨境并购[⊖]

和传统的并购一样,影响跨境并购成功的因素很多。不过,跨境并购平添了一个量级的复杂性,需要我们认真斟酌和评估。在当今全球化的市场里,跨境并购活动变得越来越普遍,即便是中等规模的企业,也概莫能外。在几个不同国家,同时具有经营性分支机构的非上市公司,已经不是罕有的现象了。在很多情况下,这是一个必需的公司业态——无论是为了获取竞争优势,还是为了维系与跨国公司的客户关系,或是为了生存。

跨境并购流程内含失控的风险,但如果操作得当,则会带来巨大商机。本章将主要聚焦并购交易的战略性买方,因为多数相关决策都是从这个角度展开的。在出售方,多半会有一个投资银行襄助。尽管如此,在本章最后一节,还是涉及了某些卖方情形。

战略买方的考量

在收购目标的选择上,有两个关键的标准:按照公司的整体战略规划,提升股东价值和促进目标公司的发展。除了确定关键价值动因外,公司的整体战略规划必须评估各种各样的问题和关注点——这些是确定收购的相关商业依据。一旦启动了相关流程,明智的战略家会制定一个预测时间表,涉及成功完成交易所需的所有关键行为。为此,可能需要找出公司的可用人才,开始组建各种

[⊖] 本书作者十分感谢锡德·谢弗对本章所做的贡献——锡德·谢弗(CPA、CM、AA)是 B&V 资本顾问公司(得克萨斯休斯顿)的高级执行董事;其公司网址:www.bvcapitaladvisors.com。

所需的团队、启动特种工作小组，并按时间排序那些衡量关键行为的里程碑。跨境交易内含的几个关键挑战，需要特别关注（如表20-1所列示），而且，我们会在本章逐步予以更详尽的阐述。

表20-1　跨境并购的主要挑战

- 会计差异
- 一致认可的评估值
- 权贵资本主义
- 文化的契合
- 汇率的波动
- 特定市场上的负债可得性
- 宏观经济条件
- 进入的结构要求和管制
- 财务报告的内容
- 融资
- 合规性（以政府和监管机构的法律法规为基准）
- 收购后的融合
- 法律（普通、民事、宗教、混合法）
- 衡量主权具体风险要素的敞口
- 证券的可转让性
- 税法

产品和服务

作为起步，必须评估目标公司的产品和服务，以便确定双方业务是否存在适配性、是否内含发展机会和公司价值增长的潜力。在从事这类分析时，必须考虑的问题有：把这些产品与收购方已有产品组合在一起的有效性、客户群的扩展性、交叉销售的机会，以及这些产品的总体品质（特别是在涉及制造类产品时，更应该注意这个问题）。

需要认真审视客户群、企业优势、市场深度，及品牌影响力能否惠及其他市场。与之相伴的关键问题是：要明确这些产品的市场是否多半具有区域性，这个市场是否接受新增产品，是否具有成长性或是处在收缩阶段，以及这个区域市场的经济环境。

可度量性是评估这些问题时的一个关键考量，也是一个重要的焦点。例如，是否存在分摊或降低成本、分享客户通道、改善现有设施的使用效率（实现可见的协同效益）、利用已有关系实现收入或利润的大幅提升等机会？

还需要考虑的关键问题有：产品的竞争力、市场份额、技术进步，以及一般市场地位。

组建团队

在考虑跨境交易时,一个重要的事情是组建合适的团队,以从事企业战略分析、谈判、尽职调查等各项工作,以及分析财务问题、法务问题、工程问题、地缘政治问题、劳工问题,以及文化适配问题等。

为了确定这种机会是否值得推进,做企业战略分析的人员需要包括早先可研阶段提到过的那些团队成员。这里的评估涉及企业的前景,需要考虑企业的内在优势和劣势,以便确定哪些地方呈现的机会最大或需要克服的挑战最大。

仅就启动这个流程而言,挑选合适的谈判团队也是很重要的。这个团队需要精通公司的市场、文化、声誉、决策人物,以及潜在的估值参数。

要完整地理解对方的文化,全面调查和熟悉与个人风格和习俗相关的礼仪。各国谈判的处理方式可能不同,这取决于地区的风俗习惯,甚至涉及谈判时间表的制定问题。在谈判成员之外,这个团队还必须包括地方法务专家——他能够引导收购公司遵循当地法定公告的要求、处理地方披露问题,并满足正常交易的基本要求(包括政府介入和任何审批要求)。各国通常对信息披露都有要求(对收购方可能正常或不正常),这些可能对交易结构和谈判的操作方式(包括保密问题)产生影响。

地方法务和公司法务团队必须齐心协力,不仅要设法了解当地的商务环境,而且还要清楚某些地区的商业行为滋生的障碍。除了在美国本土收购外国在美国的分支机构外,美国公司在考虑跨境收购时,还必须考虑《国外腐败行为法案》的相关条款。另外,还需要考虑和评估董事和高管与跨境交易相关的法律义务。就建立一个综合团队而言,财务、税务、货币、劳务、法务、政府监管和企业组建相关的专业知识是必不可少的。

把这些事项拆分来看,要想使交易获得成功,每一项都需要有一个精通相关知识的专业团队。

例如,在一些跨境交易中,融资可能最终是一个很麻烦的问题。在这里,与资金募集相关的问题,以及所有权与留置权的匹配问题,给我们带来了非同寻常的挑战。而且由于法律结构的明确或不明确问题,放款人、投资者或资金提供者都必须有某种担保,以便已投资金得到某种程度的保障。因而,要想完成收购融资,不仅需要更多其他有吸引力的资产,而且需要这些资产极具创意的组合或留置权。在交易结束之前,与融资相关的任何意外,都会带来成本高昂的耽搁,所以除非有唾手可得的收购支付资源,而且是作为已有战略发展规划的关键要件存在，否则必须提前考虑好跨境交易的融资计划。

税务问题

税务对一项交易的最终成功有着很大的影响。懂得税收结构和汇返应税资金的能力都很重要。对于公司的预扣税，许多国家都有严格的政策，而且可能对资金进出国门都有限制。有些税务问题关系到相关条约，所以必须完全弄明白条约里与预期交易相关的条款。转移定价（相关公司间商品的汇率）可能内含严重的税收后果。全球各国的税务当局对定价和用于跨境交易的方式都很敏感。

就货币而言，一个关键的考量是货币的相对优势和汇率，以及它们对下述事宜的影响：国内或国外的未来业务、产品定价的内涵、竞争力，以及地区金融基础的稳定。一种货币的估值变化或调整可能对一项资产收购后的价值有很大影响。在这里，确定交易运作所用的名义价值是一个重要的事项。

劳务事宜

劳动法和习俗在国与国或一国各地区之间的差异很大。要想成功，彻底了解劳动法非常重要。在发达地区与新兴地区之间，与收购相关的劳务事宜的差异也非常大。与劳务问题相伴的，可能会有一些下述的地区政策要求：投资基础设施、雇用一定比例的当地人、培训当地人从事某些工作。社会保障税和其他要求可能很独特或需要特别关注。与员工裁减或可能出现的其他相关问题，可能需要完全不同的处理方式或涉及政府干预。

收购实体

就组织结构、治理要求、表现形式和信息披露而言，收购一家目标企业所需的公司结构或实体形态，可能完全不同。一定要找出通晓所有实体形态相关事宜的顶尖人才。

地缘政治问题

如果要认真分析那些具有跨境色彩的合并、收购、企业组合或合资项目，那么政治问题的考量很重要。政治、经济和安全问题，每一个都值得认真的检视和评估。许多国家正遭遇骚乱，并伴随政治权力更迭，导致经商环境的改变，有时还会带来巨大的灾难。你必须清楚局势的控制人是谁，政治权力是如何行使的，以及政府的稳定程度。历史上，国家都曾经历过革命、政变和产业国有化，所有这些多半还会持续存在。在采集这些数据的过程中，一定要记住：稳定是相对的，并且现实的做法通常是只做一个近期评估。当期的政治事件不仅能影响一项并购，还能使计划中的并购交易夭折。

某些地区的已有经济现状可能影响政治决策，必须对其进行认真的研究分析，以防其促发政治政策的改变。

安全保障的风险也是一个令人担忧的问题，影响人员、产品和原材料进出该地区的便利性。对这些地区进行评估，确定它们对外国财产权的接受程度或是否潜藏报复心理，也是关键的风险考量。精通跨境交易的公司通常都会使用安全专家，不仅为公司提供有关这些地区的相关数据资料，而且还为公司做地缘风险评估（收购交易分析的一部分）。

交易估值问题

在准备收购的过程中，必须计算目标公司的初始估值范围。在这个计算中，分析货币的相对强弱在跨境交易中极其重要。货币的强弱通常会影响一家公司愿意支付的金额。具有强势货币的收购方最终支付的钱会少些；相反，如果收购方的货币相对弱于目标公司的货币，那么收购就会变得更加昂贵。基于比较目的，估值流程可能要求把公司财报从一种货币转换成另一种货币。为了确定目标公司最初的价值范围，需要对下述各项进行分析：经营现金流、资本支出的需求、预期的协同效益、资金成本、增长假设和内含风险。

对于估值阶段所做的收购后的假设，货币的相对强弱会有很深的影响。这通常取决于货币的市场地位。如果这个货币波动很大，那么收购交易的事后事项（包括盈利兑现条款和卖方融资票据）会受到很大影响。

在为交易估值目的做公司分析时，就要回首看看过往的资本支出。除了对购买这些资产的融资假设外，必须融入这个融资模型的还有对改进设备和设施的资本需求（用于支持计划中的增长所需）。

需要考虑可见的协同效益，以便确定是否会有改善型利润（源自已有工作岗位的重复或重叠）和成本的下降（源自增强的购买能力或买家的分销渠道）。

基于收购方的财务状况，一项收购可以通过多种方式融资，包括发行股票、从传统的渠道借款、与其他融资渠道共享机会、使用已有的现金或使卖方负担部分购买价格——抑或通过卖方融资票据或盈利兑现形式。收购方一般都有一个既定的资本成本和设法从收购项目获取的预期回报率。在这个阶段，一般都会做一个财务模型，帮助选择最合适的收购条件和交易结构，以便获得最低的资本成本和为所用资金挣得最高的预期回报率。

为了确定预期会产生的整体的有效回报率，在做贴现现金流分析（基于相关收购）和在拟定退出点的预期终值的计算上，需要考虑上述所有这些因素。当然，还可以采用本书讨论的其他估值方式。

货币换算的问题。为了考虑贴现现金流分析和整体估值的货币波动问题，可以使用国际费雪效应来平衡或制定货币间的平价。这种做法的理论基础是利率平价原理（即货币汇率的预期变化），取决于每个国家彼时所有利率的当量差。汇率差异一般归因于相关货币的期货（或远期）汇率和当期（或即期）汇率。理论上，利率较高的国家易受通胀之害，而且相对于通胀较低环境的他国货币而言，这种货币从长期看会贬值。对于在发达国家发生的收购，使用利率平价理论效果更好，因为这些国家的货币有着相对的稳定性。在确定是否使用即期汇率或未来的预期汇率，并把它们融入通货膨胀预期时，通货膨胀或潜在通货膨胀会是一个相关的因素。除了贸易额和其他的环境考虑，在建立各国间的货币汇率时，要把这些因素考虑进去。

收购方可以选择对冲的方式，使自己免受货币风险的敞口之害。通过对冲，它们能够有效地稳定货币波动，因为它们把自己的风险转移到乐于投资相关国家货币的其他机构身上。就概念而言，它的运作很像保险业务：以一个可以接受的成本（相对于敞口风险而言），对相关货币的动荡和波动投保。做这种对冲的具体方式有：买卖场外的远期货币、购买期货期权或使用交易所买卖的期货。芝加哥商品交易所是从事货币交易的最重要的交易所，电子交易一天 24 小时都在运营。最著名的报价信息服务商，如彭博（Bloomberg）和路透（Reuters），都能及时提供实时报价等相关信息。

在实际操作中，通常是用挂牌的货币汇率把资产负债表不同时点的过往信息，从目标公司的货币转换到收购方货币。过往利润表的转换计算通常采用年度平均汇率。过往现金流的货币转换计算，一般是采用一种组合方式，即基于分类事项与财务事件时序相结合的货币转换汇率。人们通常是基于现有的汇率预测未来的财务数据（依据来自某些经济报告的预期通胀率或通缩率进行调整）。另外，在由国际货币基金组织（IMF）发布的研究报告里，可以找到一些国家和全球金融未来的预测信息。下述摘录文字出自与这种分析相关的报告（来自国际货币基金组织网站）：

世界经济展望（WEO）数据库包含来自世界经济展望报告统计附录的精选宏观经济数据系列——该报告介绍了国际货币基金组织工作人员对全球范围、主要国家集团和许多个别国家经济发展的分析和预测。WEO 是每年 4 月和 9 月 / 10 月发布。使用此数据库可查找下述有关信息：国家账户、通货膨胀、失业率、国际收支、财政指标、国家及国家组（汇总）的贸易和由国际货币基金组织报告的大宗商品的价格数据。⊖

国际资金成本。与货币兑换问题类似的是对国际资本成本的考量。众所周知，由于政治、监管和经济环境的差异，国与国之间的投资风险各异。虽然美国和英国的这种差异很小，但美国和发展中国家的差异很大。就国家风险因素调整相关的回报率，可能不精确，但一个近似调整值，也会有助于推导出适用于某个既定国家的回报率。接着，让我们概述一下国际资金成本的调整方法，顺便给大家提供更多的具体信息来源。在公司的资金成本里，除了权益、规模和具体公司的风险因素（第 8 章所述），还必须对公司暴露的国家风险敞口做一个评估。在美国，这种风险评估方法是新添一个风险增量于投资回报率（利用资本资产定价模型或扩展模型推导出的回报率）。许多行业人士是从《全球国家风险指南年度报告》获取这种国家风险的增量。⊜

把资本资产定价模型（CAPM）的企业格式转换为具体国家的格式，你需要一个相关国家的三个数据：无风险利率的代理指标、该国家的贝塔值，以及这个具体国家的权益风险溢价。美国用来推导具体国家权益风险溢价的无风险利率，通常选自各国长期政府债券的回报率（IMF 提供这个数据）。具体国家贝塔的估算方式是：把特定国家的指数波动率除以世界市场的波动率——世界市场的波动率由不同国家的股票指数构成（如把标普 500 作为美国的相关指数）。在国与国之间，在不同程度上，这个方法受制于相关数据历史期限的不足（即在有些国家，这种数据的所存期限较短，不足以构建出让人们信赖的权益风险溢价）。

在数据有限和仅有本书阐述内容的前提下，不推荐使用这种方法。若想了解有关这种方法的更多信息，请联系威利或道衡®索取一份《国际估值手册：资

⊖ www.imf.org。

⊜ 每年 10 月出版的《全球国家风险指南年度报告》汇编过去的 12 个月里，140 个国家各自发表的每一份分析报告，www.prsgroup.com。

⊗ www.wiley.com 或 www.duffandphelps.com。

本成本指南》。该指南提供了国家级国家风险溢价，相对波动率因素和股权风险溢价，可用于估算全球 188 个国家的国家层面的股权成本。另一个数据来源是埃斯瓦斯·达莫达兰教授的网站⊖，它除了丰富的财务数据外，还包括基于穆迪所评国家主权信誉等级的其他市场的风险溢价。大摩指数（MSCI Barra）⊖提供了大量与全球投资建议相关的指数信息和深度研究，有助于跨境收购分析之用。

对于特定国家的 CPAM 转换，只需把国家风险这个成分加到资金成本里，这不是一件多么复杂的事情。如果需要另一个国家的投资回报率，可以从刚才列示的信息来源（以及其他知名的信息来源）获取所需数据，然后再为在具体国家进行投资做出最佳的决策选择。在评估这种风险调整成分时，要小心慎重；它可能已经在某种程度上表现了出来。特别是涉及新兴市场国家时，这种调整成分反映在它们的无风险回报率里。在考虑到这种调整时，为了避免高估这种风险的可能性，建议考虑请标普或穆迪投资者服务公司来确定相关主权债券与美国政府债券的利差。

在 CPAM 模型中，还有另一个需要做调整考虑的潜在金融风险：相关的违约风险或信用风险，包括正经历快速发展的新兴国家不断上升的负债成本。虽然可以对这种风险进行监控，但除国家层面的风险之外，还有地区或省级层面的这类风险。

为贴现现金流模型的收益挑选的税率，多半是目标公司收益获取地的税率。但如果打算把利润汇返给收购方，那么就应该考虑在外国所付税款但在收购方所在国予以抵扣的影响，以及有效税率的问题。

一旦讨论过这些问题并选定税率，那么建立估值模型的下一步，就是根据目标公司未来预期，测试该模型的理论评估值，以便对估值模型进行进一步优化。

一旦可能，收购团队应该与卖方的管理团队见面，一起评估企业成长的前景。为了构建一个结构合理的模型，必须基于这些沟通的结果，就收入和利润的可能增幅做一些假设。要想读懂眼前的机会、清楚其提升未来价值的潜力，并理解（用于最终购买协议的）最终估值，卖方管理团队所做的假设是一个关键的部分。

⊖ www.damodaran.com。

⊖ www.msci.com。

减缓收购风险永远是一个需要斟酌思量的问题。基于可能的意外结果，某些风险（如果知道的话）可能会引起估值的调整。有些风险可能不那么容易量化，需要利用缜密的交易结构技术。比如，当面临这类风险时，可就整个收购价格的支付，设计一个更长的时空框架。可能需要推迟部分收购现金的支付，直到相关风险显露、被读懂、被量化或不复存在。对于重大的不利事件（如果出现的话），需要考虑退单的可能性。

一旦分析流程做完，估值范围确立，谈判团队就可以开始讨论。估值会是一个热烈争论的范畴，而且为了支持和捍卫自己的分析，谈判团队需要做好充分的准备。就像面对任何类似交易一样，需要考虑各种各样的情境，平衡收购方和目标公司之间的估值差异，拿出有创意的解决方案。

初始谈判

在目标公司的商业价值被认可、估值范围得以确立、董事会允许项目继续推进之后，在某个节点上，会签署意向书或签订保密但无约束力或有些许约束力的谅解备忘录，概述所拟交易的一般条款、所定期限，以及针对无法预料事件的不可抗拒条款。在构思和谈判这些文件的条款时，通常会有代表相关方的投资银行专业人士介入。作为中介出现的投资银行，能起到桥梁的作用，沟通不同谈判风格中的文化问题。随后，当大家都同意可以继续向前走时，正式的尽职调查就开始了。

尽职调查

在跨境交易中，彻底的尽职调查不仅会极为乏味，而且十分困难和昂贵。尽调团队必须花大量的时间做事前计划，确保下述事宜的有序推进：明确相关的重大问题并把它们整理出来、如何有针对性地进行沟通，以及如何协调整个尽调流程。在这些问题中，许多应该在商业可行性规划阶段就梳理出来。在这个节点上，最重要的是分析和测试那些相关的假设，方法是直接审核文件、访谈相关雇员，并对客户、供应商和产品进行仔细分析。

一般来说，任何并购交易的尽职调查都是一个寻找真相的过程，目的是为了澄清和理解或辨识不那么容易显现的问题。

尽调团队可能包括法务专家、财务专家、经营专家、工程专家、销售及推广专家、人力资源专家、税务专家和信息技术专家。就跨境交易所涉的技能，

《环球并购交易尽调》一书提供了综合指南。㊀

法务专家会分析公司记录、股东备忘、合同、义务、所有权、产权结构、租赁、未决法律问题、已结索赔、未定权益、与其他相关国家的交易或销售有关的问题，以及与现有法律的合规性问题。法务尽调的相当部分，不仅与产品或工艺流程的知识产权相关，而且还与它们的保护是否到位有关。可能要考虑由收购方来转移这些知识产权及其所需的保护。法务团队还可能要审核与产品保修政策、产品责任险和保单相关的问题。此外，可能还涉及工会合同——这可能是由法务和人力资源专家共同审核。

在财务尽调过程中，这个团队会评估企业的财务记录、记录交易的系统、说明交易的方法、企业现金流的计算方法、编制财报的假设、财报编制人员的质量。通常，财务报表需要重新整理或科目重组，以便更好地与收购方的标准一致，确保合并公司的整体形象和品质。与此相随的是一些翻译需求，因为财务科目的名称可能是不同的语言，甚至可能是用一种不同的方言描述一些科目。当然，货币表现方式可能不同，但我们需要这些货币不同时段的币值曲线，用以说明它们的波动起伏程度。理智还需要我们对各种报告和管理文档进行讨论，此外，还应该与外边的会计师事务所讨论目标公司的财务报告。

如果这家公司是一个制造商，那么大量的时间会用于分析它的成本核算法——用于计算存货余额，以及计算用于确定企业毛利的已售商品成本的金额。同时，需要花时间和精力的，还有与销售额、应收账款、存货和应付账款相关的结算日和截止日的会计政策。财务尽调团队要评估和分析现金管理流程，有关客户和供应商的相关合同条款，以及与应收账款回收和应付账款付款周期相关的企业做法。除了成品的质量外，经营和工程团队成员感兴趣的还有：制造和分销流程、设备和设施的质量，以及生产和工程人才。需要审核诸如ISO9000或9001等质量管控认证书㊁，外加生产和质量控制文件、安全手册、安全记录和其他相关文件。

还要对经营效率进行分析，内容包括废品率、存货、生产和监督控制。要把用于工厂和设备的管理系统（即所谓的SCADA监督控制和信息管理）与当期最先进的系统进行比较，以便确定所用技术是否先进或需要升级。至于团队的其他专家，还包括检验生产流程的原料质量和等级的金属专家，擅长于计算和

㊀ Arthur H. Rosenbloom ed. *Due Diligence for Global Deal Making* (New York: Bloomberg Press 2002).

㊁ 国际标准组织（www.iso.org）是致力于全球范围企业流程标准化的组织。

规划劳动费率和管理费率的成本估算师，以及评估已有流程的效率专家。机械专家的介入通常是为了确定机械的定期保养是否一直在做，确认现有设备的寿命，并明确是否有任何需要修理的问题。

设施需要评估的问题是数量是否足够、使用是否安全和可用效能如何。如果战略规划要求经营业绩大幅增长或预期它会大幅增长，那么一个非常重要的评估点就是要确认设备和设施是否能够支撑这种高增长。

销售和推广团队成员需要评估下述各项：公司客户、客户集中度、地理区域、在已有客户群交叉销售其他产品的机会、可否把产品拓展到其他地区或其他客户群和市场或产品是否重叠，以及现在所用的销售和推广方式。在产品定价和市场地位之外，产品品牌和声誉也是一个需要考虑的问题。还必须确认公司是高端产品的提供者还是低成本产品的提供者，在多大程度上，合并后的公司将具有哲学意义上的业务契合度。

这个团队要基于竞争对手的产品评估目标公司的产品，计算总体市场规模和需求，确定相对的市场份额，并评估还能够争取的市场份额。要基于购买模式、财务实力和与公司的来往时长，对客户进行分析。

销售团队成员要聚焦于各种销售文档、分销渠道、捆绑其他产品的能力、所用销售方式、带佣销售或非佣销售、销售电话报告制度、内部销售和外部销售、销售支持、售后服务和保修政策。推广和销售团队还要评估网站的配送系统、所递信息，以及客户利用网站获取产品信息和下单情况。此外，还要考虑和评估分销渠道、货运仓储和产品送达的其他方式。

要考虑的其他因素还可能包括产品标签、商标、专利范围、广告方案、所涉行业、行业协会成员情况，以及内含现有产品的整体产品蓝图。

人力资源需要考量的是与下述问题相关的政策：薪酬、福利、劳工法、披露事宜、文件编制、与劳动法的合规性，以及与培训、教育和雇员留用相关的政府要求。对人力资源团队而言，它的一个很大的功能是评估文化的适配性、可能的语言障碍、目标公司对新政策和新流程的接受或黏着程度、它的工作作息时间、雇员对企业合并的整体态度。由拉杰什·查克拉巴蒂等三位教授从事的一项研究，讨论了跨境交易中的文化差异，并从历史角度，总结了它们在并购交易的最终成功中，所起到的影响。⊖

⊖ Rajesh Chakrabarti Narayanan Jayaraman and Swasti Gupta-Mukherjee " MarsVenus Marriages: Culture and Cross-Border M&A" November 21 2005。在 SSRN 网站可下载：http://ssrn.com/abstract=869307。

作为一个整体的公司雇员，能否接受新老板，是并购最终能否成功的一个关键要素，尤其是在出现了外国老板的情况下。

税务涉及的范围很广，包括报税的会计方法、外国辖区下的税收、资金的汇返、外国税收的优惠政策、州和地区的税收，以及收购方和目标公司交易之后的相关问题，如转移定价问题、法定的政府预扣税，以及就业和社会保障税问题。

鉴于这些地区的范围，税务团队需要许多地区的专家，包括目标公司经营所处地区，收购方注册地区，以及重叠的司法管辖区。还有一件必须做的事情，即制作一份下述各种文档的总汇：所有的报税要求、税收文件、税收协定、外国税收优惠政策、各种实体的税收规定以及其他相关事宜。

作为这个流程的一部分，税收的合规性必须予以审核，同时需要审核的还有目标公司对待报税和纳税的总体态度。

包括在这个流程里的还有，要确定用于收购的最有效的纳税方式，以及收购后的税收规划和相关的报税要求。也许，还有各种各样有吸引力的税收优惠，但会要求企业遵循特定的手续或填报相关的文档。

在今日的全球市场，信息技术不可或缺。对于信息技术团队成员，他们需要分析的项目有操作软件、应用软件、相关硬件、知识产权、特许授权、特许授权的合规性、相关特许条款，以及特许的可转让性。在这个领域，信息的渠道和保护是一个关键要素，系统的安全问题更是如此。此外，重要的还有与下述事宜相关的政策和做法：备用系统、信息备份、备用设备、软件版本和其他相关的事项。可能还需要把目标公司已有系统与收购方的系统集成在一起或安装一套兼容的系统。总之，IT系统的主要功能是使收购方在收购完成后，能得到连续不断的信息流。

一旦有了令人满意的尽调结果，正规的日常谈判会得以继续，包括文件的编制、观点的澄清，以及交易类型的确定（比如，是收购权益还是收购资产）。尽调的目的是设法发现隐藏的风险。在发掘问题的过程中，需要重点找出这样一类问题：若采用收购公司权益的方式，它们会成为问题，但若采取资产收购的方式，它们却不是问题——因为资产收购不包括某些特定的债务。之所以要做权益收购，可能存在着某些无法回避的商业原因，例如，若不进行权益收购，就难于使得现有合同继续有效，许可或特许权无法转移；在这些情况下，某些过往的风险可能会被搁置起来（不包括在合同里）或作为卖方的义务保留。但悬而未决的问题必须结案，而且，双方就此必须达成一致，要么继续推进项目，要么到此为止。还要明确解决的问题有：收购文件的主导语、适用的法律管辖权、用于交易款项的货币，以及其他相关事宜。

为了确保企业间的无缝组合，收购方的整个团队应该对收购后的行动计划进行认真的适调。在这个节点上，目标公司和收购方的相关职员可以开始齐心协力，设法把关键的要件整合到位。为了完成收购后的事宜，需要建立有关下述事项的计划：数据转移、名称修改、雇员报告制度、银行关系、现金管理、时间表和资产负债表的编制、合同的转移，以及其他相关事项。

在并购的这个阶段，可能需要填报一些监管所需的资料并等待审批。根据相关司法管辖的不同，这个流程可能内含潜在的拖延。此外，还会由于各种各样的原因，存在着收购项目无法获批的可能性。例如，美国国会通过了《2007外国投资和国家安全法案》（Foreign Investment and National Security Act of 2007），严密监控和核查国外对美国公司的投资，特别是下述较为敏感领域的收购项目：技术、货运码头、能源或其他会影响基础设施的相关领域。在欧洲，为了确保并购行为不会导致市场垄断或不公平的竞争行为，欧盟（UE）要求辖区内的并购项目都必须经过审批——无论是对区域内的公司，还是考虑在欧洲做业务的公司，都是如此。在欧盟内部，这种管理机构被称为"竞争事务总局"。⊖类似地，美国有反垄断法，要求填报《哈特－斯科特罗迪诺反垄断改进法案》的相关表格，以便确定所呈收购案是否会导致反市场竞争的效果。当然，肯定还有其他的相关法律，但作为必须申报的相关法规要求，上述这些则是具有代表性的例子。如果监管回复是肯定的，那么这个流程就可以继续往前走。

卖方的考量

就卖家的角度而言，能使收购方实际完成交易是关键。投资银行的部分作用是评估收购方在下述事宜上的过往记录：是否成功地完成过跨境收购；收购企业的事后处理风格。此外，还要在下述方面对潜在收购方进行评估：是否有与监管要求不符的问题；是否不受政府当局的待见；或其他有碍其完成交易的问题。投资银行应该提供一个初始的价值范围和一个预期的分析架构（用于分

⊖ http://ec.europa.eu/dgs/competition。

析现金进项和税务处理或分析计划中的出售机会）。需要考虑的关键问题包括：最初签署的意向书；购买价格的谈判；现金支付所占比例；与拟用于支付的证券相关的问题（包括变现性、限制性或估值问题）；利益兑现条款；（以及第18章所述的）用于收购后使用的会计准则或方法。卖家需要有高水准的税务人才，评估所提交易的巨额税款事宜。

如果货币估值出现大的变化，那么这种用于收购和收购票据支付或盈利兑现条款的货币，会引起整体估值的大幅变动，并导致规划效益的重大变化。例如，若拟定的购买价格达成，但却有要在未来支付相关款项的余额；如果相关的支付货币贬值，那么卖家收到的经济价值要小于预期值。为了避免这种问题的出现，卖家可能决定对冲这种货币风险，锁定未来所收款项的价值，使这种风险最小化。

在确定相关条款的强制性上，跨境交易合同中的陈述和担保部分可能特别麻烦。因而，作为一种保护机制，收购方可能会寻求把收购价格较大的部分先搁置起来不付或委托第三方保管。阈值和保留条款也会比通常的方式严格得多。由于这类交易充满不确定性，陈述和担保部分可能会相当的长。为了确保理解跨境交易这类条款的含义，卖家也需要一个法务专家协助把关。

最终的文件还有可能要翻译成另一种语言。要想构建法律上相互一致文件，这种要求无疑又平添了另一层困难。

在最后阶段，要做的就是签署和交换合同文件、支付资金或证券。至此，两家企业的全面整合开始。

VALUATION FOR
M&A
第五部分

案例研究

第 21 章　并购估值案例：分销公司
第 22 章　并购估值案例：专业服务公司

VALUATION FOR
M&A
第 21 章

并购估值案例：分销公司

若把本书所述理论和方法置于现实世界的情境，会更加易于理解。为此，本章阐述了一个综合案例，用以解读许多已呈概念的具体应用。卡文迪什（Cavendish）海产品分销商并购案例所涉公司是一家虚拟公司，原型是作者评估过的多家公司。鉴于我们对客户保密的义务，此处的所有细节（包括用于类比的上市公司）都是虚构的。但我们确信它们代表了买家和卖家都必须准备遭遇的中等规模的并购市场环境。卡文迪什海产品分销公司或本案例所述的虚构上市公司与任何现实公司的类似性，都纯属偶然。作为背景，我们还构建了一个一般化的经济和行业环境。本案例的设计是为了阐述一个基于所呈现事实和环境的合理流程。它们可能不适合于其他类型的估值，尤其是为其他目的所做的估值。也就是说，如果估值是为了税收、制作财报、法律诉讼或其他目的，那么这个案例所呈现的某些方法和假设可能会不一样。在我们设法呈现的某种现实情境的努力中，该案例的某些因素还不是很清晰，而且有些问题还是处在无解状态。这里的信息仍然无法至臻完美，必须做一些假设和估算，但都反映现实世界的相关环境。

本案例始于公司经营的当年之末，卡文迪什面临竞争威胁，急需进行转型规划。作为这个案例流程的源头，让我们来确定卡文迪什的独立公允市场价值。首先，用已投资本净收益而不是净现金流作为回报指标。这样做是为了演示收益指标的使用情境，因为这是卖家及其中介经常使用的"语言"。虽然对于这种规模的交易，由多期贴现法提供的更多细节会更加适用，但为了展示单期资本化法的实际运用，我们这里使用了收益法里的这种方法。此外，为了计算卡文迪什的独立公允市场价值，还提供了类比上市公司法的解决之道，并且，我们还呈现了并购法和面值调整法的简单应用实例。这些各种方式方法的所得结果，最终都经过相关调整，成为卡文迪什（作为一个独立实体）的已投资本和权益公允市场价值的最后定值。

虽然本案引进了几个潜在买家，但欧姆尼海产品分销公司最终作为最强大的战略买家浮现。本章对各种协同效益进行了评估，而且采用多期贴现法，对欧姆尼的卡文迪什已投资本和权益的投资价值，进行了计算。

纵贯案例始末，我们都致力于为读者提供详尽的解读，以便他们理解估值流程的每一个步骤。这个水平的估值必须运用基于下述相关知识的经验性判断：宏观经济条件、行业背景、目标公司和类比公司的竞争地位，以及对企业估值理论的透彻理解。在确定价值时，评估师的作用只是代理人。他们代理的东家分别是：需要确定公允市场价值的潜在买家和卖家，以及需要确定投资价值的战略买家。这几方所做的评估值和假设，依据的通常都是截至估值日所能得到的事实与细节。这才是估值卡文迪什案例所面临的挑战。

历史和竞争条件

在成功地经营了一家餐厅之后，作为创业家的路易·伯廷（Lou Bertin），在20年前，创建了卡文迪什海产品分销公司（Cavendish）。卡文迪什公司是依据明尼苏达州法律，按照C类公司标准注册的公司，名称取自路易·伯廷最钟爱的一座海边小镇的名字。卡文迪什只有一种普通股，在外的股份总计100万股，80%由伯廷持有，其余的20%由两个被动投资人各持10%。在过去的5年间，卡文迪什一直支付红利，只是在前年由于收益降低和内部经营的现金需求，才停止了派发红利。

在前一段生涯中，伯廷在餐厅经营上取得了很大的成功，当时，在北部主要几个州拥有一些海鲜连锁餐厅。拥有MBA学历的伯廷总想经营自己的企业，却厌倦了经营连锁餐厅的日常琐事，但意识到其所在州需要野捕海鲜的更好的分销体系。当初起步时，伯廷是和缅因州及不列颠哥伦比亚省的好朋友一起做的。现在，他公司的业务已经扩展到中部14个州的相关餐厅和商店，向它们分销野外捕捞的海鲜和渔场饲养的海鲜，并且正在考虑扩展到加拿大的3个草原省份。

卡文迪什发展所需的资金多半来自负债，部分原因是伯廷决定持续派发红利，于不利的税收后果而不顾。要想小股东乐意投资风险大的创业企业，就要满足他们想要年度现金回报的愿望，而对于一家早期尚未成功的风险企业，伯廷需要这种资金偿付贷款。同时，在过去的5年间，伯廷也为自己支付年薪和福利，每年大约总计75万美元，而相同岗位的市场收入总水平近年大约都在25万美元。伯廷的叔叔，约翰·帕瑞索（John Paresseux），作为极少上班的市场营销副总裁，年薪为10万美元。他的经常不上班使卡文迪什损失不小。

在过去2年，有几个因素给了伯廷日益增长的压力，迫使他考虑公司的出售问题。他的家族有心脏病的历史记录，在最近的年度体检中，他的医生劝他"慢下来"。他知道自己应对公司日常挑战的精力和热情都在衰减，而且卡文迪什在面临更大食品分销商日益增长的巨大竞争的同时，整个行业的利润率正在下降。迄今为止，伯廷还是应付了这种挑战：在野外捕捞和特殊海鲜这个细分市场，卡文迪什享有的利润率，要远远高于其他海鲜分销商。然而，鉴于行业业务整合、更好的融资来源和相关技术的变化（通过互联网处理业务），伯廷认为，那些大分销商能够借助这些，改善它们的市场份额并增加对自己的价格压力，进而蚕食卡文迪什今年已经开始下降的利润率。他还认识到，对自己而言，创建和培育企业的乐趣，要远大于企业管理及其日常琐事——这是随着企业的成长，作为企业管理者的他不得不手拽肩扛。

潜在买家

最近，伯廷接受了一家私募投资基金的拜访。这家基金在众多行业寻找目标公司，它投资标准的核心是企业的增长潜力。在最初的讨论中，伯廷有些失望：一是由于这家基金只关注企业的利润，二是它那赤裸裸的意图，即在随后的五年里，快速催肥公司，然后，要么上市，要么卖给一家大型的食品分销商——这种可能性更大。由于在海鲜分销上没有经验，这家基金几乎看不到出售卡文迪什的可能性。

一位投资银行业者也接触过伯廷，他代表的是一家叫作邦·雷帕斯公司（Bon Repas）的分销商，一家在加拿大海鲜分销市场取得了很大成功的非上市公司。因为正在设法拓展新市场，所以这家公司正在考虑：要么投资卡文迪什，要么投资美国境内另一个或多个海鲜产品分销商。虽然会谈还没到报价的阶段，但邦·雷帕斯已经说明：它的支付手段主要是股票，而且要分几年付清。从自己在卡文迪什所持权益的经验，伯廷意识到，一家非上市公司的权益缺乏流动性，特别是小股东权益更是如此。因此，他终止了与邦·雷帕斯的谈判流程。

最终，接触伯廷的是欧姆尼食品分销公司（Omni），它是一家在纽交所上市的大型食品分销集团。按照其在纽交所上市公司市值看，欧姆尼公司的规模处在中盘股所有公司的30%～50%那个群体之中。欧姆尼也把美国的中北各州市场视作适宜自己快速发展的空间，而且已经开始了它在这一市场的进一步拓展。为了更快地进入这个地区，它把卡文迪什视为一个关键的收购对象。

在不动伯廷薪酬的情况下，在前4年的每一年里，欧姆尼通过业务整合和改良计划的实施，最低可为卡文迪什每年带来近100万美元的效益。这多半会花上18个月的时间，但公司所定的完成时间是收购日后的12个月内。

在欧姆尼负责业务发展的高管层初次拜访了伯廷之后，他们就把谈判的工作转给了公司的投行——梅里尔-戈德曼（Merrill Goldman）。为了使谈判更有效地进行，伯廷组建了一个经验丰富的团队，由法务专家、税务专家和估值专家构成。这个团队有三项任务：确定卡文迪什的独立公允市场价值、确定卡文迪什对欧姆尼的最大价值（包括协同效应），以及拟定促使谈判成功的策略。这个团队提炼出了一些列示于表21-1～表21-6的信息，从而使我们能够逐步确定卡文迪什（作为一家独立企业）的公允市场价值（列示于表21-7～表21-17），并确定了卡文迪什对于欧姆尼的投资价值，包括协同效应（列示于表21-18～表21-20）。

宏观经济条件

在谈判进行过程当中，美国经济的持续增长期似乎开始结束，多数经济指标显示，未来12个月经济会大幅下挫。加之，在食品分销行业，上涨的原油价格正在蚕食企业利润。

美国经济上年的增速是2.9%，而下年的预测增速是2.1%。就美国经济的温和增长而言，人们可感知的支撑动力包括低通胀率、缓慢但趋于稳定的就业前景，以及相对平稳的股票价格。美国消费信心指数下降，但对高品质和健康食品的需求上升。

总之，消费者支出平稳，而通胀率和利率都在下降。虽然经济和就业增速慢了下来，但继续处在健康状态。这些背景条件预示的是一个稳定温和增长的经济环境。

行业的具体环境[⊖]

在美国，从事海鲜分销业务的是批发商、进口商、代理商和交易商。作为中介，它们的生计取决于它们对供求资源的熟知程度。它们的作用是把产品有效地、从船主/加工商送到零售商、餐馆和提供食品服务的公司手里。

在过去几年，有些因素在影响着海鲜分销商的经营，比如，上涨的柴油成本、强化的机场安检和学校午餐计划。就在前年，柴油成本上涨了15%，整个行业背负重新定价的压力，但却无法把这些成本增幅传递给行业客户，削减了海鲜业的利润率。新安检法规要求对所有客机运输货物进行扫描，这可能会延迟货物装进飞机时间，增加了货物变质的风险。最后，美国农业部开始为联邦拨款学校的午餐，计划购买阿拉斯加鳕鱼项目。这个项目虽然增加了鳕鱼的需求，但预期会降低整体海鲜的价格，由此，会改善加工鱼与其他大宗食品的竞争地位。

鉴于并购的趋势，海鲜产品公司、加工企业和批发商正在整合。大公司正在进行垂直整合战略并向国外拓展，以便更好地在全球海鲜行业进行竞争。

此时，食品分销商正在奋力调整自己，适应不断变化的行业趋势，强迫自己重新审视业务战略、相关预算和利润规划流程。消费者的购买模型和趋势已经变化，改变了食品分销商规划未来的方式。为了跟上零售客户的需求，食品分销商正在重新定义和改造订单、仓储和物流的管理体系。为了更有效地运送产品和优化成本效率，下述项目正在不少分销商那儿到位实施：定时交货系统、投放时间集成系统、供应链协同、需求预测和移动互联通道。具有运输车队的分销商采用计算机化的路径管理系统，而且，可能还有车载计算机系统，以便监控司机的行为。

增长

伯廷预期：如果卡文迪什继续作为一个独立公司运作，它的年增幅将会是

⊖ 行业信息源自 First Research and IBISWorld。

4%（内含通胀率）。在考虑到行业条件的情况下，这与短中期的行业预测是一致的。这个增速与卡文迪什过去 5 年 15% 的复合增长率相比，是相当温和的了。（为简约之故，这个案例约定了这个增长率及一些其他的行业和竞争要素，但没有提供与这些动因相关的研究和分析。）

计算：独立的公允市场价值

表 21-1～表 21-6 呈现了卡文迪什的过往业绩和行业的平均财务指标。对卡文迪什已投资本净收益所做的标准化调整，将会在下一节阐述。

表 21-1　卡文迪什利润和留存利润表，最近 5 年　（单位：万美元）

	4 年前	3 年前	2 年前	1 年前	当年
净销售额	4 290	4 930	5 670	6 520	7 520
销售成本	3 040	3 400	3 810	4 380	5 070
毛利	1 250	1 530	1 860	2 140	2 450
经营支出	560	780	1 020	1 290	1 620
净经营收益	690	750	840	850	830
杂项净收益（支出）	25	20	20	20	20
卖地所得	0	0	0	150	0
息税折旧摊销前利润	715	770	860	1 020	850
折旧支出	90	110	140	140	160
息税前利润	625	660	720	880	690
利息支出	200	210	210	210	230
税前收益	425	450	510	670	460
税款	150	160	180	235	160
净收益	275	290	330	435	300
留存利润					
留存利润——期初余额	165	390	620	850	1 120
减：红利	50	60	100	165	90
留存利润期末余额	390	620	850	1 120	1 330

表 21-2　卡文迪什利润表，最近 5 年——共同比标准

	4 年前	3 年前	2 年前	1 年前	当年
净销售额	100.0%	100.0%	100.0%	100.0%	100.0%
销售成本	70.9%	69.0%	67.2%	67.2%	67.4%

(续)

	4 年前	3 年前	2 年前	1 年前	当年
毛利	29.1%	31.0%	32.8%	32.8%	32.6%
经营支出	13.1%	15.8%	18.0%	19.8%	21.5%
净经营收益	16.1%	15.2%	14.8%	13.0%	11.0%
杂项净收益（支出）	0.6%	0.4%	0.4%	0.3%	0.3%
卖地所得	0.0%	0.0%	0.0%	2.3%	0.0%
息税折旧摊销前利润	16.7%	15.6%	15.2%	15.6%	11.3%
折旧支出	2.1%	2.2%	2.5%	2.1%	2.1%
息税前利润	14.6%	13.4%	12.7%	13.5%	9.2%
利息支出	4.7%	4.3%	3.7%	3.2%	3.1%
税前收益	9.9%	9.1%	9.0%	10.3%	6.1%
税款	3.5%	3.2%	3.2%	3.6%	2.1%
净利润	6.4%	5.9%	5.8%	6.7%	4.0%

表 21-3　卡文迪什资产负债表，最近 5 年　（单位：万美元）

	4 年前	3 年前	2 年前	1 年前	当年
资产					
流动资产					
现金及现金等价物	225	250	285	210	165
应收账款	1 240	1 310	1 390	1 495	1 630
存货	320	340	470	600	765
总流动资产	1 785	1 900	2 145	2 305	2 560
固定资产（净值）	1 060	1 315	1 375	1 460	1 660
其他资产	150	140	140	170	140
总资产	2 995	3 355	3 660	3 935	4 360
负债					
流动负债					
应付账款	780	750	815	850	910
应计费用	360	320	340	320	320
长期负债中的到期部分	450	475	480	520	560
总流动负债	1 590	1 545	1 635	1 690	1 790
长期负债	845	1 020	1 005	955	1 070
总负债	2 435	2 565	2 640	2 645	2 860
所有者权益					
普通股	170	170	170	170	170
留存利润	390	620	850	1 120	1 330
股东权益	560	790	1 020	1 290	1 500
总负债和权益	2 995	3 355	3 660	3 935	4 360

表 21-4　卡文迪什资产负债表，最近 5 年——共同比标准

	4 年前	3 年前	2 年前	1 年前	当年
资产					
流动资产					
现金及现金等价物	7.5%	7.5%	7.8%	5.3%	3.8%
应收账款	41.4%	39.0%	38.0%	38.0%	37.4%
存货	10.7%	10.1%	12.8%	15.2%	17.5%
总流动资产	59.6%	56.6%	58.6%	58.6%	58.7%
固定资产（净值）	35.4%	39.2%	37.6%	37.1%	38.1%
其他资产	5.0%	4.2%	3.8%	4.3%	3.2%
总资产	100.0%	100.0%	100.0%	100.0%	100.0%
负债					
流动负债					
应付账款	26.0%	22.4%	22.3%	21.6%	20.9%
应计费用	12.0%	9.5%	9.3%	8.1%	7.3%
长期负债中的到期部分	15.0%	14.2%	13.1%	13.2%	12.8%
总流动负债	53.1%	46.1%	44.7%	42.9%	41.1%
长期负债	28.2%	30.4%	27.5%	24.3%	24.5%
总负债	81.3%	76.5%	72.1%	67.2%	65.6%
所有者权益					
普通股	5.7%	5.1%	4.6%	4.3%	3.9%
留存利润	13.0%	18.5%	23.2%	28.5%	30.5%
股东权益	18.7%	23.5%	27.9%	32.8%	34.4%
总负债和权益	100.0%	100.0%	100.0%	100.0%	100.0%

表 21-5　卡文迪什现金流量表，最近 4 年　　（单位：万美元）

	3 年前	2 年前	1 年前	当年
经营活动现金流				
净利润（损失）	290	330	435	300
利润中包含的非现金形式的费用、收入、利得和损失				
折旧和摊销	110	140	140	160
土地销售收入	0	0	−150	0
应收账款的下降（增长）	−70	−80	−105	−135
存货的下降（增长）	−20	−130	−130	−165
应付账款的下降（增长）	−30	65	35	60
应付费用的下降（增长）	−40	20	−20	0
经营活动带来的净现金流	240	345	205	220

(续)

	3年前	2年前	1年前	当年
投资活动带来的现金流				
固定资产购买	−365	−200	−255	−360
固定资产清理	0	0	180	0
其他资产的下降（增长）	10	0	−30	30
投资活动带来的净现金流	−355	−200	−105	−330
融资活动带来的现金流				
分红	−60	−100	−165	−90
长期负债的增长（下降）	200	−10	−10	155
融资活动带来的净现金流	140	−110	−175	65
净现金流增长（下降）	25	35	−75	−45
年初现金	225	250	285	210
年底现金	250	285	210	165

表 21-6　卡文迪什海鲜分销公司：过往财务报表的财务比率总括

	行业标准①	4年前	3年前	2年前	1年前	当年
流动比率	1.3	1.1	1.2	1.3	1.4	1.4
速动比率	0.9	0.9	1.0	1.0	1.0	1.0
销售额 / 应收账款	6.4	3.5	3.8	4.1	4.4	4.6
销货成本 / 存货	10.9	9.5	10.0	8.1	7.3	6.6
销货成本 / 应付账款	8.0	3.9	4.5	4.7	5.2	5.6
总负债 / 总资本	0.42	0.81	0.76	0.72	0.67	0.66
EBIT / 利息费用	3.9	3.1	3.1	3.4	4.2	3.0
税前收入 / 总资产	0.12	0.14	0.13	0.14	0.17	0.11
税前收入 / 总所有者权益	0.64	0.76	0.57	0.50	0.52	0.31
销售额 / 净固定资产	11.2	4.0	3.7	4.1	4.5	4.5
销售额 / 总资产	2.1	1.4	1.5	1.5	1.7	1.7
销售额 / 经营资金	17.5	22.0	13.9	11.1	10.6	9.8

① 在这个案例里，行业标准是最近一个财年5个类比上市公司的平均数。对卡文迪什业绩（相比于行业业绩）的定性评估，参见表21-14。

标准化调整问题

表 21-7 呈现的是对卡文迪什利润表所做的标准化调整，外加已投资本的税前收益，也称作息税前利润（EBIT）。

表 21-7 标准化净利润，最近 5 年——已投资本为基数

（单位：万美元）

	4 年前	3 年前	2 年前	1 年前	当年
已投资本税前利润（即，息税前利润）①	625	660	720	880	690
调整②					
高管的超额报酬	60	75	80	75	75
卖地所得	0	0	0	−150	0
调整总额	60	75	80	−75	75
调整后的已投资本税前收益（即，调整后的息税折旧摊销前利润）	685	735	800	805	765
已投资本的标准化税前利润③					800
所得税：联邦和州的税，按 27% 预估④					216
适用已投资本的标准化净利润					584

① 已投资本税前利润是减去利息支出前的利润。实际上，它就是债权和权益资金提供者的回报。
② 调整：与标准化调整相关的说明和研讨，参见这个案例的阐述部分。
③ 这个金额是一种判断性的选择，代表截至第 5 年年底卡文迪什的长期经营业绩。另外，第 5 年 765 万美元的已调整的已投资本税前利润的增加额，可以由 4% 的长期预期增长率计算得出（这能算出几乎同样的金额）。
④ 这个税率是卡文迪什的会计师事务所提供的。因为这个计算使用了已投资本模型（是税前型），所以它没有考虑利息支出的税收抵扣。另一个做法是按 40% 的利息支出金额降低所得税。

路易·伯廷的报酬。 路易·伯廷的一揽子报酬超出了市场标准。对卡文迪什人力资源所做的专家研究显示：根据过去 5 年类似规模食品分销企业公平的 CEO 薪酬市场标准计算，可以从卡文迪什 CEO 的报酬总额中，省出下述金额（单位：美元，含与工资相关的负担）。

年份（序号）	节省额
1	600 000
2	750 000
3	800 000
4	750 000
5	750 000

约翰·帕瑞索的报酬。 尽管约翰·帕瑞索表现不佳（因时常不上班之故），公司的成功还是需要这个岗位。这个薪资对于一个比较称职的市场营销副总裁是合适的。所以，不需要做任何调整。

市场调研。 在过去5年的3年中，卡文迪什在市场调研上已经花了20万～30万美元，目的是为了更好地理解公司的客户群。有些人认为这是一项非经常性开支，应该加回到标准化利润的运算中，但这些成本实际上能使公司提供更有吸引力的产品，对客户产生独特的黏性。这种调整是一种主观判断，它被视作一种经常性费用，因为公司若想保持长期竞争力，需要定期支出这种费用。

卖地所得。 在第4年，该公司以180万美元出售了土地，产生了150万美元的利得。由于这不是公司经营收益的一部分，要把它当作标准化调整项减去。

其他资产。 其他资产包括临近公司的闲置土地，以及位于圣马丁伯廷独享的度假住宅。这些资产既不带来收益，也不产生费用，所以不需要对利润表做调整。它们140万美元的市场价值可以与公司的经营价值相加，得到卡文迪什的权益总值——这将体现在表21-17。

风险和价值动因

我们将在下一节阐述一些适于卡文迪什独立公允市场价值的贴现率和资本化率推导的影响因素，参见表21-8和表21-9。

表21-8 适用于权益净利润的比率（截至估值日）

符号	成分	增幅	比率
	长期国债收益①		3.0%
+	权益风险溢价（$R_m - R_f$）②		6.0%
=	大盘股平均市场回报率		9.0%
+	规模风险溢价③		5.6%
=	调整为第十级十位数规模公司的平均市场回报率		14.6%
具体公司的风险溢价			
+	行业风险（更大、更强的竞争对手）	4.0%	
+	财务风险（沉重的负债）	4.0%	
+	管理风险（管理薄弱且无接班人规划）	3.0%	
+	客户基础（很强的忠诚度）	−1.0%	10.0%
=	权益净现金流回报率④		24.6%
+	转为净利润的回报率⑤		3.4%
=	权益净利润回报率		28.0%

(续)

符号	成分	增幅	比率
−	长期可持续增长率⑥		−4.0%
=	权益净利润资本化率		24.0%

① 参见第8章有关扩展模型比率的解读。这是美国政府20年期债券的收益率。
② 权益风险溢价是用来确认无风险的美国政府20年期债券之外,与大盘普通股相关的追加风险。
③ 规模风险溢价是用来确认与纽交所第十层级规模(最小的10%)公司相关的追加风险。
④ 这是一个可以直接适用于净现金流的回报率或贴现率,因为它的基础是投资者的回报——扣除了公司所得税。
⑤ 转换率——从直接适用于现金流的比率转为适用于净收益的比率,方法是用一个公司净收益乘上公司现金流的合理比率。
⑥ 在这个案例里,长期可持续增长率是假设的。

注:这个推导出的比率,对这个案例的估值分配是合理的。这个表旨在展示这个比率的推导过程,而且所示的数值仅仅是为了例解的目的。对于适用于某一特定估值的这种比率,必须考虑到相关风险、经济和行业因素、有效期、被估的权益规模,以及估值用途。

表 21-9 加权平均资本成本和资本化率:适用于已投资本净收益

适用的比率			
适用于净收益的回报率(表21-8)①			28.0%
负债成本			6.0%
税收等级			27.0%
资本结构(市场价值)②			
负债			39.4%
权益			60.6%
计算:WACC和资本化率的转换			

计算	净率	比率	WACC 贡献率
负债——借款利率(1−t)③	4.8%	44.6%	1.73%
权益回报率	28.0%	55.4%	16.97%
已投资本净收益的 WACC 回报率			19.00%
减:长期可持续增长率④			−4.00%
已投资本净收益的资本化率⑤			15.00%

① 适用于表21-8的净收益的回报率是28%的权益净利润回报率。表21-8展现了24%的权益资本化率的计算,但它没有加入WACC的计算。
② 权益负债结构是以市场价值的形式提供的。这个结构的推导公式(在第9章阐述过)如下:
$E_{fmv} = (NCF_{IC} - D(C_D - g)) / (C_E - g)$,即 25 037 = [6 074−16 300×(4.4%−4%)] / (28%−4%)。
已投资本总额:20 257+16 300=36 557美元或55.4%+44.6%=100%。6 074美元的已投资本净现金流(NCF_{IC})推导自表21-10,16 300美元(=10 700美元+5 600美元)来自表21-3的资产负债表(当年)。
在这个计算中,回报是已投资本的净收益,不是已投资本净现金流。为了调整这个差异,C_E从24.6%的净现金流回报率(推导于表21-8)调整到该表的28%的净利润回报率。

③ 6% 的借款利率降到了 4.8% 的负债资金成本，因为负债的净成本按 27% 的利息支出税收抵扣减少。

④ 长期可持续增长率是在本案例的陈述中确定的。在贴现率里减去这个增长率，我们得到了资本化率。

⑤ WACC 的资本化率适用于已投资本的可用净收益，也就是，适用于基于收益的权益负债回报。如果卡文迪什没有负债的话，这个金额应该等于权益净收益。然后，为了得到权益价值，要从卡文迪什的已投资本价值里，减去有息负债。

经济条件

经济和就业增长已经减缓，但仍然处在健康状态。

行业和竞争考量

行业的市场份额被大型分销商掌控，其中有些是专事海鲜产品的，它们在购买和营销上都享有经济规模，并能从垂直产业链的优势上获益。体量单薄的分销商面临更高的经营成本，但可以通过专注于细分市场而进行有效的竞争。

财务状况和资金通道

该公司背负不小的债务，不仅某些拓展计划缺乏资金，而且，技术升级也面临资金不足的问题。

管理

正在接近规定退休年龄的路易·伯廷，是卡文迪什仅有的能提供高级管理服务的雇员。不仅营销管理缺乏，而且，总体而言，高层管理也显单薄。

客户群

卡文迪什拥有一个高忠诚度的客户群。

单期资本化法计算：独立的公允市场价值

利用经过标准化的 584 万美元的已投资本净收益（计算于表 21-10）以及在表 21-9 推导出的加权平均资本成本和 15% 的资本化率，计算出 100% 的卡文迪什权益（基于控股）的独立公允市场价值是 2 420 万美元，而已投资本总额为 4 050 万美元。这个计算采用了单期资本化法，因为卡文迪什在过去 5 年的回报足够稳定，利用一个时期的回报就可以推导出一个可信的公司业绩的评估值。选择 4% 的长期增长率也支持这种方法的运用（这个增长率看起来适合于卡文迪什所处的既定经济、行业和公司条件）。

表 21-10　单期资本化法：从已投资本基准转为权益基准　（金额单位：万美元）

	拟算价值
标准化的过往已投资本净收益（表 21-7）	584
用长期可持续增长率（4%）乘上过往净收益	×1.04
标准化的已投资本净收益预测值	607.4
已投资本净收益的 WACC 的资本化率（表 20-9）	15.00%
已投资本拟算价值（取整数）	4 050
减：带息负债	1 630
独立的权益公允市场价值	2 420

对于常常用于并购估值的已投资本模型，在使用时，它的负债权益权重都调整到市场价值，而非账面价值。虽然净现金流一般更受青睐，但在这个例子里，我们选择了净收益而非净现金流作为回报指标，目的是为了展示它的用法。

这个回报率是源自从净现金流调整而来的净收益，为的是避免在比率和回报错配时，出现价值扭曲。

4 050 万美元的已投资本价值（来自表 21-10），分别除以本年度标准化的息税前利润和息税折旧摊销前利润，得到隐含的息税前利润倍数和息税折旧摊销前利润倍数（见表 21-11）。

表 21-11　独立的公允市场价值：调整过的 EBIT 和 EBITDA 的隐含倍数

	本年度	隐含的 EBIT 倍数	隐含的 EBITDA 倍数
本年度标准化的 EBIT（表 21-7）	7 650 美元	5.29	
本年度标准化的 EBITDA	9 250 美元		4.38

计算：类比上市公司的独立公允市场价值

类比上市公司法采用本年度三个标准化的已投资本回报和经营倍数，推导出了卡文迪什 100% 已投资本和权益的独立公允市场价值。之所以采用类比上市公司法，是因为通过调研在食品分销行业找到了足够数量的与卡文迪什足够类似的上市公司，并可以根据公开市场上的这些可选择投资以及为它们支付的价格，确定卡文迪什的价值。在第 10 章，我们利用一个案例阐述了这种方法的运用。

类比上市公司法采用了负债权益回报，包括息税前利润、息税折旧摊销前利润和收入的已投资本模型。与这些回报相比较的是已投资本市场价值（MVIC）而非每股股票价值，因为这些回报是负债权益回报。基于类比公司的研究分析，再考虑它们的业绩和战略优劣势，以及行业环境和趋势，外加各种经营绩效指标的基础上，把它们与卡文迪什进行比较。对于每个类比公司，都要计算下述比率，包括它们的均值和中位值：

- 已投资本市场价值/息税前利润。
- 已投资本市场价值/息税折旧摊销前利润。
- 已投资本市场价值/收入。

为了启动类比公司的寻找工作，我们首先挑选了下述选择标准。

类比上市公司

行业——SIC5146：海鲜分销商

规模——年销售额在750万～75 000万美元之间（在卡文迪什规模的10倍之内）

类别——少数股东权益交易

状况——有赢利能力的公司，有偿付能力且负债合理，公司权益享有自由和活跃的交易

增长——其最近过往的增长率和预测增长率基本类似的公司

注册地——美国公司

选择的类比公司：⊖

- Astakia Shellfish公司，龙虾、蟹和其他介壳水生物的最大分销商，服务北美地区。
- Cape Cod Food公司，海鲜、土豆、苹果和蔓越莓产品的分销商，服务东北和中大西洋各州。
- Le Poisson Distributor公司，加拿大的海鲜分销商，服务范围在东部和中部加拿大地区，外加美国的东北和中大西洋各州。
- Newport Fish公司，海鲜产品的分销商和零售商，服务范围贯穿美国西部和加拿大西部，最近拓展到了远东。
- Psaria Distributors公司，海鲜分销商，经营区域贯穿南北美洲和欧洲。

⊖ 这些都是虚构的公司。如在第10章所见，多数上市的食品分销公司都要比卡文迪什大得多，而在实践中，多半是把前者价值当作后者价值的一种校验。这个案例是用来解读类比上市公司法的使用方式，即，如果类比上市公司被当作一个价值形态使用，可以运用类比上市公司法。

从可获取信息的公开渠道，采集到这 5 家上市类比公司的丰富信息，包括它们的年度报告、美国证监会的 10-K 表，以及各种证券报表的服务信息和行业分析报告。对每家公司的经营业绩、财务头寸和现金流都进行了分析，而且根据宏观经济和行业背景，研究了它们的战略优势和劣势。基于上述这类数据，表 21-12 概述了每家公司经营业绩的信息。

表 21-12 类比公司的每股收入和每股经营业绩 （单位：美元）

公司	最近财年	最近财年收入	每股已投资本市场价值	每股息税前利润	每股息税折旧摊销前利润	每股收入
Astakia Shellfish	第 5 年 12 月 31 日	144 496 000	19.85	1.12	1.32	15.27
Cape Cod Foods	第 5 年 9 月 30 日	66 851 000	5.32	1.62	2.83	17.73
Le Poisson	第 5 年 6 月 30 日	397 165 000	61.05	9.63	11.70	88.48
Newport Fish	第 5 年 6 月 30 日	361 822 000	13.69	1.58	1.93	11.80
Psaria Distributors	第 5 年 12 月 31 日	462 501 000	28.03	4.92	5.73	63.70

根据表 21-12 所列示的数据，计算出把已投资本市场价值与息税前利润、息税折旧摊销前利润和每股收入相比较的经营倍数，并呈现于表 21-13，外加每种经营指标的倍数均值和中位值。这些倍数反映了投资者对这个行业的这 5 家公司价值的一致看法，并依据这些可替代的投资选择，为挑选适合于卡文迪什的倍数提供了一个衡量基准。

表 21-13 类比公司的每股经营倍数

公司	已投资本市场价值 / 息税前利润	已投资本市场价值 / 息税折旧摊销前利润	已投资本市场价值 / 收入
Astakia Shellfish	17.72	15.04	1.30
Cape Cod Foods	3.28	1.88	0.30
Le Poisson	6.34	5.22	0.69
Newport Fish	8.66	7.09	1.16
Psaria Distributors	5.70	4.89	0.44
均值	8.34	6.82	0.78
中位值	6.34	5.22	0.69

卡文迪什的战略地位与经营业绩也要与这些类比公司进行比较，当然，还要考虑前面论述过的各种风险因素，包括卡文迪什有限的管理、沉重的负债、较强的客户忠诚度，以及更大和更强的竞争对手。卡文迪什与类比公司在具体财务指标上的比较呈现于表 21-14。

表 21-14 卡文迪什与类比公司的比较

	论述	相比于类比公司
规模	5 家类比公司的收入中位值 5 倍于卡文迪什。卡文迪什的规模要小于 5 家类比公司中的 4 家	弱小
流动性	卡文迪什的流动比率和速动比率仅仅高于表 21-6 所示的行业均值。在上一年,卡文迪什的现金头寸下降,流动负债上升	稍弱
资产管理	就公司总资产、应收账款、存货和固定资产与公司销售额之比而言,相比于这几家类比上市公司,卡文迪什的相关比值要高出很多。这反映了在所有这些资产的运用中,卡文迪什的效率很差,直接减少了资金提供者可得的现金流	相当的弱
财务杠杆	在过去 5 年,虽然作为总资产的百分比在稳步下降,但卡文迪什的负债额要高于 5 家类比公司中的 4 家	弱
赢利能力	卡文迪什较高的利润率弥补了一些公司资产利用效率上的弱点,创造了与类比公司类似的利润	平手
增长	在过去 5 年,卡文迪什 15% 的复合增长率低于 5 家类比公司中的 3 家,但它的预测长期增长率类似于类比公司和行业的增幅	平手

基于卡文迪什与类比上市公司的这个比较,表 21-15 列示了为卡文迪什所选的价值倍数——它们是在比较了这些类比公司,并考虑过卡文迪什的业绩和内含风险之后,作为适合于卡文迪什的倍数而定的。

表 21-15 卡文迪什已投资本价值的计算——基于类比上市公司法 (金额单位:万美元)

程序	本年度的标准化经营业绩	×	价值倍数	=	评估的已投资本价值
MVIC/EBIT	765	×	5.25	=	4 016.3
MVIC/EBITDA	925	×	4.25	=	3 931.3
MVIC/Revenue	7 520	×	0.50	=	3 760.0

类比公司法的权益价值评估

从前面确定的已投资本价值中减去该公司长期负债的市场价值(见表 21-16),得到该公司的权益价值(以市场法,取整数为 2 300 万美元)。

表 21-16 卡文迪什权益价值的计算——基于类比上市公司法 (单位:万美元)

程序	评估的已投资本价值	−	长期负债的市场价值	=	评估的权益价值
MVIC/EBIT	4 016.3	−	1 630	=	2 386.3
MVIC/EBITDA	3 931.3	−	1 630	=	2 301.3
MVIC/Revenue	3 760.0	−	1 630	=	2 130.0
结论性价值					2 300.0

并购法计算独立的公允市场价值

在寻找市场数据的过程中,我们找到了一个用于比较目的的战略收购案例。这个并购交易发生于本年度的 1 季度,Barber 公司购买了 Scituate Poultry & Beef 公司(美国最大的肉类分销商,在纳斯达克挂牌)。

在那次交易中,相比于 Scituate 收购前的股票价格而言,Barber 公司支付了 72% 的溢价。这次交易(以 Barber 公司的股票支付)反映的是 9 倍于 Scituate 的预期 EBITDA 的倍数。在过去 10 年间,Barber 公司进行了多次这类食品分销商的并购活动——实际上这是食品分销行业整合的长期趋势的一部分。对这项交易和 Barber 所做的其他交易的进一步分析,我们得出这样一个结论:这项交易所付的价格及其相关倍数,反映了这项交易对 Barber 具有的独特的协同效益,但无法作为确定卡文迪什公允市场价值的基础。一般而言,基于一个单一交易结果,建立"市场"的企图是不恰当的。充其量,这种单一交易结果只能作为一个价值验证案例(如第 13 章所述)。从流程而言,表 21-12～表 21-16 所呈的多数内容适用于并购法。在第 10 章,我们论述了这两种方法应用的差异(例如,在应用并购法时,需要处理交易结构的差异,但在运用上市公司类比法时,就没有这个环节)。

放弃调整面值法

为了从该公司所拥有资产价值角度,考虑卡文迪什独立的公允市场价值,需要进行一次调整面值的计算。因为这种方法假设价值是产生于该公司具体有形和无形资产的假定销售额,所以,它无法确认存在于该公司下述无形要素的一般无形价值:技术、客户群、声誉和其他一般商誉要素。可以通过所谓的盈余利润法计算一般商誉价值,但这一般不适用于并购目的的估值。这种方法通常适用于资本密集型企业的估值或适用于一些专业的业务,所以不能用来评估卡文迪什。

独立公允市场价值的概述和结论

在表 21-17,我们概述了一个估值过程的相关结果,即用于计算卡文迪什权益公允市场价值的估值过程结果。在采用了第 13 章阐述的各种调节方法后,所确定的权益公允市场价值是 2 350 万美元——包括了卡文迪什的非经营性资产。

表 21-17 拟算独立价值的调节和适于卡文迪什公允市场价值最后结论的贴现率/溢价率的应用

（金额单位：美元）

估值方法	被估值的权益	表示方法（调整之前）		根据控股和变现性程度进行的差异调整		已经调整的		权重	加权成分值
		价值	基准	控股权①	可变现性②	价值	基准		
已投资本净收益资本化法	100%	24 200 000	假设能够自由交易	0%	7%	22 506 000	控股权可变现性	60%	13 503 600
类比上市公司法	100%	23 000 000	假设能够自由交易	0%	7%	21 390 000	控股权可变现性	40%	8 556 000
100% 所持权益的公允市场价值（基于经营控制权和可变现性）									22 100 000
加：非经营性资产									1 400 000
100% 所持权益的公允市场价值（基于控股权和可变现性）									23 500 000
除以发行在外的股份数量									1 000 000
100% 所持权益的每股公允市场价值（基于控股权和可变现性）									23.50

① 这里不会考虑使用控股权溢价，因为已经对卡文迪什的现金流做过了基于控股权的调整。

② 缺乏变现能力的 7% 的贴现率反映的是一个调整项：在类似公司所处的行业和市场中，对出售卡文迪什的预期时间所做的调整。不过，有一个重要的关注点：有一个思想流派较为盛行，在估值 100% 的权益时，不应该施用缺乏变现能力的贴现率（DLOM）。

计算投资价值

计算投资价值会使用多期贴现法，并确认这次收购能够取得的协同效益。

风险和价值动因

要想推导出欧姆尼在估值卡文迪什中使用的权益贴现率和加权平均资本成本，需要对表 21-8 和表 21-9 为卡文迪什所推导的比率做相应的调整（列示于表 21-18）。欧姆尼是一家中等规模的上市公司，所以，欧姆尼的规模调整幅度要大大低于卡文迪什。此外，作为欧姆尼的一家分支机构来运营，卡文迪什多数的具体公司风险因素都可能得以消除。在推导欧姆尼的具体公司风险溢价的过程中，欧姆尼的规模和市场优势抵消了，因比卡文迪什大得多的竞争对手所带来的追加风险。不过，因为欧姆尼不具备足量的卡文迪什所处市场的经验或专业知识，所以对其追加了一个 1.0% 的风险溢价，反映它踏入一个其不太有底的市场的内含风险。欧姆尼的财务实力会减缓卡文迪什（作为一个独立经营实体）所具有的财务和管理风险。

表 21-18　适用于权益净现金流的回报率（贴现率）——（截至估值日）

符号	成分	增幅	比率
	长期国债收益①		3.0%
+	权益风险溢价 $(R_m - R_f)$②		6.0%
=	平均市场回报率（大盘股）		9.0%
+	规模风险溢价③		1.0%
=	平均市场回报率调整（中盘股）		10.0%
具体公司的风险溢价调整④			
+	行业风险	2.0%	
+	财务风险	1.5%	
+	管理风险	0.0%	
+	税务不确定性风险⑤	1.5%	
+	客户基础（销售额潜力）	−0.5%	4.5%
=	权益净现金流回报率⑥		14.5%

① 参见第 8 章有关扩展模型比率的解读。这是美国政府 20 年期债券的收益率。
② 权益风险溢价是用来确认无风险的美国政府 20 年期债券之外，与大盘普通股相关的追加风险。
③ 经验证据显示欧姆尼的规模仍然应该追加一个近 1.0% 的规模风险溢价。
④ 由于欧姆尼缺乏这个市场上的经验或专业知识，所以，提升了它的总体风险水平。欧姆尼收购卡文迪什的部分协同效益在于下述风险动因要么被抵消了，要么被削减了：单薄的管理和卡文迪什合并前沉重的负债。欧姆尼确信：卡文迪什客户群尚未发掘的销售潜力降低了风险。
⑤ 鉴于最近税法的变化，联邦法定公司税率从 35% 下降到 21%。欧姆尼反映了在这项分析中的这一新的 21% 税率（加上适用的州税），以便确定发行价格。它还确定它应该添加一个 1.5% 溢价，以反映这种较低税率是否可永远持续的不确定性、在其分析里用于确定输入因子的市场数据都是出自一个更高税收制度的事实，以及较低税率会如何影响并购活动及相关交易价格的不确定性。
⑥ 这是一个可以直接适用于净现金流的回报率或贴现率，因为它的基础是投资者回报（扣除了公司所得税）。

虽然还存在着某种质疑——卡文迪什作为一家集团下属的分支机构运作时，它的那种较强的客户忠诚度是否还可以维持——但这个客户群大量尚未开发的销售潜力吸引着欧姆尼的管理层。过去，卡文迪什缺乏相关的专业知识和资源，无法发掘出这些销售潜能，但欧姆尼却把这视作一项很大的协同效益，可以降低这次收购的风险。

14.5% 的权益贴现率（来自表 21-18）结合欧姆尼较低的 5% 的负债成本（基于表 20-19 所示的欧姆尼的负债权益市场价值），可以得到 12% 的 WACC 贴现率和 8% 的 WACC 资本化率。

有一点应该很明显：若把欧姆尼 12% 的 WACC 贴现率（来自表 21-19）与卡文迪什所携 19% 的 WACC 贴现率（来自表 21-9）进行比较，可以看出：与卡文迪什作为一家独立运营的公司相比，当被置于欧姆尼的规模和管理平台之中时，它的风险要小很多。因此，对欧姆尼而言，在卡文迪什投资价值高出其独立公允市场价值的促进要素中，首先是风险降低这个要素。

表 21-19 加权平均资本成本和资本化率：适用于已投资本净现金流

适用的比率			
适用于预测净现金流的回报率（表 21-18）[①]			14.5%
负债成本（欧姆尼）			5.0%
税收等级			27.0%
资本结构（基于欧姆尼的市场价值）[②]			
负债			20.0%
权益			80.0%
WACC 的计算及其资本化率的转换			
成分	净率	比率[③]	WACC 贡献率
负债——借款利率（1−t）[④]	3.7%	20%	0.73%
权益	14.5%	80%	11.60%
已投资本净现金流的 WACC 贴现率（整数）			12.00%
减：长期可持续增幅[⑤]			−4.00%
已投资本净现金流的资本化率[⑥]			8.00%

[①] 适用于预测净现金流的贴现率来自表 21-18。
[②] 欧姆尼的权益负债结构推导自欧姆尼的负债权益市场价值。
[③] 这个比率是负债权益的分拆比率（见注释②）。
[④] 欧姆尼的借款成本是在优惠利率之上加 50 个基点。它的负债成本的算法是：5%（1−27%）=3.7%。
[⑤] 长期可持续的增长率是在本案例的陈述中确定的。
[⑥] WACC 的资本化率适用于已投资本的净现金流，也就是说，净现金流包括了权益负债的回报。

标准化、协同效益和净现金流调整的问题

表 21-20 列示了欧姆尼收购卡文迪什所预测的已投资本净现金流的标准化调整和计算。

表 21-20 卡文迪什的投资价值——基于已投资本 （金额单位：万美元）

行项	第 1 年[①]	第 2 年	第 3 年	第 4 年	终年
以 4% 的年率增长的标准化的 765 万美元已投资本税前收益（表 21-7）——基于独立企业的预测	7 956	8 274	8 605	8 949	9 307
协同效益					
薪资	750	750	750	750	750
董事酬金	40	40	40	40	40
遣散费	−800	−800	0	0	0

(续)

行项	第1年①	第2年	第3年	第4年	终年
交易费用	-1 800	0	0	0	0
收入增加额	0	1 000	1 000	1 000	400
销售费用的节省	0	300	500	700	300
经营支出的削减	200	400	400	400	100
协同效益调整总额	-1 610	1 690	2 690	2 890	1 590
调整过的已投资本税前收益	6 346	9 964	11 295	11 839	10 897
税（27%的联邦和州税率）	-1 713	-2 690	-3 050	-3 197	-2 942
标准化的已投资本净收益	4 633	7 274	8 246	8 643	7 955
适用于已投资本净现金流的调整					
折旧	1 800	2 400	2 000	2 000	2 000
资本支出	-6 500	-4 500	-4 000	-4 000	-2 080
经营资金的变化	-100	-500	-550	-600	-624
已投资本的净现金流	-167	4 674	5 696	6 043	7 251
适用于终值的8%的资本化率（12%的贴现率减去4%的长期可持续的增长率）					8.0%
终年已投资本净现金流的资本化价值					90 639
适用于年中转换的11%的贴现因子（终年的年底）	0.944 9	0.843 7	0.753 3	0.672 6	0.635 5
预测年价值和资本化终值的现值	-158	3 943	4 290	4 064	57 601
已投资本的投资价值（累计现值，取整数）					69 700
减：带息负债的市场价值					-16 300
权益的投资价值					53 400
减：卡文迪什合并前经营权益价值的市场价值（表21-17）					-22 100
卡文迪什合并后经营权益价值的隐含增加值（最大化的投资价值）					31 300

① 这个案例的估值日是本年度的12月31日。这个例子呈现的是一个4年期投资价值收益预测。因此，第一个预测期的4年是第1年至第4年。

路易·伯廷的报酬。 经过评估，伯廷75万美元的年薪高于市场标准报酬，需要做相应的调整（就像该公司作为独立实体估值时所做的调整一样）。欧姆尼的结论是：卡文迪什的管理过于单薄，其CEO这个岗位需要定市场水平的报酬。欧姆尼还认为：如果可能的话，伯廷应该留下来——除了利用他的专业知识之外，在公司的转轨过程中，还需要他的襄助。在构建这个交易时，有一种观点认为：应该继续支付伯廷高于市场标准的报酬，因为这种支出可以使买家享受税费抵扣，而且，对于卖家，这种报酬只是在个人层面缴纳一次税款。虽然这个收购价格可以按照这个报酬的超额金额予以减少，但就这种款项安排的合法性，相关方应该咨询税务和法务顾问。

约翰·帕瑞索的报酬。 帕瑞索的报酬不需要做任何调整。在这次收购之后，预计他不会继续待在公司，但用一个合适的人取代他，需要支付相同的薪酬。

其他资产。有几项东西是欧姆尼不想购买的，所以没有必要对它们的回报进行调整。也正因如此，它们不被视作公司经营价值的一部分，但在计算公司已投资本和权益的企业价值总额时，可以把它们加进来。

董事薪酬。在公司一旦出售后，卡文迪什年度发生的、与董事会相关的4万美元的管理费用，就会立刻取消。

遣散费。欧姆尼管理层预计，在收购之后，为了解雇员工，在头两年的每一年，都会发生80万美元的遣散费。

交易费。欧姆尼管理层预计，与收购卡文迪什相关的法务、税务和中介费用，总额将会达到180万美元。这个金额会在收购期间发生。

收入增加额。在第6年，除了多元化的分销系统之外，卡文迪什会利用欧姆尼将要拓展进季节海鲜的在线商城，使自己第一年的收入增幅高于收购前预测的已投资本税前收益4%的年增长（列示于表21-20的第一行），在第2年至第4年，每年会增加100万美元的收益，此后，每年增加40万美元。卡文迪什之后的增幅应该接近行业平均的增长率：4%。

销售费用的节省。一旦资本支出的改进在第1年得以实施，那么，销售费用预期会下降（正如表21-20预测的那样）。再强调一次，在现实的估值中，这些预测的变化应该有大量的详尽信息和分析做支撑。

经营支出的改善。欧姆尼将使用更先进的车载冷藏——采用冷却板技术（原来使用机械吹风系统），因此会节省能源费用。此外，行业的标准是人均创收50万美元，欧姆尼的经营水平比行业标准稍高一些。卡文迪什的员工人数是155人，收入是7 500万美元，它的经营效率是每个员工平均创收48.4万美元。照此，欧姆尼打算至少削减5个卡文迪什的员工。结合在一起，这些变化会为卡文迪什减少经营费用，在第1年至少是20万美元，在第2年至第4年为40万美元，此后是10万美元。

折旧费用。折旧应该按照过往的趋势增加，以便反映收购后最初几年所做的资本支出。

资本支出。欧姆尼采用了最新技术，具有剩余产能，可以部分地用来满足卡文迪什的最初需求。由于路易·伯廷要求，作为交易的一部分，生产仍会保留在公司目前的位置。大额的资本支出会发生在第1年和第2年，以便把卡文迪什的设施升级到当期的水平。

经营资金。正如表21-20所预测的那样，卡文迪什的预期经营资金会增加，以与欧姆尼当期的经营状况一致。在交易日，欧姆尼的管理层并不指望，从卡文迪什所持的过多应收款和存货余额的清偿中，获得可观的现金流。对于长期的或终值计算期的经营资金，预测的长期增幅是4%。

计算对欧姆尼的投资价值：多期贴现法。采用预测的已投资本净现金流（反映了协同效益和现金流的调整项），我们计算的卡文迪什100%已投资本和权益的投资价值分别为6 970万美元和5 340万美元（见表21-20）。这明显高于表21-17中的卡文迪什的公允市场价值，这不是欧姆尼收购卡文迪什的价格，而是卡文迪什对欧姆尼的价值。

案例结论：建议考虑的问题

在研究过这个案例之后，读者应该能够对这些价值估值的可靠性进行合理的质疑。多数读者，尤其是那些具有较多企业估值经验的读者，可能会认为作者低估或高估了一个以上竞争问题的重要性。他们可能是正确的。在操作无误的情况下，这个推导方法的结果是准确的，但不精确。

就购买或出售卡文迪什一事，如果任何读者确信自己可以基于所呈信息，做好了谈判的准备，那么我们建议他们考虑考虑下述问题：

- 面对海鲜分销行业的趋势，你对自己的理解有自信吗？
- 当你巡视卡文迪什的基础设施时，你的印象如何？
- 卡文迪什员工的能力和士气，给你留下了什么印象？
- 对伯廷的能力、动机和未来规划，你有多大的信心？
- 对于你所知的卡文迪什的"忠诚客户群"，你有多大的自信？
- 卡文迪什其他无形资产的名称和价值是什么？
- 对于所呈的每项协同效益的精确度、实现的概率和评估的时机，你有多大自信？
- 让你作为卖家想想，对于欧姆尼的意图，你在多大程度上是接受的，对它实现预测协同效益的能力，你有多大信心？
- 你如何评估两家公司融合的有效程度？
- 基于这个案例的事实和环境，把这项交易构建成资产出售（而非权益出售）的利弊如何？把这项交易的支付方式定位为现金支付（相对于股票支付）的利弊如何？

这些问题不仅仅只是充满着恼人的细节，它们都是在估值过程中必须予以精确量化的关键定性变量，从而能为我们带来经得起推敲的价值形态，为一项扎实的收购或出售决策提供基础。这都是些使企业估值变得复杂的问题。但为了取得交易的成功，这些问题必须以相当的准确性予以量化，对卖家如此，对买家更是如此。当然，估值要求合适的方法及其正确的运用。无论如何，这些定性的问题最终必须引起关注、予以分析和量化。除非你确信自己能为这些问题提供有根有据的答案，否则你不可能对自己的估值充满自信。

一旦买家和卖家懂得了公司的价值，那么整个并购估值流程的最后一个步骤，就是对并购对象的价格做出决策。也就是说，买家必须决定他将愿意为目标公司报一个怎样的价格和条件，以便实现自己在战略目标和投资目标上所需的回报。这项收购可能是买家正在考虑的几项收购之一。它的风险水平、它与买家整体战略规划的切入度，可能不同于其他选择。当然，买家的选择可能还包括在这个时点上拒绝做任何收购。此外，这个买家也可能做出这样的决策：为购买目标公司支付远高于公允市场价值的价格——买家确信这种行为是理智的，原因也许是把这种并购作为防止竞争者进入这个市场的一个防御手段，或为获得市场份额，或为取得一项技术或一个客户关系。这些考量强调了这样一种概念内涵：价格是一种选择，而价值则是一种财务决定。

这个买家还必须决定，他愿意接受怎样的价格和条件，以便实现投资这家公司的财务和非财务目标。就如我们在本书所强调的，对非上市公司老板而言，这种出售决策尤其复杂，财务选择仅仅是众多需要考量的因素之一。

VALUATION FOR
M&A
第 22 章

并购估值案例：专业服务公司

在第 21 章中，我们通过卡文迪什海鲜分销公司（一家虚构的实体店）估值的案例研究方式，将全书所讨论的理论和分析付诸实践。本章将会介绍一个综合案例，用以解说本书适用于经济中一个日益增长板块（专业服务公司）的相关概念。

特性

专业服务公司（professional services firms，PSF）的核心是提供无形的服务，而不是有形的终端产品。因此，它们的专业人员向其客户提供他们的知识和时间，因此，这也是这些公司最重要的资产。这类专业公司的类型有：会计类[一]、精算类、广告类、评估类、建筑类[二]、经纪类、牙科诊所[三]、就业安置类、工程类、投资银行类、IT 顾问类、律师事务所[四]、管理咨询类、医疗业务类[五]、公共关系类、研究类、交易咨询类和财富管理类。

[一] 参阅 Robert F. Reilly and Robert P. Schweihs, *Valuing Accounting Practices* (New York: Wiley, 1997)。

[二] 参阅 BVR, *What It's Worth: Architecture and Engineering Firm Value* (Portland, OR: Business Valuation Resources, LLC, 2015)。

[三] 参阅 Stanley L. Pollock, *BVR's Guide to Valuing Dental Practices* (Portland, OR: Business Valuation Resources, LLC, 2011)。

[四] 参阅 BVR, *What It's Worth: Law Firm Value* (Portland, OR: Business Valuation Resources, LLC, 2017)。

[五] 参阅 Robert James Cimasi, *Healthcare Valuation: The Four Pillars of Healthcare Value* (Hoboken, NJ: Wiley, 2014)。

专业服务公司有以下特点：

- 它们从基于知识的个人服务中获得收入——或是服务费，或是应急费。
- 它们的基础是产生业务关系的那些因素，如信息来源、口碑、关键人物的专业知识和/或社会媒体。
- 根据公司的规模和关键人物的重要性，公司老板可能需要在公司出售后的多年内仍需为公司服务，而且可能还要受非竞争协议约束。
- 它们的工作产品在美国免税。然而，在大多数其他国家/地区，它们需要缴纳增值税（VAT），或者有时需要缴纳商品和服务税（GST）或统一销售税（HST）——如在加拿大。
- 出售时，转让给买方的资产通常包括设备、家具和固定装置、租赁装修、办公室和资本租赁、供应品、可识别的无形资产和商誉。卖方通常保留现金和应收账款，并偿还债务和应付款项。
- 专业（单个/个人）商誉和企业（实践）商誉之间，有一个重要的区别。专业商誉（在第15章予以了介绍）是建立在个人的声誉、知识、经验、培训和教育之上的。企业商誉是公司不依赖个人的吸引和保持业务的声誉与能力。

在评估专业服务公司时，有许多驱动因素会对其价值产生影响。表22-1列出了几个价值驱动因素并提供了一些增值和减值的示例。在并购交易中，就较小的公司而言，有些驱动因素（如，管理团队、业务推荐和客户维系等）可能涉及专业商誉，难以衡量和转移。尽管列出的27个因素中只有3个可以归因于专业商誉，但这些因素会对专业公司的价值产生显著影响。如果这些因素较为普遍，那么在培育专业服务公司的价值过程中，就必须额外地关注如何最大限度地减少它们的影响。

表 22-1 专业服务公司的价值驱动因素

价值驱动因素	增加价值	减少价值
规模	较大的公司	较小的公司
位置	市内和/或人口增长区	乡村和/或人口衰减区
生命周期	处在增长通往成熟阶段	处在后成熟通往衰落阶段

⊖ 请记住，我们在本章中提到的价值都是与并购估值有关的。与股东购买和赎回有关的股东协议中提及的公允市场价值或公允价值通常较低，并可能包括了由于缺乏变现性和/或控制性而产生的折扣。

(续)

价值驱动因素	增加价值	减少价值
源自经济周期的影响	无论经济条件如何都需要的会计师和审计师事务所	受经济下行负面影响的并购顾问公司或公共关系公司
所服务的行业	所服务行业的多样性	客户集中于受经济周期影响的1～2个行业
提供的服务	专业知识（例如复杂的税务服务、诉讼律师服务、专家证人服务、管理咨询）	基于有使用价值的事物（例如个人税务准备、起草遗嘱、409A估值）
存活期	经营超过十年期	经营期在五年内
过往增长	成熟的业绩记录	零星或下降的增长
增长潜力	高且稳，服务于一个处在人口增长的行业	低或下行
经营	具营利性和扩展性、高实现性、成熟流程，最佳实践和验证过的质控流程	严重依赖经验丰富的专业人员的时间，办公流程紊乱
管理团队	几位高管兼具技术和业务开发能力	一两个人身兼数职；老的管理团队与较差的梯队计划；关键人员工作时间长；随意的业务风格
企业主的工作习惯	工作时间很少，代理人做事	工作时间很长
雇员情况	专心且流失率低，专业扎实的高级团队	流失率大，头重或脚重
劳动力供给	足够多的合格专业人士	市场上的专业人士很少
人员深度	经验板凳深	依赖重要业务部门的关键人物
推介资源	关系分散在管理团队中的许多人之中	取决于一个或两个关键人物，通常依赖业务推介的公司（通常意味着依赖个人商誉）
新业务的来源	多元推介来源	极少推介来源
业务的经常性	客户群的"黏性"（如年度会计证明和财务报表制备、公司法、员工持股评估服务、长期公共关系客户、财富管理客户）	非经常性客户服务（如诉讼服务和设备评估等）
客户	较大的公司；实力雄厚；没有严格监管（如个人支付金额较大的医疗业务，公司业务多的会计事务所或律师事务所）	较小的公司；现金流少/赢利能力低；需要政府报销（即主要为医疗补助患者服务的医疗机构，小企业或个人客户比重大的会计或律师事务所）
客户集中度	客户多元化	一个或两个大客户，占公司收入的50%以上
客户保留	忠诚和稳定的客户群	客户流失率高
合同协议	部分或全部客户与公司有合同关系	几乎或根本没有相关合同
战略关系	有机会向推介源做业务交叉推介	无法推介业务
品牌认知	认知度高；一流的声誉；在其专业和所服务行业中名列前茅	名声不好
现金流	利润率高于行业平均水平；稳定的现金流；经常性现金流（如具有扎实审计和税务客户群的成熟会计事务所）	利润率低于行业平均水平；波动的现金流量；非经常性收入（如集中于应急诉讼案件的律师事务所）
流程	有文件化的一致性的质量控制流程	很少或没有文件化的流程；工作成果的不一致性，质量低劣的控制流程
技术资源	最先进的技术；有获取高水平信息和其他所需技术的通道	没有跟上科技进步，包括相关信息的获取

估值方法

对专业服务公司估值的过程类似于上一章中对卡文迪什海鲜分销商等传统非上市企业的估值。这里必须考虑估值的所有三种方法。在大多数情况下，由于专业服务公司的预期现金流是其价值的主要决定因素，因此，在对这些公司进行估值时，收益法是最常用的方法（见第 7 章至第 9 章）。

如果有足够数量的类比交易，如与会计师事务所或医疗和牙科诊所的相关交易，或过去曾发生过的这类公司本身所有权权益的交易，那么通常会把市场法（见第 10 章）作为确定价值的方法。否则，交易数据和经验法则⊖可能只是作为对收益法所确定价值合理性的测试方法。当采用市场法时，重点往往更多地放在营收倍数，而不是收益倍数，特别是规模较小或中型专业服务公司；它们提供的更多的是编制的财务报表，而非审计过的财务报表。很自然，潜在买家对这类专业服务公司财报上开支的质疑较多。因此，这些买家可能会根据预期的持续收入水平来确定价值，并在编制现金流预测时，采用自己的相关做法和费用结构。⊜

鉴于人力资本在这些公司中的主导地位，对专业服务公司很少用资产法（见第 11 章）来确定价值。然而，一个值得注意的例外是律师事务所，它的交易价值通常不会高于调整后的净资产账面价值。⊜在这个实例里，重要的是要注意调整后的账面价值可能涉及添加可识别的未记录在公司资产负债表上的无形资产，诸如整套的人力资源队伍、商标、累计的订单和常年的客户等。

最后可以考虑超额盈余法，它是收益法和资产法的混合体。在这种方法中，确定超额盈余的方法是：与收益法中的其他方法一样，预测相关公司标准化的年度净收益（税后或税前）。然后，为了确定这个超额盈余，从标准化的净利润中减去有形净资产合理的收益。再然后，把这些超额盈余予以资本化，以求得

⊖ 例如，对于那些拥有大量经常性客户的公司，比如会计师事务所，一般的经验法则是：它们的交易价格是其收入的 1.0 倍甚至更高；而那些经常性客户比例较低的专业服务公司，如建筑公司或广告公司，其交易价格往往低于 1.0 倍的收入，有时甚至更低。在使用这种经验法则时，重要的是要明白，在交易中，这些交易金额可能会在数年内支付，而且可能只是基于来自经常性客户的收入支付，也就是说，来自这种交易的现金等价进款要比经验法则所述的要低不少。

⊜ Patrice Radogna,"Key Value Drivers in Wealth Management Firms,"*Investments & Wealth Monitor* (November/December 2016): p. 37.

⊜ 除非它们更大、利润更高，并且具有更高百分比的经常性收入。

该公司的无形资产价值。一旦确定了公司的无形资产价值，就可以通过将有形资产的价值与无形资产的价值相加来确定整个公司的价值。与实际的并购交易相比，这种方法更倾向于在诉讼环境中使用。

在应用收益法时，这里的挑战是确定经济收益（即企业在奖金、超额补偿和额外津贴发放前产生的收益）。例如，通常不清楚哪一部分股东红利是劳动回报（即一种形式的报酬），而不是资本回报（即股东/合伙人的派利）。因此，对公司报酬结构的分析，以及对计费工时的预期和做法，是专业服务公司估值过程的重要组成部分。此外，许多专业服务公司是以现金制为标准报告财务状况。在这种情况下，经常需要做些调整，以反映资产（如应收账款、设备、装修费和预付费）、负债（如应付账款、应计负债——通常以雇员报酬和福利的形式出现）、未实现收益（通常与为半成品而支付的留置金有关）、递延所得税、所有者退休支付义务和/或未决诉讼。

案例研究简介

为了说明专业服务公司在并购方面的价值，我们介绍一家位于波士顿、名为艾比克传媒的公司——它从事商业传媒和公共关系业，年收入大约 1 500 万美元。正如第 21 章第一段所述，该案例中所呈现的元素都是虚构的，但都是基于我们对无数专业服务公司估值的经验。

艾比克传媒公司（Epikenon）由德莫斯·斯克西斯（Demos Skesis）和吉姆·福克斯（Jim Fox）于 1990 年创立，为两个不同行业（消费品和专业服务）的客户提供公共关系支持。如其名称所示，该公司的口号是"传媒，传媒，传媒"——这是希腊语"传媒"的派生词。随着公司的发展，其服务领域扩展到高科技客户。艾比克自 28 年前成立以来，已发展至 80 名员工，包括 8 名股东，年收入约 1 500 万美元。它在波士顿、奥斯汀和芝加哥设有办事处，目前为 60 个客户提供服务，其中 4 个客户占公司收入的 80%。基于与股东协议一起完成的年度估值，该公司成功收购了包括两位创始人在内的三位即将退休股东的股份——该协议涉及目前所有的 8 位股东。

该公司的计费主要是依据已经批准的预算按小时计的。总的来说，艾比克的经理和专业员工的服务时间大约都是 90% 的计费。每小时的平均收费约为 190 美元，介于 120 美元至 350 美元之间。每个员工的收入约为 19 万美元，每个专业员工的收入约为23万美元。在查看了Gould + Partners为公关代理行业完成的一项研究中的行业小时费率后,感觉艾比克公司的客户平均小时费率与研究中证实的小时混合费率基本相当。

潜在买家

总部位于旧金山的S&J传媒公司已与艾比克公司接洽有关收购整个公司的事宜。在旧金山和西雅图,S&J因在高科技领域提供公关服务而建立了良好的声誉,为大型跨国公司和迅速成长的风险投资支持的公司提供服务。S&J已经成长为一家年收入达4 000万美元的公司,但在服务行业或地理位置上还没有实现多元化。艾比克的行业多元化吸引了S&J,因为该公司不仅为高科技客户提供服务,而且,还为专业服务公司和消费品公司提供服务,并在东海岸和中西部设有办事处。

过往的财务表现

表22-2~表22-7展示了艾比克公司的过往业绩,以及表现下述因素的行业平均财务比率:⊖

- 收入已经在过去五年从1 270万美元增长到1 510万美元。
- 在过去五年中,净营业利润或息税摊销折旧前利润,从27万美元增长到81万美元,从收入的2.1%增至5.4%。
- 调整后的息税摊销折旧前利润从187万美元增长到291万美元,或从收入的14.7%提升到19.3%。
- 艾比克公司最近偿还了所有的银行债务。
- 公司的资产负债表稳定且经过精心管理。它的长期债务与先前股东的收购有关。
- 艾比克公司的资产活性和赢利率通常与行业的中位数相一致,而其流动性比率略低,但其偿付能力要好于行业水平。
- 鉴于该公司过去五年的债务水平相对较低,它的Z分值远高于2.99的上佳水平。

⊖ 与第3章的财务分析部分进行比较。

表22-2　艾比克传媒公司：收益表（最近5年）

（单位：万美元）

	4年前	3年前	2年前	1年前	当年
收入	1 270	1 200	1 360	1 410	1 510
工资	−810	−710	−830	−850	−920
其他经营支出	−433	−436	−452	−482	−509
净经营收益（EBITDA）	27	54	78	78	81
折旧支出	−17	−15	−13	−12	−19
息税前利润（EBIT）	10	39	65	66	62
利息收益	14	5.5	3	1	9
利息支出	−5.5	−4.5	−3	−3	−3
净收益	18.5	40	65	64	68

表22-3　艾比克传媒公司：收益表（最近5年）——百分比数据

	4年前	3年前	2年前	1年前	当年
收入	100.0%	100.0%	100.0%	100.0%	100.0%
工资	−63.8%	−59.2%	−61.0%	−60.3%	−60.9%
其他经营支出	−34.1%	−36.3%	−33.2%	−34.2%	−33.7%
净经营收益（EBITDA）	2.1%	4.5%	5.7%	5.5%	5.4%
折旧支出	−1.3%	−1.3%	−1.0%	−0.9%	−1.3%
息税前利润（EBIT）	0.8%	3.3%	4.8%	4.7%	4.1%
利息收益	1.1%	0.5%	0.2%	0.1%	0.6%
利息支出	−0.4%	−0.4%	−0.2%	−0.2%	−0.2%
净收益	1.5%	3.3%	4.8%	4.5%	4.5%

表22-4　艾比克传媒公司：调整过的利润（最近5年）

（金额单位：万美元）

	4年前	3年前	2年前	1年前	当年
净经营收益（EBITDA）	27	54	78	78	81
超额薪酬的调整①	160	100	200	170	210
调整过的EBITDA	187	154	278	248	291
调整过的EBITDA利润率	14.7%	12.8%	20.4%	17.6%	19.3%
折旧支出	−17	−15	−13	−12	−19
调整过的EBIT	170	139	265	236	272
利息收益	14	5.5	3	1	9
利息支出	−5.5	−4.5	−3	−3	−3
调整过的净收益	178.5	140	265	234	278

① 超额薪酬的调整是基于对在公司任职的股东薪酬与同等规模公关公司相同职位薪酬的市场数据的对比分析得出的。

表 22-5　艾比克传媒公司：资产负债表　　（单位：万美元）

	4年前	3年前	2年前	1年前	当年
资产					
流动资产					
现金和现金等价物	38	34	63	28	50
应收账款	113	120	221	178	174
在制品	140	140	127	146	120
可结算费用	70	55	118	167	152
其他流动资产	38	37	43	43	35
流动资产总额	399	386	572	562	531
净固定资产（家具和设备）	54	46	40	35	57
其他资产（应收票据、下属分支投资、寿险现金解约值）	60	50	44	48	60
总资产	513	482	656	645	648
负债					
流动负债					
应付账款	3	30	60	110	105
预提费用	43	30	52	57	77
预收收入	138	104	203	178	158
应付票据	2	58	92	30	0
长期负债中的到期部分	30	23	18	15	0
流动负债总额	216	245	425	390	340
长期负债	25	3	71	56	0
负债总额	241	248	496	446	340
权益					
实缴资本	112	113	113	115	119
留存利润	420	375	427	454	535
减：库存股票	-260	-254	-380	-370	-346
股东权益	272	234	160	199	308
负债和权益总额	513	482	656	645	648

表 22-6　艾比克传媒公司：资产负债表（最近5年）——百分比数据

	4年前	3年前	2年前	1年前	当年
资产					
流动资产					
现金和现金等价物	7.4%	7.1%	9.6%	4.3%	7.7%
应收账款	22.0%	24.9%	33.7%	27.6%	26.9%
在制品	27.3%	29.0%	19.4%	22.6%	18.5%
可结算费用	13.6%	11.4%	18.0%	25.9%	23.5%
其他流动资产	7.04%	7.7%	6.6%	6.7%	5.4%
流动资产总额	77.8%	80.1%	87.2%	87.1%	81.9%
净固定资产（家具和设备）	10.5%	9.5%	6.1%	5.4%	8.8%
其他资产（应收票据、下属分支投资、寿险现金解约值）	11.7%	10.4%	6.7%	7.4%	9.3%
总资产	100.0%	100.0%	100.0%	100.0%	100.0%

	4 年前	3 年前	2 年前	1 年前	当年
负债					
流动负债					
应付账款	0.6%	6.2%	9.1%	17.1%	16.2%
预提费用	8.4%	6.2%	7.9%	8.8%	11.9%
预收收入	26.9%	21.6%	30.9%	27.6%	24.4%
应付票据	0.4%	12.0%	14.0%	4.7%	0.0%
长期负债中的到期部分	5.8%	4.8%	2.7%	2.3%	0.0%
流动负债总额	42.1%	50.8%	64.8%	60.5%	52.5%
长期负债	4.9%	0.6%	10.8%	8.7%	0.0%
负债总额	47.0%	51.5%	75.6%	69.1%	52.5%
权益					
实缴资本	21.8%	23.4%	17.2%	17.8%	18.4%
留存利润	81.9%	77.8%	65.1%	70.4%	82.6%
减：库存股票	−50.7%	−52.7%	−57.9%	−57.4%	−53.4%
股东权益	53.0%	48.5%	24.4%	30.9%	47.5%
负债和权益总额	100.0%	100.0%	100.0%	100.0%	100.0%

表 22-7 艾比克传媒公司财务比率摘要——过往财报

	衡量类型[①]	较好指标[②]	RMA[③]	BizMiner 中位数[④]	4 年前	3 年前	2 年前	1 年前	当年
流动比率	流动性	较高	3.9/1.9/1.2	2.1	1.8	1.6	1.3	1.4	1.6
应收款周转率	活性	较高	18.1/8.4/6.5	9.1	11.2	10.3	8.0	7.1	8.6
应收款天数	活性	较低	20/43/56	40	32	35	46	52	43
经营资本周转率	活性	一般较高	4.2/8.2/31.2	8.7	6.9	7.4	9.4	8.8	8.3
总资产周转率	活性	较高	4.7/2.6/2.0	3.7	2.5	2.4	2.4	2.2	2.3
经营利润率	赢利能力	较高	8.8%	2.4%	14.7%	12.8%	20.4%	17.6%	19.3%
资产回报率	赢利能力	较高	na	9.2%	3.6%	8.3%	9.9%	9.9%	10.5%
利息保障倍数	偿付性	较高	67.1/15.5/1.8	13.9	1.8	8.7	21.7	22.0	20.7
债务比率	偿付性	较低	na	25.0%	11.1%	17.4%	27.6%	15.7%	0.0%
债务权益比	偿付性	一般较低	0.3/1.3/2.5	31.8%	21.0%	35.9%	113.1%	50.8%	0.0%
Z-分值	偿付性	较高	na	na	19.14	14.38	9.00	12.60	nm

[①] 有关所呈的各种财务指标的解释，请参阅第 3 章。

[②] 指的是与同行相比，更高或更低的衡量标准是否更好。这列是描述性的，没有对艾比克公司业绩给出具体的评估值。

[③] RMA 数据来自风险管理协会（RMA）针对收入在 1 000 万美元至 2 500 万美元之间的 15 家公共关系机构（NAICS 541820）的《2016～2017 年财务比率基准年度报表研究》。这里提出的三个比率反映的是处在第 25 百分位数、中位数和第 75 百分位数的公司。

[④] 来自 BizMiner 有关 56 家公共关系机构的 2017 年的中位数数据，其收入范围在 1 000 万美元至 2 500 万美元之间。

na 表示不可获取资料，nm 表示没有意义。

未来预期

表22-8 显示了管理层的5年预测，这为表22-10 所示的贴现现金流计算提供了基础。关于收入预测如下：

- 公司基于客户的性质，把其收入按客户分类进行预测，同时，每年还对来自新客户的业务进行预估。
- 在当前财年，公司第1号主要客户530万美元的收入，占公司总收入的35%。该客户要每两年与艾比克公司重新协商一次合同，预计来自这个客户的收入第一年增长3%，第3年至第5年都增长4%。
- 在当期财年，来自公司第2号主要客户的收入300万美元，占公司总收入的20%。该客户需每年与艾比克公司重新协商合同，大致会带来3%的年增长率。
- 第3号和第4号客户的身份往往会根据其在某个既定年份的具体需求而交替波动。过去的表现表明，在正常经济条件下，他们每年的总收入增长率约3%，但对第3号客户来说，第一年还有一个特别的项目。因此，我们预计第1年的增长率为4%，第3年及以后的为3%。
- 剩余客户的收入年增速倾向于从6%到15%。基于与管理层讨论的来自余下客户的收入情况，我们预计第1年他（它）们将有420万美元的收入——部分是由于较多的积压订单所致，第2年和第3年的增长率为6%，第4年和第5年的为8%。
- 对于新客户业务，管理层预计第一年的销售额为100万美元，随后新增业务每年增加50万美元，直至第5年达到300万美元。这与艾比克公司努力减少其对主要客户的依赖是一致的，即，把第1号和第2号客户的收入占比，在5～6年内降至总收入的40%。
- 因此，总收入预计在第一年增长17.2%，在随后每年的增幅分别在5.4%～6.5%之间。然而，对老牌企业来说，由于下述原因，要保持超过2%～5%的内生性增幅是很困难的：经济周期、竞争和其他的市场力量、客户变化、公司能力等等。

艾比克公司容易受到经济波动的影响，以及可能发生的大客户（比如第1号客户和第2号客户）业务减少的影响。因此，有理由假设艾比克不太可能发生能够长期维持 5 年离散预测期的增长率预测。考虑到这些因素，再加上与管理层讨论的情况，我们估计 5 年（预测期的第 5 年）后的增长速度为 3%。

表 22-8　艾比克传媒公司：未来 5 年预测利润　　（单位：万美元）

	第 1 年	第 2 年	第 3 年	第 4 年	第 5 年
收入①	1 770.1	1 866.4	1 986.7	2 096.0	2 233.4
增幅	17.2%	5.4%	6.4%	5.5%	6.5%
标准化薪酬②	-846	-895	-950	-1 000	-1 067
其他经营支出③	-531	-559.9	-596	-629.1	-670
净经营收益（EBITDA）	393.1	411.5	440.7	467.8	496.4
预测的 EBITDA 利润率	22.2%	22.0%	22.2%	22.3%	22.2%
折旧支出④	-18	-19	-20	-21	-22
息税前利润	375.1	392.5	420.7	446.8	474.4
利息支出⑤	-7	-7	-7	-7	-7
息税前利润	374.4	391.8	420.0	446.1	473.7
税款⑥	-101.1	-105.8	-113.4	-120.5	-127.9
净收益	273.3	286	306.6	325.7	345.8

① 根据与公司管理层的讨论和上文的阐述，收入预测的细分是按以下客户类别进行的。收入预测如下：

第 1 号客户：	545.9	545.9	567.7	567.7	590.4
第 2 号客户：	309.0	318.3	327.8	337.7	347.8
第 3~4 号客户：	395.2	407.1	419.3	431.8	444.8
其余客户：	420.0	445.2	471.9	509.7	550.4
新客户业务：	100.0	150.0	200.0	250.0	300.0
	1 770.1	1 866.4	1 986.7	2 096.0	2 233.4

② 标准化薪酬是基于与公司管理层的讨论和对行业薪酬数据评估结合的结果。
③ 预计其他经营支出将占总收入的 30%。
④ 折旧是基于当前水平和预测的资本支出情况。
⑤ 利息支出是基于这样一个假设：该公司将以 3.5% 的利率从其信贷额度平均借款 40 万美元，并将平均持有该余额 6 个月，在年底前偿还。
⑥ 税收按联邦和州公司税率 27% 计算。

对股东群体标准化薪酬的计算是基于以下分析进行的：对这一群体的薪酬与同一职位同等规模公关公司薪酬的市场数据的比较。如果工作人员的薪酬（为标准化过的薪酬）是市场上的薪酬，那么，就没有必要予以调整。其他运营费用预计将占公司总收入的 30%——这是由于削减成本努力的结果，其中包括精减管理费用，比如在波士顿和芝加哥两地新的、成本较低的办公租赁费用，以及对其技术需求的相关改进。折旧费用是根据其当前水平和资本支出预测结果拟定。本金偿付、利息支出和新债务净额都为0——因为公司最近还清了所有债务并预期不会有任何长期债务（目前的利率是3.5%），而且，它计划从其营运资金信贷额度里借款，并打算在6个月内偿还。净营运资金的增加是以每年净营运资金的变动为基础的，即净营运资金的变动是按照预期收入年增幅的18%计算。这一水平的净营运资金是在对公司的运营周期、营收的预期增幅以及净运营资金占营收的行业比率进行评估后得出的。

风险和价值动因

将在下一节阐述影响适用于艾比克公司独立公允市场价值的贴现率和资本化率的推导因素。这个过程始于对专业服务公司的价值驱动因素的定性分析（见表22-1）。在定量的方面，我们将会使用表22-9来推导贴现率和资本化率。

表22-9 适用于权益净现金流的回报率（贴现率）——截至估值日

符号	成分	增幅	比率
	长期国债收益[①]		2.6%
+	权益风险溢价（R_m-R_f）[②]		6.0%
=	平均市场回报率（大盘股）		8.6%
+	规模风险溢价[③]		5.6%
=	平均市场回报率调整（中盘股）		14.2%
具体公司的风险溢价调整[④]			
+	行业风险	0.3%	
+	财务风险	1.5%	
+	人员风险	2.0%	
+	客户风险	4.0%	7.8%
=	权益净现金流回报率[⑤]		22.0%
-	长期可持续增长率		-3.0%
=	资本化率		19.0%

① 参见第8章有关扩展模型比率的解读。无风险回报率（R_f）是指可以从被认为无风险的投资中获得的收益，例如政府证券。在估值日，基于20年期国债利率的R_f为2.6%。

② 权益风险溢价（R_p）是投资者投资多元化股本证券组合，在无风险证券（如政府债券）的回报之上所需的额外回报。根据截至2016年12月31日的道衡数据，供应方长期预期的权益风险溢价R_p为5.97%。

③ 小公司股票风险溢价指的是投资者投资于纽约证券交易所、纳斯达克或美国证券交易所的上市公司中第10十分位规模（即市值不到2.63亿美元）的公司，超出股权风险溢价所需的额外回

报。根据截至 2016 年 12 月 31 日的道衡数据，该规模风险溢价为 5.59%。

④ 具体公司的风险溢价，指投资者投资于具体公司（如艾比克）的股权，所需要的超出权益风险溢价和规模风险溢价的额外回报。在综合考虑所有因素后，我们认为谨慎投资者将分析所有外部和内部风险，以及实现预期的风险，以确定一个适用于艾比克的具体公司风险溢价。基于这种分析，我们认为谨慎的投资者会发现对艾比克的投资风险高于对"典型上市公司"的投资，并且需要额外的溢价才能弥补相关额外的投资风险。根据对上述行业风险、财务风险、（管理风险）、人员风险和客户风险的评估，我们将这个额外的风险因素计算在我们的贴现率中，将 7.8% 的溢价加到权益成本上。

⑤ 这是一个可以直接适用于权益净现金流的回报率或贴现率，因为它的基础是投资者的回报——扣除了公司所得税。

经济条件。 实现公司预期的可能性（见表 22-8）受到公司所处环境经济力量变化的极大影响。随着经济氛围的加强，企业利润将会增加，这将导致对传媒、营销和广告服务的更大需求。此外，社交网络服务和移动媒体的日益普及，将推动对公共关系服务的需求。但下述情形可能会缓释这种情况：自上次经济衰退正式结束以来，经济已经持续增长了 8 年多，而且，公关行业也明显受到了经济周期的影响。总体而言，公司实现预期目标的能力取决于整体经济的扩张和企业利润的增幅，以及大型企业管理其社交媒体的必要性。

行业考量。 尽管处在经济增长周期的末端，但公共关系机构的领导人对该行业的前景仍持乐观态度，表现在对未来 3 年的各种行业预测里——预计该行业将以每年 3%～5% 的速度增长。去年公共关系行业的霍姆斯报告（Holmes Report）⊖提到，吸引顶尖人才的能力、机构掌握数字媒体和其他新传媒技术的能力，以及客户为公共关系服务给予适当预算的意愿，这些都是这类机构所面临的最大挑战。

管理。 艾比克管理团队非常扎实，而且，对公司当前和未来运营有着清晰的战略——一直用它指导并继续指导公司业务的向前发展。在过去 7 年中，该公司已成功地退休了三位股东——对收入和财务几乎没有什么影响，而且，由于几个关键人物或接近或已处于 50 多岁了，高层管理人员还在继续解决继任接班的问题。

人员配备。 这里有一个受业界关注的点，即设法留住员工——方法是增加提供比同行公司更好的继续教育和福利待遇。这里的员工在公司的工作时间都超过 5 年，公司股东管理岗位的在职平均时间为 20 年，而非股东管理人员平均

⊖ www.holmesreport.com。

为 14 年。这里专业人员的利用率也很高，大约 90%，而工业企业的利用率的报告数据通常低于 85%。

客户基础。虽然艾比克拥有优秀且长期的客户关系，但它需要对其大客户进行多样化拓展。在过去 10 年的大部分时间里，四大客户占公司收入的 75%～85%。这些客户中的任何一个离开，特别是前两名（占 55%）的客户，将对公司的收入和赢利能力产生重大负面影响。

贴现现金流法

基于以上提供的信息，我们现在可以使用收益法中的贴现现金流法计算艾比克公司的公允市场价值。与大多数专业服务公司一样，艾比克的未来预期现金流，是其价值的主要决定因素。鉴于艾比克在接下来的五年中，预计年增幅会超过 2%～4% 的稳态增幅，贴现现金流法就是一个比单期资本化法更适用的方法，因它提供了一个在可见的离散预测期，预测不稳定经营业绩的模式。正如第 7 章所讨论的那样，贴现现金流法是基于这样一个前提，即公司的价值可以通过预测其预期的未来现金流来确定，并且在评估其实现这些现金流的风险后，再将这些现金流折现为现值。

使用表 22-8 中所做的预测和在表 22-9 中得出的贴现率，计算艾比克的公平市场价值为 1 570 万美元，如表 22-10 所示。该价值的求取方式是：用第 1 年至第 5 年预测现金流现值之和，将它们添加到终年资本化的价值（代表五年预测期之后的现金流量价值）。

表 22-10 艾比克传媒公司：贴现现金流分析　　（单位：万美元）

	第 1 年	第 2 年	第 3 年	第 4 年	第 5 年	终年
净收益	273.3	286	306.6	325.7	345.8	
减：本金偿还款①	-40	-40	-40	-40	-40	
加：新生负债①	40	40	40	40	40	
加：折旧②	18	19	20	21	22	
减：资本支出②	-17.5	-20	-20	-22.5	-22.5	
减：净运营资金的新增额③	-46.8	-17.3	-21.7	-19.8	-24.6	
净现金流	227	267.7	284.9	304.4	320.7	330.3
终年的资本化价值④						1 738.6
贴现系数⑤	0.905 4	0.742 1	0.608 3	0.498 6	0.408 7	0.408 7
净现金流现值	205.5	198.6	173.3	151.8	131.1	710.6

(续)

预测现金流现值	860.3		
终年的资本化价值	710.6		
拟似的权益公允市场价值（整数）	1 570		

① 管理层已表示不打算承担任何长期债务，但该公司将每年平均从信贷额度中借入 40 万美元，并将平均持有 6 个月，在年底前偿还。
② 管理层预测了未来 5 年资本支出的预期水平，折旧是基于当前和预测水平做的。
③ 营运资金的增幅相当于每年新增收入的 18%，与公关行业营运资金占收入的百分比中值相一致。
④ 终值是将终值列中预测的 3 303 美元净现金流除以 19% 的资本化率（贴现率减去长期增长率）计算出来的。
⑤ 贴现系数等于 1/{（1＋贴现率）^调整过的贴现年数}。贴现年限（0.5、1.5、2.5 等）为估值日期到预测年度结束之间的一段时间。这里进行了年中调整，因为这里假定的是将会在全年陆续收到现金流，因此平均来说，这些现金流将在年中收到。

表 22-11　艾比克传媒公司：单期资本化法　（金额单位：万美元）

标准化的净现金流（基于第 1 年预测，即表 22-10 中的第 1 年）	227
将长期可持续增长率（3%）应用于历史净现金流①	×1.03
资本化	233.8
资本化率（用表 22-9 的贴现率减 3% 的长期可持续增长率）	19%
拟似的公允市场价值（整数）	1 230

① 这个价值形态是基于 2% 和 4% 的长期增长率计算的，分别为 960 万美元和 1 090 万美元。

要考虑的其他估值法

在本章的早些时候，我们回顾了与专业服务公司相关的三种估值方法。与大多数专业服务公司一样，收益法仍然是估值艾比克最相关的方法，而市场法则可作为一种对收益法所得结果进行合理性检验的方法，但这里的估值与资产法无关。在这些方法中，可以考虑几种具体的方法，其中最相关的包括以下几种。

单期资本化法。在收益法中，由于艾比克公司的增长预期较高，我们采用了贴现现金流法而不是资本化法。如表 22-11 所示，如果采用资本化的方法，我们会低估公司的价值。虽然在某些估值中，贴现现金流法和资本化法可以作为两种不同的情形使用，但收益法中的这两种方法通常是相互排斥的。艾比克的现金流预计将在未来五年以每年逾 2%～4% 的速度增长。在 2%～4% 的长期增长率下，使用资本化法得出的价值形态将为 1 160 万～1 310 万美元，或如上述表 22-11——按 3% 的长期增长率所计算的价值形态为 1 230 万美元。

交易倍数法。我们也可以考虑使用并购交易数据的市场法。正如第 10 章所阐述的那样，市场法中的交易倍数法（TMM）着眼于市场收购类似企业所支付的价格，并根据整个公司或公司运营单位的售价得出价值指标。为了与目标公司进行比较，所选的那些并购交易或投资，必须有一个合理的基础。影响这种决策的因素包括：①相似的定量和定性数据；②有足够已知和可验证的具体公司信息；③交易的基础——无论它们是公平的交易，还是处在困境中的被迫出售。⊖用这些交易的价格除以所选公司的收入和/或不同的盈利水平，以确定它们的市盈率倍数。收入倍数最常用于评估专业服务公司的价值，但这在很大程度上取决于如何向股东和公司内的其他专业人士支付薪酬。可以考虑调整过标准化薪酬的利润，但市场数据可能不足以对所选交易做类似的调整。

在本例中，我们首先搜索了各种数据库，例如 Pratt's Stats 和 Capital IQ，寻找过去 5 年涉及公共关系公司的交易。搜索结果是没有足够数量的这类交易的数据。因此，我们将搜索范围扩大到过去 20 年，发现了 8 笔交易，数据都很充足，但是所有这些交易都发生在 5 年多以前。然后，我们就搜索了所有从事某种形式的营销咨询的公司，比公共关系所涉的范围更广了。搜索结果是在过去 20 年间总共有 29 宗这类交易，其中有 8 宗是发生在过去 5 年之内。在分析这些数据时，我们需要考虑以下因素：

- 鉴于这个估值是为了这家公司的潜在出售行为而准备的，所以，交易倍数法可能是这个市场的最好的指标之一。
- 多数与交易相关的公司与艾比克规模大小相仿，在这 29 项交易中，只有 5 家的收入超过了 1 亿美元，仅 2 家的收入低于 500 万美元。
- 在类似的经济时期（即过去 5 年）里发生的交易中，没有一家公司是提供某种程度的公共关系服务的。
- 在收入倍数与公司规模、交易的时间或公司业务之间，都没有任何相关性。
- 虽然所有交易都报告了足够的信息，可以用来确定一系列的收入倍数，但只有一小部分具有足够的关于 EBITDA 倍数的信息。
- 由于专业服务公司（包括提供营销咨询服务的公司）有不同的薪酬形式，

⊖ American Society of Appraisers, *Business Valuation Standards*, BVS-V, Section III(B).

所以，在这个交易搜索结果所示的 3.75 至接近 26 的隐含的 EBITDA 倍数里，差异显著。
8. 有资产与股票的混合式交易。为了给艾比克公司股票的价值提供更准确的形态，应该对相关的资产交易进行调整。

虽然前两个考虑因素是把交易倍数法作为价值指标的很好的理由，但剩下的五项考虑因素超出了积极因素，给我们带来的结论是：这种搜索结果的信息不足以作为价值指标使用。因此，我们根据 1 570 万美元的贴现现金流分析结果来确定我们的价值，如表 22-10 所示。这个结果意味着收入倍数为 1.04，调整后的 EBITDA 倍数为 5.4——都是基于本年度的收入和调整后的 EBITDA。总之，我们决定使用表 22-12 中总结的交易分析结果，把它作为对所涉价值的一种合理性验证。

表 22-12 艾比克传媒公司：并购交易法数据

	公共关系公司交易（过往 20 年）		营销顾问公司交易（过往 20 年）		营销顾问公司交易（过往 5 年）	
	收入倍数	EBITDA 倍数	收入倍数	EBITDA 倍数	收入倍数	EBITDA 倍数
最小值	0.60	6.02	0.17	3.75	0.17	3.75
第 1 四分位数	1.17	6.39	0.92	7.86	0.28	7.64
中值	1.64	6.77	1.43	11.99	0.82	11.67
第 3 四分位数	1.87	13.32	2.03	14.62	0.96	17.28
最大值	2.73	19.88	3.48	25.94	1.50	25.94
艾比克	1.04	5.40				
样本数量	8	3	29	11	8	4
收入范围（万美元）	880～15 100		230～40 300		640～14 000	
收入中值（万美元）	1 140		2 500		2 230	

类比上市公司法。除交易倍数法外，还可以考虑类比上市公司法。在第 10 章的回顾中，市场法中的这种方法主要着眼于与目标公司十分相似的上市公司的倍数，并得出相关的收入倍数和不同的盈利水平。然而，由于存在较大的规模差异等因素，这种方法在评价大多数专业服务公司时几乎没有相关性。艾比克的情况就是如此。我们找到了四家上市公司，它们提供市场营销和商业传播服务，在一定程度上还包括公共关系服务。然而，在它们所提供的服务中，商业传播和公共关系服务只占很小的一部分（与艾比克公司相）。此外，如表 22-13 所示，四家类比公司中有三家规模大得多，市值和收入都超过 10 亿

美元。剩下的公司 Harte Hanks 则在亏损中挣扎，超过 4 亿美元的营收而仅有 1 500 万美元的市值。因此，类比上市公司法既不能作为价值指示，也不能用作它的合理性验证。

表 22-13　艾比克传媒公司：类比公司的财务指标和倍数　　　　（金额单位：万美元）

公司	最近财年	已投资本市值	最近财年收入	息税折旧摊销前利润	息税折旧摊销前利润率	已投资本市值/收入	已投资本市值/息税折旧摊销前利润
Harte Hanks	当年 12 月 31 日	1 500	40 400	(500)	-1.2%	0.04	n/m
MDC Partners	当年 12 月 31 日	164 200	142 100	14 900	10.5%	1.16	11.0
Omnicom Group	当年 12 月 31 日	2 260 400	1 550 500	5 231 800	15.0%	1.46	9.8
Interpublic Group	当年 12 月 31 日	1 133 500	785 900	110 800	14.1%	1.44	10.2
艾比克	当年 12 月 31 日	1 330	1 510	291	19.3%	1.04	5.4

注：为了进行适当的比较，可以考虑对控制权和流动性进行相关的调整，正如第 12 章所述。

调整账面价值法。艾比克的资产负债表反映了 308 万美元的账面价值（见表 22-5）。为了在资产法中应用调整后的账面价值法（在第 11 章中阐述过），需要在持续经营（使用中）的基础上对设备的公允价值进行评估，而其他资产和负债则需要按市价计价。由于艾比克公司这里价值（1 262 万美元⊖）的大部分都是无形的，其结果将大大低于使用贴现现金流方法得出的价值指示值（1 570 万美元）。因此，需要对公司的客户关系、成套人力资源、商标和技术进行单独评估。由于商誉的存在，结果可能仍低于实际市场价值。这里的商誉包括无法衡量的无形资产，比如，未来的客户等。因此，调整账面价值法并不是评价艾比克的适用方法。

案例结论：建议考虑的问题

可能有的读者已经得出结论：基于上面所提供的信息，他们已经准备好可就艾比克出售给 S&J 传媒或任何其他潜在买家事宜进行谈判了，但我们劝他们先考虑以下问题：

- 除了上面所阐述的价值验证外，你是否审核过表 22-1 中的那 27 个因素，以确保你已经对该企业做了充分的定性评估？

⊖　1 570 万美元公允市场价值（见表 22-10），308 万美元账面价值（见表 22-5）。

- 在与艾比克管理团队会面讨论业务及其未来预期后，你对其管理团队给予怎样的评估？
- 你就该公司对几个顶级客户的依赖有怎样的担心？
- 对该公司最终可以根据其预测提高其利润率，你有多大的自信？
- 基于在经济周期所处的阶段和其他因素，对他们可以实现整个财务预测，你有多大的谱？
- 与之前的预测或预算相比，它们迄今的表现如何？
- 就通过独立研究获得的交易数据来说，你会把它们作为价值指标还是作为合理性的验证之用？
- 从定性因素、市场交易结果、1.04 倍的隐含收入倍数和 5.4 倍的 EBITDA 倍数看，所选的贴现率是正确的吗？

正如第 21 章卡文迪什案例所述，在做出合理的购买或销售决定的过程中，对公司进行估值时，这些问题和其他问题都是必须考虑的定性评估的关键部分。在你对自己的价值评估有信心之前，这些定性因素必须经过透彻的审视和量化。最终，在评估价值时，你试图回答的问题不只是"价值是什么"，而且还应该回答"为什么你得出的是这个价值"。

在足够好地回答了上述问题、完成了对目标公司全面的定量和定性评估（如本书开篇所述），并对价值的预估值有了信心之后，买家和卖家都能在并购过程中获益。关键是要了解什么是价值，是什么驱动它，以及如何准确地衡量它，以期更好地为企业创造价值。

资本的游戏

书号	书名	定价	作者
978-7-111-62403-5	货币变局：洞悉国际强势货币交替	69.00	（美）巴里·艾肯格林
978-7-111-39155-5	这次不一样：八百年金融危机史（珍藏版）	59.90	（美）卡门 M. 莱茵哈特 肯尼斯 S. 罗格夫
978-7-111-62630-5	布雷顿森林货币战：美元如何统治世界（典藏版）	69.00	（美）本·斯泰尔
978-7-111-51779-5	金融危机简史：2000年来的投机、狂热与崩溃	49.00	（英）鲍勃·斯瓦卢普
978-7-111-53472-3	货币政治：汇率政策的政治经济学	49.00	（美）杰弗里 A. 弗里登
978-7-111-52984-2	货币放水的尽头：还有什么能拯救停滞的经济	39.00	（英）简世勋
978-7-111-57923-6	欧元危机：共同货币阴影下的欧洲	59.00	（美）约瑟夫 E.斯蒂格利茨
978-7-111-47393-0	巴塞尔之塔：揭秘国际清算银行主导的世界	69.00	（美）亚当·拉伯
978-7-111-53101-2	货币围城	59.00	（美）约翰·莫尔丁 乔纳森·泰珀
978-7-111-49837-7	日美金融战的真相	45.00	（日）久保田勇夫